昆仑信托
KUNLUN TRUST

大信有成 广智天下
信誉无价 托付有道

信仰——源远流长，薪火传承

作为金融街上的石油人，昆仑信托有限责任公司自2009年重组以来，始终坚持“我为祖国献石油”的热血情怀，坚持“与时俱进，勇立潮头”的时代精神，以诚树人，以实立业，以信兴企，不断锻造“诚信稳健，分享共赢，服务社会，造福民生”的企业品格，倡导“信誉无价，托付有道”的品牌理念，初步形成了以“信”为核心的企业文化。

信任——分享共赢，携手同进

中国石油作为昆仑信托控股股东，不仅拥有雄厚的资金实力，更有众多高端人才储备和广阔的产业链客户支持。公司坚持“低风险偏好”的风控理念，建立健全了“三纵三横”的风险控制体系，不断创新业务模式，扩大业务领域，优化战略布局，通过“信托＋基金”“信托＋资产支持证券的双SPV”“互联网＋信托”等创新业务模式，在能源、基建、资产管理、智慧交通、新媒体、旅游开发等项目上的投资均获得稳健收益。公司还入股华能投资管理有限公司、山东信托、中国信托业保障基金、中国信托登记有限责任公司等诸多资产管理及金融机构。随着公司投资布局的日益扩大、业务领域的不断延伸，公司在投资市场、客户市场、营销渠道上的金融合作更加紧密，公司行业地位、信托规模显著提升。

信誉——大信有成，广播天下

多年以来，昆仑信托坚持以“信”为本，恪守商业价值，信守契约，风格稳健，一诺千金，通过高水平、高质量、高标准的金融服务，为企事业单位、社会大众带来稳固的财富回报。同时，作为国有企业，公司勇于承担社会责任，服务社会需求，改善民众生活，积极参与社会公益事业，培养员工感恩之心。在组织员工开展“慈善一日捐”、抗旱救灾、爱心捐赠、扶贫帮困、无偿献血等慈善公益活动外，发挥信托优势，推出了“仁爱”系列慈善信托计划，与宁波市慈善总会联合设立了“昆仑信托慈善基金”，广泛用于安老、扶孤、助残、助医、助学、济困等慈善公益活动，让慈善的阳光温暖更多的心灵。

信念——不忘初心，谱写新篇

不忘初心，方得始终。2017 年，昆仑信托踏上了增资上市的新征程，昆仑信托借中油资本上市东风，注册资本已超百亿元，跃居行业前三位。公司还制定了创新驱动、人才强企、区域发展和提升规模四大战略，推进两地六大中心建设，逐步形成了辐射全国的业务网络。站在新起点，昆仑信托撸起袖子描绘新蓝图；激发新活力，干部员工为开创新局面加油干！正如陈毅元帅赞誉昆仑山的诗句“驱遣江河东入海，控制五岳断山横”！曾经，中国石油人“头顶天山鹅毛雪，面对戈壁大风沙。嘉陵江边迎朝阳，昆仑山下送晚霞”，终于把“贫油的帽子甩到了太平洋”！而今，金融街上的石油人闻鸡起舞、栉风沐雨、砥砺前行、再创辉煌！

网址 www.kunluntrust.com

2018 年中国信托公司经营蓝皮书

中国人民大学信托与基金研究所　编著

战略合作伙伴：中航信托股份有限公司

中国经济出版社
CHINA ECONOMIC PUBLISHING HOUSE
北 京

图书在版编目（CIP）数据

2018 年中国信托公司经营蓝皮书/中国人民大学信托与基金研究所编著.
—北京：中国经济出版社，2018.7
ISBN 978 - 7 - 5136 - 5248 - 3
Ⅰ.①2… Ⅱ.①中… Ⅲ.①信托公司—经营管理—
研究报告—中国—2018 Ⅳ.①F832.39
中国版本图书馆 CIP 数据核字（2018）第 132311 号

责任编辑　严　莉
责任印制　巢新强
封面设计　任燕飞装帧设计室

出版发行　中国经济出版社
印 刷 者　北京力信诚印刷有限公司
经 销 者　各地新华书店
开　　本　787mm×1092mm　1/16
印　　张　25.5　　**彩页印张**　0.25
字　　数　760 千字
版　　次　2018 年 7 月第 1 版
印　　次　2018 年 7 月第 1 次
定　　价　150.00 元
广告经营许可证　京西工商广字第 8179 号

中国经济出版社　**网址** www.economyph.com　**社址** 北京市西城区百万庄北街 3 号　**邮编** 100037
本版图书如存在印装质量问题，请与本社发行中心联系调换（联系电话：010 - 68330607）

前 言

截至2018年4月30日，68家信托公司按照规定时间披露了年度报告，68家信托公司全部实现盈利。信托公司的2017年经营业绩依然骄人，68家信托公司当年净利润同比增长5.19%，总额达到660.51亿元。

2017年，国际经济环境依然严峻，国内宏观经济仍然维持平缓增长，增速持续放缓，GDP增速持续处于个位数，保证金融行业平稳发展，严格防止金融系统性风险，成为2017年的政策主调。信托业作为仅次于银行业的第二大金融行业，受资管新规监管政策和宏观经济下行压力等诸多因素影响，2017年全年，信托全行业营业收入总规模和全行业利润增幅都出现回落趋缓的态势，甚至个别指标较上一年出现负增长。信托业必须严格执行去杠杆、去资金池、去层层嵌套、去刚兑的监管政策已成为行业共识。2018年初，中国人民银行等四部委正式颁布实施《关于规范金融机构资产管理业务的指导意见》，为未来信托业实现健康持续发展铺平了道路。

面对2017年以来泛资管市场和监管部门密集出台的系列监管新政，以及变化多端的新常态市场环境，信托公司经受住全面的考验，信托业整体大盘仍然基本稳定，增长幅度进入稳定期，核心指标实现平稳增长。就信托公司的整体经营而言，综合业绩仍然骄人。

本报告是中国人民大学信托与基金研究所精心打造的系列报告，迄今已经连续出版了14部。2018年的报告，在总结前13部经验的基础上，进一步改进和提升了实证分析模型和研究分析的方法和手段。强调横向分析与纵向比较相结合，对财务状况实证分析、经营成果实证分析、赢利能力与收益水平分析、经营效率与经营质量分析以及风险分析等多个方面几十个具体指标进行了系统、全面、深入、规范、客观、真实的归纳、汇总、概括、提炼、分类、排序和分析。报告突出运用实证分析的方法，客观公正地反映了当前我国信托公司较为完整的概貌，力求为各信托公司和广大投资者以及监管部门提供一部系统全面、客观真实的研究报告和数据体系。

本报告对进一步加深社会各界和投资者对信托业的了解，全面提升信托公司整体形象，促进各信托公司之间的了解和交流，相互借鉴，取长补短，都是一部不可多得的重要学术研究报告和业务参考书。

本报告所引用数据严格依据各信托公司年报所公开披露的资料，或在披露数据基础上加以计算。本报告对各公司所披露年报中数据资料的真实性、口径方法的适用性及内容指标的完整性原则上不做主观评判。报告采集数据原则以银监会规定的信息披露截止日2018年4月30日为最后期限。

本报告力求全面、真实、准确反映行业全貌，但由于本报告时效性极强，编纂时间紧张，所涉及数据十分庞杂繁复，2018年披露的年报中指标体系和数据口径与往年比较又有明显变化和较大调整，在数据采集过程中难免有疏漏之处，故所有原始数据最终均以各信托公司公布的年报及年报摘要原文为准。限于篇幅，本报告在下篇年报汇总纸质版中，只随机收录了少部分信托公司的年报摘要。

在本报告的编纂过程中，得到了中国银监会信托监管部、中国信托业协会、中航信托有限责任公司、昆仑信托有限责任公司、华融国际信托有限责任公司、兴业国际信托有限公司以及中国经济出版社毛增余总编、严莉编辑的大力支持，在此一并表示衷心的感谢。

中国人民大学信托与基金研究所

2018年7月

目　录

上 篇　2018 年信托公司经营暨年度报告分析研究

上篇　2018年信托公司经营暨年度报告分析研究

第一章　行业纵览

截至 2017 年底，从已经披露的 68 家信托公司年报中分析，整个行业的发展出现了较大变化。一方面，2017 年度对于信托行业的监管力度不断提高，各项监管政策和制度不断完善；另一方面，在监管层去杠杆、去通道的政策导向之下，靠通道业务为支撑的外延式发展模式将成为过去，因此，信托行业如何实现自身的发展与转型，成为社会热点问题。

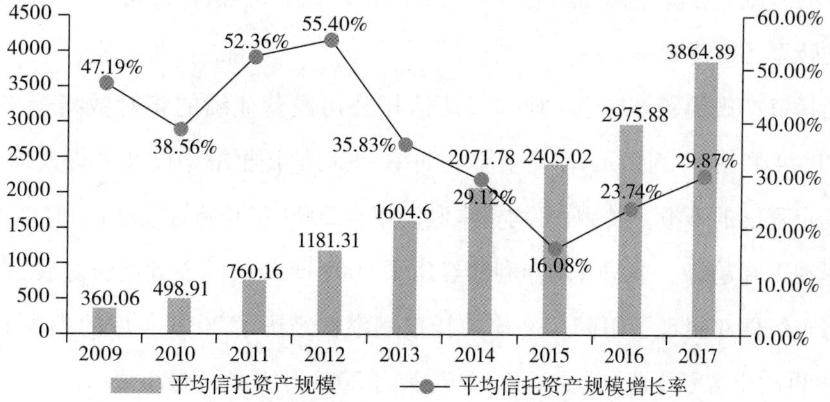

图 1－1　平均信托资产规模的变动轨迹（单位：亿元）

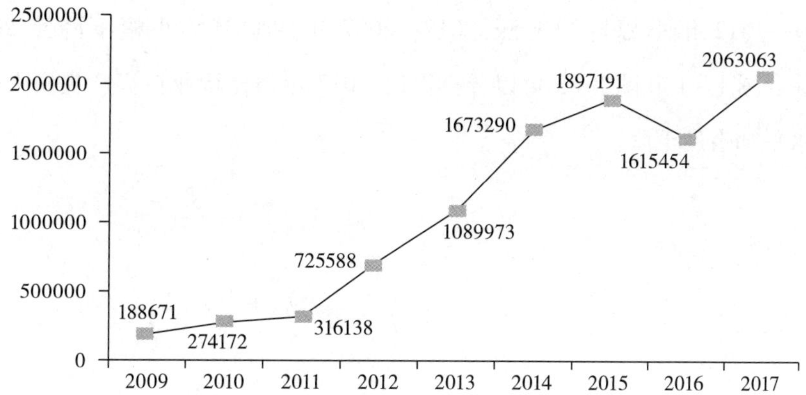

图 1－2　平均信托收入变动轨迹（单位：万元）

信托公司行业整体状况如图 1 - 1 和图 1 - 2 所示,行业管理信托资产规模继续快速增长,平均信托资产达到历史最高点的 3864.89 亿元,相比于 2016 年增长 29.87%;平均信托收入达到 2063063 万元,相比于 2016 年上升了 39.11%。值得一提的是,自 2009—2014 年,平均信托资产规模以 30% 左右的速度迅速增长。平均信托资产规模增长幅度在 2015 年大幅下跌后,2016 年与 2017 年持续增长。

从平均信托资产规模的变动轨迹来看,2009 年以来,各信托公司平均信托资产规模持续增加。2012 年甚至出现了 55.40% 的增幅。2017 年平均信托资产规模达到 3864.89 亿元,相比于 2016 年的 2975.88 亿元出现了较大幅度的增长。从图 1 - 1 看以看出,在整个经济增长速度放缓、金融业监管加强的背景之下,信托公司的信托资产规模在 2017 年仍然继续上涨,显示出我国信托业在近年来强劲的发展势头。同时,我们必须注意到平均信托资产规模虽然持续增长,但是相比于 2009—2013 年度超过 35% 的增长速度,仍然存在一定的差距。在降规模的压力日益增强的条件之下,各信托公司将如何实现自身业务模式的转型还有待观望。

在信托资产规模稳步增长的同时,从信托公司经营业绩的相对数指标来看,如图 1 - 3、图 1 - 4 和图 1 - 5 所示,平均资本利润率、平均信托报酬率以及平均人均净利润均出现了一定程度的下滑。其中,平均资本利润率自 2009 年开始持续增长,但自 2013 年开始一直呈现下降趋势。平均人均净利润经历了 2009 年开始的连续增长之后,自 2016 年开始已经连续两年出现了下降。平均信托报酬率在经历了 2016 年度的小幅上涨之后,2017 年度再次出现了下降,减少至 0.62%,为自 2009 年开始的最小值。

作为衡量信托公司赢利能力的主要指标,资本利润率主要反映企业所有者剩余权益的获利水平。2009 年以来,以 2012 年为拐点,信托公司的资本利润率经历了 2 个阶段的波动, 2009—2012 年小幅持续上涨,2012—2017 年期间持续小幅下降至 2017 年的 13.48%,综合图 1 - 1 和图 1 - 3 可以分析得出,2017 年信托行业在资产规模大幅增加的同时赢利水平却有所下降。

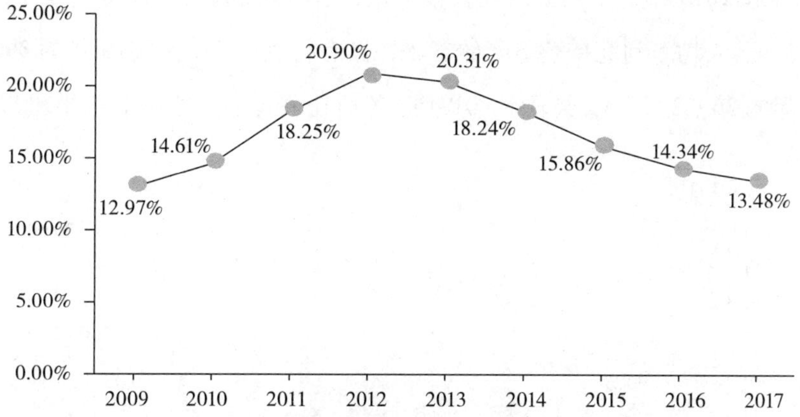

图1-3　平均资本利润率的变动轨迹

如图1-4所示，2009—2016年，各信托公司平均信托报酬率在1%左右波动，最低值为2010年和2015年的0.69%，最高值为2011年的1.03%。2017年平均信托报酬率相比2016年有所下降，达到0.62%，处于自2009年开始的最低值。自2009年以来，平均信托报酬率除在2011年和2016年上升外，一直在持续下滑。2017年信托报酬率进一步下降，这表明在信托资产不断增加的同时，却没有带来赢利能力的提高。因此，信托行业如何在控制规模的同时提高自身的赢利能力，将成为未来一段时间行业发展的重中之重。

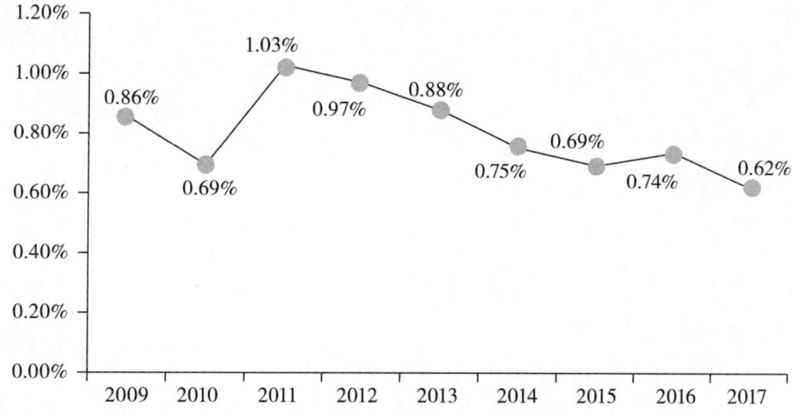

图1-4　平均信托报酬率的变动轨迹

2009—2015年，各信托公司平均人均净利润持续小幅增长，如图1-5所示。其中，2012年人均信托净利润出现了22.81%的高速增长。由于受到国际金融危机的影响，2008年信托公司平均人均净利润大幅下跌。2016年，人均净利润出现了近8年以来第二次大幅下跌。值得注意的是，2015年各信托公司人均净利润达到427.14万元的历史最高值,2016 年在 2015 年的基础上出现大幅下跌,人均净利润已经恢复到 4 年前的水平。而在 2017 年度,人均净利润持续下降的态势并没有得到改善,从 2016 年的 390.47 万元降至 2017 年的 369.20 万元,这显示 2017 年,各信托公司的人均赢利水平出现了消极的变化。

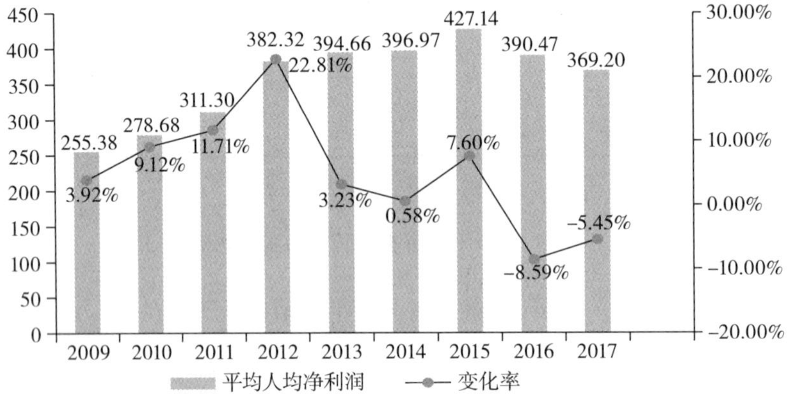

图 1-5　平均人均净利润的变动轨迹(单位:万元)

第二章　主要财务指标分析

财务指标是考察信托公司整体业绩表现的衡量标准，对于信托行业的财务考核指标，主要包括资本利润率、信托报酬率以及人均净利润。

第一节　资本利润率

从本书截至2018年5月14日（以下统计时间口径相同）获得的2017年度的年报披露情况来看，除安信信托、陕西国信、五矿信托及中江国信以外，其余64家公司披露了资本利润率这一指标，与2016年65家信托公司披露相比，减少了中江国信这一家。

资本利润率的主要统计数据如表2－1所示。作为反映信托公司赢利能力的重要指标，全行业平均资本利润率由2016年的14.34%下降至2017年的13.48%，比2016年下降了0.86个百分点，平均资本利润率连续4年下滑。资本利润率的下降，主要是由于信托公司注册资本的增加，使得资本增长幅度远大于净利润增长幅度。从行业整体来看，在这64家公司中，共有50家的资本利润率在10%以上，占比达78.13%。其中，超过20%的信托公司有8家，占比达12.5%。

从资本利润率排名来看，长城新盛2017年资本利润率同比上升6.03个百分点，达到30.96%，成为2017年度资本利润率最高的信托公司。在2016年排名第一的万向信托2017年资本利润率同比下降了3.44个百分点，但仍以25.26%的资本利润率位列行业第二名。大业信托与湖南信托2017年资本利润率分别同比上升3.10个百分点与5.38个百分点，以24.57%与23.56%的高资本收益率位列行业第三、第四名。纵观信托行业整体情况，2017年度各公司资本利润率标准差为5.54%，说明各公司资本利润率离散程度有所下降，该指标趋于均衡，具体数据见表2－1。

表 2－1　　2013—2017 年度信托公司资本利润率统计分析表

	2013 年	2014 年	2015 年	2016 年	2017 年
平均值(%)	20.31	18.24	15.86	14.34	13.48
平均值增长(%)	−0.59	−1.95	−2.38	−1.52	−0.86
公司数目	67	64	66	65	64
最大值(%)	54.06	50.21	28.21	28.70	30.96
最小值(%)	1.36%	3.14	0.57	0.80	0.80
标准差(%)	8.80	8.91	6.10	6.01	5.54
变异系数	0.43	0.48	0.38	0.42	0.41

2017 年度,资本利润率表现比较优异的信托公司前五名为:长城新盛(30.96%)、万向信托(25.26%)、大业信托(24.57%)、湖南信托(23.56%)以及西藏信托(22.71%)。而 2016 年资本利润率前五名为万向信托(28.70%)、中江国信(28.11%)、长城新盛(24.93%)、中铁信托(24.87%)以及中海信托(23.98%)。与 2016 年相比,前五名公司的组成有一定变化,但整体来看,资本利润率水平未出现明显变动趋势。同时,2012 年资本利润率在 15% ~30% 的公司为 34 家,2013 年达到了 42 家,2014 年则为 34 家,2015 年达到 37 家,2016 年为 28 家,2017 年为 24 家。由此可见,自 2016 年起,在信托行业整体资本利润率不断下滑的同时,行业中的中坚阵营的数量也出现了持续下降。

从资本利润率增幅来看,2017 年度,资本利润率增幅前五名的公司为吉林信托(8.18%)、长城新盛(6.03%)、湖南信托(5.38%)、爱建信托(5.04%)和外贸信托(4.96%)。(注:信托公司名后数字为 2017 年度资本利润率增加量)。

信托公司资本利润率是净利润与平均资本的比率,因此公司净利润与注册资本规模的变化均会对资本利润率产生影响。信托公司通过增资或者股权资产出售等方式获取大规模资金后,通过有效的资产管理,可以使得业绩得到大幅提升。根据披露报告来看,吉林信托和外贸信托的净资产未发生大幅变动,湖南信托的净资产由 31.20 亿元翻倍至 68.71 亿元,净利润增幅达到 59.11%,使其资本利润率表现优异。

具体数据如表 2－2 和表 2－3 所示:

表 2－2　　资本利润率序列表(2017 年度)

序号	公司简称	2017 年	2016 年	2015 年
1	长城新盛	30.96%	24.93%	3.88%
2	万向信托	25.26%	28.70%	16.60%

续表

序号	公司简称	2017 年	2016 年	2015 年
3	大业信托	24.57%	21.47%	22.00%
4	湖南信托	23.56%	18.18%	15.84%
5	西藏信托	22.71%	23.21%	24.74%
6	中铁信托	20.48%	24.87%	26.10%
7	爱建信托	20.32%	15.28%	13.70%
8	中航信托	20.29%	22.62%	21.62%
9	外贸信托	19.48%	14.52%	17.26%
10	粤财信托	18.74%	18.78%	16.63%
11	中融信托	18.29%	21.08%	23.78%
12	华能贵诚	17.90%	21.32%	22.12%
13	民生信托	17.56%	13.08%	11.43%
14	重庆国信	17.13%	21.33%	28.21%
15	中海信托	17.11%	23.98%	27.20%
16	工商信托	16.89%	17.01%	22.66%
17	平安信托	16.83%	16.77%	14.65%
18	中建投信托	16.14%	15.83%	16.07%
19	厦门国信	15.95%	16.79%	14.92%
20	建信信托	15.86%	14.79%	14.78%
21	吉林信托	15.84%	7.66%	11.82%
22	百瑞信托	15.81%	16.01%	19.12%
23	长安国信	15.61%	19.08%	21.19%
24	江苏国信	15.22%	14.26%	16.11%
25	华鑫信托	14.40%	12.33%	16.82%
26	四川信托	14.27%	23.75%	26.13%
27	国投泰康	13.95%	13.96%	21.03%
28	上海国信	13.60%	19.50%	21.32%
29	渤海信托	13.60%	11.95%	13.88%
30	山东国信	13.40%	14.40%	19.26%
31	华宝信托	13.35%	16.00%	5.26%
32	华润信托	12.95%	10.17%	20.51%
33	北京国信	12.61%	13.50%	16.81%
34	天津信托	12.43%	10.59%	14.94%
35	陆家嘴信托	12.34%	13.29%	16.05%
36	方正东亚	12.27%	14.95%	20.17%
37	紫金信托	12.21%	17.02%	21.01%

续表

序号	公司简称	2017年	2016年	2015年
38	苏州信托	11.71%	14.00%	14.33%
39	中粮信托	11.66%	9.88%	9.47%
40	中信信托	11.65%	15.99%	17.42%
41	交银国信	11.44%	12.57%	12.03%
42	云南国信	11.24%	10.36%	17.48%
43	浙商金汇	11.19%	7.79%	8.97%
44	兴大兴陇	10.96%	8.05%	10.03%
45	华融国信	10.94%	15.60%	15.05%
46	华澳信托	10.83%	6.00%	12.00%
47	兴业信托	10.44%	9.49%	12.89%
48	英大信托	10.43%	11.99%	14.35%
49	北方国信	10.22%	10.49%	15.61%
50	东莞信托	10.11%	10.84%	14.32%
51	中原信托	9.91%	15.57%	21.31%
52	昆仑信托	9.38%	13.50%	15.02%
53	华信信托	8.28%	16.19%	26.19%
54	中诚信托	8.07%	7.60%	12.19%
55	国元信托	7.69%	9.90%	17.03%
56	金谷信托	7.59%	4.67%	3.60%
57	新时代	7.16%	8.17%	10.12%
58	中泰信托	5.84%	7.49%	10.11%
59	西部信托	5.45%	9.26%	9.59%
60	国联信托	5.43%	6.60%	11.52%
61	国民信托	4.73%	8.78%	17.32%
62	华宸信托	4.25%	2.88%	4.13%
63	山西信托	4.15%	6.30%	4.91%
64	新华信托	1.85%	0.80%	0.57%

表2-3　资本利润率增长序列表(2017年度)

序号	公司简称	2017年	2016年	2015年
1	吉林信托	8.18%	-4.16%	5.05%
2	长城新盛	6.03%	21.05%	-9.49%
3	湖南信托	5.38%	2.34%	-8.76%
4	爱建信托	5.04%	1.58%	0.25%
5	外贸信托	4.96%	-2.74%	-3.30%

续表

序号	公司简称	2017 年	2016 年	2015 年
6	华澳信托	4.83%	-6.00%	-4.00%
7	民生信托	4.48%	1.65%	-2.28%
8	浙商金汇	3.40%	-1.18%	-3.15%
9	大业信托	3.10%	-0.53%	-9.00%
10	金谷信托	2.92%	1.07%	0.46%
11	兴大兴陇	2.91%	-1.98%	0.80%
12	华润信托	2.78%	-10.34%	2.31%
13	华鑫信托	2.07%	-4.49%	0.04%
14	天津信托	1.84%	-4.35%	-11.05%
15	中粮信托	1.78%	0.41%	0.23%
16	渤海信托	1.65%	-1.93%	-3.33%
17	华宸信托	1.37%	-1.25%	0.84%
18	新华信托	1.05%	0.23%	-2.87%
19	江苏国信	0.96%	-1.85%	0.60%
20	兴业信托	0.95%	-3.40%	-4.50%
21	云南国信	0.88%	-7.12%	0.47%
22	中诚信托	0.47%	-4.59%	-5.70%
23	中建投信托	0.31%	-0.24%	1.03%
24	平安信托	0.06%	2.12%	2.75%
25	国投泰康	-0.01%	-7.07%	8.72%
26	粤财信托	-0.04%	2.15%	0.62%
27	工商信托	-0.12%	-5.65%	-9.51%
28	百瑞信托	-0.20%	-3.11%	-2.92%
29	北方国信	-0.27%	-5.12%	-3.36%
30	西藏信托	-0.50%	-1.53%	-12.33%
31	东莞信托	-0.73%	-3.48%	-0.26%
32	厦门国信	-0.84%	1.87%	-3.46%
33	北京国信	-0.89%	-3.31%	-4.12%
34	陆家嘴信托	-0.95%	-2.76%	-4.62%
35	山东国信	-1.00%	-4.86%	-0.14%
36	新时代	-1.01%	-1.95%	1.15%
37	交银国信	-1.13%	0.54%	0.53%
38	国联信托	-1.17%	-4.92%	-2.84%
39	英大信托	-1.56%	-2.36%	未披露
40	中泰信托	-1.65%	-2.62%	-2.86%

续表

序号	公司简称	2017年	2016年	2015年
41	山西信托	-2.15%	1.39%	-3.16%
42	国元信托	-2.21%	-7.13%	1.59%
43	苏州信托	-2.29%	-0.33%	-4.86%
44	中航信托	-2.33%	1.00%	0.43%
45	华宝信托	-2.65%	10.74%	-7.82%
46	方正东亚	-2.68%	-5.22%	-12.72%
47	中融信托	-2.79%	-2.70%	-4.60%
48	华能贵诚	-3.42%	-0.80%	-0.34%
49	万向信托	-3.44%	12.10%	7.61%
50	长安国信	-3.47%	-2.11%	-4.38%
51	西部信托	-3.81%	-0.33%	-2.19%
52	国民信托	-4.05%	-8.54%	7.11%
53	昆仑信托	-4.12%	-1.52%	1.02%
54	重庆国信	-4.20%	-6.88%	6.00%
55	中信信托	-4.34%	-1.43%	-0.42%
56	中铁信托	-4.39%	-1.23%	-24.11%
57	华融国信	-4.66%	0.55%	-2.02%
58	紫金信托	-4.81%	-3.99%	3.61%
59	中原信托	-5.66%	-5.74%	-8.67%
60	上海国信	-5.90%	-1.82%	-0.36%
61	中海信托	-6.87%	-3.22%	1.76%
62	华信信托	-7.91%	-10.00%	-0.81%
63	四川信托	-9.48%	-2.38%	-19.43%
64	建信信托	-15.83%	0.01%	2.10%

第二节　信托报酬率

信托报酬是受托人通过管理和运作信托财产而获取的报酬。按照《信托投资公司信息披露管理暂行办法》，信托业务报酬率的计算是以信托业务收入除以实收信托平均余额，这一指标所反映的是信托公司在信托业务中所获得的报酬。实际运作中，信托公司在对信托资产的管理中，主动管理能力强、作用发挥得大，取得的报酬一般就会较高。反之，如果信托公司在信托业务中并没有进行主动管理、所起到的作用小，信托报酬率就会偏低。

从2017年度的年报披露情况来看，有52家信托公司公布了信托报酬率，比2016年减少了湖南信托和山东国信这两家。2017年，信托行业平均信托报酬率为0.62%，比2016年下降了0.13个百分点。

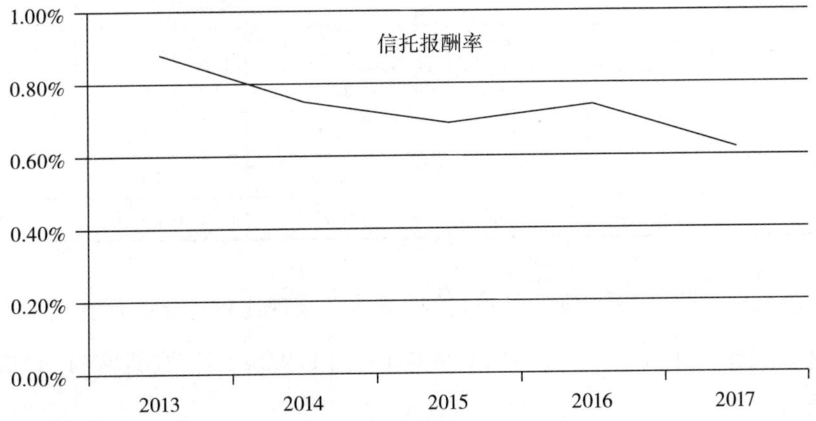

图2-1　2013—2017年度信托公司信托报酬率趋势图

根据图2-1可以看出，信托行业的平均报酬率自2013年以来便已进入下行通道，2016年该指标虽有小幅反弹，但2017年又呈现明显下降。

随着资管行业竞争加剧，信托公司传统业务的赢利空间逐步收窄。值得注意的是，在报酬率指标排名靠前的15家公司中，有6家上年报酬率指标逆市上升，占比40%，远高于纳入统计的信托公司中，主动管理能力较强的信托公司竞争力进一步增强。

在披露2017年报酬率指标的52家信托公司中，下滑比例最大的是华宸信托，其2017年年化信托报酬率同比下降了1.02个百分点；其次是长城新盛，同比下降了0.58个百分点，但其信托报酬率仍高居全行业第4。中小信托公司清算项目数量较少，单一项目报酬率对公司整体报酬率指标的影响较大，因此中小信托公司报酬率指标波动比大型公司会更加明显。研究分析显示，主动管理资产占比较高的信托公司受经营环境影响相对较小，预计行业两极分化的趋势会加大。

从信托报酬率分布的离散程度来看，2017年信托报酬率分布的标准差为0.63%，比2016年（0.60%）有所提高。这说明，全行业信托报酬率的差距有所加大。样本公司中，大部分公司（45家）的信托报酬率水平低于1%。其中，有31家公司（占全体公司数量的60%）的信托报酬率低于0.5%。可以发现，信托报酬率低于0.5%的公司数量远高于2016年数量，具体数据见表2-4。

表 2-4　　2013—2017 年度信托公司信托报酬率的统计分析表

	2013 年	2014 年	2015 年	2016 年	2017 年
平均值(%)	0.88	0.76	0.69	0.75	0.62
平均值增长幅度(%)	-0.09	-0.12	-0.06	0.05	-0.13
公司数目	55	52	54	53	52
最大值(%)	3.44	2.66	2.85	3.16	3.63
最小值(%)	0.25	0.14	0.19	0.14	0.10
标准差(%)	0.55	0.49	0.53	0.60	0.63
变异系数	0.63	0.64	0.77	0.80	1.02

从信托报酬率排名来看,2017 年度,信托报酬率表现比较优异的信托公司前五名为:东莞信托(3.63%)、工商信托(2.73%)、安信信托(1.92%)、长城新盛(1.43%)和华信信托(1.27%)。

东莞信托在 2015 年信托报酬率实现 1%的大幅增长之后,在 2016 年度和 2017 年度分别以 3.16%和 3.63%的信托报酬率稳居行业首位。工商信托的信托报酬率曾在 2013—2015 年连续三年在行业中保持第一,2016 年和 2017 年分别以 2.38%和 2.73%的信托报酬率位居第二位。

2017 年,银行系的建信信托的信托报酬率仍位于行业倒数第一。信托制度的灵活性可以为商业银行的表外业务需求提供通道,这是商业银行控股信托公司的主要原因。也正因此,银行系信托公司低费率的通道类业务占比会相对较高,但是整体赢利能力并不突出。

具体数据如表 2-5 和表 2-6 所示:

表 2-5　　信托报酬率序列表(2017 年度)

序号	公司简称	2017 年	2016 年	2015 年
1	东莞信托	3.63%	3.16%	2.82%
2	工商信托	2.73%	2.38%	2.85%
3	安信信托	1.92%	1.55%	1.00%
4	长城新盛	1.43%	2.01%	0.43%
5	华信信托	1.27%	1.45%	1.22%
6	重庆国信	1.20%	1.24%	1.28%
7	山西信托	1.17%	0.91%	0.60%
8	苏州信托	0.90%	0.86%	0.89%
9	紫金信托	0.85%	1.15%	0.98%

续表

序号	公司简称	2017年	2016年	2015年
10	爱建信托	0.84%	1.12%	1.09%
11	华宸信托	0.81%	1.83%	1.31%
12	百瑞信托	0.79%	0.99%	1.04%
13	陆家嘴信托	0.73%	0.99%	0.81%
14	中原信托	0.70%	0.92%	1.15%
15	中泰信托	0.65%	0.51%	0.49%
16	中江国信	0.64%	0.61%	0.38%
17	中航信托	0.59%	0.73%	0.82%
18	中铁信托	0.53%	0.77%	0.47%
19	国联信托	0.53%	0.58%	0.48%
20	大业信托	0.51%	0.52%	0.71%
21	平安信托	0.50%	0.95%	0.90%
22	渤海信托	0.48%	0.33%	0.35%
23	国民信托	0.47%	0.52%	0.45%
24	金谷信托	0.47%	0.28%	0.32%
25	民生信托	0.43%	0.91%	0.93%
26	新华信托	0.43%	0.47%	0.59%
27	五矿信托	0.42%	0.53%	0.69%
28	北京国信	0.41%	未披露	1.25%
29	天津信托	0.41%	0.44%	0.50%
30	昆仑信托	0.40%	0.84%	0.71%
31	长安国信	0.40%	0.59%	0.64%
32	浙商金汇	0.36%	0.83%	0.74%
33	方正东亚	0.35%	0.46%	0.69%
34	英大信托	0.32%	0.52%	0.23%
35	新时代	0.32%	0.23%	0.31%
36	上海国信	0.28%	0.47%	0.53%
37	外贸信托	0.28%	0.33%	0.29%
38	陕西国信	0.28%	0.29%	0.28%
39	兴大兴陇	0.27%	0.23%	0.35%
40	厦门国信	0.26%	0.46%	0.34%
41	国投泰康	0.25%	0.23%	0.34%
42	华澳信托	0.23%	0.79%	0.89%
43	华鑫信托	0.23%	0.24%	0.38%
44	交银国信	0.22%	0.29%	0.24%

续表

序号	公司简称	2017年	2016年	2015年
45	西部信托	0.22%	0.26%	0.48%
46	云南国信	0.21%	0.23%	0.19%
47	国元信托	0.19%	0.35%	0.34%
48	兴业信托	0.18%	0.17%	0.21%
49	北方国信	0.16%	0.23%	0.31%
50	江苏国信	0.13%	0.23%	0.26%
51	西藏信托	0.13%	0.14%	0.22%
52	建信信托	0.10%	0.15%	0.21%

表2-6　信托报酬率增长序列表(2017年度)

序号	公司简称	2017年	2016年	2015年
1	东莞信托	0.47%	0.34%	1.00%
2	长城新盛	0.37%	1.58%	0.01%
3	安信信托	0.37%	0.55%	-0.02%
4	工商信托	0.35%	-0.47%	0.19%
5	民生信托	0.26%	-0.02%	0.30%
6	金谷信托	0.19%	-0.04%	-0.28%
7	外贸信托	0.15%	0.04%	-0.15%
8	中泰信托	0.14%	0.02%	0.02%
9	兴大兴陇	0.04%	-0.12%	-0.01%
10	苏州信托	0.04%	-0.03%	-0.10%
11	中江国信	0.03%	0.23%	-0.21%
12	国投泰康	0.02%	-0.11%	0.09%
13	兴业信托	0.01%	-0.04%	-0.06%
14	国民信托	-0.01%	0.07%	-0.08%
15	国元信托	-0.01%	0.01%	-0.03%
16	华鑫信托	-0.01%	-0.14%	-0.03%
17	西藏信托	-0.01%	-0.08%	0.08%
18	云南国信	-0.02%	0.04%	-0.02%
19	天津信托	-0.03%	-0.06%	-0.18%
20	重庆国信	-0.04%	-0.04%	-0.04%
21	新华信托	-0.04%	-0.12%	-0.72%
22	西部信托	-0.04%	-0.22%	-0.21%
23	国联信托	-0.05%	0.10%	-0.74%
24	渤海信托	-0.05%	-0.02%	-0.15%

续表

序号	公司简称	2017年	2016年	2015年
25	建信信托	-0.05%	-0.06%	0.00%
26	大业信托	-0.05%	-0.19%	-0.05%
27	交银国信	-0.07%	0.05%	-0.06%
28	北方国信	-0.07%	-0.08%	-0.06%
29	江苏国信	-0.10%	-0.03%	-0.26%
30	方正东亚	-0.11%	-0.23%	-0.12%
31	五矿信托	-0.11%	-0.16%	-0.03%
32	中航信托	-0.14%	-0.09%	0.02%
33	陕西国信	-0.16%	0.01%	-0.15%
34	华信信托	-0.18%	0.23%	-0.66%
35	上海国信	-0.19%	-0.06%	-0.09%
36	长安国信	-0.19%	-0.05%	-0.11%
37	百瑞信托	-0.20%	-0.05%	0.10%
38	英大信托	-0.20%	0.29%	未披露
39	厦门国信	-0.20%	0.12%	-0.11%
40	中原信托	-0.22%	-0.23%	0.22%
41	新时代	-0.23%	-0.08%	-0.02%
42	中铁信托	-0.24%	0.30%	-0.33%
43	陆家嘴信托	-0.26%	0.18%	0.02%
44	紫金信托	-0.30%	0.17%	0.39%
45	昆仑信托	-0.44%	0.13%	0.19%
46	平安信托	-0.45%	0.05%	0.06%
47	浙商金汇	-0.47%	0.09%	-0.18%
48	山西信托	-0.48%	0.31%	-0.03%
49	华澳信托	-0.56%	-0.10%	0.13%
50	华宸信托	-1.02%	0.52%	0.00%
51	爱建信托	-1.12%	0.03%	-0.78%

第三节　人均净利润

从2017年度的年报披露情况来看，有64家信托公司公布了人均净利润，与2016年相比，增加了五矿信托，减少了山东国信。

2017年，信托行业平均人均净利润为369.20万元，比2016年下降了28.92万元。

自2016年平均人均净利润指标出现下降,2017年仍维持下降态势。

从人均净利润的统计分析来看,与2016年情况相同的是,人均净利润超过1000万元的为重庆国信与江苏国信,这两家信托公司的人均净利润分别达到了2295.53万元和1382.88万元。其他公司人均净利润均没有超过1000万元。表2-7显示了2013—2017年度人均净利润相关的主要统计指标。

表2-7　　2013—2017年度信托公司人均净利润的统计分析表

	2013年	2014年	2015年	2016年	2017年
平均值(万元)	394.66	396.97	427.14	390.47	369.20
平均值增长幅度(万元)	12.35	6.77	30.17	-36.67	-21.27
平均值增长率(%)	4.52	1.72	7.60	-8.59	-5.45%
公司数目	66	63	65	64	64
最大值(万元)	1520.01	2615	3357.92	2519.74	2295.53
最小值(万元)	11.36	16	6.44	22.17	36.14
标准差(万元)	270.81	382.5	464.71	365.68	325.61
变异系数	0.70	0.95	1.09	0.94	0.88

从人均净利润排名来看,2017年度,人均净利润表现比较优异的信托公司前五名为:重庆国信(2296万元)、江苏国信(1383万元)、粤财信托(800.08万元)、华润信托(672.62万元)和中铁信托(657万元)。可以发现,2014年有50家信托公司的人均净利润达到了150万元以上,2015年实现150万元以上的公司达到了54家,2017年与2016年持平,都保持在53家。具体变化趋势如图2-2所示。

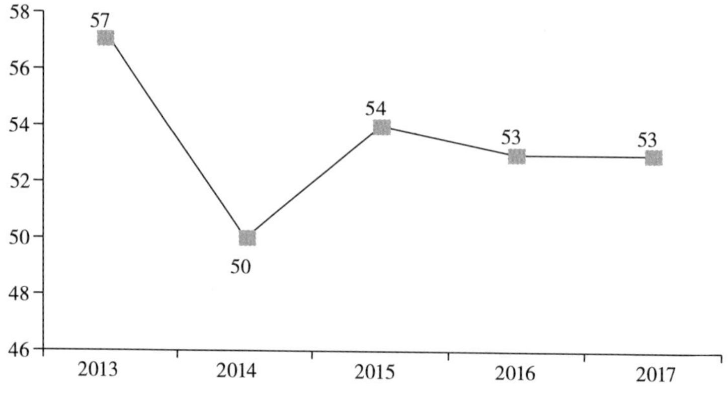

图2-2　2013—2017年人均净利润150万元以上公司数(单位:家)

从人均净利润增幅来看,2017年度,人均净利润增幅前五名的公司为华澳信托(增长

420.00%)、新华信托(增长180.20%)、金谷信托(增长70.25%)、渤海信托(增长67.13%)、华宸信托(增长54.09%)。人均净利润降幅最大的公司是中江国信,降幅达到92.49%,其在2016年度的人均净利润增幅达到190.38%,增幅位居行业第四名。由此可见,行业内部分公司的人均净利润指标的年度差异性较大。

2017年,重庆国信人均净利润达2296万元,蝉联行业榜首,信托总资产283.55亿元,较年初增加23.92亿元;净资产208.87亿元,较年初增加22.24亿元。2017年利润总额39.25亿元,净利润33.58亿元,净资产收益率达17.13%。2017年度,重庆国信注册资本增加至150亿元,成为全行业注册资本最高的公司。截至2017年末,该公司"一带一路"及长江经济带信托项目资金规模约1400亿元,推动地方经济发展业务规模超360亿元,累计为地方经济建设募集资金超1500亿元,为人民群众创造财产性收入近575亿元,利税等贡献累计超230亿元。

具体数据如表2-8和表2-9所示:

表2-8　　人均净利润序列表(2017年度)　　单位:万元

序号	公司简称	2017年	2016年	2015年
1	重庆国信	2295.53	2519.74	3357.92
2	江苏国信	1382.88	1601.19	1685.56
3	粤财信托	800.08	813.76	663.40
4	华润信托	672.62	558.51	1038.31
5	中铁信托	657.00	698.00	703.00
6	中航信托	624.18	595.45	611.68
7	华能贵诚	620.46	566.34	541.91
8	湖南信托	588.00	387.00	298.00
9	华信信托	548.11	863.62	1106.79
10	民生信托	528.62	369.68	188.10
11	渤海信托	516.85	309.25	308.61
12	百瑞信托	515.22	490.73	493.37
13	外贸信托	510.52	410.36	465.55
14	西藏信托	509.75	552.99	645.49
15	五矿信托	489.73	未披露	401.63
16	交银国信	466.62	431.00	388.13
17	建信信托	460.88	435.11	468.35
18	平安信托	455.95	363.01	286.19
19	中海信托	444.26	694.50	820.19

续表

序号	公司简称	2017年	2016年	2015年
20	中信信托	443.76	582.13	587.75
21	中诚信托	428.80	435.05	670.17
22	上海国信	417.80	448.77	514.86
23	英大信托	385.38	423.17	456.48
24	天津信托	370.11	294.71	377.09
25	爱建信托	359.94	335.31	304.89
26	国联信托	358.65	376.43	530.43
27	苏州信托	355.28	430.20	470.11
28	北京国信	321.00	306.00	422.00
29	华鑫信托	319.04	264.00	352.00
30	中原信托	318.96	346.50	388.16
31	昆仑信托	315.97	290.64	337.87
32	国元信托	304.43	371.83	543.97
33	厦门国信	303.35	316.66	304.50
34	华宝信托	292.16	346.06	101.12
35	工商信托	284.00	295.00	260.00
36	兴业信托	271.16	231.90	295.36
37	大业信托	252.56	212.91	265.15
38	中粮信托	251.78	221.44	215.06
39	中建投信托	249.87	243.48	288.84
40	华融国信	247.74	295.94	271.39
41	万向信托	246.91	258.69	134.23
42	北方国信	241.75	255.02	335.10
43	紫金信托	240.30	252.07	295.39
44	新时代	234.18	167.51	150.46
45	东莞信托	230.85	242.69	289.44
46	金谷信托	205.15	120.50	74.88
47	国投泰康	194.40	437.09	791.10
48	方正东亚	193.08	225.56	276.53
49	长城新盛	191.21	150.01	25.50
50	华澳信托	182.00	35.00	63.00
51	兴大兴陇	170.43	132.84	101.46
52	陆家嘴信托	162.94	177.63	192.97
53	西部信托	157.40	430.21	447.75
54	长安国信	149.07	154.35	182.25

续表

序号	公司简称	2017 年	2016 年	2015 年
55	中融信托	144.60	140.10	143.16
56	吉林信托	125.53	143.72	273.19
57	四川信托	124.92	178.40	144.22
58	中泰信托	123.48	128.96	159.82
59	云南国信	103.47	95.53	163.06
60	中江国信	65.14	866.93	298.55
61	新华信托	62.12	22.17	6.44
62	华宸信托	57.97	37.62	43.33
63	国民信托	46.67	85.52	172.11
64	山西信托	36.14	67.93	54.07

表 2-9　　人均净利润增幅序列表（2017 年度）

序号	公司简称	2017 年	2016 年	2015 年
1	华澳信托	420.00%	-44.44%	-25.00%
2	新华信托	180.20%	244.25%	-59.27%
3	金谷信托	70.25%	60.92%	36.15%
4	渤海信托	67.13%	0.21%	-23.56%
5	华宸信托	54.09%	-13.18%	56.26%
6	湖南信托	51.94%	29.87%	-28.02%
7	民生信托	42.99%	96.53%	62.07%
8	新时代	39.80%	11.33%	28.08%
9	兴大兴陇	28.30%	30.93%	9.09%
10	长城新盛	27.46%	488.27%	-67.19%
11	平安信托	25.60%	26.84%	27.97%
12	天津信托	25.58%	-21.85%	-31.60%
13	外贸信托	24.41%	-11.85%	6.80%
14	华鑫信托	20.85%	-25.00%	-1.73%
15	华润信托	20.43%	-46.21%	34.26%
16	大业信托	18.62%	-19.70%	-14.08%
17	兴业信托	16.93%	-21.49%	-12.57%
18	中粮信托	13.70%	2.97%	-3.30%
19	华能贵诚	9.56%	4.51%	7.86%
20	昆仑信托	8.72%	-13.98%	5.99%
21	云南国信	8.31%	-41.41%	-11.68%
22	交银国信	8.26%	11.05%	8.77%

续表

序号	公司简称	2017年	2016年	2015年
23	爱建信托	7.35%	9.98%	7.89%
24	建信信托	5.92%	-7.10%	11.98%
25	百瑞信托	4.99%	-0.54%	13.13%
26	北京国信	4.90%	-27.49%	7.11%
27	中航信托	4.82%	-2.65%	20.69%
28	中融信托	3.21%	-2.14%	4.83%
29	中建投信托	2.62%	-15.70%	-13.96%
30	中诚信托	-1.44%	-35.08%	-26.83%
31	粤财信托	-1.68%	22.67%	24.98%
32	长安国信	-3.42%	-15.31%	-6.20%
33	工商信托	-3.73%	13.46%	-11.56%
34	厦门国信	-4.20%	3.99%	-5.14%
35	中泰信托	-4.25%	-19.31%	-26.02%
36	万向信托	-4.55%	92.72%	21.62%
37	紫金信托	-4.67%	-14.67%	21.45%
38	国联信托	-4.72%	-29.03%	-18.61%
39	东莞信托	-4.88%	-16.15%	6.72%
40	北方国信	-5.20%	-23.90%	-11.48%
41	中铁信托	-5.87%	-0.71%	60.14%
42	上海国信	-6.90%	-12.84%	-23.61%
43	西藏信托	-7.82%	-14.33%	-29.08%
44	中原信托	-7.95%	-10.73%	-16.42%
45	陆家嘴信托	-8.27%	-7.95%	11.06%
46	重庆国信	-8.90%	-24.96%	28.41%
47	英大信托	-8.93%	-7.30%	未披露
48	吉林信托	-12.66%	-47.39%	99.98%
49	江苏国信	-13.63%	-5.01%	15.56%
50	方正东亚	-14.40%	-18.43%	-37.23%
51	华宝信托	-15.58%	242.23%	-52.20%
52	华融国信	-16.29%	9.05%	-5.62%
53	苏州信托	-17.42%	-8.49%	2.47%
54	国元信托	-18.13%	-31.65%	30.29%
55	中信信托	-23.77%	-0.96%	8.87%
56	四川信托	-29.98%	23.70%	-15.72%
57	中海信托	-36.03%	-15.32%	13.01%

续表

序号	公司简称	2017年	2016年	2015年
58	华信信托	-36.53%	-21.97%	14.60%
59	国民信托	-45.43%	-50.31%	49.03%
60	山西信托	-46.80%	25.63%	-36.47%
61	国投泰康	-55.52%	-44.75%	94.07%
62	西部信托	-63.41%	-3.92%	255.64%
63	中江国信	-92.49%	190.38%	-8.70%

第三章　信托资产的分布与运用分析

第一节　信托资产规模分析

一、信托资产规模的整体分析

2017年，信托行业平均信托资产规模为38648885万元，比2016年上升了8890103万元，上升率为29.87%。自2013年以来，信托公司的信托资产规模每年都有大幅度的提升，除了2015年外，平均每年提升20%以上。

表3-1　　2013—2017年度信托公司信托资产规模的统计分析表

	2013年	2014年	2015年	2016年	2017年
平均值(万元)	16046023	20717837	24050170	29758782	38648885
平均值增长幅度(万元)	4232905	4671814	3332333	5708612	8890103
平均值增长率(%)	35.83	29.12	16.08	23.74	29.87
公司数目	68	67	68	68	68
信托资产缩减的公司数	7	13	26	11	11
最大值(万元)	72966080	90207416	109683950	142488879	198672976
最小值(万元)	1271355	695795	980256	971111	396584
标准差(万元)	13235416	18357256	23583490	28279946	35079305
变异系数	0.83	0.89	0.98	0.95	0.91

在2017年度，有11家公司缩减了信托资产规模，与2016年度基本持平。另外，中信信托继2015年度与2016年度分别以102281496万元和142488879万元连续打破自2004年以来单个公司年度信托资产规模的最高纪录之后，在2017年度其信托资产规模进一步攀升至198672976万元。从信托资产规模分布的平均程度来看，2017年度信托资产规模分布的标准差(35079305万元)与2016年度(28279946万元)相比继续大幅上升。与此同时，变异系数也出现了近5年以来的第3次下跌，从2016年的0.95下跌到2017年的0.91。

值得注意的是,2015—2017年,信托资产规模的变异系数已经连续3年出现了下降。2017年变异系数小幅下降,这说明2017年信托行业缩小了信托资产规模分布分化的趋势。如表3-1所示。

二、信托资产规模的公司分析

从信托资产规模排名来看,2017年度,信托资产规模最大的信托公司前5名为:中信信托(198672976万元)、建信信托(140966997万元)、华润信托(134693940万元)、华能贵诚(101025340万元)以及交银国信(96562955万元)。与2016年相比,信托资产规模排名前5名的公司发生了一定的变化,其中,中信信托与建信信托继续排在信托资本规模的前两名,华润信托从2016年的第5位上升至2017年的第3位,而华能贵城与交银国信则从2016年的第7位和第6位分别攀升至2017年的第4位和第5位。兴业信托与上海国信则从2016年的第3位和第4位下降至2017年的第6位和第7位。

同时,可以发现,2017年度信托资产规模达到1000亿元以上的公司达到58家,比2016年度的56家又增加2家。另外,信托资产规模达到500亿元以上的公司,2013年达到56家,2014年达到了创纪录的60家,2015年则小幅下降至58家,2016年增加至59家,2017年又增加至63家。

从信托资产增长幅度来看,2017年度,信托资产增长幅度前5名分别为中信信托(+56184097万元)、华润信托(+53870897万元)、渤海信托(+40859827万元)、华能贵城(+30086343万元)以及国民信托(+27443383万元)。与2016年相比,信托资产增长前5名的变化较大,其中,仅有中信信托与华能贵城依然保持了高速增长,继续跻身前5名的行列。交银国信、上海国信、建信信托从2016年的第2位、第3位和第4位下跌至2017年的第6位、第23位和第20位。而华润信托、渤海信托和国民信托分别从2016年的第25位、第14位和第15位跃升至2016年的第2位、第3位和第5位。

从信托资产规模增长率来看,2017年度,信托资产规模增长率前5名的公司为浙江金汇(增长223.04%)、渤海信托(增长190.77%)、昆仑信托(增长143.26%)、万向信托(增长117.96%)以及国元信托(增长117.78%)。值得一提的是,2017年信托资产规模增长率排名前5的信托公司其增长率远远高于2016年。

从2013年以来各年信托资产规模的稳定程度来看,最稳定公司的前3名分别是北方国信(变异系数为0.04)、东莞信托(变异系数为0.06)以及粤财信托(变异系数为0.10)。

北方国信自2013年来,一直保持了稳定的信托资产规模,平均值为28195057万元。另外,信托资产规模波动程度最大的前3家公司分别是浙商金汇(变异系数为0.96)、国民信托(变异系数为0.87)以及甘肃信托(变异系数为0.75),这3家公司近5年来整体上都实现了信托资产规模的持续大幅增长。

第二节 信托资产分布分析

一、信托资产分布的行业分析

信托公司的信托资产可以分为基础产业资产、房地产业资产、证券业资产、实业资产以及金融机构资产等五大行业类别。2012—2017年,信托公司信托资产的行业分布特征如图3-1所示。

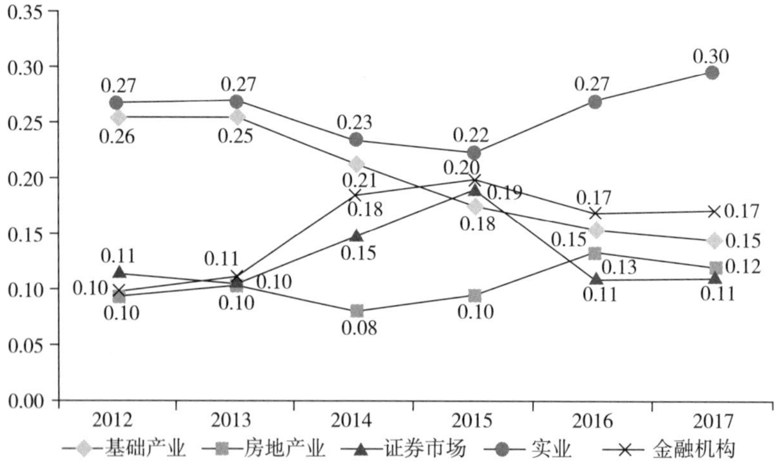

图3-1 2012—2017年信托资产的行业占比平均值分布

第一,2012年以前,信托资产在基础产业的分布比例是最大的,此后连续5年,实业资产超过了基础资产,位于资产比例的首位。第二,信托资产在金融机构和证券市场的分布比例曲线惊人的一致,2011—2015年占比呈上升趋势,而在2016年均出现下跌,2017年度则又出现了小幅上扬。第三,房地产业资产的分布占比在近6年内基本徘徊在10%左右的水平,与其他类型资产相比表现得较为平稳。

综合上述数据,我们可以发现,与2016年度信托公司大幅度调整信托资产行业比例构成不同,2017年度除了实业资产继续保持增幅之外,其他资产占比与上一年度相比均保持在比较稳定的水平之上。其中，基础产业资产比例和房地产资产比例比2016年小幅下调0.95%和1.3%，而证券市场资产和金融机构资产分布比例分别上升0.17%和0.21%。实业资产的比例的增幅相对较高，同比增长2.63%。可以看出，各类资产分布比例总体变化不大。信托公司在2017年微量减少基础资产和房地产资产的同时，适度提高了对于证券市场资产以及金融机构资产的投资比例，这表明在国家房地产调控政策的影响之下，信托公司对于房地产行业的发展持观望态度；而在2016年度出现较大幅度下降的金融机构资产与证券市场资产的投资占比则在2017年度出现了一定的回升。总体上看，在原有的投资结构下，整个信托行业的发展并没有受到政策的负面影响而停滞不前，依然实现了20%以上的资产规模的扩张。与此同时，除实体资产占比继续走高之外，其他资产占比与2016年相比变化不大。综上所述，我们不难看出，2017年整个信托行业对宏观经济未来的走势判断与2016年相比变化不大，对于投资结构的调整主要持观望的态度。

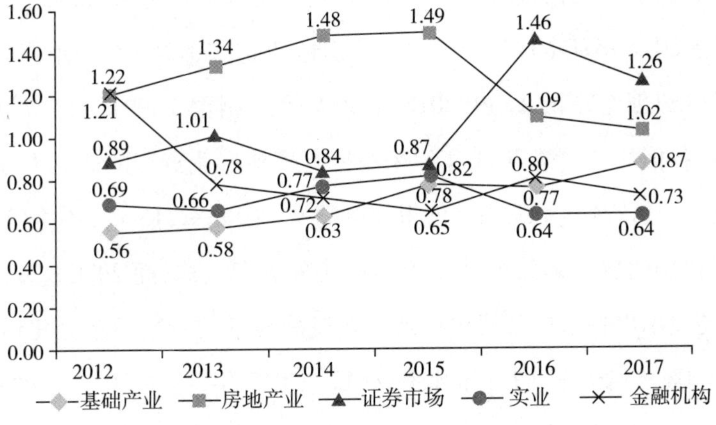

图3－2　2012—2017年信托资产行业分布比例的变异系数

图3－2描述了2012—2017年度信托资产的行业构成比例在不同信托公司之间的变异系数。首先，基础产业资产的变异系数一直比较低，而且相对稳定，自2012以来，一直维持在0.60左右。在2012年，该指标达到0.56，2013年与2012年基本持平，达到0.58，2014年上升至0.63，2015年该指标大幅上升至0.78，2016年与2015年基本持平，而在2017年度该指标又大幅上升至0.87. 这表明，不同信托公司对持有基础产业资产比例的态度发生了微妙的变化，与以前相比，2012—2013年度，信托公司对于投资基础产业的投资分歧大大降低。而从2014年度开始，信托行业对于基础产业投资的差异度开始逐步

扩大,特别是在2015年度和2017年度该指标出现了两次比较大的增长。我们必须注意到,虽然布局基础产业资产是各信托公司近年以来的共识,其变异系数远低于其他几种行业,近年来这一共识正在逐步被打破。其次,证券业资产的变异系数波动较大, 2016年,可能出于对证券市场风险的考虑,不同信托公司对证券业资产的持有态度差异较大,增加到1.46。2012年证券市场分布比例的变异系数大幅跌至0.89,2013年大幅上升至1.01,2014年大幅下降至0.84, 2015年持续小幅上升至0.87。而在2017年,该指标为1.26,虽然与2016年相比出现了一定的下降,但是信托行业在基础产业投资上的较大差异并没有得到根本改善。这显示出各信托公司在2012年纷纷增持证券业资产后2013年对证券资产的持有比例又出现了较大的分歧,2016—2017年,出于对证券市场前景的不同判断,各信托公司证券业资产的持有比例分歧程度位于近年来的最高水平。另外,对于实业资产,各信托公司的态度在各年间的变化相对较小。在2012—2013年越来越趋于一致,由2012年的0.69降至2013年的0.66,但是2014年各信托公司对于实业资产的持有比例分歧开始加大,增加到0.77,2015年则持续加大至0.82,2016年又一次大幅下调至0.64,并在2017年基本保持不变。对于房地产业, 2012—2015年,其变异系数逐渐加大,2015年达到创纪录的1.49,2016年又大幅下调至1.09,2017年进一步下降至1.02.这显示出各信托公司继2011年以来在持有房地产业资产的比例方面发生分化后,自2016年这种分歧持续开始缩小。值得注意的是,2012—2015年,各信托公司对于房地产业资产持有比例的变异系数远远高于其他几种资产形式,而2016—2017年则出现了一定的下调,这显示出各信托公司对房地产业发展前景的判断逐渐分化后,2016年这种分歧开始缩小。对于金融机构分布比例,2012—2017年,除了2016年度变异系数上升外,其余年度均小幅下调。2012年小幅回升至1.22,但是2013年又大幅下跌至0.78,2014年延续了2013年的跌势,微跌至0.72,2015年持续大幅下跌至0.65,2016年则大幅上升至0.80,2017年度则又下降至0.73。2017年,在5种资产布局中,证券资产的变异系数波动较大。这说明,各信托公司对该种资产的投资比例更具分歧。

2013—2017年度信托公司信托资产的行业分布占比情况如表3-2所示。

表 3－2　2013—2017 年度信托公司信托资产行业分布占比

		2013 年	2014 年	2015 年	2016 年	2017 年
披露公司数目		63	64	66	67	65
基础产业	规模（万元）	4256482	4450960	4353447	4954380	5543222
	占比（%）	25.49	21.35	17.73	15.47	14.52
	占比最大值（%）	85.09	61.74	55.35	53.67	57.63
	占比最小值（%）	0.00	0.00	0.00	0.08	0.00
	标准差（%）	14.67	13.41	13.79	11.90	12.63
	变异系数	0.58	0.63	0.78	0.77	0.87
房地产	规模（万元）	1721714	1981747	1986838	2735452	3449852
	占比（%）	10.31	8.09	9.51	13.32	12.02
	占比最大值（%）	70.30	76.74	76.64	69.91	69.45
	占比最小值（%）	0.00	0.00	0.00	0.28	0.33
	标准差（%）	13.87	11.95	14.18	14.56	12.28
	变异系数	1.34	1.48	1.49	1.09	1.02
证券资产	规模（万元）	1748212	3051222	4670180	4615884	5497438
	占比（%）	10.47	14.64	19.02	10.90	11.07
	最大值（%）	41.18	57.91	34.62	75.94	58.63
	最小值（%）	0.00	0.00	0.00	0.00	0.01
	标准差（%）	10.62	12.26	16.52	15.91	13.93
	变异系数	1.01	0.84	0.87	1.46	1.26
实业	规模（万元）	4516831	4879568	5482718	7634547	9976555
	占比（%）	27.05	23.41	22.33	26.97	29.60
	最大值（%）	92.95	78.51	83.59	81.57	87.02
	最小值（%）	0.00	0.00	0.00	0.20	1.47
	标准差（%）	17.94	17.92	18.31	17.29	18.84
	变异系数	0.66	0.77	0.82	0.64	0.64
金融机构	规模（万元）	1842148	3825970	4884625	6028036	8293402
	占比（%）	11.03	18.35	19.89	16.83	17.04
	最大值（%）	48.15	62.65	64.16	48.37	50.33
	最小值（%）	0.00	0.00	0.00	0.00	0.00
	标准差（%）	8.59	13.21	13.03	13.53	12.50
	变异系数	0.78	0.72	0.65	0.80	0.73

二、信托资产分布的公司分析

2017 年度各项信托资产比例最大的前 3 名如表 3－3 所示。

表 3－3　2017 年度各项信托资产比例最大的前 3 名

	第 1 名	第 2 名	第 3 名
基础产业资产	英大信托(57.63%)	湖南信托(55.10%)	华融国信(42.49%)
房地产业资产	工商信托(69.45%)	华宸信托(49.04%)	中建投信托(44.39%)
证券业资产	江苏国信(58.63%)	中海信托(55.74%)	华润信托(50.46%)
实业资产	新时代(87.02%)	天津信托(80.50%)	吉林信托(72.23%)
金融机构	建信信托(50.33%)	浙商金汇(49.57%)	华融国信(42.49%)

基础产业资产占比变化仍然较大，只有湖南信托连续 3 年保持基础产业资产占比前 3 名的位子。国元信托和甘肃信托分别从 2016 年的第 2 名和第 3 名跌至 2017 年的第 4 名和第 7 名。而英大信托和华融国信则上升至 2017 年的第 1 名和第 3 名。

房地产业资产占比也发生了一定的变化，工商信托以 69.45%的比例依然位居行业第 1 名，国民信托和国元信托则分别从 2016 年的第 2 名和第 3 名下跌至 2017 年的第 38 名和第 62 名。而华宸信托和中建投信托则分别上升至 2017 年的第 2 名和第 3 名。

证券业资产占比前 3 名变化不大，2016 年和 2017 年排名前 3 的均为江苏国信、中海信托和华润信托，只是排名次序略有变化，由 2016 年的华润信托、江苏国信和中海信托调整为 2017 年的江苏国信、中海信托和华润信托。

实业资产占比排名前 3 的企业变化相对较小，天津信托和新时代继续保持行业前 3 的位置。吉林信托以 72.23%的比例在已经披露该数据的信托公司中排名第 3 位。

金融机构资产占比变化较大，2017 年度排名前 3 位的分别是建信信托、浙商金汇和华融国信。兴业信托由 2016 年的 48.37%（第 1 名）降至 2017 年的 42.01%（第 4 名），国通信托由 2016 年的 46.12%（第 2 名）降至 2017 年的 37.12%（第 8 名），中粮信托则由 2016 年的 45.43%（第 3 名）降至 2017 年的 27.82%（第 12 名）。

2017 年度各项信托资产规模最大的前 3 名如表 3－4 所示。

表3-4　　2017年度各项信托资产规模最大的前3名　　单位:亿元

	第1名	第2名	第3名
基础产业资产	中信信托(3886)	交银国信(3809)	上海国信(3526)
房地产业资产	中信信托(2962)	平安信托(1006)	中建投信托(756)
证券业资产	华润信托(6797)	江苏国信(3231)	建信信托(2889)
实业资产	渤海信托(3816)	兴业信托(3321)	国民信托(3257)
金融机构	建信信托(7095)	中信信托(4165)	兴业信托(3916)

基础产业资产规模,前3名公司相对较小,中信信托和上海国信继续位居前3名。建信信托由2016年的3895万元(第1名)下降至2017年的701万元(第15名),而交银国信则从2016年的2717万元(第5名)上升至2017年的3809万元(第2名)

房地产业资产规模,2017年前3名公司与2016年度变化较大。只有中信信托继续保持房地产规模前3的位置,国民信托和建信信托分别从行业第1名和第3名降至第29名和第26名,平安信托和中建投信托则分别从2016年的第4名和第8名跃升至2017年的第2名和第3名。

证券业资产规模,2017年行业前3名公司与2016年相比变化相对较小。华润信托和江苏国信继续位居行业前2名,外贸信托由2016年的第3名微降至2017年的第5名,而建信信托则由2016年的第9名升至2017年的第3名。

实业资产规模,前3名公司与2016年度相比变化较大,除兴业信托继续维持在行业第2名不变以外,平安信托与新时代由2016年的第1名和第3名降至2017年的第5名和第4名,而渤海信托和国民信托分别由2016年的第9名和第43名上升至2017年的第1名和第3名。

金融机构资产规模,前3名公司与2016年相比变化较小。建信信托和兴业信托继续维持在行业前3名,中融信托由2016年的第3名小幅降至2017年的第4名,而中信信托则由2016年的第4名上升至2017年的第2名。

另外,从2013年以来各年信托资产构成比例的稳定程度来看,东莞信托在基础产业和实业资产的投资比例上相对比较稳定,四川信托在房地产业和金融机构资产的投资比例比较稳定,而中信信托在实业资产和金融机构资产的投资比例上比较稳定。具体数据如表3-5所示。

表3-5　　2013—2017年度各项信托资产投资比例最稳定的前3名

	第1名	第2名	第3名
基础产业资产	交银国信（39.37%，0.02）	大业信托（10.18%，0.07）	东莞信托（11.47%，0.09）
房地产业资产	工商信托（74.97%，0.07）	四川信托（9.53%，0.07）	爱建信托（16.53%，0.11）
证券业资产	长安国信（11.66%，0.11）	北方国信（20.56%，0.15）	外贸信托（43.54%，0.16）
实业资产	中信信托（12.38%，0.05）	东莞信托（32.46%，0.07）	中融信托（36.00%，0.08）
金融机构	中信信托（19.53%，0.11）	四川信托（15.17%，0.18）	建信信托（43.70%，0.18）

注：表中括号内第一个数字是平均值，第二个数字是变异系数。

第三节　信托资产运用分析

一、信托资产的运用分析

信托公司的运用方式可以分为货币资产、贷款、长期投资以及交易性金融资产等。2012—2017年，信托公司信托资产运用的分布特征如图3-3所示。

图3-3　2012—2017年信托公司信托资产的运用分布

自2012年以来，贷款资产的比例一直居于首位，但其数值存在一定波动。2011—2013年，贷款资产比例持续上升，由2011年的36.76%上升至2013年度的45.05%，2014年和2015年连续2年下跌至34.76%，2016年贷款资产比例又一次出现上升，小幅反弹至37.97%,而在2017年该比例再次小幅下降至36.08%。在信托资产的运用分布格局中,贷款资产的比例一直远远高于其他几种资产形式。货币资产、长期投资和交易性金融资产比例比较接近。2017年,交易性金融资产比例位居第2位,该指标在2012—2017年变化不大,一直在6%~11%徘徊,2016年该指标首次突破10%,达到历史性的10.50%,2017年该指标降至9.37%。在4类资产类型中运用比例仅次于贷款资产。

2017年,长期投资比例居信托资产运用的第3位,2012—2015年,长期投资比例整体呈下调趋势,从2012年的9.74%跌至2015年的6.73%,成为几种资产运用形式中的最低值。但是,2016年该指标小幅反弹至8.43%,2017年进一步上升至8.48%。货币资产的比例在2012—2017年除了2014年大幅增加外其余年份均逐年下降,从2012年的最高值9.55%降低为2013年的6.80%,2014年则小幅增加至8.14%,2015年则小幅下跌至6.75%,2016年大幅下跌至3.04%,2017年更是进一步降至2.15%的最低点。值得一提的是,在过去的6年中,货币资产比例一直在10%以下的水平徘徊。

综上所述,我们不难看出,2017年度各信托公司的投资资产运用策略整体变化幅度不大。其中,虽然贷款比例由2016年度的37.97%小幅下降至2017年度的36.08%,但贷款资产的比例仍然最高,而交易性金融资产与长期投资居中,货币资产最少。值得注意的是,2017年,货币资金的运用比例继续处于下降通道中,长期投资继续保持小幅上涨的趋势,而交易性金融资产的比例相比于2017年略有下滑。这种信托资产运用格局在一定程度上反映出2017年度信托行业依赖贷款业务获取利润的格局并没有得到根本改变,但是在投资组合中减少了流动性较强的货币资金与交易性金融资产的持有比例,适度增加了长期投资的比例,表明信托公司正在通过业务调整寻求更高的赢利水平。

图3-4描述了2012—2017年各信托公司信托资产运用方式比例的增减速度。

其中,交易性金融资产的波动性最小,波动区间为-0.37%~2.27%,最大跌幅为2013年的-0.37%,最大涨幅则为2012年的2.27%,值得注意的是,该指标最大涨幅与最大跌幅的发生年度均位于区间的较早时期。2012—2015年,长期投资资产比例均实现了负增长,2016年则增长1.70%,2017年增长了0.05%。另外,在过去的6年内,除了2015年与2017年外,货币资产与贷款的变动基本是负相关的,其中一项资产比例的增长必定伴随另一项资产比例的下降。2015年,两种资产比例都呈下跌趋势,只是货币资产比贷款下降的幅度小很多;而在2017年,两种资产比例分别下跌了0.89%与1.89%,负相关关系是否会在未来被打破还有待进一步观望。

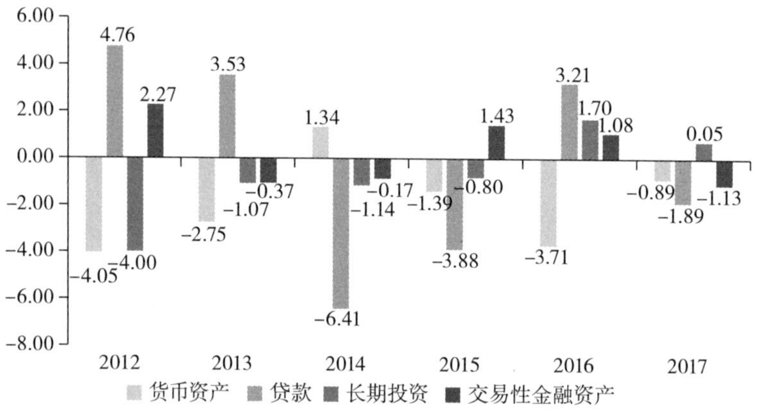

图3-4 2012—2017年信托公司信托资产各运用方式比例的变化速度(%)

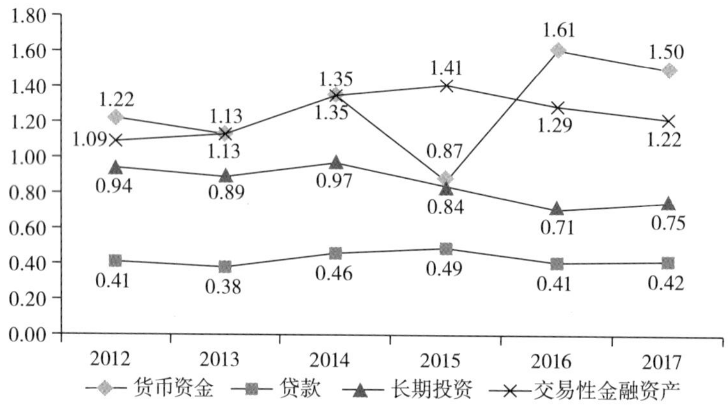

图3-5 2012—2017年信托资产运用方式构成比例的变异系数

图3-5描述了2012—2017年度信托资产的运用构成比例在不同信托公司之间的变异系数。首先,贷款的变异系数一直比较低,2012年之后,变异系数都在0.50左右,除2014年为0.46,2015年为0.49外,其余4年均在0.40左右徘徊。这表明,不同信托公司对贷款资产比例的态度比较一致。其次,长期投资资产的变异系数也比较稳定,过去6年均为0.71~0.97。这表明,在近6年,不同信托公司对长期投资产业资产比例的态度分歧基本稳定。另外,从变异系数看,不同信托公司对货币资产比例的态度除了2015年外,在其余4年分歧均比较大,尤其是2016年大幅上升至1.61,达到近6年以来的最高值。2017年度虽然有所下降,但也达到了1.50。这表明不同信托公司对货币资产比例的态度自2016年开始逐步加大。

综合上述分析,我们不难发现,2012—2014年,各信托公司对于信托资产运用的变异性变化不大，而2015年这一趋势发生了变化，2016年与2017年则继续保持这一趋势。各信托公司在信托资产运用方面的态度在2016年、2017年开始出现了分化，这表明2015年以来各信托公司的同质化竞争形势有了明显的松动，这有利于信托行业的可持续发展。2013—2017年度信托公司信托资产的运用方式分布情况如表3-6所示。

表3-6　　2013—2017年度信托公司信托资产运用方式分布

		2013年	2014年	2015年	2016年	2017年
披露公司数目		64	64	66	64	62
货币资产	规模(万元)	1146007	1620648	1658037	1656976	1031960
	占比(%)	6.80	8.14	6.75	3.04	2.15
	占比增长(%)	-2.75	1.34	-1.39	-3.71	-0.89
	最大值(%)	32.94	62.65	33.30	29.82	17.54
	最小值(%)	0.20	0.00	0.00	0.00	0.18
	标准差(%)	7.71	11.00	5.91	4.90	3.22
	变异系数	1.13	1.35	0.87	1.61	1.50
贷款	规模(万元)	7404305	7695919	8533610	9844327	13649619
	占比(%)	45.05	38.64	34.76	37.97	36.08
	占比增长(%)	-3.53	-6.41	-3.88	3.21	-1.89
	最大值(%)	80.15	83.00	86.60	68.70	80.84
	最小值(%)	12.30	10.25	0.03	8.60	3.25
	标准差(%)	16.95	17.78	16.93	15.54	15.30
	变异系数	0.38	0.46	0.49	0.41	0.42
长期投资	规模(万元)	1425731	1498744	1652335	2146446	2886342
	占比(%)	8.67	7.53	6.73	8.43	8.48
	占比增长(%)	-1.07	-1.14	-0.80	1.70	0.05
	最大值(%)	39.55	42.70	52.50	28.01	31.39
	最小值(%)	0.39	0.00	0.85	0.86	0.22
	标准差(%)	7.75	7.29	5.65	5.98	6.37
	变异系数	0.89	0.97	0.84	0.71	0.75
交易性金融资产	规模(万元)	1341084	2263059	3669147	4283962	4800038
	占比(%)	8.16	7.99	9.42	10.50	9.37
	占比增长(%)	-0.37	-0.17	1.43	1.08	-1.13
	最大值(%)	38.24	43.12	69.07	73.08	45.84
	最小值(%)	0.00	0.00	0.00	0.00	0.00
	标准差(%)	9.18	10.50	13.17	13.41	11.46
	变异系数	1.13	1.35	1.41	1.29	1.22

二、信托资产运用的公司分析

2017年度各项信托资产运用方式比例最大的前3名如表3-7所示。

表3-7　　2017年度各项信托资产运用方式比例最大的前3名

	第1名	第2名	第3名
货币资产	建信信托(17.54%)	江苏国信(16.22%)	华宝信托(8.68%)
贷款	湖南信托(80.40%)	山西信托(72.12%)	中建投信托(64.32%)
长期投资	中粮信托(31.39%)	长城新盛(30.84%)	百瑞信托(20.64%)
交易性金融资产	华润信托(45.84%)	外贸信托(39.31%)	中海信托(38.80%)

从表3-7中可以看出,货币资产占比,行业前3名差别不大,建信信托、江苏国信和华宝信托继续保持行业前3名的位置,并且名次与2016年相比也没有发生任何变化。

贷款占比,行业前3名也相对较小,只是中建投信托与山西信托相互之间变换了排位。值得一提的是,湖南信托已经连续6年保持贷款占比行业前3的位置,这表明其投资策略相对比较稳定。

长期投资占比,行业前3名发生了比较大的变化,其中百瑞信托虽然仍然位于前3名的行列,但是由2016年的28.01%(第2名)下降至2017年的20.64%(第3名)。昆仑信托由2016年的28.01%(第1名)下降至2017年的12.35%(第14名),其连续4年长期投资占比居于行业前2名的态势被打破。工商信托由2016年的19.71%(第3名)下降至2017年的13.54%(第12名)。与此同时,中粮信托则由2016年的13.52%(第13名)上升至2017年的31.39%(第1名),长城新盛由2016年的19.68%(第4名)上升至2017年的30.84%(第2名)。

交易性金融资产占比,行业前3名变化不大,华润信托和中海信托2017年继续保持行业前3的位置。外贸信托从2015年的第3名小幅下调至2016年的第5名,陕西国信则从2016年的第3名降至2017年的第6名,而外贸信托则从2016年的第5名跃升至2017年的第2名。

2017年度各项信托资产规模最大的前3名如表3-8所示。

第四章 信托资产盈利能力分析

第一节 信托收入

一、信托收入的历史分析

本书收录了 68 家信托公司的信托收入数据，与上一年度持平。

根据 2018 年信托公司最新披露信息显示，2017 年度，信托行业平均信托收入为 2063063 万元，相比于 2016 年出现了较大幅度的增长，增长幅度为 447609 万元，增长了 39.11%。自 2013 年以来，信托公司的信托收入在 2014 年的上升幅度最大，达到 53.52%，而 2013 年，增幅也达到了 50.22%；但自 2015 年开始，信托收入增长幅度开始放缓。其中 2015 年的增幅仅有 13.38%，2016 年度更是出现了 14.85% 的下滑。2017 年度，信托收入增幅有所回升，达到了 39.11%。如表 4－1 所示。

表 4－1　　2013—2017 年度信托公司信托收入的统计分析表

	2013 年	2014 年	2015 年	2016 年	2017 年
平均值（万元）	1089973	1673290	1897191	1615454	2063063
均值增长幅度（万元）	364384	583317	223901	－281737	447609
平均值增长率（%）	50.22	53.52	13.38	－14.85	39.11
公司数目	68	66	68	68	68
信托收入为负的公司数	0	0	0	0	0
最大值（万元）	3824727	5760493	7067050	7552412	7807201
最小值（万元）	53014	21565	74021	51312	53725
标准差（万元）	825965.62	1346644.32	1712474.41	1398303.66	1707978.13
变异系数	0.74	0.80	0.90	0.87	0.83

自 2013 年以来，从未出现信托公司的信托收入为负值的情况。在 2017 年所有收录的 68 家信托公司均实现了正的信托收入，即使信托收入最少的公司也达到了 53725 万

为0.68,2017年继续下降至0.65。自营总资产与自营净资产的相关描述性统计见表5－1与表5－2。

表5－1　　2013—2017年度信托公司自营资产规模统计分析表

	2013年	2014年	2015年	2016年	2017年
平均值(万元)	423486	534427	683336	818893	965308
平均值增长额(万元)	75883	107608	153685	135557	146415
平均值增长率(%)	21.83	25.21	29.02	19.84	17.88
公司数目	68	67	68	68	67
自营资产缩减的公司数	3	4	5	8	13
最大值(万元)	1856314	2130809	2925275	2611260	2813417
最小值(万元)	45159	44523	43113	70574	117865
标准差(万元)	341799	424092	542345	591021	637047
变异系数	0.81	0.79	0.79	0.72	0.66

表5－2　　2013—2017年度信托公司自营净资产规模统计分析表

	2013年	2014年	2015年	2016年	2017年
平均值(万元)	374690	474526	560325	659106	770560
平均值增长额(万元)	66885	99835	90142	98781	111454
平均值增长率(%)	21.73	26.64	19.17	17.63	16.91
自营净资产缩减的公司数	1	0	5	7	8
最大值(万元)	1713394	1966971	2277467	2251071	2391441
最小值(万元)	36447	39087	38456	49402	67046
标准差(万元)	306290	376103	416468	453099	504608
变异系数	0.81	0.79	0.74	0.68	0.65

具体数据如表5－3至表5－8所示：

表5－3　　信托公司资产总额序列表(2017年度)　　单位:万元

序号	公司简称	2017年	2016年	2015年
1	重庆国信	2813417	2573658	2440202
2	平安信托	2790803	2611260	2925275
3	中信信托	2654754	2418234	2231375
4	安信信托	2260503	1785333	915895
5	中诚信托	2212703	1905737	1829432
6	华润信托	2171416	1845200	1890457
7	中融信托	2098952	1856284	1662165

续表

序号	公司简称	2017年	2016年	2015年
8	兴业信托	1896201	1412196	1300345
9	上海国信	1667017	1387998	758945
10	渤海信托	1401426	856191	484820
11	华能贵诚	1384124	1466564	1045224
12	华信信托	1360128	1349747	750932
13	民生信托	1333650	1264694	470981
14	江苏国信	1325878	1152835	910175
15	昆仑信托	1303305	642495	643182
16	山东国信	1290205	710227	529650
17	中铁信托	1289098	1126084	1015579
18	华融国信	1258352	1016707	710962
19	外贸信托	1253175	783188	759065
20	中航信托	1182475	871393	860939
21	五矿信托	1179961	720582	611610
22	建信信托	1160659	1086251	873792
23	中江国信	1099636	1085806	530189
24	北京国信	1085555	839955	799398
25	中海信托	1071895	1073325	542795
26	华宝信托	1052338	757534	655031
27	交银国信	1038089	740283	657268
28	新时代	1034755	1009318	409496
29	中原信托	1005374	758984	513081
30	陕西国信	944821	950467	874386
31	百瑞信托	906914	746376	617890
32	湖南信托	886376	475964	353826
33	中建投信托	884439	813230	706467
34	四川信托	868335	637548	510668
35	长安国信	849294	739188	674079
36	西部信托	733703	862960	1206352
37	国元信托	709355	624139	580576
38	爱建信托	706710	546869	475367
39	吉林信托	663172	662956	485798
40	新华信托	658983	764198	718543
41	天津信托	629273	448387	451169
42	粤财信托	625805	489639	457400

续表

序号	公司简称	2017年	2016年	2015年
43	国投泰康	619626	590868	505001
44	英大信托	602202	564042	517668
45	光大兴陇	585468	523076	462197
46	厦门国信	577701	485357	444045
47	方正东亚	576169	516902	465931
48	陆家嘴信托	547976	567949	507719
49	国联信托	541406	567777	395392
50	中粮信托	521158	412667	395256
51	华鑫信托	499726	422433	449337
52	工商信托	496276	401067	335225
53	华澳信托	483788	205368	172887
54	苏州信托	461548	481821	420103
55	北方国信	457400	454706	426533
56	中泰信托	441119	473006	406709
57	东莞信托	432548	409924	396280
58	国民信托	430744	402036	306513
59	紫金信托	425242	367690	210482
60	金谷信托	410656	474196	494092
61	万向信托	406212	289050	206917
62	云南国信	279702	240779	220954
63	浙商金汇	266723	90315	87634
64	西藏信托	246166	220296	218967
65	大业信托	242560	210505	166172
66	山西信托	216924	228829	215284
67	华宸信托	131239	143493	155683
68	长城新盛	117865	70574	43113

表5-4　　资产总额增长序列表(2017年度)　　单位:万元

序号	公司简称	2017年	2016年	2015年
1	昆仑信托	660809	-686	41191
2	山东国信	579978	180577	75218
3	渤海信托	545235	371371	107840
4	兴业信托	484004	111852	137541
5	安信信托	475170	869438	620501
6	外贸信托	469987	24123	86895

续表

序号	公司简称	2017年	2016年	2015年
7	五矿信托	459379	108972	89717
8	湖南信托	410412	122138	45806
9	华润信托	326215	-45257	384900
10	中航信托	311082	10454	312075
11	中诚信托	306965	76305	400754
12	交银国信	297806	83014	75213
13	华宝信托	294804	102502	54410
14	上海国信	279019	629054	-96913
15	华澳信托	278420	32481	48165
16	中原信托	246390	245903	165860
17	北京国信	245600	40557	288442
18	中融信托	242668	194119	456439
19	华融国信	241644	305745	166635
20	重庆国信	239759	133456	795578
21	中信信托	236519	186859	150504
22	四川信托	230787	126880	96350
23	天津信托	180886	-2782	93011
24	平安信托	179543	-314015	794466
25	浙商金汇	176408	2681	3127
26	江苏国信	173043	242660	81515
27	中铁信托	163014	110504	268836
28	百瑞信托	160538	128486	192742
29	爱建信托	159841	71502	100769
30	粤财信托	136166	32238	69833
31	万向信托	117162	82133	49527
32	长安国信	110107	65109	131269
33	中粮信托	108491	17411	34725
34	工商信托	95209	65842	132076
35	厦门国信	92344	41312	69329
36	国元信托	85217	43562	79067
37	华鑫信托	77294	-26904	120480
38	建信信托	74408	212459	125113
39	中建投信托	71209	106763	234232
40	民生信托	68956	793713	126051
41	光大兴陇	62392	60879	288777

续表

序号	公司简称	2017 年	2016 年	2015 年
41	方正东亚	11.47%	10.94%	32.62%
42	中信信托	9.78%	8.37%	7.23%
43	重庆国信	9.32%	5.47%	48.37%
44	中建投信托	8.76%	15.11%	49.60%
45	国民信托	7.14%	31.16%	46.19%
46	平安信托	6.88%	-10.73%	37.28%
47	建信信托	6.85%	24.31%	16.71%
48	英大信托	6.77%	8.96%	13.44%
49	东莞信托	5.52%	3.44%	16.91%
50	民生信托	5.45%	168.52%	36.54%
51	国投泰康	4.87%	17.00%	-22.94%
52	新时代	2.52%	146.48%	19.99%
53	中江国信	1.27%	104.80%	7.88%
54	华信信托	0.77%	1.77%	-0.61%
55	北方国信	0.59%	6.61%	14.02%
56	吉林信托	0.03%	36.47%	-20.77%
57	中海信托	-0.13%	97.74%	3.41%
58	陕西国信	-0.59%	8.70%	105.39%
59	陆家嘴信托	-3.52%	11.86%	34.35%
60	苏州信托	-4.21%	14.69%	10.63%
61	国联信托	-4.64%	43.60%	20.53%
62	山西信托	-5.20%	6.29%	6.11%
63	华能贵诚	-5.62%	40.31%	42.43%
64	中泰信托	-6.74%	16.30%	7.26%
65	华宸信托	-8.54%	-7.83%	49.81%
66	金谷信托	-13.40%	-4.03%	36.64%
67	新华信托	-13.77%	87.85%	95.78%
68	西部信托	-14.98%	-28.47%	505.23%

表 5-6　　净资产序列表(2017 年度)　　单位:万元

序号	公司简称	2017 年	2016 年	2015 年
1	平安信托	2391441	2251071	2277467
2	中信信托	2153983	2008099	1795223
3	重庆国信	2068088	1845196	1617141
4	华润信托	1846469	1644346	1683537

续表

序号	公司简称	2017 年	2016 年	2015 年
5	中诚信托	1657800	1530728	1411838
6	安信信托	1619148	1371817	630892
7	中融信托	1587169	1281048	1131905
8	兴业信托	1478514	1336499	1225130
9	昆仑信托	1260880	497428	621304
10	上海国信	1226826	1067470	674803
11	华能贵诚	1221453	1092865	727761
12	华信信托	1174731	1197106	731997
13	渤海信托	1154386	704624	423372
14	五矿信托	1137868	571140	564975
15	江苏国信	1137839	988147	875226
16	建信信托	1105522	975272	830851
17	民生信托	1104753	993239	359374
18	交银国信	1001536	708984	628255
19	中航信托	974592	630774	520002
20	华融国信	961979	677606	513808
21	山东国信	914754	633663	500502
22	外贸信托	895267	769635	743390
23	中江国信	870546	875049	494418
24	北京国信	827630	763414	692123
25	新时代	808048	737493	368456
26	中原信托	804666	728414	420255
27	陕西国信	793113	772836	765414
28	中铁信托	765138	652486	531944
29	华宝信托	721199	657356	571057
30	百瑞信托	701450	608699	544031
31	四川信托	691329	598615	471051
32	湖南信托	687067	311971	300633
33	中建投信托	667033	577886	500203
34	长安国信	658795	561317	492502
35	国元信托	643853	599690	557691
36	英大信托	610605	556975	501406
37	新华信托	603015	577868	573344
38	西部信托	565808	698440	941102
39	粤财信托	564171	469252	427646

续表

序号	公司简称	2017年	2016年	2015年
40	国投泰康	509742	493945	482871
41	光大兴陇	501988	459351	432212
42	方正东亚	490316	433080	372855
43	厦门国信	484771	374065	398132
44	国联信托	482233	508882	369873
45	中海信托	474635	444742	424218
46	中粮信托	459769	391393	377254
47	天津信托	455751	401509	377648
48	华鑫信托	451627	390094	346120
49	爱建信托	449686	403256	382115
50	北方国信	429118	401370	364032
51	中泰信托	422800	397595	373605
52	苏州信托	410173	430905	370791
53	东莞信托	399178	381051	368573
54	金谷信托	384533	356428	340160
55	吉林信托	382901	383730	423593
56	陆家嘴信托	382544	423310	371039
57	工商信托	368305	332522	286047
58	紫金信托	363218	73890	190878
59	华澳信托	341477	121275	114373
60	国民信托	244097	232827	213185
61	万向信托	243336	194529	165168
62	云南国信	232361	207631	187186
63	西藏信托	221680	191381	161249
64	山西信托	196323	195832	192357
65	浙商金汇	191525	80623	74581
66	大业信托	181447	149598	128091
67	华宸信托	117012	123013	133425
68	长城新盛	67046	49402	38456

表5-7　　净资产增长序列表(2017年度)　　单位:万元

序号	公司简称	2017年	2016年	2015年
1	昆仑信托	763452	-123876	37033
2	五矿信托	566728	6165	78075
3	渤海信托	449762	281252	54934

续表

序号	公司简称	2017 年	2016 年	2015 年
4	湖南信托	375096	11338	49500
5	中航信托	343817	110772	45163
6	中融信托	306121	149143	162138
7	交银国信	292552	80729	72282
8	紫金信托	289328	-116988	27467
9	华融国信	284373	163798	17592
10	山东国信	281091	133161	65559
11	安信信托	247332	740925	450429
12	重庆国信	222892	228055	346116
13	华澳信托	220201	6902	12521
14	华润信托	202123	-39191	314681
15	上海国信	159356	392666	-121124
16	江苏国信	149692	112921	59785
17	中信信托	145884	212876	-26403
18	兴业信托	142015	111369	118120
19	平安信托	140370	-26395	310496
20	建信信托	130250	144422	111909
21	华能贵诚	128588	365104	100788
22	中诚信托	127073	118889	130556
23	外贸信托	125631	26246	91580
24	中铁信托	112652	120542	90091
25	民生信托	111514	633865	34125
26	浙商金汇	110902	6042	6401
27	厦门国信	110706	-24067	50071
28	长安国信	97478	68815	70652
29	粤财信托	94919	41606	57403
30	百瑞信托	92751	64668	171974
31	四川信托	92713	127564	82344
32	中建投信托	89147	77683	71340
33	中原信托	76252	308159	102479
34	新时代	70555	369037	36771
35	中粮信托	68376	14138	37150
36	北京国信	64216	71291	232669
37	华宝信托	63843	86299	25666
38	华鑫信托	61533	43974	33004

续表

序号	公司简称	2017年	2016年	2015年
39	方正东亚	57236	60226	68317
40	天津信托	54242	23861	38448
41	英大信托	53630	55569	61042
42	万向信托	48807	29361	15058
43	爱建信托	46431	21140	21191
44	国元信托	44164	41999	74300
45	光大兴陇	42637	27139	266442
46	工商信托	35783	46475	118395
47	大业信托	31848	21507	20886
48	西藏信托	30299	30132	35502
49	中海信托	29893	20524	40356
50	金谷信托	28105	16268	9902
51	北方国信	27747	37339	43422
52	中泰信托	25205	23989	29288
53	新华信托	25147	4524	298195
54	云南国信	24730	20444	25492
55	陕西国信	20277	7422	384027
56	东莞信托	18127	12479	48683
57	长城新盛	17644	10946	-631
58	国投泰康	15797	11073	-72711
59	国民信托	11270	19642	33961
60	山西信托	491	3475	3663
61	吉林信托	-829	-39864	-37681
62	中江国信	-4503	380631	45819
63	华宸信托	-6002	-10411	40785
64	苏州信托	-20732	60115	40907
65	华信信托	-22375	465109	13998
66	国联信托	-26649	139009	48863
67	陆家嘴信托	-40766	52271	27938
68	西部信托	-132632	-242662	774482

表5-8　　净资产增幅序列表（2017年度）

序号	公司简称	2017年	2016年	2015年
1	紫金信托	391.56%	-61.29%	16.81%
2	华澳信托	181.57%	6.03%	12.29%

续表

序号	公司简称	2017年	2016年	2015年
3	昆仑信托	153.48%	-19.94%	6.34%
4	浙商金汇	137.56%	8.10%	9.39%
5	湖南信托	120.23%	3.77%	19.71%
6	五矿信托	99.23%	1.09%	16.04%
7	渤海信托	63.83%	66.43%	14.91%
8	中航信托	54.51%	21.30%	9.51%
9	山东国信	44.36%	26.61%	15.07%
10	华融国信	41.97%	31.88%	3.55%
11	交银国信	41.26%	12.85%	13.00%
12	长城新盛	35.71%	28.46%	-1.61%
13	厦门国信	29.60%	-6.04%	14.39%
14	万向信托	25.09%	17.78%	10.03%
15	中融信托	23.90%	13.18%	16.72%
16	大业信托	21.29%	16.79%	19.48%
17	粤财信托	20.23%	9.73%	15.50%
18	安信信托	18.03%	117.44%	249.60%
19	中粮信托	17.47%	3.75%	10.92%
20	长安国信	17.37%	13.97%	16.75%
21	中铁信托	17.27%	22.66%	20.39%
22	外贸信托	16.32%	3.53%	14.05%
23	西藏信托	15.83%	18.69%	28.23%
24	华鑫信托	15.77%	12.70%	10.54%
25	四川信托	15.49%	27.08%	21.18%
26	中建投信托	15.43%	15.53%	16.63%
27	百瑞信托	15.24%	11.89%	46.22%
28	江苏国信	15.15%	12.90%	7.33%
29	上海国信	14.93%	58.19%	-15.22%
30	天津信托	13.51%	6.32%	11.34%
31	建信信托	13.36%	17.38%	15.57%
32	方正东亚	13.22%	16.15%	22.43%
33	华润信托	12.29%	-2.33%	22.99%
34	重庆国信	12.08%	14.10%	27.23%
35	云南国信	11.91%	10.92%	15.77%
36	华能贵诚	11.77%	50.17%	16.08%
37	爱建信托	11.51%	5.53%	5.87%

续表

序号	公司简称	2017 年	2016 年	2015 年
38	民生信托	11.23%	176.38%	10.49%
39	工商信托	10.76%	16.25%	70.62%
40	兴业信托	10.63%	9.09%	10.67%
41	中原信托	10.47%	73.33%	32.25%
42	华宝信托	9.71%	15.11%	4.71%
43	英大信托	9.63%	11.08%	13.86%
44	新时代	9.57%	100.16%	11.09%
45	光大兴陇	9.28%	6.28%	160.73%
46	北京国信	8.41%	10.30%	50.64%
47	中诚信托	8.30%	8.42%	10.19%
48	金谷信托	7.89%	4.78%	3.00%
49	国元信托	7.36%	7.53%	15.37%
50	中信信托	7.26%	11.86%	-1.45%
51	北方国信	6.91%	10.26%	13.54%
52	中海信托	6.72%	4.84%	10.51%
53	中泰信托	6.34%	6.42%	8.51%
54	平安信托	6.24%	-1.16%	15.79%
55	国民信托	4.84%	9.21%	18.95%
56	东莞信托	4.76%	3.39%	15.22%
57	新华信托	4.35%	0.79%	108.38%
58	国投泰康	3.20%	2.29%	-13.09%
59	陕西国信	2.62%	0.97%	100.69%
60	山西信托	0.25%	1.81%	1.94%
61	吉林信托	-0.22%	-9.41%	-8.17%
62	中江国信	-0.51%	76.99%	10.21%
63	华信信托	-1.87%	63.54%	1.95%
64	苏州信托	-4.81%	16.21%	12.40%
65	华宸信托	-4.88%	-7.80%	44.02%
66	国联信托	-5.24%	37.58%	15.22%
67	陆家嘴信托	-9.63%	14.09%	8.14%
68	西部信托	-18.99%	-25.78%	464.82%

对于自营资产负债率指标的全行业平均值，自 2004 年以来，基本呈逐年下降趋势，在 2012 年达到 11.45%，在 2013 年达到 11.35%，在 2014 年达到 11.21%，从 2015 年开始，信托行业的自营财务杠杆又开始逐年上升，2015 年信托公司平均自营资产负债率为

18.00%，2016年该指标上升至19.51%，2017年进一步上升至19.77%。全行业最高的资产负债率出现在2004年，曾经达到81.42%，之后逐年下降，在2012年已经下降到33.70%，2013年有所上升，达到45.97%，2014年下降至40.83%，2015年回升至47.62%，2016年又上升至58.58%，2017年为55.72%。从全行业自营资产负债率分布的离散程度来看，变异系数自2008年以来逐年下降，在2013年有所上升到0.82，2014年下降至0.74，2015年下降至0.57，2016年为0.58，2017年下降至0.57。自营资产负债率指标的描述性统计见表5-9。

表5-9　2013—2017年度信托公司自营资产负债率统计分析表

	2013年	2014年	2015年	2016年	2017年
平均值(%)	11.35	11.21	18.00	19.51	19.77
平均值增长(%)	-0.28	-0.14	6.79	1.51	0.26
公司数目	67	67	68	68	68
最大值(%)	45.97	40.83	47.62	58.58	55.72
最小值(%)	1.49	1.6	2.07	1.25	1.59
标准差(%)	9.35	8.33	10.25	11.31	11.19
变异系数	0.82	0.74	0.57	0.58	0.57

自营资产负债率最大的5家公司是中海信托(55.72%)、国民信托(43.33%)、紫金信托(43.12%)、吉林信托(42.26%)和中建设信托(40.65%)。自营资产负债率最小的5家公司是英大信托(1.59%)、昆仑信托(3.26%)、北京国信(3.52%)、华鑫信托(3.57%)以及中泰信托(4.15%)。

具体数据如表5-10和表5-11所示：

表5-10　信托公司资产负债率序列表(2017年度)

序号	公司简称	2017年	2016年	2015年
1	中海信托	55.72%	58.56%	21.85%
2	国民信托	43.33%	42.09%	30.45%
3	长城新盛	43.12%	30.00%	10.80%
4	吉林信托	42.26%	42.12%	12.80%
5	中铁信托	40.65%	42.06%	47.62%
6	万向信托	40.10%	32.70%	20.18%
7	爱建信托	36.37%	26.26%	19.62%
8	华宝信托	31.47%	13.22%	12.82%
9	陆家嘴信托	30.19%	25.47%	26.92%

续表

序号	公司简称	2017年	2016年	2015年
10	华澳信托	29.42%	40.95%	33.84%
11	山东国信	29.10%	10.78%	5.50%
12	外贸信托	28.56%	1.73%	2.07%
13	安信信托	28.37%	23.16%	31.12%
14	浙商金汇	28.19%	10.73%	14.90%
15	天津信托	27.58%	10.45%	16.30%
16	重庆国信	26.49%	28.30%	33.73%
17	上海国信	26.41%	23.09%	11.09%
18	工商信托	25.79%	17.09%	14.67%
19	大业信托	25.20%	28.93%	22.92%
20	中诚信托	25.08%	19.68%	22.83%
21	中建投信托	24.58%	28.94%	29.20%
22	中融信托	24.38%	30.99%	31.90%
23	北京国信	23.76%	9.11%	13.42%
24	华融国信	23.55%	33.35%	27.73%
25	西部信托	22.88%	19.06%	21.99%
26	百瑞信托	22.66%	18.45%	11.95%
27	湖南信托	22.49%	34.45%	15.03%
28	长安国信	22.43%	24.06%	26.94%
29	兴业信托	22.03%	5.36%	5.78%
30	新时代	21.91%	26.93%	10.02%
31	中江国信	20.83%	19.41%	6.75%
32	四川信托	20.38%	6.11%	7.76%
33	中原信托	19.96%	4.03%	18.09%
34	中信信托	18.86%	16.96%	19.55%
35	国投泰康	17.73%	16.40%	4.38%
36	渤海信托	17.63%	17.70%	12.67%
37	中航信托	17.58%	27.61%	39.60%
38	民生信托	17.16%	21.46%	23.70%
39	云南国信	16.93%	13.77%	15.28%
40	厦门国信	16.09%	22.93%	10.34%
41	陕西国信	16.06%	18.69%	12.46%
42	华润信托	14.96%	10.89%	10.95%
43	方正东亚	14.90%	16.22%	19.98%
44	紫金信托	14.59%	7.16%	9.31%

续表

序号	公司简称	2017 年	2016 年	2015 年
45	平安信托	14.31%	13.79%	22.15%
46	光大兴陇	14.26%	12.18%	6.49%
47	江苏国信	14.18%	14.29%	3.84%
48	华信信托	13.63%	11.31%	2.52%
49	中粮信托	11.78%	5.16%	4.55%
50	华能贵诚	11.75%	25.48%	30.37%
51	苏州信托	11.13%	10.57%	11.74%
52	国联信托	10.93%	10.37%	6.45%
53	华宸信托	10.84%	14.27%	14.30%
54	西藏信托	9.95%	13.13%	26.36%
55	粤财信托	9.85%	4.16%	6.50%
56	华鑫信托	9.63%	7.66%	22.97%
57	山西信托	9.50%	14.42%	10.65%
58	国元信托	9.23%	3.92%	3.94%
59	新华信托	8.49%	24.38%	20.21%
60	东莞信托	7.71%	7.04%	6.99%
61	金谷信托	6.36%	24.84%	31.15%
62	北方国信	6.18%	11.73%	14.65%
63	建信信托	4.75%	10.22%	4.91%
64	中泰信托	4.15%	15.94%	8.14%
65	五矿信托	3.57%	20.74%	7.62%
66	交银国信	3.52%	4.23%	4.41%
67	昆仑信托	3.26%	22.58%	3.40%
68	英大信托	1.59%	1.25%	3.14%

表 5-11　　　资产负债率增长序列表(2017 年度)

序号	公司简称	2017 年	2016 年	2015 年
1	外贸信托	26.83%	0.33%	-0.96%
2	山东国信	18.32%	-5.28%	1.21%
3	华宝信托	18.24%	-0.40%	3.62%
4	浙商金汇	17.46%	4.16%	-4.43%
5	天津信托	17.12%	5.84%	11.00%
6	兴业信托	16.67%	0.42%	0.99%
7	中原信托	15.94%	14.06%	9.61%
8	北京国信	14.65%	4.31%	3.34%

续表

序号	公司简称	2017年	2016年	2015年
9	四川信托	14.28%	1.65%	1.58%
10	长城新盛	13.12%	-19.20%	-1.41%
11	爱建信托	10.11%	-6.64%	15.97%
12	工商信托	8.70%	-2.42%	-2.80%
13	紫金信托	7.42%	2.15%	1.89%
14	万向信托	7.40%	-12.52%	15.55%
15	中粮信托	6.62%	-0.60%	-1.11%
16	粤财信托	5.69%	2.34%	2.04%
17	中诚信托	5.40%	3.15%	12.51%
18	国元信托	5.32%	0.02%	0.33%
19	安信信托	5.21%	7.96%	-7.79%
20	陆家嘴信托	4.72%	1.45%	17.71%
21	百瑞信托	4.21%	-6.49%	-0.53%
22	华润信托	4.08%	0.06%	1.87%
23	西部信托	3.82%	2.92%	5.58%
24	上海国信	3.31%	-12.01%	4.08%
25	云南国信	3.16%	1.52%	2.02%
26	华信信托	2.32%	-8.79%	-2.45%
27	光大兴陇	2.08%	-5.70%	2.08%
28	华鑫信托	1.97%	15.32%	18.18%
29	中信信托	1.90%	2.59%	7.09%
30	中江国信	1.42%	-12.66%	-1.98%
31	国投泰康	1.33%	-12.02%	-10.84%
32	国民信托	1.24%	-11.64%	15.93%
33	东莞信托	0.67%	-0.05%	1.37%
34	苏州信托	0.56%	1.17%	-1.39%
35	国联信托	0.56%	-3.92%	4.31%
36	平安信托	0.52%	8.35%	14.46%
37	英大信托	0.34%	1.89%	-0.36%
38	吉林信托	0.14%	-29.31%	-11.96%
39	渤海信托	-0.07%	-5.03%	10.41%
40	江苏国信	-0.10%	-10.45%	2.24%
41	交银国信	-0.71%	0.19%	-0.07%
42	方正东亚	-1.32%	3.76%	6.66%
43	中铁信托	-1.41%	5.56%	6.79%

续表

序号	公司简称	2017 年	2016 年	2015 年
44	长安国信	-1.63%	2.87%	4.65%
45	重庆国信	-1.81%	5.42%	11.01%
46	陕西国信	-2.63%	-6.23%	2.05%
47	中海信托	-2.84%	-36.72%	-5.02%
48	西藏信托	-3.18%	13.23%	-3.22%
49	华宸信托	-3.43%	0.02%	3.44%
50	大业信托	-3.74%	-6.02%	7.69%
51	民生信托	-4.30%	2.23%	17.99%
52	中建投信托	-4.36%	0.26%	20.01%
53	山西信托	-4.92%	-3.77%	3.66%
54	新时代	-5.02%	-16.91%	7.21%
55	建信信托	-5.47%	-5.30%	0.94%
56	北方国信	-5.55%	2.92%	0.36%
57	中融信托	-6.61%	0.91%	12.33%
58	厦门国信	-6.84%	-12.59%	3.23%
59	华融国信	-9.80%	-5.62%	18.89%
60	中航信托	-10.03%	11.99%	26.11%
61	华澳信托	-11.53%	-7.10%	15.51%
62	中泰信托	-11.79%	-7.80%	-1.05%
63	湖南信托	-11.97%	-19.42%	-3.43%
64	华能贵诚	-13.73%	4.89%	15.81%
65	新华信托	-15.89%	-4.18%	-4.82%
66	五矿信托	-17.17%	-13.11%	0.92%
67	金谷信托	-18.47%	6.32%	22.49%
68	昆仑信托	-19.32%	-19.18%	0.46%

二、自营资产规模的公司分析

从自营资产规模排名来看,2017 年度,自营资产规模最大的信托公司前 5 名为:重庆国信(2813417 万元)、平安信托(2790803 万元)、中信信托(2654754 万元)、安信信托(2260503 万元)和中诚信托(2212703 万元)。

同时,可以发现,2013 年自营资产规模达到 20 亿元以上的公司有 52 家,2014 年则增至 56 家,2015 年增至 63 家,2016 年达到 65 家,2017 年维持在 65 家。另外,2005 年以来，平安信托的自营资产规模一直是行业第一名。2008—2010期间，平安信托是唯一一家自营资产规模超过100亿元的信托公司，到了2011年，中诚信托和华润信托的自营资产规模也超过了100亿元，至2012年，中信信托自营资产规模也破百亿元，2014年平安信托和中信信托资产总额均超过200亿元。至2017年，资产总额超过200亿元的公司已达7家。

从自营资产规模增幅来看，2017年度，自营资产规模增幅前5名的公司为浙江金汇（195.33%）、华澳信托（135.57%）、昆仑信托（102.85%）、湖南信托（86.23%）以及山东国信（81.66%）。另外，自营资产规模发生下滑的公司达到了13家。

第二节　自营资产分布

一、自营资产分布的行业分析

从本书掌握的2017年度的年报披露情况来看，有64家信托公司公布了自营资产的行业分布情况。

信托公司的自营资产可以分为基础产业资产、房地产业资产、证券业资产、实业资产以及金融机构等五大行业类别以及其他行业资产类别。2013—2017年，信托公司自营资产的行业分布特征如图5-1所示。

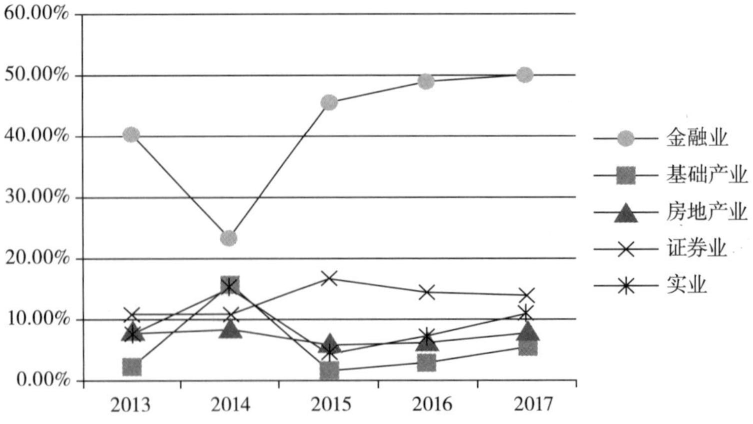

图5-1　2013—2017年信托公司自营资产的行业分布

从图5-1可以发现，2014年自营资产在实业的分布比例是大幅上升的，该比例为

15.01%,达到最高。而在2015年,实业分布比例出现大幅下降,回落至4.35%,2016年上升至7.41%,2017年则持续上升到10.92%。

基础产业资产比例在2014年大幅上升至15.33%,而这一指标在2015年也出现大幅下降,回落至1.65%,2016年回升至3.08%,2017年达到5.41%。

房地产业资产比例变化相对平缓,2013年维持在7.99%的水平,2014年保持在8.50%的比例,2015年回落至5.91%,2016年缓慢回升至6.29%,2017年达到8.02%。

证券业资产比例2013年降至10.9%,2014年维持在10.79%,2015年大幅上升至16.69%,2016年及2017年都出现了小幅的下降,2016年为14.44%,2017年下降至13.85%。

自2009年以来,可以获得的金融机构资产数据显示,在自营资产中,金融机构资产比例一直是各种资产中最高的。2013年该比例为40.28%,2014年该比例大幅回落至23.30%,2015年达到近几年最高的45.37%,2016年增至48.91%,2017年更是达到了50 %。

表5-12总结了2013—2017年度信托公司自营资产的行业分布描述性统计。

表5-12　　2013—2017年度信托公司自营资产行业分布统计分析表

		2013年	2014年	2015年	2016年	2017年
披露公司数目		61	63	63	66	64
基础产业资产	平均规模(万元)	10830	146268	11384	10754	45539
	平均占比(%)	2.50	15.33	1.65	3.08	5.41%
	该值为0的公司数	43	46	47	28	10
	占比最大值(%)	34.60	55.06	39.57	48.00	27.84
	占比最小值(%)	0	0	0	0	0
	占比标准差(%)	6.87	9.80	6.94	7.77	7.57
	占比变异系数	2.74	0.64	4.21	2.52	1.40
房地产业资产	平均规模(万元)	34556	81109	40816	38283	170549
	平均占比(%)	7.99	8.50	5.91	6.29	8.02
	该值为0的公司数	30	31	29	17	7
	占比最大值(%)	41.00	42.90	41.37	51.38	38.02
	占比最小值(%)	0	0	0	0	0
	占比标准差(%)	10.92	10.35	8.97	9.90	9.80
	占比变异系数	1.37	1.22	1.52	1.57	1.22

续表

		2013 年	2014 年	2015 年	2016 年	2017 年
证券业资产	平均规模(万元)	47177	102958	115297	99612	119951
	平均占比(%)	10.90	10.79	16.69	14.44	13.85
	该值为0的公司数	7	7	7	2	1
	占比最大值(%)	68.31	82.03	83.72	81.97	68.62
	占比最小值(%)	0	0	0	0	0
	占比标准差(%)	15.33	18.65	18.33	16.83	14.58
	占比变异系数	1.41	1.73	1.10	1.17	1.05
实业资产	平均规模(万元)	33051	143244	30049	53068	438570
	平均占比(%)	7.64	15.01	4.35	7.41	10.92
	该值为0的公司数	27	24	29	19	8
	占比最大值(%)	66.05	34.27	28.95	56.02	90.36
	占比最小值(%)	0	0	0	0	0
	占比标准差(%)	12.19	10.54	7.04	12.76	16.55
	占比变异系数	1.60	0.7	1.62	1.72	1.52
金融业	平均规模(万元)	174267	222315	313499	397058	494508
	平均占比(%)	40.28	23.30	45.37	48.91	50.00
	该值为0的公司数	3	3	2	0	0
	占比最大值(%)	97.26	96.19	96.15	98.42	98.24
	占比最小值(%)	0	0	0	1.82	2.64
	占比标准差(%)	28.75	28.10	30.06	29.62	28.09
	占比变异系数	0.71	1.21	0.66	0.61	0.56

二、自营资产分布的公司分析

具体数据如表5－13、表5－14所示。

表5－13　　2017年度各项自营资产比例最大的前三名

	第一名	第二名	第三名
基础产业资产	湖南信托 (27.84%)	华澳信托 (24.80%)	交银国信 (18.34%)
房地产业资产	新华信托 (38.02%)	中诚信托 (29.06%)	华宸信托 (28.97%)
证券业资产	吉林信托 (68.62%)	西部信托 (58.25%)	华鑫信托 (40.40%)
实业资产	中建设信托 (90.36%)	华澳信托 (49.72%)	渤海信托 (45.27%)

续表

	第一名	第二名	第三名
金融机构	粤财信托 (98.24%)	长城新盛 (96.78%)	江苏国信 (96.67%)

注:公司名称后括号中数字为该行业资产占比。

表 5－14　2017 年度各项自营资产规模最大的前三名

	第一名	第二名	第三名
基础产业资产	湖南信托 (246958)	昆仑信托 (200572)	交银国信 (190717)
房地产业资产	中诚信托 (643195)	华润信托 (322272)	昆仑信托 (301500)
证券业资产	中融信托 (520300)	山东国信 (502295)	华信信托 (462425)
实业资产	五矿信托 (9376675)	陆家嘴信托 (5859141)	中建设信托 (799196)
金融机构	重庆国信 (2234079)	平安信托 (2164492)	上海国信 (1491752)

注:公司名称后括号中数字为该行业资产规模,单位:万元。

具体数据如表 5－15 至表 5－25 所示:

表 5－15　自营资产金融机构资产序列表(2017 年度)　单位:万元

序号	公司简称	2017 年	2016 年	2015 年
1	重庆国信	2234079	1894765	1701346
2	平安信托	2164492	1766540	2302816
3	上海国信	1491752	1220027	495334
4	华润信托	1295743	1216868	1235050
5	中诚信托	1286643	784717	772432
6	江苏国信	1281771	1084542	632727
7	华能贵诚	1271273	1358833	948616
8	中信信托	1162217	438386	746301
9	五矿信托	1110891	636428	586821
10	中江国信	983480	未披露	0
11	华宝信托	871871	635754	449940
12	华信信托	847749	未披露	未披露
13	中建投信托	799196	618036	495585
14	华融国信	781463	732593	416356
15	民生信托	700529	481404	415901

续表

序号	公司简称	2017 年	2016 年	2015 年
16	渤海信托	649366	501973	267288
17	中航信托	647962	636428	219056
18	中原信托	622771	487526	372296
19	粤财信托	614793	481893	439770
20	新时代	606919	850011	342774
21	英大信托	592890	508226	442211
22	中海信托	554210	852412	313073
23	湖南信托	532675	140043	84419
24	国元信托	511044	443816	406774
25	北京国信	500464	360820	440853
26	中铁信托	419505	484088	295427
27	长安国信	418954	475949	133461
28	建信信托	398466	441955	488450
29	方正信托	372737	68075	41604
30	陕西国信	370879	321925	未披露
31	紫金信托	364875	322785	173876
32	金谷信托	326354	322785	431923
33	苏州信托	323347	310336	247938
34	国联信托	306915	425625	274388
35	中融信托	300326	206033	158927
36	华鑫信托	291669	481404	242102
37	西部信托	287528	243988	184201
38	工商信托	285383	73892	68633
39	四川信托	279702	34260	269748
40	爱建信托	261496	109629	66206
41	万向信托	254321	95200	110176
42	天津信托	243613	260016	229145
43	国民信托	235745	171819	189641
44	中粮信托	233278	274578	305472
45	光大兴陇	210384	209452	48056
46	浙商金汇	208281	34260	26151
47	中泰信托	197228	189755	190659
48	北方国信	191070	46350	33720
49	交银国信	149189	77000	32000
50	外贸信托	129628	82479	79002

续表

序号	公司简称	2017年	2016年	2015年
51	长城新盛	114045	68075	41251
52	西藏信托	110353	118746	134447
53	兴业信托	106456	116274	96966
54	大业信托	104503	95200	未披露
55	吉林信托	89017	190676	未披露
56	厦门国信	78372	79531	65935
57	山西信托	62146	98456	86961
58	国投信托	59171	116282	54400
59	新华信托	59133	62125	54619
60	昆仑信托	55250	72219	51250
61	华澳信托	41259	274578	101213
62	百瑞信托	31163	31163	31163
63	华宸信托	25215	25215	68304
64	东莞信托	21298	21029	18653
65	陆家嘴信托	14495	10352	80567

表5-16　　自营资产金融机构占比序列表(2017年度)

序号	公司简称	2017年	2016年	2015年
1	粤财信托	98.24%	98.42%	96.15%
2	长城新盛	96.78%	96.46%	95.68%
3	江苏国信	96.67%	94.08%	69.52%
4	英大信托	95.60%	90.10%	85.42%
5	五矿信托	94.15%	88.32%	95.95%
6	华能贵诚	91.85%	92.65%	90.76%
7	中建投信托	90.36%	76.00%	70.15%
8	上海国信	89.48%	87.90%	65.27%
9	紫金信托	85.80%	87.79%	82.61%
10	中江国信	84.80%	未披露	0.00%
11	华宝信托	82.85%	83.92%	68.69%
12	金谷信托	79.47%	87.79%	87.42%
13	重庆国信	79.41%	73.62%	69.72%
14	浙商金汇	78.09%	37.93%	29.84%
15	平安信托	77.56%	67.65%	78.72%
16	国元信托	69.75%	71.11%	70.07%
17	苏州信托	67.58%	62.92%	57.71%

续表

序号	公司简称	2017年	2016年	2015年
18	方正信托	64.69%	96.46%	8.93%
19	万向信托	62.61%	32.94%	53.25%
20	华信信托	62.33%	未披露	未披露
21	华融国信	62.10%	72.06%	58.56%
22	中原信托	61.94%	64.23%	72.56%
23	湖南信托	60.04%	29.42%	23.86%
24	华润信托	59.67%	65.95%	65.33%
25	新时代	58.65%	84.22%	83.71%
26	华鑫信托	58.40%	38.06%	53.88%
27	中诚信托	58.15%	41.18%	42.22%
28	工商信托	57.50%	18.42%	20.47%
29	国联信托	56.69%	74.96%	69.40%
30	中航信托	54.79%	88.32%	25.44%
31	国民信托	54.73%	42.74%	61.87%
32	民生信托	52.53%	38.06%	88.30%
33	中海信托	51.70%	79.42%	57.68%
34	长安国信	49.33%	64.39%	19.80%
35	渤海信托	46.35%	58.63%	55.13%
36	北京国信	46.10%	42.27%	53.92%
37	西藏信托	44.82%	53.91%	61.40%
38	中粮信托	44.79%	66.54%	77.28%
39	中泰信托	44.71%	40.12%	46.88%
40	中信信托	43.78%	18.13%	33.45%
41	大业信托	43.08%	32.94%	未披露
42	北方国信	41.77%	10.19%	7.91%
43	陕西国信	39.25%	33.87%	未披露
44	西部信托	39.19%	28.27%	15.27%
45	天津信托	38.71%	57.99%	50.79%
46	爱建信托	36.14%	19.66%	13.73%
47	光大兴陇	35.93%	40.04%	10.40%
48	建信信托	34.33%	40.69%	55.90%
49	中铁信托	32.54%	42.99%	29.09%
50	四川信托	32.21%	37.93%	52.82%
51	山西信托	28.65%	43.03%	40.39%
52	华宸信托	19.21%	17.57%	43.87%

续表

序号	公司简称	2017年	2016年	2015年
53	交银国信	14.34%	10.05%	4.87%
54	厦门国信	13.56%	16.39%	14.85%
55	吉林信托	13.42%	28.76%	未披露
56	中融信托	10.43%	8.03%	8.43%
57	外贸信托	10.35%	10.53%	10.41%
58	国投信托	9.55%	19.68%	10.77%
59	新华信托	8.97%	8.08%	7.60%
60	华澳信托	8.53%	66.54%	58.54%
61	兴业信托	5.61%	8.23%	7.46%
62	东莞信托	4.92%	5.13%	4.71%
63	昆仑信托	4.24%	11.24%	7.97%
64	百瑞信托	3.44%	4.18%	5.04%
65	陆家嘴信托	2.64%	1.82%	15.87%

表5-17　自营资产金融机构增加序列表(2017年度)　单位:万元

序号	公司简称	2017年	2016年	2015年
1	中信信托	723831	-307915	-3921
2	中诚信托	501926	12285	382113
3	五矿信托	474463	49607	586821
4	平安信托	397953	-536276	862738
5	湖南信托	392632	55624	8360
6	重庆国信	339315	193419	591622
7	方正信托	304662	26471	26877
8	上海国信	271725	724692	-220943
9	四川信托	245442	-235488	95114
10	华宝信托	236117	185814	3593
11	民生信托	219125	65503	—
12	工商信托	211491	5259	26550
13	江苏国信	197229	451815	37432
14	中建投信托	181161	122451	193602
15	浙商金汇	174021	8109	-11917
16	万向信托	159121	-14976	—
17	爱建信托	151867	43423	-21119
18	渤海信托	147626	234685	71733
19	北方国信	144720	12630	-110351

续表

序号	公司简称	2017年	2016年	2015年
20	北京国信	139644	-80033	141066
21	中原信托	135245	115230	163959
22	粤财信托	132900	42123	72504
23	中融信托	94293	47106	156060
24	英大信托	84664	66015	109524
25	华润信托	78875	-18182	338979
26	交银国信	72189	45000	0
27	国元信托	67227	37043	56139
28	国民信托	63926	-17821	—
29	陕西国信	48954	—	—
30	华融国信	48870	316237	—
31	外贸信托	47149	3477	18231
32	长城新盛	45970	26823	-1574
33	西部信托	43540	59787	151447
34	紫金信托	42090	148909	59055
35	苏州信托	13011	62398	71864
36	中航信托	11534	417372	119534
37	大业信托	9303	—	—
38	中泰信托	7474	-904	8604
39	陆家嘴信托	4143	-70215	26896
40	金谷信托	3569	-109138	160661
41	光大兴陇	932	161396	12258
42	东莞信托	270	2376	2105
43	百瑞信托	0	0	-2574
44	华宸信托	0	-43088	55245
45	厦门国信	-1159	13596	-7101
46	新华信托	-2992	7506	—
47	西藏信托	-8392	-15701	—
48	兴业信托	-9817	19308	-59784
49	天津信托	-16403	30871	164362
50	昆仑信托	-16969	20969	24500
51	山西信托	-36311	11495	39420
52	中粮信托	-41300	-30894	15875
53	建信信托	-43490	-46494	-3936
54	长安国信	-56994	342488	4706

续表

序号	公司简称	2017 年	2016 年	2015 年
55	国投信托	-57111	61882	-26460
56	中铁信托	-64583	188661	161289
57	华能贵诚	-87560	410217	417530
58	吉林信托	-101660	—	—
59	国联信托	-118710	151237	99828
60	华鑫信托	-189735	239301	106668
61	华澳信托	-233319	173365	13461
62	新时代	-243092	507236	45916
63	中海信托	-298202	539340	48496

表 5-18 自营基础产业资产序列表(2017 年度) 单位:万元

序号	公司简称	2017 年	2016 年	2015 年
1	建信信托	未披露	未披露	0
2	国民信托	未披露	未披露	0
3	国联信托	未披露	未披露	0
4	安信信托	未披露	未披露	未披露
5	新时代	未披露	未披露	0
6	山东国信	未披露	未披露	0
7	华润信托	未披露	未披露	0
8	中江国信	未披露	未披露	0
9	国投信托	未披露	未披露	0
10	西部信托	未披露	未披露	0
11	重庆国信	未披露	未披露	0
12	华能贵诚	未披露	未披露	0
13	金谷信托	未披露	未披露	0
14	方正信托	未披露	未披露	0
15	五矿信托	未披露	未披露	0
16	中粮信托	未披露	未披露	0
17	紫金信托	未披露	未披露	0
18	长城新盛	未披露	未披露	0
19	大业信托	未披露	41370	未披露
20	长安国信	未披露	5000	0
21	上海国信	未披露	0	0
22	中海信托	未披露	0	0
23	平安信托	未披露	0	0

续表

序号	公司简称	2017 年	2016 年	2015 年
24	吉林信托	未披露	0	未披露
25	东莞信托	未披露	0	0
26	西藏信托	未披露	0	0
27	山西信托	未披露	0	0
28	光大兴陇	未披露	0	15000
29	中信信托	未披露	0	0
30	苏州信托	未披露	0	0
31	粤财信托	未披露	0	0
32	中原信托	未披露	0	0
33	华宸信托	未披露	0	0
34	兴业信托	未披露	0	0
35	中泰信托	未披露	0	0
36	中建投信托	未披露	0	0
37	陆家嘴信托	未披露	0	0
38	浙商金汇	未披露	0	0
39	湖南信托	246958	228461	121733
40	昆仑信托	200572	64620	55520
41	交银国信	190717	50000	50000
42	华澳信托	120000	未披露	0
43	陕西国信	100000	0	未披露
44	中航信托	91910	未披露	12485
45	国元信托	72000	55000	50000
46	万向信托	47350	41370	23820
47	天津信托	42060	28220	12210
48	爱建信托	37402	29646	190733
49	民生信托	36900	14000	0
50	厦门国信	36892	36938	40644
51	四川信托	30500	0	0
52	渤海信托	28500	49092	23669
53	中诚信托	13660	5460	5460
54	外贸信托	10435	0	0
55	新华信托	6948	12596	25621
56	北方国信	6328	6000	27503
57	百瑞信托	1500	9500	14800
58	华信信托	0	未披露	未披露

续表

序号	公司简称	2017年	2016年	2015年
59	华宝信托	0	未披露	0
60	英大信托	0	40000	48000
61	华鑫信托	0	14000	0
62	中融信托	0	0	0
63	江苏国信	0	0	0
64	华融国信	0	0	0
65	工商信托	0	0	0
66	云南国信	0	0	0
67	中铁信托	0	0	0
68	北京国信	0	0	0

表5-19　　　　自营资产分布基础产业占比序列表(2017年度)

序号	公司简称	2017年	2016年	2015年
1	建信信托	未披露	未披露	0.00%
2	国民信托	未披露	未披露	0.00%
3	国联信托	未披露	未披露	0.00%
4	安信信托	未披露	未披露	未披露
5	新时代	未披露	未披露	0.00%
6	山东国信	未披露	未披露	0.00%
7	华润信托	未披露	未披露	0.00%
8	中江国信	未披露	未披露	0.00%
9	国投信托	未披露	未披露	0.00%
10	西部信托	未披露	未披露	0.00%
11	重庆国信	未披露	未披露	0.00%
12	华能贵诚	未披露	未披露	0.00%
13	金谷信托	未披露	未披露	0.00%
14	方正信托	未披露	未披露	0.00%
15	五矿信托	未披露	未披露	0.00%
16	中粮信托	未披露	未披露	0.00%
17	紫金信托	未披露	未披露	0.00%
18	长城新盛	未披露	未披露	0.00%
19	大业信托	未披露	14.31%	未披露
20	长安国信	未披露	0.67%	0.00%
21	上海国信	未披露	0.00%	0.00%
22	中海信托	未披露	0.00%	0.00%

续表

序号	公司简称	2017年	2016年	2015年
23	平安信托	未披露	0.00%	0.00%
24	吉林信托	未披露	0.00%	未披露
25	东莞信托	未披露	0.00%	0.00%
26	西藏信托	未披露	0.00%	0.00%
27	山西信托	未披露	0.00%	0.00%
28	光大兴陇	未披露	0.00%	3.25%
29	中信信托	未披露	0.00%	0.00%
30	苏州信托	未披露	0.00%	0.00%
31	粤财信托	未披露	0.00%	0.00%
32	中原信托	未披露	0.00%	0.00%
33	华宸信托	未披露	0.00%	0.00%
34	兴业信托	未披露	0.00%	0.00%
35	中泰信托	未披露	0.00%	0.00%
36	中建投信托	未披露	0.00%	0.00%
37	陆家嘴信托	未披露	0.00%	0.00%
38	浙商金汇	未披露	0.00%	0.00%
39	湖南信托	27.84%	48.00%	34.40%
40	华澳信托	24.80%	未披露	0.00%
41	交银国信	18.34%	6.53%	7.60%
42	昆仑信托	15.39%	10.06%	8.63%
43	万向信托	11.66%	14.31%	11.51%
44	陕西国信	10.59%	0.00%	未披露
45	国元信托	9.83%	8.81%	8.61%
46	中航信托	7.77%	未披露	1.45%
47	天津信托	6.68%	6.29%	2.71%
48	厦门国信	6.39%	7.61%	9.15%
49	爱建信托	5.17%	5.32%	39.57%
50	四川信托	3.51%	0.00%	0.00%
51	民生信托	2.77%	1.11%	0.00%
52	渤海信托	2.03%	5.73%	4.88%
53	北方国信	1.38%	1.32%	6.45%
54	新华信托	1.05%	1.64%	3.57%
55	外贸信托	0.83%	0.00%	0.00%
56	中诚信托	0.62%	0.29%	0.30%
57	百瑞信托	0.17%	1.27%	2.40%

续表

序号	公司简称	2017年	2016年	2015年
58	华信信托	0.00%	未披露	未披露
59	华宝信托	0.00%	未披露	0.00%
60	英大信托	0.00%	7.09%	9.27%
61	华鑫信托	0.00%	1.11%	0.00%
62	中融信托	0.00%	0.00%	0.00%
63	江苏国信	0.00%	0.00%	0.00%
64	华融国信	0.00%	0.00%	0.00%
65	工商信托	0.00%	0.00%	0.00%
66	云南国信	0.00%	0.00%	0.00%
67	中铁信托	0.00%	0.00%	0.00%
68	北京国信	0.00%	0.00%	0.00%

表5-20　　自营资产分布房地产资产序列表(2017年度)　　单位:万元

序号	公司简称	2017年	2016年	2015年
1	建信信托	未披露	未披露	0
2	国民信托	未披露	未披露	0
3	安信信托	未披露	未披露	未披露
4	新时代	未披露	未披露	0
5	山东国信	未披露	未披露	0
6	中江国信	未披露	未披露	0
7	国投信托	未披露	未披露	0
8	西部信托	未披露	未披露	0
9	华能贵诚	未披露	未披露	0
10	方正信托	未披露	未披露	17729
11	五矿信托	未披露	未披露	0
12	中粮信托	未披露	未披露	0
13	紫金信托	未披露	未披露	3000
14	长城新盛	未披露	未披露	0
15	陕西国信	未披露	55000	未披露
16	大业信托	未披露	20380	未披露
17	湖南信托	未披露	4900	0
18	苏州信托	未披露	4397	5000
19	上海国信	未披露	0	0
20	中海信托	未披露	0	0
21	东莞信托	未披露	0	0

续表

序号	公司简称	2017年	2016年	2015年
22	西藏信托	未披露	0	0
23	山西信托	未披露	0	0
24	粤财信托	未披露	0	0
25	中泰信托	未披露	0	0
26	英大信托	未披露	0	0
27	陆家嘴信托	未披露	0	0
28	浙商金汇	未披露	0	0
29	中诚信托	643195	297511	456701
30	华润信托	322272	未披露	0
31	昆仑信托	301500	117300	134732
32	中信信托	261224	307266	360926
33	新华信托	250539	246309	297256
34	交银国信	229000	66918	130720
35	爱建信托	195278	286403	151437
36	北京国信	164097	43000	54000
37	兴业信托	158553	204812	238175
38	重庆国信	150652	151836	383
39	中融信托	105989	0	0
40	外贸信托	103375	64036	57373
41	国元信托	82364	23505	19440
42	中原信托	80132	96482	14363
43	万向信托	75310	20380	5060
44	工商信托	60000	48000	45000
45	百瑞信托	50000	1000	5000
46	渤海信托	48430	143013	120344
47	四川信托	45832	0	25590
48	华宸信托	38026	38026	22238
49	中建投信托	36155	116545	138282
50	天津信托	35060	6932	6989
51	民生信托	27336	38780	0
52	金谷信托	27016	未披露	28291
53	吉林信托	20576	21046	未披露
54	北方国信	18314	57162	33105
55	平安信托	14982	71102	78545
56	中航信托	12979	未披露	77211

续表

序号	公司简称	2017 年	2016 年	2015 年
57	国联信托	7440	1940	9262
58	华鑫信托	6199	38780	6391
59	光大兴陇	1876	8876	996
60	长安国信	1293	1493	4651
61	华宝信托	84	89	93
62	华信信托	0	未披露	未披露
63	华澳信托	0	未披露	21820
64	厦门国信	0	0	1323
65	江苏国信	0	0	0
66	华融国信	0	0	0
67	云南国信	0	0	0
68	中铁信托	0	0	0

表 5－21　　自营资产分布房地产资产占比序列表(2017 年)

序号	公司简称	2017 年	2016 年	2015 年
1	建信信托	未披露	未披露	0.00%
2	国民信托	未披露	未披露	0.00%
3	安信信托	未披露	未披露	未披露
4	新时代	未披露	未披露	0.00%
5	山东国信	未披露	未披露	0.00%
6	中江国信	未披露	未披露	0.00%
7	国投信托	未披露	未披露	0.00%
8	西部信托	未披露	未披露	0.00%
9	华能贵诚	未披露	未披露	0.00%
10	方正信托	未披露	未披露	3.81%
11	五矿信托	未披露	未披露	0.00%
12	中粮信托	未披露	未披露	0.00%
13	紫金信托	未披露	未披露	1.42%
14	长城新盛	未披露	未披露	0.00%
15	大业信托	未披露	7.05%	未披露
16	陕西国信	未披露	5.79%	未披露
17	湖南信托	未披露	1.03%	0.00%
18	苏州信托	未披露	0.89%	1.16%
19	上海国信	未披露	0.00%	0.00%
20	中海信托	未披露	0.00%	0.00%

续表

序号	公司简称	2017年	2016年	2015年
21	东莞信托	未披露	0.00%	0.00%
22	西藏信托	未披露	0.00%	0.00%
23	山西信托	未披露	0.00%	0.00%
24	粤财信托	未披露	0.00%	0.00%
25	中泰信托	未披露	0.00%	0.00%
26	英大信托	未披露	0.00%	0.00%
27	陆家嘴信托	未披露	0.00%	0.00%
28	浙商金汇	未披露	0.00%	0.00%
29	新华信托	38.02%	32.02%	41.37%
30	中诚信托	29.06%	15.61%	24.97%
31	华宸信托	28.97%	26.50%	14.28%
32	爱建信托	26.99%	51.38%	31.41%
33	昆仑信托	23.13%	18.26%	20.95%
34	交银国信	22.02%	8.74%	19.88%
35	万向信托	18.54%	7.05%	2.45%
36	北京国信	15.12%	5.04%	6.60%
37	华润信托	14.84%	未披露	0.00%
38	工商信托	12.09%	11.97%	13.42%
39	国元信托	11.24%	3.77%	3.35%
40	中信信托	9.84%	12.71%	16.18%
41	兴业信托	8.36%	14.50%	18.32%
42	外贸信托	8.25%	8.18%	7.56%
43	中原信托	7.97%	12.07%	2.80%
44	金谷信托	6.58%	未披露	5.72%
45	天津信托	5.57%	1.55%	1.55%
46	百瑞信托	5.51%	0.13%	0.81%
47	重庆国信	5.35%	5.90%	0.02%
48	四川信托	5.28%	0.00%	5.01%
49	中建投信托	4.09%	14.33%	19.57%
50	北方国信	4.00%	12.57%	7.76%
51	中融信托	3.68%	0.00%	0.00%
52	渤海信托	3.46%	16.70%	24.82%
53	吉林信托	3.10%	3.17%	未披露
54	民生信托	2.05%	3.07%	0.00%
55	国联信托	1.37%	0.34%	2.34%

续表

序号	公司简称	2017年	2016年	2015年
56	华鑫信托	1.20%	3.07%	1.42%
57	中航信托	1.10%	未披露	8.97%
58	平安信托	0.54%	2.72%	2.69%
59	光大兴陇	0.32%	1.70%	0.21%
60	长安国信	0.15%	0.20%	0.69%
61	华宝信托	0.01%	0.01%	0.01%
62	华信信托	0.00%	未披露	未披露
63	华澳信托	0.00%	未披露	12.62%
64	厦门国信	0.00%	0.00%	0.30%
65	江苏国信	0.00%	0.00%	0.00%
66	华融国信	0.00%	0.00%	0.00%
67	云南国信	0.00%	0.00%	0.00%
68	中铁信托	0.00%	0.00%	0.00%

表5-22　自营资产分布证券资产序列表(2017年)　单位:万元

序号	公司简称	2017年	2016年	2015年
1	国民信托	未披露	未披露	3011
2	安信信托	未披露	未披露	未披露
3	长城新盛	未披露	未披露	0
4	民生信托	未披露	未披露	0
5	中江国信	未披露	890040	404053
6	大业信托	未披露	9650	未披露
7	万向信托	未披露	9650	14750
8	平安信托	未披露	0	0
9	中原信托	未披露	0	0
10	中融信托	520300	713921	628160
11	山东国信	502295	151672	224137
12	华信信托	462425	未披露	未披露
13	吉林信托	455058	400201	未披露
14	兴业信托	430174	123627	503476
15	西部信托	427397	598886	1009994
16	长安国信	320791	183917	442677
17	中海信托	306664	56799	86950
18	华融国信	301673	214314	241782
19	外贸信托	269655	226266	239029

续表

序号	公司简称	2017 年	2016 年	2015 年
20	重庆国信	222026	283992	379445
21	华鑫信托	201858	未披露	200843
22	交银国信	190400	26773	20837
23	中粮信托	174700	77612	48586
24	华宝信托	147674	65252	126533
25	昆仑信托	129334	72613	39999
26	陕西国信	127120	177760	未披露
27	天津信托	122107	22280	62545
28	上海国信	104959	113611	167896
29	国投信托	101253	116282	131872
30	北方国信	79808	10979	136331
31	苏州信托	79589	125204	114394
32	陆家嘴信托	76164	115944	108929
33	中诚信托	75805	664860	428462
34	西藏信托	74312	70249	3208
35	厦门国信	71800	57465	62293
36	新华信托	69041	5052	8578
37	华能贵诚	67291	72277	67110
38	北京国信	63096	149472	78727
39	中航信托	59807	17653	149372
40	百瑞信托	59704	57389	20302
41	紫金信托	52615	35226	25717
42	华宸信托	52543	55990	33222
43	新时代	51769	未披露	0
44	湖南信托	50859	26212	10373
45	方正信托	47970	未披露	2304
46	华润信托	46867	105225	300647
47	四川信托	43169	30277	35049
48	中泰信托	42809	33934	37468
49	东莞信托	41497	58754	90529
50	光大兴陇	36432	12074	10477
51	五矿信托	30071	17653	418
52	山西信托	29193	9490	21893
53	浙商金汇	25070	30277	32671
54	中信信托	23742	150658	295013

续表

序号	公司简称	2017 年	2016 年	2015 年
55	英大信托	20050	12169	24576
56	国联信托	19942	21605	10879
57	渤海信托	19211	42438	27163
58	中建投信托	17736	40641	41670
59	中铁信托	15220	500	604
60	云南国信	14191	288	375
61	爱建信托	12093	31284	31591
62	国元信托	11969	51705	54561
63	金谷信托	10109	35226	0
64	粤财信托	4969	2804	12260
65	建信信托	3990	1605	1347
66	江苏国信	1580	7866	8007
67	工商信托	284	434	586
68	华澳信托	0	77612	0

表 5-23　　自营资产分布证券资产占比序列表(2017 年度)

序号	公司简称	2017 年	2016 年	2015 年
1	国民信托	未披露	未披露	0.98%
2	安信信托	未披露	未披露	未披露
3	长城新盛	未披露	未披露	0.00%
4	民生信托	未披露	未披露	0.00%
5	中江国信	未披露	81.97%	76.21%
6	大业信托	未披露	3.34%	未披露
7	万向信托	未披露	3.34%	7.13%
8	平安信托	未披露	0.00%	0.00%
9	中原信托	未披露	0.00%	0.00%
10	吉林信托	68.62%	60.37%	未披露
11	西部信托	58.25%	69.40%	83.72%
12	华鑫信托	40.40%	未披露	44.70%
13	华宸信托	40.04%	39.20%	21.34%
14	长安国信	37.77%	24.88%	65.67%
15	山东国信	34.95%	21.36%	42.32%
16	华信信托	34.00%	未披露	未披露
17	中粮信托	33.55%	18.81%	12.29%
18	西藏信托	30.19%	31.89%	1.47%

续表

序号	公司简称	2017年	2016年	2015年
19	中海信托	28.61%	5.29%	16.02%
20	华融国信	23.97%	21.07%	34.01%
21	兴业信托	22.69%	8.75%	38.72%
22	外贸信托	21.52%	28.89%	31.49%
23	天津信托	19.40%	4.97%	13.86%
24	交银国信	18.31%	3.50%	3.17%
25	中融信托	18.07%	27.83%	33.32%
26	北方国信	17.45%	24.08%	31.96%
27	苏州信托	16.63%	25.38%	26.63%
28	国投信托	16.34%	19.68%	26.11%
29	华宝信托	14.03%	8.61%	19.32%
30	陆家嘴信托	13.90%	20.41%	21.45%
31	山西信托	13.46%	4.15%	10.17%
32	陕西国信	13.45%	18.70%	未披露
33	厦门国信	12.43%	11.84%	14.03%
34	紫金信托	12.37%	9.58%	12.22%
35	新华信托	10.48%	0.66%	1.19%
36	昆仑信托	9.92%	11.30%	6.22%
37	中泰信托	9.70%	7.17%	9.21%
38	东莞信托	9.60%	14.33%	22.84%
39	浙商金汇	9.40%	33.53%	37.28%
40	方正信托	8.33%	未披露	0.49%
41	重庆国信	7.89%	11.03%	15.55%
42	百瑞信托	6.58%	7.70%	3.29%
43	上海国信	6.30%	8.19%	22.12%
44	光大兴陇	6.22%	2.31%	2.27%
45	北京国信	5.81%	17.51%	9.63%
46	湖南信托	5.73%	5.51%	2.93%
47	云南国信	5.07%	0.12%	0.17%
48	中航信托	5.06%	2.45%	17.35%
49	新时代	5.00%	未披露	0.00%
50	四川信托	4.97%	33.53%	6.86%
51	华能贵诚	4.86%	4.93%	6.42%
52	国联信托	3.68%	3.81%	2.75%
53	中诚信托	3.43%	34.89%	23.42%

续表

序号	公司简称	2017年	2016年	2015年
54	英大信托	3.23%	2.16%	4.75%
55	五矿信托	2.55%	2.45%	0.07%
56	金谷信托	2.46%	9.58%	0.00%
57	华润信托	2.16%	5.70%	15.90%
58	中建投信托	2.01%	5.00%	5.90%
59	爱建信托	1.67%	5.61%	6.55%
60	国元信托	1.64%	8.28%	9.40%
61	渤海信托	1.37%	4.96%	5.61%
62	中铁信托	1.18%	0.04%	0.06%
63	中信信托	0.89%	6.23%	13.22%
64	粤财信托	0.79%	0.57%	2.68%
65	建信信托	0.34%	0.15%	0.15%
66	江苏国信	0.12%	0.68%	0.88%
67	工商信托	0.06%	0.11%	0.18%
68	华澳信托	0.00%	18.81%	0.00%

表5-24　自营资产分布实业资产序列表(2017年度)　单位:万元

序号	公司简称	2017年	2016年	2015年
1	华信信托	未披露	未披露	未披露
2	建信信托	未披露	未披露	0
3	国民信托	未披露	未披露	0
4	安信信托	未披露	未披露	未披露
5	山东国信	未披露	未披露	29989
6	中江国信	未披露	未披露	0
7	国投信托	未披露	未披露	0
8	西部信托	未披露	未披露	0
9	华能贵诚	未披露	未披露	0
10	方正信托	未披露	未披露	0
11	中粮信托	未披露	未披露	0
12	紫金信托	未披露	未披露	0
13	长城新盛	未披露	未披露	0
14	陕西国信	未披露	116150	未披露
15	大业信托	未披露	20220	未披露
16	上海国信	未披露	0	0
17	中海信托	未披露	0	100000

续表

序号	公司简称	2017年	2016年	2015年
18	山西信托	未披露	0	0
19	粤财信托	未披露	0	0
20	中泰信托	未披露	0	0
21	英大信托	未披露	0	0
22	交银国信	未披露	0	0
23	浙商金汇	未披露	0	0
24	五矿信托	9376675	未披露	0
25	陆家嘴信托	5859141	0	0
26	中建投信托	799196	720	10720
27	渤海信托	634366	63205	22068
28	平安信托	518069	684633	448432
29	北京国信	362168	290120	236719
30	华澳信托	240531	未披露	18500
31	新时代	215923	未披露	0
32	百瑞信托	192701	136238	116724
33	中融信托	177090	0	0
34	中航信托	156576	未披露	46243
35	昆仑信托	154280	141875	102969
36	天津信托	112426	72799	83620
37	重庆国信	100075	100000	100000
38	新华信托	99423	127314	89250
39	外贸信托	76346	0	5301
40	中原信托	71666	71938	1229
41	兴业信托	48929	56291	35594
42	中诚信托	46919	31919	59654
43	国元信托	46480	40650	38750
44	北方国信	45762	30000	0
45	四川信托	45282	0	22380
46	西藏信托	41462	6794	61200
47	苏州信托	40818	25357	36755
48	民生信托	30600	708504	38610
49	国联信托	29056	17438	16597
50	湖南信托	26529	46899	2750
51	长安国信	25986	27395	43820
52	工商信托	25250	10250	250

续表

序号	公司简称	2017年	2016年	2015年
53	万向信托	15030	20220	17400
54	华宸信托	10805	14822	26504
55	华润信托	10339	未披露	0
56	厦门国信	9795	9862	1270
57	光大兴陇	7295	22191	28584
58	爱建信托	3611	0	75
59	中信信托	2100	6300	11662
60	金谷信托	565	未披露	2951
61	华宝信托	0	未披露	0
62	华鑫信托	0	708504	0
63	吉林信托	0	0	未披露
64	东莞信托	0	0	36500
65	江苏国信	0	0	0
66	华融国信	0	0	0
67	云南国信	0	0	0
68	中铁信托	0	0	0

表5-25　自营资产分布实业资产占比序列表(2017年度)

序号	公司简称	2017年	2016年	2015年
1	华信信托	未披露	未披露	未披露
2	建信信托	未披露	未披露	0.00%
3	国民信托	未披露	未披露	0.00%
4	安信信托	未披露	未披露	未披露
5	山东国信	未披露	未披露	5.66%
6	中江国信	未披露	未披露	0.00%
7	国投信托	未披露	未披露	0.00%
8	西部信托	未披露	未披露	0.00%
9	华能贵诚	未披露	未披露	0.00%
10	方正信托	未披露	未披露	0.00%
11	中粮信托	未披露	未披露	0.00%
12	紫金信托	未披露	未披露	0.00%
13	长城新盛	未披露	未披露	0.00%
14	陕西国信	未披露	12.22%	未披露
15	大业信托	未披露	7.00%	未披露
16	上海国信	未披露	0.00%	0.00%

续表

序号	公司简称	2017年	2016年	2015年
17	中海信托	未披露	0.00%	18.42%
18	山西信托	未披露	0.00%	0.00%
19	粤财信托	未披露	0.00%	0.00%
20	中泰信托	未披露	0.00%	0.00%
21	英大信托	未披露	0.00%	0.00%
22	交银国信	未披露	0.00%	0.00%
23	浙商金汇	未披露	0.00%	0.00%
24	中建投信托	90.36%	0.09%	1.52%
25	华澳信托	49.72%	未披露	10.70%
26	渤海信托	45.27%	7.38%	4.55%
27	北京国信	33.36%	33.99%	28.95%
28	民生信托	30.61%	56.02%	8.20%
29	百瑞信托	21.25%	18.25%	18.89%
30	新时代	20.87%	未披露	0.00%
31	陆家嘴信托	20.42%	0.00%	0.00%
32	平安信托	18.56%	26.22%	15.33%
33	五矿信托	18.10%	未披露	0.00%
34	天津信托	17.87%	16.24%	18.53%
35	西藏信托	16.84%	3.08%	27.95%
36	新华信托	15.09%	16.55%	12.42%
37	中航信托	13.25%	未披露	5.37%
38	昆仑信托	11.84%	22.08%	16.01%
39	北方国信	10.00%	6.60%	0.00%
40	苏州信托	8.53%	5.14%	8.55%
41	华宸信托	8.23%	10.33%	17.03%
42	中原信托	7.13%	9.48%	0.24%
43	国元信托	6.34%	6.51%	6.67%
44	中融信托	6.15%	0.00%	0.00%
45	外贸信托	6.09%	0.00%	0.70%
46	国联信托	5.37%	3.07%	4.20%
47	四川信托	5.21%	0.00%	4.38%
48	工商信托	5.09%	2.56%	0.07%
49	万向信托	3.70%	7.00%	8.41%
50	重庆国信	3.56%	3.89%	4.10%
51	长安国信	3.06%	3.71%	6.50%

续表

序号	公司简称	2017 年	2016 年	2015 年
52	湖南信托	2.99%	9.85%	0.78%
53	兴业信托	2.58%	3.99%	2.74%
54	中诚信托	2.12%	1.67%	3.26%
55	厦门国信	1.70%	2.03%	0.29%
56	光大兴陇	1.25%	4.24%	6.18%
57	爱建信托	0.50%	0.00%	0.02%
58	华润信托	0.48%	未披露	0.00%
59	金谷信托	0.14%	未披露	0.60%
60	中信信托	0.08%	0.26%	0.52%
61	华宝信托	0.00%	未披露	0.00%
62	华鑫信托	0.00%	56.02%	0.00%
63	吉林信托	0.00%	0.00%	未披露
64	东莞信托	0.00%	0.00%	9.21%
65	江苏国信	0.00%	0.00%	0.00%
66	华融国信	0.00%	0.00%	0.00%
67	云南国信	0.00%	0.00%	0.00%
68	中铁信托	0.00%	0.00%	0.00%

第六章 公司收入结构分析

第一节 信托公司营业收入

一、营业收入的历史分析

从本书掌握的2017年度的年报披露情况来看，有67家信托公司公布了营业收入与营业利润情况。

2017年，信托行业共实现营业收入1115余亿元，平均每家信托公司营业收入为16.65亿元，比2016年下降了2348万元。自2004年以来，信托公司的营业收入在2007年的上升幅度最大，上升了21694万元，上升比率为158.76%；在2008年下跌幅度最大，下跌了1163万元，下跌比例为3.32%。

在2007年，单个信托公司的营业收入为较高的259269万元，之后，年度高点在2008年降为200481万元，在2009年则小幅回升为207486万元，2010年继续上升为238640万元。2015年出现了历史最高的营业收入——中信信托创造的1029044万元。

信托公司营业收入的变异系数在2007年上升到最大，为1.42，然后，逐渐下降，到2011年下降为1.03，2012年为0.86，2013年为0.82，2014年为0.85，而2015年提高至0.99，2016年又降到0.82，2017年继续下降至0.77。具体数据见表6-1所示。

表6-1 2013—2017年度信托公司营业收入统计分析表

	2013年	2014年	2015年	2016年	2017年
平均值(万元)	124255	139837	176407	159026	166508
均值增长额度(万元)	23800	16439	50292	-11617	-2348
公司数目	68	67	68	68	67
最大值(万元)	547823	562954	1029044	603051	602539
最小值(万元)	16620	14609	9227	9390	4568
标准差(万元)	102051	118550	174336	130339	128902
变异系数	0.82	0.85	0.99	0.82	0.77

二、营业收入的公司分析

从营业收入排名来看,2017 年度,营业收入最大的信托公司前 5 名为:平安信托(602539 万元)、中信信托(574951 万元)、安信信托(555708 万元)、中融信托(486742.54 万元)和重庆国信(391664 万元)。

同时,可以发现,2009 年营业收入达到 5 亿元以上的公司只有 12 家,而 2010 年则增长到 16 家,2011 年增加到 27 家,2012 年达到了 47 家,2013 年达到 56 家,2014 年达到 57 家,2015 年则达到了 63 家,2016 年度,营业收入达到 5 亿元以上的公司为 58 家,2017 年为 61 家。

具体数据如表 6－2 至 6－4 所示:

表 6－2　　营业收入序列表(2017 年度)　　单位:万元

序号	公司简称	2017 年	2016 年	2015 年
1	平安信托	602539	603051	628744
2	中信信托	574951	564900	1019364
3	安信信托	555708	524267	295477
4	中融信托	486743	552300	597669
5	重庆国信	391664	424053	533525
6	华能贵诚	341417	280592	267673
7	民生信托	330800	192081	108214
8	中航信托	294104	238633	200776
9	建信信托	267299	220343	197552
10	上海国信	263825	256395	254343
11	华润信托	260129	255825	547528
12	外贸信托	258447	199526	247415
13	四川信托	243982	279206	260621
14	中铁信托	243459	278526	147849
15	兴业信托	239028	218336	272703
16	长安国信	233616	176451	292018
17	五矿信托	213818	204748	217501
18	渤海信托	213586	125236	106994
19	华融国信	201285	190620	164033
20	江苏国信	199974	160032	163967
21	中诚信托	190995	177784	267456
22	北京国信	184757	172886	175022

续表

序号	公司简称	2017年	2016年	2015年
23	百瑞信托	183221	164187	171996
24	中建投信托	181954	171165	153476
25	中原信托	176036	149867	180632
26	山东国信	164790	135558	161581
27	爱建信托	163833	116916	100068
28	华宝信托	163428	157986	130510
29	昆仑信托	157757	119085	147667
30	交银国信	156642	136452	128093
31	华信信托	140210	231054	274769
32	天津信托	130091	112264	114769
33	方正东亚	120927	124457	152796
34	湖南信托	117421	89664	76628
35	中海信托	115639	138288	159010
36	陕西国信	115060	101357	115097
37	华鑫信托	114355	98895	154730
38	光大兴陇	113602	80134	61865
39	新时代	111818	80831	70972
40	粤财信托	107073	104522	103537
41	英大信托	106675	105165	110894
42	陆家嘴信托	106219	131912	136329
43	万向信托	104825	104786	60313
44	厦门国信	104370	100440	93952
45	工商信托	100872	97600	88987
46	国投泰康	100840	103849	161290
47	中江国信	94471	361571	129958
48	大业信托	93889	61520	55344
49	中粮信托	91366	40412	54071
50	新华信托	82523	87176	101658
51	金谷信托	80235	42771	47131
52	紫金信托	80062	73890	70384
53	东莞信托	75780	78057	84639
54	苏州信托	73112	89586	95536
55	国民信托	71025	65453	93243
56	国元信托	67530	87610	121379
57	西藏信托	66660	65358	71644

续表

序号	公司简称	2017 年	2016 年	2015 年
58	西部信托	66125	120035	118989
59	北方国信	60033	100132	120146
60	华澳信托	57074	33848	50740
61	云南国信	55235	45027	70022
62	浙商金汇	51897	19353	23572
63	中泰信托	43570	60885	76234
64	国联信托	37469	38386	61791
65	长城新盛	35387	22978	8157
66	山西信托	31677	35724	30885
67	吉林信托	28389	22400	20589
68	华宸信托	4568	9390	21203

表 6－3　　营业收入增长序列表(2017 年度)　　单位:万元

序号	公司简称	2017 年	2016 年	2015 年
1	民生信托	138719	83867	61373
2	渤海信托	88351	18242	－7894
3	华能贵诚	60824	12919	40709
4	外贸信托	58921	－47889	47410
5	长安国信	57166	－115568	103346
6	中航信托	55471	37857	30731
7	中粮信托	50953	－13659	0
8	建信信托	46956	22791	50437
9	爱建信托	46917	16849	14743
10	江苏国信	39943	－3935	25008
11	昆仑信托	38672	－28582	8690
12	金谷信托	37464	－4360	－28809
13	光大兴陇	33469	18268	32551
14	浙商金汇	32544	－4219	－3891
15	大业信托	32368	6176	－4916
16	安信信托	31442	228790	114539
17	新时代	30987	9859	930
18	山东国信	29232	－26023	24973
19	湖南信托	27757	13036	－16274
20	中原信托	26169	－30765	41973
21	华澳信托	23227	－16892	7472

续表

序号	公司简称	2017年	2016年	2015年
22	兴业信托	20693	-54368	27901
23	交银国信	20190	8359	7732
24	百瑞信托	19034	-7809	36258
25	天津信托	17827	-2505	-33862
26	华鑫信托	15460	-55836	60093
27	陕西国信	13703	-13740	31549
28	中诚信托	13211	-89673	-44364
29	长城新盛	12410	14821	-6452
30	北京国信	11871	-2136	28036
31	中建投信托	10789	17689	37655
32	华融国信	10665	26587	-19150
33	云南国信	10208	-24995	13507
34	中信信托	10052	-454464	456410
35	五矿信托	9070	-12753	62903
36	上海国信	7430	2052	22458
37	紫金信托	6172	3506	19589
38	吉林信托	5989	1812	-1172
39	国民信托	5572	-27789	47018
40	华宝信托	5442	27476	-2471
41	华润信托	4304	-291704	152968
42	厦门国信	3930	6488	16020
43	工商信托	3272	8613	-3982
44	粤财信托	2550	986	20130
45	英大信托	1510	-5728	11953
46	西藏信托	1302	-6285	43059
47	万向信托	39	44472	28906
48	平安信托	-511	-25693	60228
49	国联信托	-917	-23405	3482
50	东莞信托	-2277	-6582	8834
51	国投泰康	-3009	-57441	80758
52	方正东亚	-3530	-28339	-5936
53	山西信托	-4048	4839	-26284
54	新华信托	-4653	-14482	1957
55	华宸信托	-4822	-11814	1964
56	苏州信托	-16475	-5950	-1873

续表

序号	公司简称	2017年	2016年	2015年
57	中泰信托	-17315	-15349	2327
58	国元信托	-20080	-33769	18842
59	中海信托	-22649	-20722	18121
60	陆家嘴信托	-25693	-4417	51783
61	重庆国信	-32389	-109473	189859
62	中铁信托	-35067	130677	-90
63	四川信托	-35224	18584	43384
64	北方国信	-40099	-20014	-1761
65	西部信托	-53910	1046	79012
66	中融信托	-65557	-45370	56722
67	华信信托	-90844	-43715	45044
68	中江国信	-267100	231613	6313

表6-4　营业收入增幅序列表(2017年度)

序号	公司简称	2017年	2016年	2015年
1	浙商金汇	168.16%	-17.90%	-14.17%
2	中粮信托	126.08%	-25.26%	0.00%
3	金谷信托	87.59%	-9.25%	-37.94%
4	民生信托	72.22%	77.50%	131.02%
5	渤海信托	70.55%	17.05%	-6.87%
6	华澳信托	68.62%	-33.29%	17.27%
7	长城新盛	54.01%	181.70%	-44.17%
8	大业信托	52.61%	11.16%	-8.16%
9	光大兴陇	41.77%	29.53%	111.04%
10	爱建信托	40.13%	16.84%	17.28%
11	新时代	38.34%	13.89%	1.33%
12	昆仑信托	32.47%	-19.36%	6.25%
13	长安国信	32.40%	-39.58%	54.78%
14	湖南信托	30.96%	17.01%	-17.52%
15	外贸信托	29.53%	-19.36%	23.70%
16	吉林信托	26.74%	8.80%	-5.39%
17	江苏国信	24.96%	-2.40%	18.00%
18	中航信托	23.25%	18.86%	18.07%
19	云南国信	22.67%	-35.70%	23.90%
20	华能贵诚	21.68%	4.83%	17.94%

续表

序号	公司简称	2017年	2016年	2015年
21	山东国信	21.56%	-16.11%	18.28%
22	建信信托	21.31%	11.54%	34.28%
23	中原信托	17.46%	-17.03%	30.27%
24	天津信托	15.88%	-2.18%	-22.78%
25	华鑫信托	15.63%	-36.09%	63.50%
26	交银国信	14.80%	6.53%	6.42%
27	陕西国信	13.52%	-11.94%	37.76%
28	百瑞信托	11.59%	-4.54%	26.71%
29	兴业信托	9.48%	-19.94%	11.40%
30	国民信托	8.51%	-29.80%	101.72%
31	紫金信托	8.35%	4.98%	38.57%
32	中诚信托	7.43%	-33.53%	-14.23%
33	北京国信	6.87%	-1.22%	19.07%
34	中建投信托	6.30%	11.53%	32.51%
35	安信信托	6.00%	77.43%	63.30%
36	华融国信	5.59%	16.21%	-10.45%
37	五矿信托	4.43%	-5.86%	40.69%
38	厦门国信	3.91%	6.91%	20.56%
39	华宝信托	3.44%	21.05%	-1.86%
40	工商信托	3.35%	9.68%	-4.28%
41	上海国信	2.90%	0.81%	9.68%
42	粤财信托	2.44%	0.95%	24.13%
43	西藏信托	1.99%	-8.77%	150.64%
44	中信信托	1.78%	-44.58%	81.07%
45	华润信托	1.68%	-53.28%	38.77%
46	英大信托	1.44%	-5.17%	12.08%
47	万向信托	0.04%	73.74%	92.04%
48	平安信托	-0.08%	-4.09%	10.59%
49	国联信托	-2.39%	-37.88%	5.97%
50	方正东亚	-2.84%	-18.55%	-3.74%
51	国投泰康	-2.90%	-35.61%	100.28%
52	东莞信托	-2.92%	-7.78%	11.65%
53	新华信托	-5.34%	-14.25%	1.96%
54	重庆国信	-7.64%	-20.52%	55.25%
55	山西信托	-11.33%	15.67%	-45.98%

续表

序号	公司简称	2017年	2016年	2015年
56	中融信托	-11.87%	-7.59%	10.49%
57	中铁信托	-12.59%	88.39%	-0.06%
58	四川信托	-12.62%	7.13%	19.97%
59	中海信托	-16.38%	-13.03%	12.86%
60	苏州信托	-18.39%	-6.23%	-1.92%
61	陆家嘴信托	-19.48%	-3.24%	61.25%
62	国元信托	-22.92%	-27.82%	18.38%
63	中泰信托	-28.44%	-20.13%	3.15%
64	华信信托	-39.32%	-15.91%	19.61%
65	北方国信	-40.05%	-16.66%	-1.44%
66	西部信托	-44.91%	0.88%	197.64%
67	华宸信托	-51.35%	-55.72%	10.21%
68	中江国信	-73.87%	178.22%	5.11%

第二节　信托公司利润总额与净利润

一、利润总额与净利润的历史分析

2017年，信托行业共实现利润803亿元，平均每家信托公司利润总额为119899万元，比2016年上升了20.77%。自2004年以来，信托公司的利润总额在2007年的上升幅度最大，上升了26759万元，上升比例为273.66%；在2008年下跌幅度最大，下跌了10392万元，下跌比例为28.81%。

单个信托公司的利润总额最高点在2008年大幅降为140906万元，在2009年则小幅回升为147981万元，2010年继续回升为151189万元，2011年则大幅上升到256055万元，2012年达到360599万元，2013年更是高达418591万元，2014年回落至354984万元，2015年增长至458736万元，2016年该指标又降至424889万元，2017年上升至487421万元。

2004年以来，各个信托公司的利润总额差异度的最大值出现在2004年，变异系数为1.49，2005年和2006年两年变异系数下降之后，2007年变异系数增长为1.29，之后逐年下降，在2011年达到0.97，在2012年达到0.86，2013年达到0.84，2014年取得历史最低值0.82，2015年小幅上升至0.86，2016年与2015年持平，2017年小幅下降至0.85。具体数据见表6-5所示。

表6-5　　2013—2017年度信托公司利润总额统计分析表

	2013年	2014年	2015年	2016年	2017年
平均值(万元)	83745	96526	109310	114372	119899
均值增长额度(万元)	14041	12781	13854	5062	5718
公司数目	68	67	68	68	67
利润总额为负的公司数	0	0	0	0	0
最大值(万元)	418591	354984	458736	424889	487421
最小值(万元)	232	1919	2185	2192	7325
标准差(万元)	70218	78760	94456	98581	102384
变异系数	0.84	0.82	0.86	0.86	0.85

图6-1描述的是2013—2017年信托公司利润总额与净利润的相关参数比较。图6-1表明,2013年以来,净利润与利润总额在绝对值上的差距逐年增大。

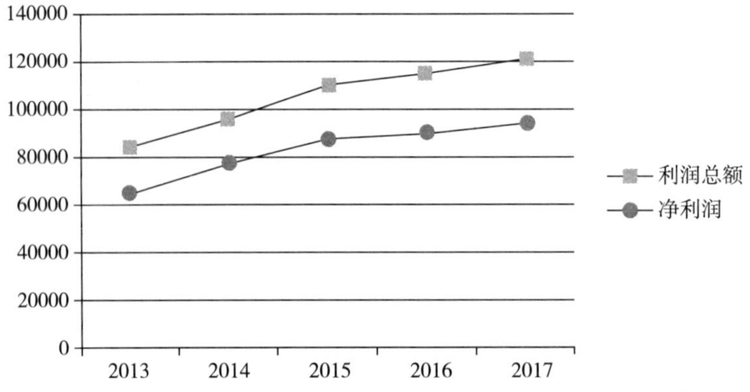

图6-1　2013—2017年信托公司平均利润总额与净利润总额比较(单位:万元)

二、利润总额与净利润的公司分析

从利润总额排名来看,2017年度,利润总额最大的信托公司前5名为安信信托(487421万元)、平安信托(477816万元)、重庆国信(391537万元)、中信信托(316678万元)以及中融信托(281298万元)。

同时,2011年度利润总额超过5亿元的为20家,2012年达到35家,2013年为42家,2014年为46家,2015年为49家,2016年为51家,2017年利润总额超过5亿元的信托公司数为52家。

从利润总额增长率来看，2017 年度，利润总额增幅前 5 名的公司为华澳信托（332.71%）、华宸信托（234.21%）、浙商金汇（152.20%）、新华信托（123.61%）以及渤海信托（97.53%）。另外，在 2017 年，有 24 家公司的利润总额出现下滑。

从信托公司 2017 年的净利润水平来看，全行业净利润增速放缓。2017 年全行业的 67 家公司中，共有 24 家信托公司的净利润超过了行业平均值（9.41 亿元），占比达 35.82%。2017 年净利润排名前 5 位的信托公司分别为平安信托（390664 万元）、安信信托（366822 万元）、重庆国信（335148 万元）、中信信托（242512 万元）以及华润信托（226001 万元）。

信托公司计提资产减值损失也是影响信托行业利润指标的重要因素。2014 年信托企业平均资产减值损失为 7631 万元，2015 年上升至 16395 万元，2016 年增至 26842 万元，2017 年下降至 6975 万元。2017 年信托行业中资产减值损失数大于零的公司数为 39 家。信托公司出现资产减值损失有可能是自营资产出现减值，更多的是当信托项目出现风险时，以自有资金接盘而出现的损失。在信托行业风险增加以及信托公司积极处理风险的条件下，越来越多的信托公司计提了资产减值损失，从而对利润指标产生影响。具体数据如表 6－6 所示。

表 6－6　　2015—2017 年度信托公司资产减值损失统计分析表

	2015 年	2016 年	2017 年
公司总数	68	63	67
资产减值损失大于零的公司数	50	59	39
最大值（万元）	466179	182249	137833
平均值（万元）	16395	26842	6975
标准差（万元）	57814	37517	20230

具体数据如表 6－7 至表 6－12 所示：

表 6－7　　利润总额序列表（2017 年度）　　单位：万元

序号	公司简称	2017 年	2016 年	2015 年
1	安信信托	487421	415322	236144
2	平安信托	477816	419028	387692
3	重庆国信	391537	424889	458736
4	中信信托	316678	397374	403727
5	中融信托	281298	305744	312414

续表

序号	公司简称	2017 年	2016 年	2015 年
6	华能贵诚	270817	229881	201257
7	华润信托	259807	187225	294236
8	民生信托	243181	127735	52996
9	建信信托	218285	177084	152262
10	中航信托	215343	172385	142827
11	外贸信托	211867	140343	151303
12	上海国信	200640	193294	190020
13	中铁信托	191740	189487	126652
14	江苏国信	185425	147438	149175
15	兴业信托	184417	157873	197666
16	渤海信托	167964	85032	67855
17	五矿信托	155243	131254	126112
18	中诚信托	152415	131679	199764
19	百瑞信托	141201	123108	121111
20	中建投信托	133505	113642	99496
21	北京国信	131062	127188	122924
22	华信信托	128718	220388	252133
23	交银国信	128684	111503	94426
24	华宝信托	119410	121807	36079
25	四川信托	119365	165478	147118
26	华融国信	118739	117137	97799
27	爱建信托	115401	78979	69410
28	山东国信	111941	112788	123758
29	长安国信	111369	114140	126496
30	粤财信托	110686	97116	82818
31	昆仑信托	109089	95854	120779
32	中原信托	108585	102867	109601
33	湖南信托	105601	71863	56981
34	中海信托	98734	121046	130402
35	厦门国信	82491	79770	71188
36	国投泰康	81336	84107	141739
37	英大信托	80712	83948	88526
38	华鑫信托	79028	61430	80584
39	工商信托	76090	69039	57890
40	方正东亚	75548	80841	92116

续表

序号	公司简称	2017 年	2016 年	2015 年
41	万向信托	72171	67346	35131
42	光大兴陇	70310	47982	30691
43	新时代	70104	55536	48057
44	中粮信托	65366	46215	37933
45	陆家嘴信托	64040	67731	70570
46	紫金信托	59563	56353	49256
47	苏州信托	58326	71134	70120
48	国元信托	56251	67825	103709
49	天津信托	55774	45465	65101
50	北方国信	54207	50093	71835
51	大业信托	54007	39236	34751
52	西藏信托	51470	44969	39063
53	东莞信托	51326	52957	64875
54	陕西国信	46253	68554	60817
55	西部信托	44639	98695	96145
56	华澳信托	40416	9340	17047
57	金谷信托	37627	21972	15815
58	云南国信	33100	27377	42796
59	国联信托	32401	34498	42076
60	吉林信托	30594	34243	68352
61	中泰信托	28120	35974	44643
62	长城新盛	23999	14718	2185
63	浙商金汇	20388	8084	8564
64	中江国信	19687	273996	75118
65	国民信托	15452	26220	45887
66	新华信托	13627	6094	3881
67	山西信托	8550	15375	11811
68	华宸信托	7325	2192	2604

表 6-8 利润总额增长序列表(2017 年度) 单位:万元

序号	公司简称	2017 年	2016 年	2015 年
1	民生信托	115446	74739	27601
2	渤海信托	82932	17177	-10818
3	华润信托	72582	-107011	28081
4	安信信托	72099	179179	98422

续表

序号	公司简称	2017年	2016年	2015年
5	外贸信托	71524	-10960	-5626
6	平安信托	58788	31336	124782
7	中航信托	42958	29558	21691
8	建信信托	41201	24822	38904
9	华能贵诚	40936	28623	30091
10	江苏国信	37987	-1737	23861
11	爱建信托	36422	9569	8023
12	湖南信托	33738	14882	-14002
13	华澳信托	31076	-7707	-3425
14	兴业信托	26544	-39793	17823
15	五矿信托	23989	5142	25461
16	光大兴陇	22328	17290	11750
17	中诚信托	20736	-68085	-72448
18	中建投信托	19863	14145	21466
19	中粮信托	19150	8283	0
20	百瑞信托	18093	1997	23200
21	华鑫信托	17598	-19154	9946
22	交银国信	17181	17077	13040
23	金谷信托	15654	6157	650
24	大业信托	14771	4486	-4368
25	新时代	14569	7479	7835
26	粤财信托	13570	14298	11787
27	昆仑信托	13235	-24924	15458
28	浙商金汇	12304	-480	-1889
29	天津信托	10309	-19636	-31512
30	长城新盛	9281	12533	-5299
31	新华信托	7533	2213	-6491
32	上海国信	7346	3273	205
33	工商信托	7051	11149	-4151
34	西藏信托	6501	5906	-4650
35	云南国信	5723	-15419	8437
36	中原信托	5719	-6735	3344
37	华宸信托	5133	-413	685
38	万向信托	4825	32215	17823
39	北方国信	4113	-21742	-3354

续表

序号	公司简称	2017 年	2016 年	2015 年
40	北京国信	3874	4264	2858
41	紫金信托	3211	7096	13147
42	厦门国信	2721	8582	12179
43	中铁信托	2253	62835	1321
44	华融国信	1603	19338	208
45	山东国信	-847	-10970	22624
46	东莞信托	-1631	-11918	8743
47	国联信托	-2097	-7578	-6633
48	华宝信托	-2397	85728	-44598
49	长安国信	-2771	-12356	-96
50	国投泰康	-2772	-57632	77466
51	英大信托	-3235	-4579	11088
52	吉林信托	-3648	-34110	40226
53	陆家嘴信托	-3691	-2839	22749
54	方正东亚	-5293	-11275	-23321
55	山西信托	-6825	3563	-9135
56	中泰信托	-7855	-8669	-5929
57	国民信托	-10768	-19667	22199
58	国元信托	-11574	-35884	22479
59	苏州信托	-12808	1014	4842
60	陕西国信	-22301	7737	14059
61	中海信托	-22311	-9357	13349
62	中融信托	-24446	-6669	-6925
63	重庆国信	-33352	-33847	160016
64	四川信托	-46113	18360	10695
65	西部信托	-54057	2550	71035
66	中信信托	-80696	-6353	48743
67	华信信托	-91670	-31745	40520
68	中江国信	-254309	198879	-4136

表 6-9　　利润总额增幅序列表(2017 年度)

序号	公司简称	2017 年	2016 年	2015 年
1	华澳信托	332.71%	-45.21%	-16.73%
2	华宸信托	234.21%	-15.85%	35.71%
3	浙商金汇	152.20%	-5.60%	-18.07%

续表

序号	公司简称	2017 年	2016 年	2015 年
4	新华信托	123.61%	57.03%	-62.58%
5	渤海信托	97.53%	25.31%	-13.75%
6	民生信托	90.38%	141.03%	108.69%
7	金谷信托	71.24%	38.93%	4.28%
8	长城新盛	63.05%	573.61%	-70.81%
9	外贸信托	50.96%	-7.24%	-3.58%
10	湖南信托	46.95%	26.12%	-19.73%
11	光大兴陇	46.53%	56.34%	62.04%
12	爱建信托	46.12%	13.79%	13.07%
13	中粮信托	41.44%	21.84%	0.00%
14	华润信托	38.77%	-36.37%	10.55%
15	大业信托	37.65%	12.91%	-11.17%
16	华鑫信托	28.65%	-23.77%	14.08%
17	新时代	26.23%	15.56%	19.48%
18	江苏国信	25.76%	-1.16%	19.04%
19	中航信托	24.92%	20.70%	17.91%
20	建信信托	23.27%	16.30%	34.32%
21	天津信托	22.67%	-30.16%	-32.62%
22	云南国信	20.90%	-36.03%	24.56%
23	五矿信托	18.28%	4.08%	25.30%
24	华能贵诚	17.81%	14.22%	17.58%
25	中建投信托	17.48%	14.22%	27.51%
26	安信信托	17.36%	75.88%	71.46%
27	兴业信托	16.81%	-20.13%	9.91%
28	中诚信托	15.75%	-34.08%	-26.61%
29	交银国信	15.41%	18.09%	16.02%
30	百瑞信托	14.70%	1.65%	23.70%
31	西藏信托	14.46%	15.12%	-10.64%
32	平安信托	14.03%	8.08%	47.46%
33	粤财信托	13.97%	17.26%	16.59%
34	昆仑信托	13.81%	-20.64%	14.68%
35	工商信托	10.21%	19.26%	-6.69%
36	北方国信	8.21%	-30.27%	-4.46%
37	万向信托	7.16%	91.70%	102.98%
38	紫金信托	5.70%	14.41%	36.41%

续表

序号	公司简称	2017 年	2016 年	2015 年
39	中原信托	5.56%	-6.14%	3.15%
40	上海国信	3.80%	1.72%	0.11%
41	厦门国信	3.41%	12.06%	20.64%
42	北京国信	3.05%	3.47%	2.38%
43	华融国信	1.37%	19.77%	0.21%
44	中铁信托	1.19%	49.61%	1.05%
45	山东国信	-0.75%	-8.86%	22.37%
46	华宝信托	-1.97%	237.61%	-55.28%
47	长安国信	-2.43%	-9.77%	-0.08%
48	东莞信托	-3.08%	-18.37%	15.58%
49	国投泰康	-3.30%	-40.66%	120.53%
50	英大信托	-3.85%	-5.17%	14.32%
51	陆家嘴信托	-5.45%	-4.02%	47.57%
52	国联信托	-6.08%	-18.01%	-13.62%
53	方正东亚	-6.55%	-12.24%	-20.20%
54	重庆国信	-7.85%	-7.38%	53.57%
55	中融信托	-8.00%	-2.13%	-2.17%
56	吉林信托	-10.65%	-49.90%	143.02%
57	国元信托	-17.06%	-34.60%	27.67%
58	苏州信托	-18.01%	1.45%	7.42%
59	中海信托	-18.43%	-7.18%	11.40%
60	中信信托	-20.31%	-1.57%	13.73%
61	中泰信托	-21.83%	-19.42%	-11.72%
62	四川信托	-27.87%	12.48%	7.84%
63	陕西国信	-32.53%	12.72%	30.07%
64	国民信托	-41.07%	-42.86%	93.71%
65	华信信托	-41.59%	-12.59%	19.15%
66	山西信托	-44.39%	30.17%	-43.61%
67	西部信托	-54.77%	2.65%	282.90%
68	中江国信	-92.81%	264.76%	-5.22%

表 6-10　　净利润分配汇总表(2017 年度)　　单位:万元

序号	公司简称	2017 年	2016 年	2015 年
1	平安信托	390664	379710	310941
2	安信信托	366822	303395	172215

续表

序号	公司简称	2017年	2016年	2015年
3	重庆国信	335148	365362	409667
4	中信信托	242512	304165	315034
5	华润信托	226001	169228	313049
6	中融信托	216961	236472	241712
7	华能贵诚	208397	172876	150788
8	民生信托	181514	95145	39125
9	建信信托	164996	133580	114512
10	中航信托	162895	130167	107563
11	外贸信托	162144	109817	120400
12	江苏国信	161797	132898	134002
13	上海国信	156047	150563	156775
14	兴业信托	146968	121515	150338
15	中铁信托	145167	147258	97499
16	中诚信托	128639	111799	164192
17	渤海信托	126371	67416	54933
18	五矿信托	116813	98015	114474
19	百瑞信托	103559	92257	87573
20	华信信托	100030	160633	197009
21	中建投信托	99979	85156	75136
22	北京国信	98472	97514	97340
23	交银国信	96837	83777	70834
24	粤财信托	96810	84224	66339
25	长安国信	94754	95101	104518
26	四川信托	92067	127017	112344
27	华宝信托	92030	98282	29375
28	华融国信	89684	92925	75990
29	山东国信	89481	88378	92314
30	湖南信托	88157	55407	42259
31	爱建信托	86649	60020	50917
32	昆仑信托	82467	73097	90548
33	中海信托	78633	104174	109905
34	中原信托	76312	74888	77147
35	厦门国信	64918	63015	55724
36	国投泰康	62350	68186	109171
37	英大信托	60890	63476	67559

续表

序号	公司简称	2017 年	2016 年	2015 年
38	华鑫信托	60617	45402	55430
39	工商信托	57005	51707	43353
40	方正东亚	56670	60226	68302
41	万向信托	55307	51609	26175
42	新时代	54799	41207	35357
43	天津信托	53295	41259	53547
44	光大兴陇	52664	35868	23031
45	中粮信托	49602	37866	30562
46	陆家嘴信托	47907	52401	55190
47	国元信托	47187	58377	87035
48	西藏信托	46897	40921	35502
49	苏州信托	43876	54155	52960
50	紫金信托	43014	41339	37219
51	北方国信	42428	40548	53448
52	大业信托	40663	29382	26248
53	东莞信托	39475	39801	49205
54	陕西国信	35224	51524	45395
55	西部信托	34471	75932	72983
56	华澳信托	30201	6902	12660
57	金谷信托	28105	16268	12056
58	国联信托	26899	28985	39782
59	吉林信托	26236	30901	52316
60	云南国信	24730	20444	30492
61	中泰信托	24017	28887	36279
62	长城新盛	17974	10951	1504
63	中江国信	17262	192459	56128
64	浙商金汇	15230	6042	6401
65	国民信托	11270	19584	33992
66	新华信托	10903	4600	2438
67	山西信托	8131	12227	9354
68	华宸信托	5101	3687	4702

表 6 – 11　　净利润增长序列表（2017 年度）　　单位：万元

序号	公司简称	2017 年	2016 年	2015 年
1	民生信托	86368	56020	20381
2	安信信托	63427	131180	69862
3	渤海信托	58955	12483	–4213
4	华润信托	56773	–143821	77956
5	外贸信托	52327	–10583	–1256
6	华能贵诚	35521	22088	22548
7	湖南信托	32750	13148	–11609
8	中航信托	32728	22604	16596
9	建信信托	31416	19068	29192
10	江苏国信	28899	–1103	18777
11	爱建信托	26630	9103	5420
12	兴业信托	25453	–28823	11955
13	华澳信托	23300	–5758	–2541
14	五矿信托	18798	–16459	26493
15	中诚信托	16839	–52392	–49209
16	光大兴陇	16796	12837	8521
17	华鑫信托	15215	–10028	3131
18	中建投信托	14823	10020	16226
19	新时代	13592	5849	5873
20	交银国信	13060	12943	10306
21	粤财信托	12585	17885	11137
22	天津信托	12037	–12288	–24187
23	金谷信托	11838	4212	1799
24	中粮信托	11735	7305	0
25	百瑞信托	11301	4684	12778
26	大业信托	11281	3134	–3068
27	平安信托	10954	68769	91896
28	昆仑信托	9370	–17451	11487
29	浙商金汇	9188	–359	–1389
30	长城新盛	7023	9446	–3547
31	新华信托	6302	2162	–6824
32	西藏信托	5976	5419	–1815
33	上海国信	5484	–6212	–3929
34	工商信托	5298	8354	–3065
35	云南国信	4286	–10048	4830

续表

序号	公司简称	2017 年	2016 年	2015 年
36	万向信托	3698	25434	13262
37	厦门国信	1903	7291	8245
38	北方国信	1880	-12900	-2954
39	紫金信托	1676	4120	10708
40	中原信托	1423	-2259	-3549
41	华宸信托	1414	-1015	1763
42	山东国信	1102	-3936	18594
43	北京国信	958	175	6582
44	东莞信托	-326	-9404	7000
45	长安国信	-348	-9417	8559
46	国联信托	-2086	-10797	-2252
47	中铁信托	-2091	49759	3236
48	英大信托	-2586	-4083	9321
49	华融国信	-3241	16935	5828
50	方正东亚	-3556	-8076	-17607
51	山西信托	-4096	2872	-5454
52	陆家嘴信托	-4494	-2789	19395
53	吉林信托	-4665	-21416	25540
54	中泰信托	-4870	-7392	-4227
55	国投泰康	-5836	-40985	58218
56	华宝信托	-6252	68907	-32920
57	国民信托	-8314	-14408	-145232
58	苏州信托	-10279	1196	3516
59	国元信托	-11191	-28658	20231
60	陕西国信	-16300	6129	10332
61	中融信托	-19511	-5240	404
62	中海信托	-25541	-5731	12651
63	重庆国信	-30214	-44305	166462
64	四川信托	-34950	14673	9845
65	西部信托	-41461	2949	54288
66	华信信托	-60602	-36376	28969
67	中信信托	-61652	-10869	36465
68	中江国信	-175197	136331	-4367

表 6-12　　净利润增幅序列表(2017年度)

序号	公司简称	2017年	2016年	2015年
1	华澳信托	337.59%	-45.48%	-16.72%
2	浙商金汇	152.07%	-5.61%	-17.83%
3	新华信托	136.99%	88.69%	-73.68%
4	民生信托	90.78%	143.18%	108.73%
5	渤海信托	87.45%	22.72%	-7.12%
6	金谷信托	72.77%	34.93%	17.54%
7	长城新盛	64.13%	627.88%	-70.22%
8	湖南信托	59.11%	31.11%	-21.55%
9	外贸信托	47.65%	-8.79%	-1.03%
10	光大兴陇	46.83%	55.74%	58.73%
11	爱建信托	44.37%	17.88%	11.91%
12	大业信托	38.39%	11.94%	-10.46%
13	华宸信托	38.37%	-21.59%	59.98%
14	华润信托	33.55%	-45.94%	33.16%
15	华鑫信托	33.51%	-18.09%	5.99%
16	新时代	32.99%	16.54%	19.92%
17	中粮信托	30.99%	23.90%	0.00%
18	天津信托	29.17%	-22.95%	-31.12%
19	中航信托	25.14%	21.01%	18.24%
20	建信信托	23.52%	16.65%	34.21%
21	江苏国信	21.75%	-0.82%	16.30%
22	云南国信	20.96%	-32.95%	18.82%
23	兴业信托	20.95%	-19.17%	8.64%
24	安信信托	20.91%	76.17%	68.26%
25	华能贵诚	20.55%	14.65%	17.58%
26	五矿信托	19.18%	-14.38%	30.11%
27	中建投信托	17.41%	13.34%	27.54%
28	交银国信	15.59%	18.27%	17.03%
29	中诚信托	15.06%	-31.91%	-23.06%
30	粤财信托	14.94%	26.96%	20.17%
31	西藏信托	14.60%	15.26%	-4.86%
32	昆仑信托	12.82%	-19.27%	14.53%
33	百瑞信托	12.25%	5.35%	17.08%
34	工商信托	10.25%	19.27%	-6.60%
35	万向信托	7.16%	97.17%	102.71%

续表

序号	公司简称	2017年	2016年	2015年
36	北方国信	4.64%	-24.14%	-5.24%
37	紫金信托	4.05%	11.07%	40.39%
38	上海国信	3.64%	-3.96%	-2.45%
39	厦门国信	3.02%	13.08%	17.37%
40	平安信托	2.88%	22.12%	41.95%
41	中原信托	1.90%	-2.93%	-4.40%
42	山东国信	1.25%	-4.26%	25.22%
43	北京国信	0.98%	0.18%	7.25%
44	长安国信	-0.37%	-9.01%	8.92%
45	东莞信托	-0.82%	-19.11%	16.58%
46	中铁信托	-1.42%	51.04%	3.43%
47	华融国信	-3.49%	22.29%	8.31%
48	英大信托	-4.07%	-6.04%	16.00%
49	方正东亚	-5.90%	-11.82%	-20.49%
50	华宝信托	-6.36%	234.58%	-52.85%
51	国联信托	-7.20%	-27.14%	-5.36%
52	中融信托	-8.25%	-2.17%	0.17%
53	重庆国信	-8.27%	-10.81%	68.45%
54	国投泰康	-8.56%	-37.54%	114.26%
55	陆家嘴信托	-8.58%	-5.05%	54.18%
56	吉林信托	-15.10%	-40.93%	95.39%
57	中泰信托	-16.86%	-20.38%	-10.44%
58	苏州信托	-18.98%	2.26%	7.11%
59	国元信托	-19.17%	-32.93%	30.28%
60	中信信托	-20.27%	-3.45%	13.09%
61	中海信托	-24.52%	-5.21%	13.01%
62	四川信托	-27.52%	13.06%	9.60%
63	陕西国信	-31.64%	13.50%	29.47%
64	山西信托	-33.50%	30.70%	-36.83%
65	华信信托	-37.73%	-18.46%	17.24%
66	国民信托	-42.45%	-42.39%	-81.03%
67	西部信托	-54.60%	4.04%	290.38%
68	中江国信	-91.03%	242.89%	-7.22%

第三节　信托业务收入

一、信托业务收入总规模的历史对比

在2017年，有67家公司披露了信托业务收入。2017年，平均每家信托公司信托业务收入为118151万元，比2016年上升9546万元，上升比率为8.79%。在2004年以来，信托公司的信托业务收入在2011年的上升比例最大，在2009年下跌幅度最大，下跌了10.99%。具体数据如表6－13所示。

表6－13　　2013—2017年度信托公司信托业务收入统计分析表

	2013年	2014年	2015年	2016年	2017年
平均值（万元）	92784	101906	105593	108604	118151
均值增长额度（万元）	18553	9122	3687	3011	9546
平均增长率（%）	24.99	9.83	3.62	2.85	8.79
公司数目	67	64	68	67	67
最大值（万元）	462460	444697	533140	439342	531038
最小值（万元）	6700	111964	7621	6366	2761
标准差（万元）	83331	90187	94210	93043	99327
变异系数	0.90	0.88	0.89	0.86	0.84

二、信托业务收入的公司分析

从信托业务收入排名来看，2017年度信托业务收入最高的信托公司前5名为：安信信托（531038万元）、中信信托（440771万元）、平安信托（401641万元）、中融信托（288012万元）以及华能贵诚（264577万元）。

同时，可以发现，2013年信托业务收入达到1亿元以上的和10亿元以上的公司分别有66家和19家，2014年达到64家和25家，2015年为67家和26家，2016年为65家和26家，2017年为66家和29家。

具体数据如表6－14所示：

表 6-14　信托手续费收入规模序列表(2017年度)　单位:万元

序号	公司简称	2017年	2016年	2015年
1	安信信托	531038	439342	233134
2	中信信托	444771	427176	370471
3	平安信托	401641	338245	533140
4	中融信托	288012	376429	461770
5	华能贵诚	264577	235840	194714
6	中航信托	264404	212712	166291
7	中铁信托	228248	208860	115777
8	重庆国信	213566	257432	248614
9	四川信托	211119	189393	212520
10	上海国信	203715	212763	150912
11	建信信托	195013	180422	137401
12	外贸信托	194854	128216	156417
13	五矿信托	180518	171925	183333
14	长安国信	178023	169777	167776
15	华融国信	168459	158242	150145
16	渤海信托	168218	118054	96916
17	兴业信托	165977	152479	164900
18	民生信托	164609	120396	79655
19	爱建信托	146133	90177	77126
20	中建投信托	128923	130448	107146
21	百瑞信托	125864	117734	126252
22	北京国信	124552	126631	130048
23	中原信托	123161	107920	140003
24	华宝信托	121116	108376	89599
25	方正东亚	114816	101481	116704
26	山东国信	112977	94280	117317
27	交银国信	107809	106593	93050
28	华润信托	102122	87365	132538
29	新时代	101561	50671	39667
30	江苏国信	100142	66466	54585
31	陕西国信	93924	未披露	45649
32	中诚信托	92686	72675	111222
33	昆仑信托	87277	95873	97777
34	光大兴陇	87227	53697	25323
35	大业信托	86049	53900	47010

续表

序号	公司简称	2017年	2016年	2015年
36	万向信托	84574	91068	47564
37	陆家嘴信托	84566	104941	110518
38	英大信托	82077	84992	78931
39	华信信托	80227	83954	88985
40	工商信托	75883	74571	64840
41	国投泰康	73859	50146	55788
42	华鑫信托	71682	67263	62146
43	东莞信托	69906	61174	64002
44	中江国信	69868	88390	103508
45	国民信托	69280	58808	64334
46	厦门国信	69093	56247	53458
47	天津信托	65977	60113	69613
48	中海信托	63114	76763	86038
49	西藏信托	62375	59119	66015
50	紫金信托	60784	59780	51721
51	湖南信托	60251	60585	60208
52	金谷信托	51163	32158	31641
53	中粮信托	50713	33328	24233
54	浙商金汇	46205	16731	18554
55	云南国信	45796	32830	59938
56	北方国信	45130	77409	92641
57	苏州信托	43324	62244	80427
58	西部信托	41123	31568	30055
59	华澳信托	35522	28369	41838
60	长城新盛	34034	6366	7621
61	国元信托	33660	37279	45499
62	粤财信托	30746	44827	49704
63	新华信托	25090	57493	69441
64	吉林信托	24919	15836	16271
65	中泰信托	24847	47286	55782
66	国联信托	20430	17516	20666
67	山西信托	18551	28252	20109
68	华宸信托	2761	7102	13328

第七章　风控与资产质量分析

风险管控是金融机构的生命线和核心竞争力。信托业的发展与风险管控能力息息相关。2017年,中国全年国内生产总值82.7万亿元,同比增长6.9%,比2016年高0.2个百分点。中国经济在供给侧结构改革中稳中有进,继续保持平稳健康发展势头,居民财富不断积累,刺激了投资需求。同时十九大提出的防范金融系统性风险及资产管理等一系列规范文件出台,意味着监管标准趋同,信托业转型持续深入,信托成为居民有效配置资产的重要途径。而实体经济疲软,信托传统业务萎缩、资管市场竞争加剧以及互联网冲击等经济压力,制度红利不断削弱,信用风险持续显现。

第一节　净资本

净资本管理既有控制“小马拉大车”无意中出现的管理能力与风控能力不相匹配的问题,也有防止个别公司为追逐眼前利益而恶意“违规超载”的现象,同时更有引导信托公司尽快实现从“广种薄收”“以量取胜”片面追求规模的粗放式经营模式,向“精耕细作”、提升业务科技含量和产品附加值内涵发展的经营模式升级转型的深层考量和战略意图。动荡多变环境下获取竞争优势、进行风险管控的关键是建立以净资本管理为核心的业务发展模式和管理体系。

2017年全部的68家信托公司中披露净资本值的有65家,较2016年增加9家,所有信托公司均披露了净资产值。2017年详细披露固有业务风险资本和信托业务风险资本的有19家,较2016年增加了1家,不及全部68家信托公司的1/3。披露各项业务风险资本之和的有65家,较2016年增加了14家,显然,2017年信托公司加强了在各项业务风险资本之和方面的披露,但在固有业务风险资本和信托业务风险资本的披露上还有待加强。

在合规内容方面,《信托公司净资本管理办法》中明确规定信托公司净资本不得低于人民币2亿元。目前披露净资本值的65家公司此项风险控制指标均达标，最低值在5.08亿元以上。其中最高的是平安信托(194.2亿元)，第二位为重庆信托(169.24亿元)。披露公司的平均净资本值为62.43亿元，较2016年增加10.48%。

监管规定净资本不得低于各项风险资本之和的100%，净资本不得低于净资产的40%。披露的65家公司中这两项指标均达标，信托公司各项业务的风险资本有相应的净资本做支撑。其中，中泰信托和湖南信托净资本是风险资本之和的492.02%、356.38%，排名第一、二位，净资本占净资产比重最高的是中粮信托(93%)，其次是大业信托(92.86%)。见表7-1。

表7-1　　2017年与2016年净资本相关指标排名

	净资本前三名(2017年)	净资本前三名(2016年)	净资本/各项业务风险资本之和前三名(2017年)	净资本/各项业务风险资本之和前三名(2016年)	净资本/净资产前三名(2017年)	净资本/净资产前三名(2016年)
第一名	平安信托(194.20)	平安信托(167.24)	中泰信托(492.02%)	西部信托(414.59%)	中粮信托(93%)	西部信托(93.20%)
第二名	重庆信托(169.24)	中信信托(139.00)	湖南信托(356.38%)	华信信托(392.79%)	大业信托(92.86%)	万向信托(90.39%)
第三名	中信信托(161.00)	华润信托(137.22)	华信信托(339.27%)	中泰信托(366.19%)	西部信托(92.3%)	国元信托(89.05%)

注：括号内数值单位为亿元。

第二节　自营业务不良资产

从整体来看，2017年信托公司固有业务风险持续显露。虽然自营业务平均不良资产规模及不良资产总体规模较2016年大幅下降，这是由于不良资产形成具有历史原因，随着历史原因的解决，不良资产规模下降。中信信托、光大兴陇及东莞信托等2016年新增的大规模不良资产均得到处置，但是相比于2013—2015年还是有大幅上升。

结合后面不良资产规模分布可以看出，68家信托公司中有42家存在不良资产，与2016年持平。与上一年度相比不良资产规模缩减的有20家，较2016年减少3家。总体而言，2017年信托自营业务不良资产大幅降低，资产质量上升，经营风险减小。2017年变异系数为1.81，反映了公司间差异较上年减小，这是由于2016年中信信托等大规模不良资产得到处置的缘故。见表7-2。

表7-2　　2013—2017年度自营不良资产规模的统计分析表

	2013年	2014年	2015年	2016年	2017年
合计(万元)	265181	400477	745998	4881071	1123716.7
平均值(万元)	3900	6068	10971	76267	17558
平均值增长幅度(万元)	1427	2168	4903	65296	-58709
平均值增长率(%)	57.70	55.59	80.8	595.17	-76.98
公司数目	68	66	68	68	68
不良资产缩减的公司数	13	13	12	23	20
最大值(万元)	64232	77652	144367	2257675	136579
最小值(万元)	0	0	0	0	0
标准差(万元)	10208	13940	26241	294249	31757
变异系数	2.62	2.30	2.39	3.86	1.81

从不良资产率来看,2017年68家公司平均不良资产率为2.70%,较上一年度大幅降低。不良资产率最大值为14.57%,近5年呈逐年下降趋势。22家公司的不良资产率低于上一年度。不良率降低有两方面原因:一是与不良资产处置、核销有关;另一方面可能与增资有关。因为不良率为不良资产除以信用风险资产,固有资产增加后,相当于做大分母。不良资产率的公司间差异为1.45。总体来看,2017年信托公司自营不良资产率较上年下降,一定程度上降低了经营风险。但是山西信托、华宸信托、北方信托不良资产率较高。见表7-3。

表7-3　　2013—2017年度自营不良资产率的统计分析表

	2013年	2014年	2015年	2016年	2017年
平均值(%)	0.05	0.12	2.71	4.13	2.70
平均值增长率(%)	-1.25	0.07	2.59	1.42	-0.35
公司数目	68	66	68	68	68
不良资产率缩减的公司数	14	14	21	21	22
最大值(%)	55.82	50.52	47.60	31.35	14.57
最小值(%)	0.00	0.00	0.00	0.00	0.00
标准差(%)	7.57	10.36	8.35	6.77	3.91
变异系数	3.46	2.59	3.08	1.64	1.45

从不良资产规模的分布区间来看,2017年亿元以上不良资产公司为22家(占全部信托公司数的34.38%),较2016年减少3家。亿元以上不良资产公司产生了90%以上的信托行业不良资产,监管对象和风控重点应集中在这22家公司,还有4家公司没有披露

不良资产，也应该引起关注。见表7－4。

表7－4　　自营不良资产规模分布

不良资产规模区间	亿元及以上区间	0～亿元区间	0元	总计
2017年公司数目（占比）	22（34.38%）	19（29.69%）	23（35.93%）	64
2016年公司数目（占比）	25（38.46%）	17（26.15%）	23（35.39%）	65
2017年不良资产规模合计（占比）	1048783.97万元（93.33%）	74932.73万元（6.67%）	0	1123716.7万元
2016年不良资产规模合计（占比）	4816989万元（98.69%）	64082万元（1.31%）	0	4881071万元

从信托公司不良资产规模增幅来看，2017年不良资产规模缩减最多的是中信信托，缩减约214亿元，其次是光大兴陇和东莞信托。不良资产率缩减最多的是爱建信托（缩减367.78%），其次是华宸信托和华能贵诚。其中华能贵诚不良资产规模没变，不良资产率的缩减是由于增资。新华信托、华澳信托和华宸信托连续两年不良资产规模有较大规模缩减，英大信托的不良资产率连续5年为负值，资产质量稳健提升。见表7－5。

表7－5　　信托公司自营不良资产缩减前五名

	不良资产规模缩减前五名（2017年）	不良资产规模缩减前五名（2016年）	不良资产率缩减前五名（2017年）	不良资产率缩减前五名（2016年）
第一名	中信信托（－2138481）	新华信托（－38721）	爱建信托（－367.78%）	浙商金汇（－21.41%）
第二名	光大兴陇（－550421）	山东国信（－20903）	华宸信托（－20.42%）	中泰信托（－19.50%）
第三名	东莞信托（－440232）	华澳信托（－9605）	华能贵诚（－15.83%）	华澳信托（－6.00%）
第四名	西藏信托（－270159）	华宸信托（－3610）	吉林信托（－15.15%）	新华信托（－5.33%）
第五名	陕西信托（－198316）	山西信托（－3353）	五矿信托（－8.48%）	山东信托（－4.04%）

注：括号内不良资产规模缩减单位为万元。

从不良资产的构成来看，按照银监会要求，我国信托公司资产质量实行五级分类管理，次级、可疑和损失类资产即不良资产直接反映了信托公司资产的质量和安全程度。2017年度信托公司正常类资产平均66亿元，占全部资产的95.28%，而次级、可疑和损失类不良资产总计112亿元，占资产总额的2.37%。见表7－6。

表7-6 2017年度信托公司资产类别 单位:万元

资产类别	正常	关注	次级	可疑	损失	不良资产合计
合计	45127794	1173821	215711	353771	457906	1123360.65
平均	663644	17262	3172	5203	6734	17552.51
占比	95.28%	2.48%	0.46%	0.75%	0.97%	2.37%

第八章　人力资源分析

第一节　人力资源基本情况

2017年度信托行业从业人员的整体规模总数为19766人，较上一年增长8.86%，增速上涨3.82%。信托行业人员队伍不断扩大，但在金融机构中属从业人员较少的行业。具体在披露的68家公司中，57家公司出现人员递增的情况，较2016年增加10家公司。2017年信托行业人员的变异系数为0.86，各公司间人员差距仍然存在但呈逐步缩小趋势。信托行业近几年快速发展带来的良好发展平台和较高的薪酬水平，吸引了大量高学历人才（包括博士、硕士两个层次）的加入。5家公司高学历人员占比70%以上，39家公司高学历人员占比50%以上，16家高学历人员规模超过200人。详见表8－1。

表8－1　　2013—2017年度信托公司从业人员规模的统计分析表

	2013年	2014年	2015年	2016年	2017年
总数（人）	14233	16388	17554	18393	19766
平均值（人）	212	248	258	271	295
平均值增长幅度（人）	37	36	10	13	24
平均值增长率（%）	21.14	16.98	4.03	5.04	8.86
公司数目	68	66	68	68	68
从业人员增加的公司数	61	54	46	47	57
最大值（人）	1620	1815	1980	1939	1974
最小值（人）	41	51	49	76	74
标准差（人）	221.48	253.7	266.31	253.84	255
变异系数	1.04	1.02	1.03	0.94	0.86

各信托公司中，以从业人员的规模分布以1000人以下的中小型信托公司为主，2017年规模前三位为中融信托、四川信托和平安信托。2017年从业人员增幅前三名为浙商金汇、陕西国信和中信信托，高质量人员的流入也为这些公司业绩增长带来了一定支撑。见表8－2、表8－3。

表 8－2　　2015—2017 年度信托公司从业人员规模前三名

	2017 年从业人员规模	2016 年从业人员规模	2015 年从业人员规模
第一名	中融信托(1974)	中融信托(1939)	中融信托(1980)
第二名	四川信托(749)	平安信托(972)	平安信托(1120)
第三名	平安信托(743)	四川信托(725)	四川信托(744)

注:括号内从业人员规模单位为人。

表 8－3　　2015—2017 年度信托公司从业人员规模增幅前三名

	2017 年增幅	2016 年增幅	2015 年增幅
第一名	浙商金汇(227)	中建投(90)	中融信托(165)
第二名	陕西国信(131)	中航信托(75)	中建投(95)
第三名	中信信托(129)	建信信托(72)	光大兴陇(71)

注:括号内从业人员规模增幅单位为人。

从披露的信托公司从业人员年龄来看,已披露的 12 家公司中,平均年龄为 35.54 岁,与 2016 年相比上涨。从业人员最大年龄为 41.97 岁,最小年龄 33 岁,行业内分布几乎不存在差异化。见表 8－4。

表 8－4　　2013—2017 年度信托公司从业人员年龄的统计分析表

	2013 年	2014 年	2015 年	2016 年	2017 年
平均值(岁)	35.20	35.07	35.00	35.36	35.54
平均值增长幅度(岁)	－0.52	－0.13	－0.07	0.36	0.18
平均值增长率(%)	－1.45	－0.37	－0.20	1.03	0.51
公司数目	17	17	20	16	12
最大值(岁)	42	41	41	40.92	41.97
最小值(岁)	31.51	31.70	32	30.47	33
标准差(岁)	2.65	2.76	2.61	2.62	2.07
变异系数	0.08	0.07	0.07	0.07	0.08

2017 年披露信息的公司中,平均年龄最小的是上海信托、兴业信托和浙商信托,平均年龄均为 33 岁,各年度从业人员平均年龄变化不大。见表 8－5。

表8-5　　2015—2017度信托公司从业人员年龄最小的前三名

	2017年	2016年	2015年
第一名	上海信托(33.00)	国元信托(30.47)	平安信托(32.00)
第二名	兴业信托(33.00)	兴业信托(33.00)	兴业信托(32.10)
第三名	浙商信托(33.00)	浙商信托(33.00)	中泰信托(33.00)

注:括号内从业人员年龄单位为岁。

第二节　人力资源岗位分布

一、人力资源岗位总体分布

从2017年度披露情况来看,在信托公司人员岗位分布中,高管人员平均人数为10人,占3.27%,自营人员平均为8人,占2.71%,信托业务人员平均157人,占53.22%,其余为其他人员。其中,信托业务人员的变异系数最大,公司间差异较大。高管人数最多的是重庆国信(25人),人数最少的为建信信托(4人);自营人员人数最多的为平安信托(31人),华融国信人数最少(0人);中融信托的信托业务人员达到974人,居行业首位。增加自营业务人员,加大自营业务的比重,是信托业新形势下两条腿走路保障公司健康平稳发展的重要途径。见表8-6。

表8-6　　2017年度信托公司从业人员岗位分布的统计分析表

项目	高管	自营	信托
平均值(人)	10	8	157
占比(%)	3.27	2.71	53.22
公司数目	67	57	60
最大值(人)	25	31	974
最小值(人)	4	0	26
标准差(人)	3.89	5.58	154.85
变异系数	0.39	0.70	0.99

二、信托业务人员分布

信托业务人员是信托公司的主力。从2013—2017年信托业务人员的统计分析来看,2017年信托业务人员的平均人数为157人,较上年持平,占全部从业人员比重下降了

8.19%。信托人员的行业内分布不均仍然较高，公司间差异较大。见表8－7。

表8－7　　2013—2017年信托公司信托业务人员的统计分析表

项目	2013年	2014年	2015年	2016年	2017年
平均值（人）	131	151	133	157	157
占比（%）	61.61	60.80	52.27	57.97	53.22
占比增幅（%）	1.52	-0.81	-8.53	10.9	-8.19
最大值（人）	1045	1332	1167	974	974
最小值（人）	19	29	22	26	26
标准差（人）	162.89	203.74	160.89	156.85	154.85
变异系数	1.24	1.35	1.21	0.99	0.99

三、高学历信托业务人员分布

2013—2017年高学历人员（包括硕士和博士两个层次）数量总体呈上升趋势，其中2017年高学历人员占比超过了50%。同时，标准差和变异系数增大，表示2017年各公司间高学历人员分布差异变大。见表8－8。

表8－8　　2013—2017年度高学历信托公司从业人员统计分析表

项目		2013年	2014年	2015年	2016年	2017年
披露公司数目		68	66	68	68	67
高学历	平均值（人）	62	125	102	134	150
	占比（%）	41.82	48.38	47.85	49.38	52.51
	占比增长幅度（%）	6.43	0.27	3.26	1.53	6.34
	最大值	355	653	757	607	571
	最小值	3	19	10	30	27
	标准差	63.10	104.73	23.42	101.67	384.67
	变异系数	1.02	0.84	0.23	0.76	2.56

综合博士和硕士高学历人员，2017年中融信托和百瑞信托依然分别占据高学历规模与高学历占比第一名位置。见表8－9。

表 8 - 9　　2016—2017 年度信托公司人力资源高学历分布排名前三名

	2016 年		2017 年	
	高学历规模(人)	高学历占比(%)	高学历规模(人)	高学历占比(%)
第一名	中融信托(607)	百瑞信托(74.61)	中融信托(571)	百瑞信托(74.3)
第二名	平安信托(487)	华鑫信托(71.21)	中信信托(447)	华宝信托(74.09)
第三名	中信信托(367)	中信信托(70.99)	长安信托(354)	中原信托(72.37)

第九章　公司治理结构分析

第一节　信托公司股权结构分析

从第一大股东持股信息数据来看(见表9－1),2017年68家信托公司中,有67家均对各大股东的持股比例进行了披露,与2016年持股信息的披露情况相比,减少了1家。从2017年各大公司的披露数据来看,我国信托公司的股权结构依然呈现高度集中的特征,主要表现有:第一大股东股权比例在90%及其以上的公司为12家,与2016年相比,减少1家;持股比例在80%至90%之间的公司为9家,比2016年持平;持股比例在70%至80%之间的公司数量为10家,比2016年增加3家;持股比例在60%至70%之间的公司数量为6家,与2016年相比,减少3家;持股比例在50%至60%之间的公司数量为12家,比2016年持平。因此,在所调查的这68家信托公司中,第一股东持股比例在50%以上即达到绝对控股地位的有49家,比上年减少了1家,而持股比例在50%以下的只有18家。

表9－1　第一大股东持股信息

序号	公司简称	第一大股东名称	持股比例
1	中诚信托	中国人民保险集团股份有限公司	32.92%
2	新华信托	上海珊瑚礁信息系统有限公司	40.00%
3	华信信托	华信汇通集团有限公司	25.91%
4	上海信托	上海浦东发展银行股份有限公司	97.33%
5	中海信托	中国海洋石油集团有限公司	95.00%
6	平安信托	中国平安保险(集团)股份有限公司	99.88%
7	厦门国信	厦门金圆金控股份有限公司	80.00%
8	吉林信托	吉林省财政厅	97.50%
9	东莞信托	东莞金融控股集团有限公司	73.50%
10	西藏信托	西藏自治区财政厅	80.00%
11	山西信托	山西金融投资控股集团有限公司	90.70%
12	光大兴陇	中国光大集团股份公司	51.00%
13	中融信托	经纬纺织机械股份有限公司	37.47%

续表

序号	公司简称	第一大股东名称	持股比例
14	中信信托	中国中信有限公司	80.00%
15	苏州信托	苏州国际发展集团有限公司	70.01%
16	外贸信托	中国中化股份有限公司	96.22%
17	江苏国信	江苏国信股份有限公司	81.49%
18	华融国信	中国华融资产管理股份有限公司	76.79%
19	粤财信托	广东粤财投资控股有限公司	98.14%
20	天津信托	天津海泰控股集团有限公司	51.58%
21	北方国信	天津泰达投资控股有限公司	32.33%
22	百瑞信托	国家电投集团资本控股有限公司	50.24%
23	中原信托	河南投资集团有限公司	46.43%
24	华宸信托	包头钢铁（集团）有限责任公司	36.50%
25	湖南信托	湖南财信投资控股有限责任公司	96.00%
26	兴业信托	兴业银行股份有限公司	73.00%
27	工商信托	杭州市金融投资集团有限公司	57.99%
28	建信信托	中国建设银行股份有限公司	67.00%
29	国民信托	上海丰益股权投资基金有限公司	31.73%
30	华宝信托	中国宝武钢铁集团有限公司	98.00%
31	中泰信托	中国华闻投资控股有限公司	31.57%
32	英大信托	国网英大国际控股集团有限公司	84.55%
33	国联信托	无锡市国联发展（集团）有限公司	69.92%
34	安信信托	上海国之杰投资发展有限公司	52.44%
35	陕西国信	陕西煤业化工集团有限责任公司	34.58%
36	新时代	新时代远景（北京）投资有限公司	58.54%
37	山东国信	山东省鲁信投资控股集团有限公司	47.12%
38	华润信托	华润股份有限公司	51.00%
39	国元信托	安徽国元控股（集团）责任有限公司	49.69%
40	中江国信	领锐资产管理股份有限公司	32.74%
41	国投信托	国投资本控股有限公司	55.00%
42	昆仑信托	中油资产管理有限公司	82.18%
43	长安国信	西安投资控股有限公司	40.44%
44	西部信托	陕西省电力建设投资开发公司	57.78%
45	云南国信	云南省财政厅	25.00%
46	重庆国信	同方国信投资控股有限公司	66.99%
47	北京国信	未披露	/
48	交银国信	交通银行股份有限公司	85.00%

续表

序号	公司简称	第一大股东名称	持股比例
49	渤海信托	海航资本集团有限公司	51.23%
50	中建投信托	中国建银投资有限责任公司	90.05%
51	中铁信托	中国中铁股份有限公司	78.91%
52	陆家嘴信托	上海陆家嘴金融发展有限公司	71.61%
53	爱建信托	上海爱建集团股份有限公司	99.33%
54	华能贵诚	华能资本服务有限公司	67.86%
55	中航信托	中航投资控股有限公司	82.73%
56	华澳信托	北京融达投资有限公司	50.01%
57	金谷信托	中国信达资产管理股份有限公司	92.29%
58	国通信托	武汉金融控股(集团)有限公司	67.51%
59	四川信托	四川宏达(集团)有限公司	32.04%
60	大业信托	中国东方资产管理股份有限公司	41.67%
61	华鑫信托	中国华电集团公司	51.00%
62	五矿信托	五矿资本控股有限公司	78.00%
63	中粮信托	中粮资本投资有限公司	76.01%
64	紫金信托	南京紫金投资集团有限责任公司	60.01%
65	长城新盛	长城股份公司	35.00%
66	浙商金汇	浙江东方金融控股集团股份有限公司	78.00%
67	万向信托	中国万向控股有限公司	76.50%
68	民生信托	武汉中央商务区建设投资股份有限公司	82.71%

由以上分析可以得出，2017年有绝对控股地位的公司数量与2016年持平，因此所调查信托公司在2017年仍未改变股权高度集中和一股独大的显著特点。股权的高度集中导致控股股东对公司的控制力明显增强，有助于推动公司高级管理人员与股东尤其是控股股东的利益趋同，代理成本因此而得到一定控制。但股权的高度集中会导致控股股东对公司的参与程度过高，从而导致董事包括独立董事、监事甚至中介机构缺乏独立性，进而导致较为严重的利益侵占问题。由上面的分析可见，大多数的公司都存在此问题，因此平衡股权结构仍然是信托公司进行公司治理的关键。

就关联交易数量来看（见表9－2），由于我国信托行业市场化程度较低，关联交易现象普遍存在。在统计的68家公司中有64家信托公司披露了2017年度的关联交易数量和金额，比2016年增加了1家，其中关联交易共计878起，总额达106913533.25万元，平均每家信托公司的关联交易金额为1697040.21万元，关联交易的数量和金额均比2016

年大大增加。交易金额在100万元以上的有60家，占总体的93.75%；100万元以下存在关联交易的公司有1家，比例约为1.56%，占极少数；2017年有3家公司未发生关联交易，占4.68%，可见我国信托公司基本上都存在关联交易，且金额大幅度增加。2017年仅有1家公司的关联交易数量在100以上，为英大信托，其余均在100以下，其中华信信托、北方信托等19家交易数量都控制在2家以下。

表9-2　信托公司关联交易额序列表　单位：万元

序号	公司简称	关联方数量	关联交易金额
1	安信信托	未披露	未披露
2	陕西国信	未披露	未披露
3	新时代	未披露	未披露
4	山东国信	未披露	未披露
5	长城新盛	7	972.77
6	苏州信托	71	346331.08
7	兴业信托	14	31979904.76
8	英大信托	109	19470813.97
9	华润信托	14	10825459.27
10	中海信托	12	8212720.97
11	平安信托	25	4080583.18
12	百瑞信托	6	3561131.01
13	国投泰康	18	2946171.13
14	五矿信托	8	2892939.09
15	重庆国信	67	2335000.33
16	渤海信托	17	2209206.00
17	华融国信	7	2131930.39
18	中信信托	27	1960097.26
19	民生信托	15	1894609.62
20	昆仑信托	13	1690300.00
21	建信信托	8	1514434.75
22	华能贵诚	8	1347620.90
23	中原信托	64	1294996.60
24	上海国信	7	1050708.46
25	长安国信	56	889197.31
26	紫金信托	4	373142.87
27	江苏国信	7	367245.99
28	中粮信托	17	336076.91

续表

序号	公司简称	关联方数量	关联交易金额
29	中航信托	17	287626.75
30	中诚信托	82	285312.38
31	华宝信托	4	283015.00
32	华鑫信托	15	279650.31
33	华信信托	1	231550.00
34	厦门国信	11	229693.00
35	北方国信	2	225000.00
36	东莞信托	9	192700.00
37	金谷信托	5	178364.25
38	国元信托	28	153631.00
39	光大兴陇	5	143512.55
40	天津信托	3	120000.00
41	中铁信托	5	116757.30
42	北京国信	9	110308.00
43	云南国信	2	107500.00
44	新华信托	2	100922.57
45	陆家嘴信托	6	57299.65
46	华宸信托	1	50000.00
47	西藏信托	1	30511.20
48	中泰信托	5	24168.30
49	中江国信	1	10000.00
50	吉林信托	3	8546.30
51	交银国信	5	5156.29
52	浙商金汇	6	4437.87
53	外贸信托	6	4193.76
54	中建投信托	2	2882.46
55	大业信托	1	2300.00
56	四川信托	4	788.73
57	万向信托	2	624.45
58	山西信托	2	582.87
59	湖南信托	2	480.00
60	国联信托	1	437.00
61	西部信托	5	368.79
62	粤财信托	1	317.96
63	爱建信托	1	124.98

续表

序号	公司简称	关联方数量	关联交易金额
64	工商信托	2	89.00
65	国民信托	0	0.00
66	华澳信托	0	0.00
67	国通信托	0	0.00
68	中融信托	20	-45941.32

由上分析可知，与2016年相比，2017年68家信托公司的关联交易额有大幅度增加的趋势，关联交易通过集团内部适当的交易安排，可以使配置在一定程度上最优，加强企业间合作，达到企业集团的规模经济效益。虽然关联交易能够降低谈判成本和交易成本，提高交易效率，但频繁的关联交易也可能存在着交易双方从中谋利、侵犯股东和中小投资者的状况。因此规范关联交易成为信托行业的突出问题，也将成为监管机构重点关注的重点之一。

第二节　董事会结构分析

依据68家信托公司2017年的董事会设置（见表9-3），有56家信托公司的第一大股东会担任董事长一职，除了3家未披露外，剩余公司的第一大股东未担上述职务，从总数来看，第一大股东对公司的经营决策仍然具有较高的掌控能力。在被研究的68家公司中，第一大股东担任董事长并同时兼任总经理或者总裁一职的有24家企业，较2016年两职兼任的企业数量增加了1家。董事直接兼任公司经营管理人员，在董事长有时间行使总经理的权力时，决策速度快；节省了总经理的工资开支；防止了总经理吃里扒外的行为。但这使得公司管理架构缺失，不利于公司管理层次的提升，妨碍了下属的发展，董事长行事则更加武断，而且董事长没时间行使总经理权力时，会出现扯皮现象。容易造成董事会实际干预经营的局面，股东、董事会与经营管理层之间并没有各司其职、明确分工，没有形成彼此之间的良性互动，这对公司的治理是不利的。

表9-3　　第一大股东担任高管信息

序号	公司简称	第一大股东名称	担任高管职务
1	中诚信托	中国人民保险集团股份有限公司	未担任
2	新华信托	上海珊瑚礁信息系统有限公司	未担任
3	华信信托	华信汇通集团有限公司	董事长
4	上海信托	上海浦东发展银行股份有限公司	董事长
5	中海信托	中国海洋石油集团有限公司	董事长、总裁、财务总监
6	平安信托	中国平安保险(集团)股份有限公司	董事长
7	厦门国信	厦门金圆金控股份有限公司	董事长
8	吉林信托	吉林省财政厅	未担任
9	东莞信托	东莞金融控股集团有限公司	董事长、副董事长
10	西藏信托	西藏自治区财政厅	董事长
11	山西信托	山西金融投资控股集团有限公司	董事长、总经理
12	光大兴陇	中国光大集团股份公司	董事长、总裁
13	中融信托	经纬纺织机械股份有限公司	董事长、副董事长、总裁
14	中信信托	中国中信有限公司	董事长、副董事长、总经理
15	苏州信托	苏州国际发展集团有限公司	董事长、总裁
16	外贸信托	中国中化股份有限公司	董事长、总经理
17	江苏国信	江苏国信股份有限公司	董事长、总经理、副总经理
18	华融国信	中国华融资产管理股份有限公司	董事长、总经理
19	粤财信托	广东粤财投资控股有限公司	董事长、总经理
20	天津信托	天津海泰控股集团有限公司	董事长
21	北方国信	天津泰达投资控股有限公司	董事长
22	百瑞信托	国家电投集团资本控股有限公司	董事长、总裁
23	中原信托	河南投资集团有限公司	董事长
24	华宸信托	包头钢铁(集团)有限责任公司	董事长、副总经理、财务总监
25	湖南信托	湖南财信投资控股有限责任公司	董事长、副总裁
26	兴业信托	兴业银行股份有限公司	董事长、总裁、财务总监
27	工商信托	杭州市金融投资集团有限公司	董事长、总裁
28	建信信托	中国建设银行股份有限公司	董事长、总裁
29	国民信托	上海丰益股权投资基金有限公司	副董事长
30	华宝信托	中国宝武钢铁集团有限公司	董事长
31	中泰信托	中国华闻投资控股有限公司	董事长
32	英大信托	国网英大国际控股集团有限公司	董事长
33	国联信托	无锡市国联发展(集团)有限公司	董事长
34	安信信托	上海国之杰投资发展有限公司	未披露

续表

序号	公司简称	第一大股东名称	担任高管职务
35	陕西国信	陕西煤业化工集团有限责任公司	未披露
36	新时代	新时代远景(北京)投资有限公司	未担任
37	山东国信	山东省鲁信投资控股集团有限公司	董事长
38	华润信托	华润股份有限公司	董事长、总经理
39	国元信托	安徽国元控股(集团)责任有限公司	董事长
40	中江国信	领锐资产管理股份有限公司	未担任
41	国投信托	国投资本控股有限公司	董事长
42	昆仑信托	中油资产管理有限公司	董事长、总裁
43	长安国信	西安投资控股有限公司	董事长
44	西部信托	陕西省电力建设投资开发公司	董事长
45	云南国信	云南省财政厅	未担任
46	重庆国信	同方国信投资控股有限公司	董事长、总经理
47	北京国信	未披露	
48	交银国信	交通银行股份有限公司	董事长、总裁
49	渤海信托	海航资本集团有限公司	董事长
50	中建投信托	中国建银投资有限责任公司	董事长、总经理
51	中铁信托	中国中铁股份有限公司	董事长、总经理
52	陆家嘴信托	上海陆家嘴金融发展有限公司	董事长、总经理
53	爱建信托	上海爱建集团股份有限公司	董事长、副董事长、总经理、常务副总经理
54	华能贵诚	华能资本服务有限公司	董事长
55	中航信托	中航投资控股有限公司	董事长
56	华澳信托	北京融达投资有限公司	董事长
57	金谷信托	中国信达资产管理股份有限公司	董事长、总经理
58	国通信托	武汉金融控股(集团)有限公司	董事长、副总裁
59	四川信托	四川宏达(集团)有限公司	董事长
60	大业信托	中国东方资产管理股份有限公司	未担任
61	华鑫信托	中国华电集团公司	未披露
62	五矿信托	五矿资本控股有限公司	董事长
63	中粮信托	中粮资本投资有限公司	董事长
64	紫金信托	南京紫金投资集团有限责任公司	董事长
65	长城新盛	长城股份公司	董事长、副总经理
66	浙商金汇	浙江东方金融控股集团股份有限公司	董事长、总经理
67	万向信托	中国万向控股有限公司	董事长
68	民生信托	武汉中央商务区建设投资股份有限公司	董事长、副董事长、首席稽核总监

就董事数量而言(见表9-4),2017年披露相关信息的公司为64家,较2016年增加1家。依据调查,2017董事会人数平均数约为3人,低于2016年的平均水平3人,人数最多的是西藏信托、重庆信托和民生信托,均为7人,人数最少的为中江国信,为0人。可以看出,2017年董事会成员有减少的趋势。学术界认为董事会规模与公司绩效之间存在着明显的倒U形曲线,人数过多会导致沟通不到位、决策效率低下、成本上升等问题,人数过少又难以实现真正的集体决策,一般认为7~8人为最佳人数标准。由以上的分析可以得知,我国信托公司的董事会规模结构有待改善,但同时也应该考虑信托行业的特殊性。

表9-4　股东数量

序号	公司简称	董事数量
1	中诚信托	1
2	新华信托	2
3	华信信托	3
4	上海信托	4
5	中海信托	4
6	平安信托	4
7	厦门国信	4
8	吉林信托	1
9	东莞信托	2
10	西藏信托	7
11	山西信托	2
12	光大兴陇	3
13	中融信托	4
14	中信信托	5
15	苏州信托	3
16	外贸信托	6
17	江苏国信	4
18	华融国信	6
19	粤财信托	3
20	天津信托	4
21	北方国信	2
22	百瑞信托	4
23	中原信托	3
24	华宸信托	2

续表

序号	公司简称	董事数量
25	湖南信托	5
26	兴业信托	4
27	工商信托	4
28	建信信托	4
29	国民信托	1
30	华宝信托	3
31	中泰信托	5
32	英大信托	4
33	国联信托	2
34	安信信托	未披露
35	陕西国信	未披露
36	新时代	1
37	山东国信	2
38	华润信托	4
39	国元信托	3
40	中江国信	0
41	国投信托	3
42	昆仑信托	3
43	长安国信	3
44	西部信托	5
45	云南国信	1
46	重庆国信	7
47	北京国信	未披露
48	交银国信	3
49	渤海信托	3
50	中建投信托	4
51	中铁信托	3
52	陆家嘴信托	2
53	爱建信托	6
54	华能贵诚	3
55	中航信托	4
56	华澳信托	3
57	金谷信托	5
58	国通信托	3
59	四川信托	1

续表

序号	公司简称	董事数量
60	大业信托	2
61	华鑫信托	未披露
62	五矿信托	3
63	中粮信托	5
64	紫金信托	3
65	长城新盛	2
66	浙商金汇	4
67	万向信托	4
68	民生信托	7

第十章 非财务信息披露情况分析

第一节 影响公司发展的有利因素分析

根据所调查的数据,2017 年被调查信托公司普遍认为影响自身发展的前五位有利因素是:(1)经济平稳发展,宏观经济环境好;(2)经济结构不断优化,新兴动能加快成长,质量效益明显提高;(3)高净值人群的增长使得财富管理进一步深化;(4)监管体系和行业发展配套机制不断完善;(5)实体行业及新兴行业的发展提供更广阔的业务拓展空间。2016 年被调查信托公司普遍认为影响自身发展的前五位有利因素是:(1)居民收入持续增长,高净值人群不断增多;(2)经济平稳发展,宏观经济环境好;(3)监管环境进一步向好,制度保证政策支持加强;(4)信托市场逐步成熟,信托公司的资产管理能力得到市场认可;(5)私人理财需求迅速膨胀。2015 年与 2016 年相同。

综上可以发现,过去三个年度影响信托公司发展的有利因素基本没有发生重大变动,宏观环境、行业环境和监管环境基本上都是大家认同的主要影响因素。与 2016 年相比,宏观环境因素仍然是主要有利因素,经济结构的优化和财富管理上升为主要因素,这得益于供给侧结构制改革带来的新发展理念和经济结构加快调整取得的新进展,说明政策支持为信托业发展提供更强大的支撑,推动信托业发展实现了新的高度。当前信托业仍处于成长阶段,需要监管部门不断推进信托制度与现有法律法规的融合,满足信托机构在业务发展等多方面的制度需求,从而有效促进行业可持续发展。

第二节 影响公司发展的不利因素分析

2017 年有关影响信托公司发展的不利因素分析,被普遍认可的不利于信托公司发展的因素按照重要性排在前五位的有:(1) 全面从严监管升级;(2)信托业转型压力日益加大;(3)资管新规对通道业务的禁止会使公司通道业务受限,业务管理规模有所下降;

(4)行业发展增速持续放缓;(5)相关配套制度仍待进一步完善。2016年不利于信托公司发展的因素按照重要性排在前五位的有:(1) 宏观经济持续下行,利率下降,部分宏观调控政策增加了传统信托融资风险;(2)经济进入新常态,信托公司传统的行业投向利润收窄、风险增加;(3)市场不确定性增加,金融市场波动大,业务风险管理压力加大;(4)资产管理市场同质化竞争加剧,优质业务机会少,信托行业处于弱势地位;(5)信托传统业务难以支撑营收增长,新的增长点尚未形成,行业进入转型和创新的关键时期。2015年不利于信托公司发展的因素按照重要性排在前五位的有:(1)宏观经济下行,经济增速放缓;(2)互联网金融的冲击;(3)房地产、基础设施等行业调整仍在继续,风险较大;(4)金融大资管竞争加剧,资本市场运作难度加大;(5)世界经济低迷,复苏乏力。2014年排在前五位的因素有:(1)宏观经济下行;(2)"泛资管"全面开启,资产管理行业全面开放,竞争激烈;(3)与银行、证券、保险等相关行业竞争加剧;(4)信用风险上升、市场风险加大;(5)互联网金融快速崛起的冲击。

从过去三个年度影响信托公司发展的不利因素分析来看,宏观环境和互联网金融的冲击因素的重要程度减小,不再存在于前五位,监管升级、配套制度不完善以及信托行业自身的转型压力成为主要因素,说明国家加大了信托行业的监管力度,逐渐出台相关监管制度。在这种背景下,我国信托业亟须发挥自身优势,创新模式,因地施策,全方位推进业务转型,构建长效的赢利机制和稳健的业务模式,切实回归信托本源、服务实体。

总之,信托行业虽受到国家政策监管和自身调整的影响,但本身仍有巨大的发展潜力,信托公司在充分利用推动信托行业发展的有利因素的同时,也不可忽视影响业务发展的不利因素。

下篇　2018 年部分信托公司年报摘要

平安信托有限责任公司 2017年年度报告

第一节 重要提示及目录

一 重要提示

本公司董事会及董事保证本报告所载资料不存在任何虚假记载、误导性陈述或者重大遗漏，并对其内容的真实性、准确性和完整性承担个别及连带责任。

独立董事曲毅民、李祥军、陈勇认为，本报告真实、准确、完整地披露了公司2017年度的经营管理情况。

普华永道中天会计师事务所（特殊普通合伙）为本公司出具了标准无保留意见的年度审计报告。

公司董事长任汇川、财务部负责人邹兴国保证年度报告中财务报告的真实、完整。

二 目录

第二节 公司概况

一、公司简介

（一）公司历史沿革

平安信托有限责任公司（以下简称“平安信托”、“本公司”或“公司”）的前身为成立于一九八四年的中国工商银行珠江三角洲金融信托联合公司。一九九六年，经中国人民银行批复同意，中国平安保险（集团）股份有限公司（前称“中国平安保险股份有限公司”）收购了该公司股权，收购完成后更名为平安信托投资公司，同时注册资本由原来的人民币0.5亿元增加至人民币1.5亿元。二〇〇一年，经中国人民银行批复，本公司重新登记和增资改制，公司更名为平安信托投资有限责任公司，同时注册资本由人民币1.5亿元增加至人民币5亿元。二〇〇三年，经中国人民银行批复，本公司的注册资本由人民币5亿元增加至人民币27亿元。二〇〇五年，经中国银行业监督管理部门批复，本公司的注册资本由人民币27亿元增加至人民币42亿元。二〇〇八年，经中国银行业监督管理部门批复，本公司的注册资本由人民币42亿元增加至人民币69.88亿元。二〇一〇年，经国家工商行政管理总局核准，本公司正式更名为平安信托有限责任公司。二〇一五年，经中国银行业监督管理部门批复，本公司的注册资本由人民币69.88亿元增加至人民币120亿元。二〇一七年，经中国银行业监督管理部门批复，本公司的注册资本由人民币120亿元增加至人民币130亿元。

（二）公司法定中文名称：平安信托有限责任公司

公司法定英文名称：PingAnTrustCo.，Ltd.（缩写为PATC）

（三）公司法定代表人：任汇川

（四）公司注册地址：深圳市福田区益田路5033号平安金融中心27层（东北、西北、西南）、29层（东南、西南、西北）、31层（3120室、3122室）、32层、33层邮政编码：518048

公司国际互联网网址：http://www.pingan.com

电子邮箱：Pub_PATMB@pingan.com.cn

（五）经营范围：本外币业务；资金信托；动产信托；不动产信托；有价证券信托；其他财产或财产权信托；作为投资基金或者基金管理公司的发起人从事投资基金业务；经营企业资产的重组、购并及项目融资、公司理财、财务顾问等业务；受托经营国务院有关部门批准的证券承销业务；办理居间、咨询、资信调查等业务；代保管及保管箱业务；以存放同业、拆放同业、贷款、租赁、投资方式运用固有财产；以固有财产为他人提供担保；从事同业拆借；法律法规规定或中国银行业监督管理委员会批准的其他业务。

（六）信息披露事务负责人：顾攀

信息披露事务联系人：杨东林

电话：4008866338

传真：（0755）82415828

电子邮箱：Pub_PATMB@pingan.com.cn

（七）公司选定的信息披露报纸：《证券时报》、《中国证券报》、《上海证券报》、《证券日报》、《金融时报》

公司年度报告备置地点：公司董事会秘书处

（八）公司聘请的会计师事务所名称：普华永道中天会计师事务所（特殊普通合伙）

会计师事务所办公地址：上海市湖滨路202号普华永道中心11楼

二、组织架构

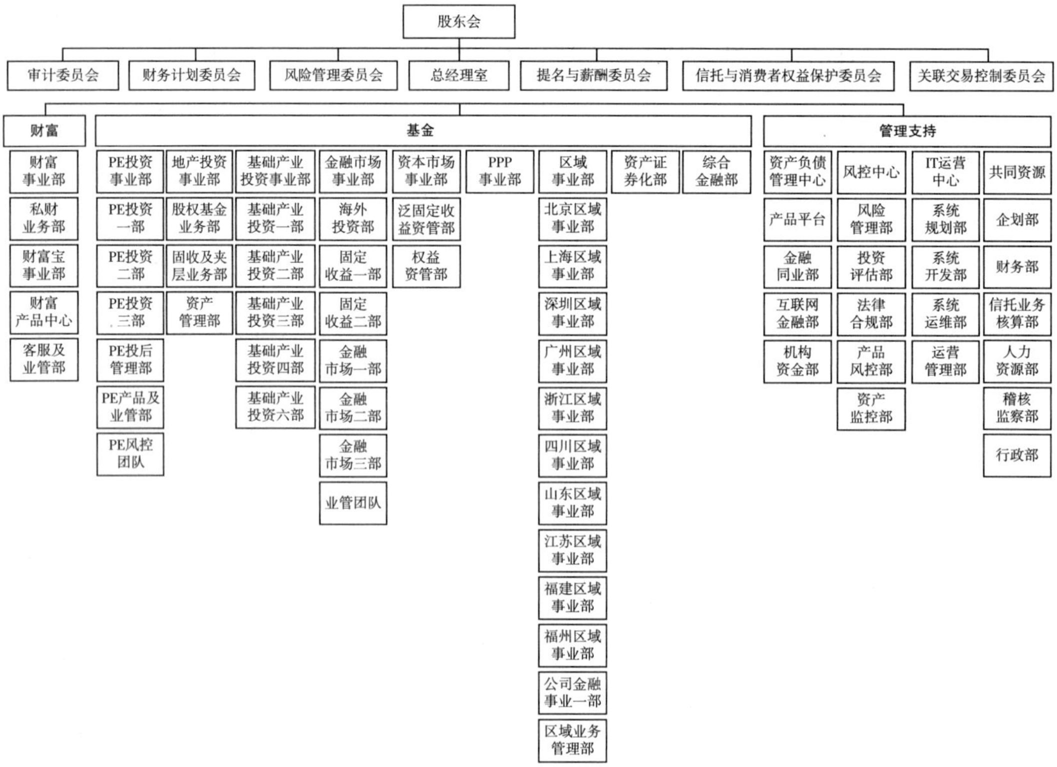

图2.2

第三节　公司治理

一、公司治理结构

（一）股东

报告期末公司股东总数为2个，相关情况如下：

表3.1.1-1

股东名称	持股比例	法定代表人	注册资本（亿元）	注册地址	主要经营业务及主要财务情况
★中国平安保险（集团）股份有限公司（以下简称“平安集团公司”）	99.88%	马明哲	182.80	深圳市	投资保险企业，监督管理控股投资企业的各种国内、国际业务，开展资金运用业务；2017年末其资产总额64,930.75亿元
上海市糖业烟酒（集团）有限公司	0.12%	龚屹	5.54	上海市	食品贸易，产业投资与管理，现代服务业等；2017年末其资产总额434.96亿元

★为公司最终实际控制人

报告期内，公司股东及持股比例未发生变化，公司以未分配利润转增注册资本，从120亿元人民币（含美元5000万元）增加至130亿元人民币（含美元5000万元），各股东出资额按持股比例同比例增加。

报告期末，公司股东及其控股股东、实际控制人、一致行动人、最终受益人情况如下：

表3.1.1-2

股东名称	该股东的控股股东	该股东的实际控制人	该股东的一致行动人	最终受益人
平安集团公司	无	无	无	平安集团公司
上海市糖业烟酒(集团)有限公司	光明食品(集团)有限公司	光明食品(集团)有限公司	无	上海市糖业烟酒(集团)有限公司

报告期末,平安集团公司的关联方情况详见公开挂网的《中国平安保险(集团)股份有限公司2017年年度报告》。

报告期内,公司股东无出质公司股权情况。

(二)董事、董事会及其下属委员会

表3.1.2-1(董事长、副董事长、董事)

姓名	职务	性别	年龄	选任日期	所推举的股东名称	该股东持股比例	简要履历
任汇川	董事长	男	48	2016年4月	平安集团公司	99.88%	1992年10月加入中国平安,现任平安集团公司总经理、平安信托董事长。获北京大学工商管理硕士学位
宋成立	副董事长	男	57	2016年11月	—	—	1992年12月加入中国平安,2003年7月加入平安信托,现任本公司副董事长、总经理;获青岛海洋大学经济学硕士学位
姚波	董事	男	47	2007年12月	平安集团公司	99.88%	2001年5月加入中国平安,现任平安集团公司副总经理。曾任职德勤会计师事务所精算咨询高级经理。获美国纽约大学工商管理硕士学位
项有志〔注1〕	董事	男	53	2017年5月	平安集团公司	99.88%	2007年4月加入中国平安,现任平安银行首席财务官,曾任平安集团公司财务总监兼财务部总经理。获厦门大学管理学博士学位
高鹏	董事	男	41	2015年2月	平安集团公司	99.88%	现任平安集团公司人力资源中心薪酬规则部总经理。获浙江大学金融学学士学位
张健〔注2〕	董事	男	58	2017年5月	上海市糖业烟酒(集团)有限公司	0.12%	2000年11月至2017年12月任上海市糖业烟酒(集团)有限公司财务总监。获亚利桑那州立大学MBA学位

续表

姓名	职务	性别	年龄	选任日期	所推举的股东名称	该股东持股比例	简要履历
葛俊杰〔注3〕	董事	男	59	2004年9月	上海市糖业烟酒(集团)有限公司	0.12%	曾任上海市糖业烟酒(集团)有限公司董事长兼总裁、光明食品集团副总裁。获上海财经大学商业经济专业学位

注1:2017年2月6日,公司2017年第二次临时股东会选举项有志为公司董事;5月9日,项有志取得董事任职资格并正式履职。

注2:2017年1月3日,公司2017年第一次临时股东会选举张健为公司董事;5月26日,张健取得董事任职资格并正式履职。

注3:2017年5月26日,张健取得董事任职资格并正式履职,葛俊杰不再担任公司董事。

表3.1.2-2(独立董事)

姓名	所在单位及职务	性别	年龄	选任日期	所推举的股东名称	该股东持股比例	简要履历
曲毅民	退休	男	63	2014年12月	—	—	曾供职于中远集团、远洋地产,并曾担任平安集团、招商银行、华泰保险等多家公司董事。高级会计师,大专学历
李祥军〔注4〕	中勤万信会计师事务所执行合伙人	男	55	2017年3月	—	—	现任中勤万信会计师事务所执行合伙人,并担任中国并购公会(全联并购公会)副会长、深圳市企业战略理财研究会会长等社会职务
陈勇	上海海高咨询有限公司董事总经理	男	55	2015年3月	—	—	现任上海海高咨询有限公司董事总经理。曾供职于伯林翰律师事务所、美国Navios公司。获纽约州立大学海运学院理学硕士学位
杨世成〔注5〕	中远(英国)公司总经理	男	54	2014年12月	—	—	现任中远(英国)公司总经理,兼任英国中资企业协会会长。曾供职于青岛远洋运输公司、中远散货运输有限公司、中远集团总公司。获英国BRISTOL大学法学硕士学位

注4:2017年1月3日,公司2017年第一次临时股东会选举李祥军为公司独立董事;2017年3月27日,李祥军取得独立董事任职资格并正式履职;2017年4月28日,公司五届十六次董事会选举李祥军担任董事会关联交易控制委员会主任委员。

注5:2017年3月27日,李祥军取得独立董事任职资格并正式履职,杨世成不再担任公司独立董事和董事会关联交易控制委员会主任委员。

表3.1.2-3(董事会下属委员会)

董事会下属委员会名称	职责	组成人员姓名	职务
财务计划委员会	审议公司发展战略、年度计划及中长期发展规划并监督实施;审议公司资产负债管理政策并监督实施;审核公司重大投资、并购项目的可行性分析报告及对外筹资方案等	姚波	主任
		任汇川	委员
		曲毅民	委员

续表

董事会下属委员会名称	职责	组成人员姓名	职务
审计委员会	提议聘请或更换外部审计机构；审核公司内部审计基本制度；听取并审议外部审计机构报告；监督公司内部审计制度及其实施；监督公司遵守国家法律、法规等合规经营情况等	曲毅民	主任
		任汇川	委员
		姚波	委员
提名与薪酬委员会	审议公司提名与薪酬管理的策略和计划；审核公司人员编制、薪酬总额、薪酬制度、年度薪酬方案、考核方案；审议公司考核与奖惩制度等	高鹏	主任
		姚波	委员
		陈勇	委员
信托与消费者权益保护委员会	审议公司的信托业务战略发展目标和相应的发展规划并监督实施；监督公司依法履行受托职责；监督公司消费者权益保护工作，保护消费者的合法权益，定期向董事会进行报告；监督公司信托业务与公司其他业务之间建立有效隔离机制；监督公司信托业务的风险管理制度等	陈勇	主任
		任汇川	委员
		姚波	委员
关联交易控制委员会	设计和审议公司整体关联交易控制的组织架构，规划关联交易管理职能；指导和监督关联交易控制委员会职责范围内的关联交易；审查公司年度关联交易专项报告，并报告董事会及监事会审阅；进行关联交易的审核及授权；董事会授权的其他事项	李祥军〔注6〕	主任
		曲毅民	委员
		陈勇	委员
风险管理委员会	审核公司风险治理架构和风险管理策略；审议公司整体风险偏好和风险限额；督促公司管理层采取必要措施有效识别、评估、监测和控制风险；评估公司管理层关于信用风险、流动性风险、操作风险和市场风险等风险的控制情况，提出完善建议；审议公司风险管理报告；董事会授予的其他职责	任汇川	主任
		姚波	委员
		曲毅民	委员

注6：2017年3月27日，李祥军取得独立董事任职资格并正式履职，杨世成不再担任公司独立董事和董事会关联交易控制委员会主任委员；2017年4月28日，公司五届十六次董事会选举李祥军担任董事会关联交易控制委员会主任委员。

（三）监事、监事会及其下属委员会

表3.1.3（监事会成员）

姓名	职务	性别	年龄	选任日期	所推举的股东名称	股东持股比例	简要履历
胡剑锋〔注7〕	监事会主席	男	40	2017年4月	平安集团公司	99.88%	现任中国平安保险（集团）股份有限公司稽核监察部总经理
许黎	监事	女	36	2017年4月	平安集团公司	99.88%	现任平安金服稽核监察项目中心稽核咨询服务深圳分部副总经理
方渭清	监事	男	40	2010年12月	职工代表	—	现任本公司稽核监察部副总经理

注7：2017年4月21日，公司2016年度股东会选举胡剑锋先生、许黎女士为公司第六届监事会非职工代表监事，并与职工代表监事方渭清先生共同组成第六届监事会；2017年4月28日，公司六届一次监事会选举胡剑锋先生为公司第六届监事会主席。王芊女士不再担任公司监事会主席、监事，张云平先生不再担任公司监事。

本公司监事会未设立下属委员会。

（四）高级管理人员

报告期末，公司在职高级管理人员情况如下：

表3.1.4

姓名	职务	性别	年龄	选任日期	金融从业年限（年）	学历	专业	简要履历
宋成立	总经理	男	57	2017年5月	24	硕士	企业管理	2003年7月加入平安信托，现任本公司副董事长、总经理；获青岛海洋大学经济学硕士学位
曹宁莉	副总经理	女	42	2015年7月	20	硕士	金融学	于2015年4月加入平安信托，原任中国民生银行广州分行，副行长
刘东	副总经理	男	53	2015年7月	23	博士	公共政策与管理学	于2014年11月加入平安信托，原任新加坡政府投资公司，高级副总裁
郑建家	副总经理	男	49	2015年10月	23	学士	经济学	于2015年4月加入平安信托，2013年4月加入中国平安，原任平安银行财富管理事业部，总裁
顾攀	副总经理	男	53	2016年9月	20	学士	机制工艺及其设备专业	于2008年9月加入平安信托，原任平安信托风险管理部兼投资评估部，总经理
郑翔	副总经理	男	46	2016年5月	18	学士	国际贸易	于2015年10月加入平安信托，原任中国民生银行金融同业部，副总经理
庞洪梅	副总经理	女	47	2015年7月	18	博士	材料学	于2010年10月加入平安信托，原任平安信托业务部，总经理
李宇航	副总经理	男	48	2015年7月	21	硕士	工商管理	于2010年1月加入平安信托，1996年9月加入中国平安，原任平安信托基础产业投资事业部，总经理
李数光〔注8〕	总经理助理	男	46	2015年7月	22	硕士	系统工程	于2014年12月加入平安信托公司，2013年3月加入中国平安，原任平安银行上海分行，副行长

注8：2017年11月13日起，李数光因个人原因离职，不再担任公司总经理助理职务，相关信息已报备监管。

（五）公司员工

报告期末，公司职工人数为743人：

表3.1.5

项目		报告期年度		上年度	
		人数	比例	人数	比例
年龄分布	25以下	4	1%	13	1%
	25－29	174	23%	241	25%
	30－39	476	64%	620	64%
	40以上	89	12%	98	10%

续表

项目		报告期年度		上年度	
		人数	比例	人数	比例
学历分布	博士	15	2%	13	1%
	硕士	333	45%	474	49%
	本科	362	49%	429	44%
	专科	32	4%	53	5%
	其他	1	0%	3	0%
岗位分布	董事、监事及高管人员	10	1%	11	1%
	自营业务人员	31	4%	59	6%
	信托业务人员	579	78%	684	70%
	其他人员	123	17%	218	22%

二、公司治理信息

报告期内，公司进一步完善公司治理结构，股东会、董事会、监事会及高级管理层职责划分清晰，相互之间独立运行、有效制衡，独立董事配备充足，公司基本制度建设完备，治理水平不断得到提升，有效保证了公司的合规经营，为股东赢取回报，为社会创造财富。

（一）股东会召开情况

本报告期内公司股东会共召开了六次会议，包括2016年度股东会会议及五次临时股东会会议：

1.2017年1月，公司召开了2017年第一次临时股东会，审议并通过了《关于选举公司董事的议案》。

2.2017年2月，公司召开了2017年第二次临时股东会，审议并通过了《关于选举项有志先生为公司董事的议案》。

3.2017年3月，公司召开了2017年第三次临时股东会，审议并通过了《关于修订〈公司章程〉的议案》。

4.2017年4月，公司召开了2016年度股东会，审议并通过了《公司2016年度董事会工作报告》等议案。

5.2017年5月，公司召开2017年第四次临时股东会，审议并通过了《关于修订〈公司章程〉的议案》等议案。

6.2017年8月，公司召开了2017年第五次临时股东会，审议并通过了《关于审议公司2017年二季度利润分配的议案》等议案。

（二）董事会及其下属委员会履行职责情况

本报告期内公司董事会认真执行股东会的各项决议，协助公司经营管理层较好地完成了公司2017年度各项经营计划，续聘普华永道中天会计师事务所（特殊普通合伙）为本公司2017年度审计师。公司独立董事认真履行职责，维护公司整体利益，切实保证小股东、信托计划委托人和受益人及消费者的合法权益。

1.本报告期内董事会共召开了六次会议，包括2016年度会议、2017年中期会议、两次季度会议及二次临时会议：

（1）2017年1月，董事会召开了五届十三次会议，审议并通过了《关于推荐项有志先生为公司董事的议案》等议案。

（2）2017年3月，董事会召开了五届十四次会议，审议并通过了《关于修订〈公司章程〉的议案》等议案。

（3）2017年3月，董事会召开了五届十五次会议（2016年度会议），审议并通过了《关于审议〈公司2016年度董事会工作报告〉的议案》等议案。

（4）2017年4月，董事会召开了五届第十六次会议，审议并通过了《关于修订〈公司章程〉的议案》、《关于推荐李祥军先生担任董事会关联交易控制委员会主任委员的议案》等议案。

（5）2017年8月，董事会召开了五届十七次会议，审议并通过了《公司2017年中期工作报告》等议案。

（6）2017年11月，董事会召开了五届十八次会议，审议并通过了《关于修订〈关联交易控制委员会授权规则〉的议案》和《关于制定重大关联交易授权审批标准的议案》。

2.本报告期内董事会专业委员会召开情况如下：财务计划委员会共召开二次会议，审计委员会共召开二次会议，提名与薪酬委员会共召开四次会议，信托与消费者权益保护委员会共召开一次会议，关联交易控制委员会共召开五次会议，风险管理委员会共召开三次会议：

（1）财务计划委员会

①2017年3月，财务计划委员会召开了2017年第一次会议，审议并通过了《关于审议董事会财务计划委员会2016年度工作报告的议案》等议案。

②2017年8月，财务计划委员会召开了2017年第二次会议，审议并通过了《关于审议公司2017年二季度利润分配的议案》等议案。

（2）审计委员会

①2017年3月，审计委员会召开了2017年第一次会

议,审议并通过了《关于审议董事会审计委员会2016年度工作报告的议案》等议案。

②2017年8月,审计委员会召开了2017年第二次会议,审议并通过了《关于审议〈公司2017年上半年内部审计工作报告〉的议案》等议案。

(3)提名与薪酬委员会

①2017年1月,提名与薪酬委员会召开了2017年第一次会议,审议并通过了《关于提名项有志先生为公司董事的议案》。

②2017年3月,提名与薪酬委员会召开了2017年第二次会议,审议并通过了《关于审议〈董事会提名与薪酬委员会2016年度工作报告〉的议案》等议案。

③2017年4月,提名与薪酬委员会召开了2017年第三次会议,审议并通过了《关于修订〈平安信托绩效问责管理制度〉的议案》。

④2017年6月,提名与薪酬委员会召开了2017年第四次会议,审议并通过了《关于审议〈平安信托员工奖金递延管理办法V1.0〉的议案》。

(4)信托与消费者权益保护委员会

2017年3月,信托与消费者权益保护委员会召开了2017年第一次会议,审议并通过了《关于审议董事会信托委员会2016年度工作报告的议案》。

(5)关联交易控制委员会

①2017年3月,关联交易控制委员会召开了2017年第一次会议,审议并通过了《关于修订〈董事会关联交易控制委员会议授权规则〉的议案》等议案。

②2017年3月,关联交易控制委员会召开了2017年第二次会议,审议并通过了《关于审议〈董事会关联交易控制委员会2016年度工作报告〉的议案》等议案。

③2017年8月,关联交易控制委员会召开了2017年第三次会议,审议并通过了《关于审议公司2017年二季度利润分配的议案》。

④2017年8月,关联交易控制委员会召开了2017年第四次会议,审议并通过了《关于审议"平银2017年第一期信贷资产流转财产权信托"项目重大关联交易的议案》。

⑤2017年11月,关联交易控制委员会召开了2017年第五次会议,审议并通过了《关于修订〈关联交易控制委员会授权规则〉的议案》等议案。

(6)风险管理委员会

①2017年3月,风险管理委员会召开了2017年第一次会议,审议并通过了《关于审议〈董事会风险管理委员会2016年度工作报告〉的议案》等议案。

②2017年4月,风险管理委员会召开了2017年第二次会议,审议并通过了《关于审议〈外包风险管理办法〉的议案》等议案。

③2017年8月,风险管理委员会召开了2017年第三次会议,审议并通过了《关于审议〈公司2017年上半年风险管理工作报告〉的议案》等议案。

(三)监事会召开会议情况

本报告期内监事会共召开了三次会议,包括2016年度会议、六届一次会议和六届二次会议(2017年中期会议):

1.2017年3月,监事会召开了五届八次会议(2016年年度会议),审议并通过了《关于审议〈公司2016年度监事会工作报告〉的议案》等议案。

2.2017年4月,监事会召开了六届第一次会议,审议并通过了《关于选举第六届监事会主席的议案》。

3.2017年8月,监事会召开了六届二次会议,审议并通过了《公司2017年上半年监事会工作报告》等议案。

监事会认为,报告期内公司能够按照合法决策程序对重大事项进行决策,所开展的业务经营活动基本符合《中华人民共和国公司法》、《中华人民共和国信托法》、《信托公司管理办法》及《信托公司治理指引》等有关法律法规的规定。监事会认为,普华永道中天会计师事务所(特殊普通合伙)出具的2017年度无保留意见的审计报告,真实、客观地反映了公司的财务状况和经营结果。

(四)独立董事履职情况

公司董事会共有独立董事3名,达到董事会成员总数的三分之一。董事会审计委员会、信托与消费者权益保护委员会、关联交易控制委员会主任委员由独立董事担任,财务计划委员会、提名与薪酬委员会与风险管理委员会各有1名独立董事担任委员。独立董事专业涵盖经济、金融等领域,具有丰富的经济、金融专业知识和从业经验。2017年,董事会召开6次会议,董事会专门委员会召开17次会议,独立董事出席会议率达到100%。各独立董事本着负责任的态度,认真履行诚信和勤勉义务,维护公司整体利益,为董事会科学决策发挥了积极作用。

(五)高级管理层履职情况

报告期内,公司高级管理人员严格贯彻执行股东会和董事会的各项决议,稳健经营,勇于创新,固有资产业务和信托业务经营情况良好。

第四节 经营管理

一、愿景使命、经营目标、模式规划

(一)愿景使命

平安信托致力于做有使命的资本,成为中国最领先的信托公司。平安信托要用专业服务实体经济,让资本顺畅低损耗地投入实体经济中实现共生共荣;同时为高净值个人和机构投资者提供全方位资产配置、财富管理与综合增值服务,实现财富的保值增值。

(二)经营目标

平安信托保持主要经营业绩的行业领先,实现客户、员工、社会、股东的四赢,打造一流的信托品牌。平安信托借助集团战略生态圈、科技云等优势、打造规模最大、最专业的私人财富管理平台;并通过积累专业资产管理、投资以及投资后管理能力、成为中国投资投行领域的第一品牌。

（三）模式规划

平安信托持续深入推动“财富＋基金”转型改革，通过“财富管理、资产管理与投资投行”三大商业模式，借助集团和自身既有的能力和优势，差异化打造资金端和资产端的行业翘楚。

1. 升级私人财富管理业务

平安信托面向个人高净值客户提供一站式金融生活服务，并依托专业投资能力和综合金融平台，为客户提供全方位资产配置和财富管理解决方案，实现财富保值增值。同时，充分发挥个人财富管理业务现有优势，从智能账户、客户服务、渠道平台、综合产品及智能风控等方面突破，形成差异化竞争优势，打造行业领先、开放的财富管理平台，成为中国代客理财的市场典范。

2. 大力发展机构资产管理业务

公司将继续以面向机构投资者的资产管理服务为重点，深化机构客户合作为目标，不断提升综合金融服务能力，满足机构投资者的差异化业务需求。挖掘覆盖保险资金、银行同业、企业年金等机构投资者的资产配置和交易需求，做到高度覆盖、精细管理。

3. 转型创新投资投行业务

平安信托通过多种投融资方式服务于一带一路、供给侧改革、国家城镇化、产业升级等国家重点战略，为各行各业提供全方位的金融服务，促进资本低损耗地流向实体经济，成为有使命的资本。

4. 完善强大、专业的中后台支持体系

完善风险管理体系和智能风险管理平台建设，提高资产监控和投后管理水平，将风控投评功能前置并积极培养深化行业研究能力，完善更新各行业各投资领域的投资风控策略，在加强风险管理的同时，促业务、促经营、促发展；同时利用技术支持打造评估准、功能强、运作快的智能风控平台，提高风控水平。

5. 积极响应党和政府号召，切实履行企业社会责任积极跟随党的指导、主动承担社会责任，投入各方资源开启“三村建设工程”，实施产业扶贫、健康扶贫、教育扶贫。充分发挥信托优势全面参与，通过公益慈善信托等创新方式实践公益慈善、助力精准扶贫，力争成为中国慈善公益信托第一品牌。

二、经营业务的主要内容

截至2017年12月31日，平安信托实现营业收入60.25亿，同比下降0.1%，其中手续费及佣金净收入40.16亿，同比增长34.5%，占总收入比达66.7%；实现净利润39.07亿，同比增长2.9%；信托计划资产管理规模6528亿，其中集合信托存量规模超3453.05亿，总规模占比达52.9%，业务结构持续优化。

财富管理业务方面，平安信托以客户为核心，从渠道、产品、合规服务、客户权益保护等方面着力，提升业务的市场竞争力，推动覆盖客户全生命周期的财富管理服务。服务的活跃财富客户数实现稳步增长，截至2017年末，服务活跃财富客户数达7.47万，较年初增长42.2%；保险金信托业务规模达20.5亿，签约客户数接近整个市场保险金信托行业过去三年的两倍，帮助客户实现财富传承、财富管理与保险完美的嫁接。

资产管理业务方面，平安信托坚持客户、资金定位，积极推进“产品、平台、渠道”的发展策略，进一步深化核心客户合作关系，实现机构资产管理业务的稳健发展。截至2017年12月31日，为近百家险资年金、银行等机构投资者提供资产管理服务。

投资投行业务方面，平安信托严格遵守监管的各项要求和规定，积极把握行业的变化趋势，不断加强与优质客户合作，以股权、债权、夹层融资、基金等多种方式服务于国内众多优秀企业；以服务实体经济为目标，在不动产、基建、新能源、PPP、一带一路、国企混改等国家重点支持的诸多领域都发挥着积极的作用。同时，平安信托在业务开展过程中依托严谨的风险管理体系，主动加强项目筛选，确保项目风险可控，为投资者提供优质可靠的投资产品。

2017年，平安信托继续秉承“风险创造价值，风控引领市场”的风控理念，打造全员参与、全流程管控、业务全覆盖的风险管控体系。

风险管理方面，平安信托始终高度重视风险管理对业务发展的重要性，积极完善风险治理架构，创建良好的风控环境；加强风险管理的前瞻性和引领性，提升对风险计量、分析和管理决策的应用；搭建强大的投后支持平台及风险信息支持平台；建立了以资本、信用风险、流动性风险、市场风险四个核心维度为框架的风险偏好与限额体系，持续做到保持充足的净资本、严控资产质量水平、确保市场风险可承受、实时监控流动性。

资产监控方面，持续完善和优化投中、投后制度及流程，推进精细化管理；进一步提升放款、押品及档案管理水平，规范审核标准及例外事项审核流程，落地押品线上系统管理，完善档案清单；投后深化分类管理，加大风险排查力度及重点业务的监控力度，提高投后管理质量，提高投后管理的针对性。

合规经营方面，公司各项合规管理工作有序开展、成效显著，全面推动完成操作风险管理、关联交易管理、反洗钱、员工行为管理、合规文化建设等方面的重点工作，合规管理水平持续提升，合规管理工作迈上新的台阶。

本公司严格遵照监管要求，定期监控与净资本相关的各类指标，包括净资本、净资本与风险资本之比、净资本净资产之比。截至2017年12月31日，公司净资本规模194.20亿元，净资本与各项业务风险资本之和的比例为229.3%，净资本与净资产的比例为81.2%，符合监管要求。

本公司（本报告中所称的“本公司”或“公司”，均指母公司；本报告中所称的“本集团”或“集团”，则为本公司及其子公司）的主要经营业务：

自营资产运用与分布表

金额单位：万元

资产运用	金额	占比	资产分布	金额	占比
货币资产	406,123.66	14.55%	基础产业	—	—
贷款及应收款	—	—	房地产业	14,982.44	0.54%
划分为持有待售的资产	13,770.00	0.49%	证券市场	—	—
可供出售金融资产	1,064,379.20	38.14%	实业	518,069.38	18.56%
应收款项类投资	—	—	金融机构	2,164,492.42	77.56%
长期股权投资	757,849.79	27.16%	其他	93,258.82	3.34%
应收股利	105,005.00	3.76%			
其他应收款	278,387.73	9.98%			
其他	165,287.68	5.92%			
资产总计	2,790,803.06	100.00%	资产总计	2,790,803.06	100.00%

注：除特别说明外，本报告中数据均以人民币计量

资产运用中"其他"项主要包括固定资产、无形资产、递延所得税资产等。

信托资产运用与分布表

金额单位：万元

资产运用	金额	占比	资产分布	金额	占比
货币资产	1,329,574.84	2.04%	基础产业	3,311,212.60	5.07%
贷款	30,497,603.22	46.72%	房地产	10,063,325.18	15.42%
交易性金融资产	6,233,615.66	9.55%	证券市场	2,498,339.02	3.83%
可供出售金融资产	18,048,507.83	27.65%	实业	27,944,464.48	42.81%
持有至到期投资	—	—	金融机构	20,638,805.81	31.62%
长期股权投资	1,407,135.36	2.16%	其他	819,472.84	1.25%
买入返售资产	151,475.28	0.23%			
其他	7,607,707.74	11.65%			
资产总计	65,275,619.93	100.00%	资产总计	65,275,619.93	100.00%

三、市场分析

随着宏观经济环境持续筑底，各项监管政策陆续出台，信托业发展的挑战与机遇并存，行业转型升级的趋势显现。

挑战方面，行业存在着大而不强的现象，资金的产业配置效率不高，难以形成核心竞争力，也不利于实现以金融助力实体经济发展、优化产业结构的长远目标。2017年11月17日，中国人民银行、银监会、证监会、保监会、外汇管理局联合发布了《关于规范金融机构资产管理业务的指导意见（征求意见稿）》，此监管政策涵盖了所有国家层面的金融监管部门，展现了国家统一资产管理类业务监管标准，也对信托公司的经营管理提出了更高的要求。

机遇方面，宏观经济已进入稳中向好的阶段，2017年中国国内生产总值达到82.7万亿元，同比增长6.9%，经济发展的质量和效益明显提高，随着供给侧结构性改革深入推进，一带一路、京津冀协同发展、长江经济带、粤港澳大湾区等国家级战略，以及工业4.0、互联网+、新能源等工业变革以及区域间经济的差异化均为信托行业带来了新的投资机遇，随着金融监管的边界更加清晰，更有利于信托公司发挥牌照优势。

随着行业改革和转型进程的不断深入，信托公司应借助信托制度优势、逐步发展强化主动管理能力：

1. 传统信托业务转型优化。通过基金化、投行化和证券化等方式，应对融资类业务不断降低的规模、数量、收益率。

2. 专业资管能力持续提升。围绕资本市场、金融市场等，开展各类证券投资以及相关的股权投资业务；通过

专业投资策略驱动的组合管理产品,以满足投资者多样化的理财需求。

3.财富管理业务创新升级。从以产品销售为中心转向以客户需求为中心,提供现金管理、资产配置、家族信托、消费信托等各类金融服务,为高净值个人提供个性化的资产配置和保障、传承、慈善等方面的辅助服务,以满足高端客户的财富管理需要。

四、内部控制

(一)内部控制环境和内部控制文化

公司一贯致力于构建符合国际标准和监管要求的内部控制体系,根据风险状况和控制环境的变化,持续优化内部控制机制。根据国家法律法规以及各监管机构的要求,公司以现代国际一流金融企业为标杆,秉承综合金融发展战略,结合经营管理需要,践行"法规+1"的合规理念,贯彻"目标明确、覆盖全面、运作规范、执行到位、监督有力"的方针,完善内部控制运行机制,着力提高抵御风险的能力,确保公司经营管理合法合规、符合监管要求,促进业务可持续健康发展。公司遵循"以制度为基础、以风险为导向、以流程为纽带"思路,强化内部控制日常化运作机制,持续提升内控工作的水平和效果,为公司持续稳健发展提供保障。

公司根据《中华人民共和国公司法》、《中华人民共和国信托法》、《信托公司管理办法》、《信托公司治理指引》及《企业内部控制基本规范》等国家相关法律法规和《公司章程》的要求,建立了由股东会、董事会、监事会和高级管理层组成的法人治理结构,形成了权力机构、决策机构、监督机构和管理层之间分工配合、相互协调、相互制衡的运行机制。公司股东会、董事会、监事会均按照相关法律、法规、规范性文件及《公司章程》的规定,规范有效地运作。公司完善的法人治理结构为公司内部控制目标的实现提供了合理保证。

公司积极开展合规文化建设,为合规管理工作的开展和内部控制建设营造优越的内部环境及合规文化氛围。公司通过《员工行为准则》,对违纪类型、违纪处理流程等做出明确规定,倡导员工诚信守法、廉洁自律,遵守公司内部规章制度,维护公司形象及社会公共秩序;通过《"红、黄、蓝"牌处罚制度》体系,对员工违规行为严格惩处,营造良好的内控环境;通过《合规手册》,明确公司合规管理职责,完善内部控制和风险管理体系;推动员工签署《合规履职承诺函》,从遵法守规、商业秘密、利益冲突、销售行为等方面规范员工行为,提升员工知法守规意识。此外,公司通过以全员大会、宣导专刊、面授培训、知鸟课程等多种形式高频次地开展内控文化宣导,在全公司范围内营造高层垂范、人人合规的良好氛围,增强全员合规内控意识。

(二)内部控制措施

按照相关法律法规、监管规定和内部制度的要求,公司建立了组织架构完善、权责清晰、分工明确、人员配备精良的内部控制组织体系。公司董事会负责内部控制的建立健全和有效实施,董事会下设审计委员会,负责监督、审查、评价公司内部控制的实施情况,协调内部控制审计及其他相关事宜;监事会负责对董事会建立与实施的内部控制进行监督,对公司管理层履职情况进行检查监督;2017年,公司持续加强"业务及职能部门直接承担管理、法律合规部门统筹推动支持、稽核监察部门监督检查审计"三道防线的分工与协作,强化工作衔接与信息共享机制,有效地实施内部控制,实现内部控制"促管理、促发展、促效益"的目标。公司持续优化内控治理结构,完善操作风险与内控管理、关联交易管理、反洗钱管理、授权管理、员工行为管理等机制,持续优化公司内部控制政策、框架、流程、系统及工具标准,提升管理水平,并加强高风险事件管控,防范系统性风险及风险传递,落实合规内控考核,进一步促进内部控制有效实施。2017年,公司继续贯彻落实《企业内部控制基本规范》及配套指引的相关要求,积极开展内控评价工作,如期完成公司层面控制、信托管理、财务报告与信息技术控制等流程的内控自评工作;同时,公司持续关注主要业务和新增业务的合规发展和内部控制,通过有效识别、评估以防范和化解内控风险,为公司的稳健经营提供保障。

(三)信息交流与反馈

公司不断建立完善信息交流与反馈制度,包括内部信息交流及报告与披露。

公司建立了顺畅、双向的内部信息交流制度。公司开通各种信息交流渠道,通过公司公文、公告、制度库等传递和获取信息;充分利用信息技术,通过网络、移动互联、视频会议、电话会议、邮件等方式在公司内部传递信息,确保能够将决策层的战略、政策、制度及相关规定等信息及时传达给员工;加强对信息系统开发与维护、访问与变更、数据输入与输出、文件储存与保管、网络安全等方面的控制,保证信息系统安全稳定运行;通过重大事项报告制度,以及内部信息反馈机制让员工将业务经营、内部控制、风险管理中存在的问题及时向各级管理层报告,促进部门间、部门内部协调高效运作。同时,公司强调信息沟通在反舞弊工作中的作用,通过教育预防、制度保障、检查监督的方法预防、发现、惩戒舞弊行为。

报告与披露侧重于公司与外部的信息交流与反馈,公司先后制定了《关联交易管理制度》、《危机管理办法》、《信息管理制度》、《新闻管理制度》、《互联网管理制度》等信息披露和报告管理制度。公司设置专门部门负责对内对外的信息整合与发布、媒体关系管理及危机管理,确保了及时、真实、完整地向监管部门和外界披露相关信息,确保公司与外部投资者、客户、中介机构等有关方面之间进行有效交流,也确保了信息交流过程中发现的问题及时得到解决。

(四)监督评价与纠正

公司已形成事前、事中与事后"三位一体"的风险管理和监督评价体系,对业务环节和经营管理进行持续性的全方位、全过程的监督、评价与纠正。2017年度全面完成了内部控制检查评价计划，符合《企业内部控制基本规范》等监管规定和公司完善治理结构、强化内部控制体系建设的总体要求。

事前监督主要从制度建设、制度与流程检视与完善、风险信息收集、识别与监测整合等方面展开，对公司的内部控制进行事前管理；事中监控包括投资评估部和法律合规部的业务评审、风险管理部和资产监控部的业务监控、业务部门及投后管理团队的持续监控；事后监督通过常规稽核、专项稽核、离任稽核、信访调查等模式发现、评估公司经营中存在的制度和流程执行缺陷，并建立规范的后续整改跟踪程序确保改进措施得到落实，有效提升公司的内控水平。

五、风险管理

（一）风险管理概况

2017年，公司风险管理工作紧密围绕公司战略转型布局和“财富管理、资产管理和投资银行”三个核心业务，持续优化风险管理体系，积极推进全面风险管理从“量”到“质”的转变。同时，风险管理工作继续秉承以“经营风险”为核心管理理念，提升主动管理能力；不断贴近市场，严守风险底线，助力业务发展。

报告期内，公司首次建立了以四个核心维度为框架的风险偏好与限额体系，持续做到保持充足的净资本、严控资产质量水平、确保市场风险可承受、实时监控流动性；同时积极倡导“稳健、主动、全员”的风险管理文化，在经营活动中积极践行风险与回报相互平衡的理念。

公司风控积极贴近市场、在风险可控前提下促进业务健康发展，完善风险策略体系，强化策略适应性；把握业务风险特征，采取差异化管控举措；加强资产准入管理，严守风险底线。

（二）风险状况

1. 信用风险状况

信用风险是指交易对手未能履行合同所带来的经济损失。公司主要表现为：在信托贷款、资产回购、后续资金安排、担保、履约承诺等交易过程中，借款人、担保人、保管人（托管人）等交易对手不履行承诺，不能或不愿履行合约承诺而使信托资产或自有资产遭受潜在损失的可能性。

2. 市场风险状况

市场风险是指由于市场价格或利率波动而导致的对金融工具的资产价值产生负面波动的风险，可以区分为系统性风险和非系统性风险两大类。公司所面临的市场风险主要是指由于市场价格，如利率、股票价格、债券价格等波动而造成的信托资产、自有资产损失的风险。

3. 流动性风险状况

流动性风险是指公司短期内资金周转困难无力偿付到期负债而造成损失或破产的风险。本公司对流动性风险高度重视，从监控流程、制度、识别分析、压力测试等多角度进行管理，确保公司稳健经营。

4. 操作风险状况

操作风险是指由不完善或有问题的内部程序、员工和信息科技系统，以及外部事件所造成损失的风险。本定义所指操作风险包括法律风险，但不包括策略风险和声誉风险。

5. 其他风险状况

公司面临的其他风险有政策和道德等。

政策风险是指因与公司相关的宏观和监管变化给经营带来风险。

道德风险主要是指由于公司内部人员蓄意违规、违法或与公司的利益体串通而给信托受益人或公司自身带来损失的可能性。

（三）风险管理

1. 信用风险管理

公司持续完善信用风险的管理架构，规范投融资业务管理流程，及时出台配套的管理制度，完善制度体系；根据外部环境变化适时调整风险策略，明确风险策略重点支持领域，加强风险管理的前瞻性和引领性；加强量化管理工具应用，提高精细化管理水平，树立风险与收益匹配意识；加大存量业务风险排查力度，建立风险信息监测及预警机制；加强问题贷款清收处置，多渠道加快处置不良资产，提高清收处置工作成效，整体风险管理水平持续提升，具体而言：

在风险管控方面，平安信托对于项目的甄选，有着严格的准入标准，通过制定各类业务风险策略，明确了各项业务在投资规模、信用评级、区域选择、抵质押物、行业选择、具体风控措施等各方面要求。项目投前阶段规范审批流程，制定尽调、评审模板；决策阶段建立项目决策机制；项目投中实行双人核实，集中审查，即取印、核保、合同面签、抵质押登记与权证领取等流程均由业务一线人员和核准人员共同完成，并实行放款审查集中管理。项目投后建立了专业的投后资管团队，在信托计划投资的项目上委派董事、财务人员和工程人员，通过股东会、董事会等公司治理方式，对项目的工程进度，销售进度进行投后监控，以便预警项目开工和销售风险。在交易合同上，特别对停工、工程延期及开盘延期等有处罚措施和提前到付措施，给信托计划增加保障，尽可能将项目风险降到最低。

在风险与收益匹配方面，公司继续完善量化管理体系，有效运用量化管理工具。公司已开发完成房地产、银行、证券公司、信托、城投、综合企业集团、建筑施工、轻工业、重工业等九大信用评级模型，并逐步推进信用评级在风险准入、投后管理、风险计量等方面的应用，采用科学定量方法，为保证业务决策工作的准确度和一致性提供有力的支持。

在风险处置方面，由公司领导牵头，设置了专业的不良资产清收团队，在项目风险初步显现时即及时介入，根据项目具体的出险特点，组织各职能部门成立专项处置小组，借助公司大数据系统，充分调查底层资产的债权债务情况，深挖资产价值，制定“一户一策”的资产清收处置方案，在综合考虑产品涉及投资人情况、社会影响程度等因素的基础上，同时既维护投资人合法权益，又保证合法合规经营的前提下，及时有效地化解项目风险、降低损失程度。

2. 流动性风险管理

本年度公司继续完善流动性风险管理体系，厘清各部门管理职责并设立了专门的流动性风险管理团队，确保流动性风险管理全覆盖并进一步优化分层分级管理、定期汇报、实时监控的流动性风险管理机制。

公司根据业务发展的需要，更新流动性风险偏好，结合以往的流动性风险管理经验，继续完善流动性风险管理监控和限额指标，并实现了流动性风险管理的逐日盯市和限额监控管理手段。同时，继续完善流动性压力测试体系，依据市场环境变化对模型假设、参数进行调整和更新，实现定期压力测试和报告，以检测公司整体和产品的承压能力，并根据压力测试结构制定相应的应急计划。此外，完善了流动性风险报告体系，确保能够提前准确地反映流动性风险，并针对市场不利变动储备有效的应急措施。

通过对流动性风险管控机制和措施的改进和加强，公司不仅提高了流动性风险的管理和监控水平，同时还有效提升了自身的资金运营效率，保证了公司高效、稳定的运行。

3. 市场风险管理

本年度公司持续完善与风险管理战略相适应的市场风险管理体系，优化限额管理、监控报告及日常管控流程，提高市场风险管理的针对性和有效性。加强策略引导，根据市场形势变化，引导业务适时调整资产组合结构，降低组合风险敞口。公司在限额制定过程中，综合考量风险偏好、风险承受能力、业务规模情况，细化市场风险矩阵，对具有公允价值的资产设定高于市场要求的修正久期、基点价值等敏感度指标限额，严格控制资产的风险敞口；在具体实施市场风险管理过程中，前台业务部门作为市场风险的直接承担者和一线管理人员，动态管理其持仓部分所暴露出的市场风险，并在风险暴露较高时主动采取降低风险敞口或风险对冲等操作；而风险管理部的相关监控人员则会持续监测市场风险限额执行情况，并通过定期风险报告及时向公司管理层汇报公司整体及各业务部门的市场风险状况以及变化情况。

公司从管理层和投资者能够承担的风险出发，根据对市场行情的跟踪和研究，对于可能出现的风险事件，亦建立了相应的内外部风险处置流程。设定合理的情景，对资产组合进行利率压力测试，准确把握不同市场行情下资产风险敞口大小，并据此向投资者充分披露。另外，公司严格履行受托人的尽职管理职责，严格按照信托法律、法规及合同进行操作和处理信托事务。

4. 操作风险管理

公司持续落实监管规定及公司操作风险管理策略，以现行合规管理以及内部控制体系为基础，整合监管及行业关于操作风险管理的先进标准、方法和工具，优化操作风险管理架构，完善操作风险管理制度，加强各部门配合与协作，确立日常监测与报告机制，定期向管理层汇报操作风险整体情况；运用操作风险三大工具，从事前、事中、事后三个维度进行风险监控与数据分析；推动开展年度操作风险与控制自我评估，全面检视及优化重要业务流程；针对高风险事件开展专项检视，防范、化解业务风险；同时建立了常态化与专题化相结合的宣导机制，持续提升操作风险管理的有效性及水平。

公司主要通过以下机制和措施管理操作风险：

一是建立健全公司操作风险识别、评估、监测、控制、缓释、报告的全面管理体系；

二是持续优化公司操作风险管理政策、框架、流程、系统及工具标准，提升操作风险管理水平；

三是优化并推动各业务职能部门运用实施操作风险管理工具，如：风险与控制自我评估、关键风险指标、操作风险损失事件收集；

四是关键风险领域开展专项排查检视；

五是通过开展操作风险管理方面的培训倡导，推动操作风险管理文化建设。

5. 其他风险管理

坚持“遵纪守法”、“守法 +1”的经营方针和经营宗旨，保证公司的各项业务在完全合法合规的前提下开展。公司主要通过制度规范和加强员工职业道德培训、对违反职业道德行为的查处来严控道德风险，严格履行受托人的监管义务，妥善管理信托投资项目，把道德风险控制在最低限度。

六、净资本风险控制指标

本公司报告期末的净资本风险控制指标情况如下：

表 4.6.1 金额单位：万元

指标名称	期末数	监管标准
净资本	1,941,983	≥2 亿元
固有业务风险资本	274,880	
信托业务风险资本	572,005	
其他业务风险资本	—	
各项业务风险资本之和	846,885	
净资本/各项业务风险资本之和	229.3%	≥100%
净资本/净资产	81.2%	≥40%

第五节 会计报表

一、自营资产

（一）会计师事务所审计结论

审计报告

普华永道中天审字(2018)第 24443 号

一、审计意见

（一）我们审计的内容

我们审计了平安信托有限责任公司（以下简称“平安信托公司”）的财务报表，包括 2017 年 12 月 31 日的合并及公司资产负债表,2017年度的合并及公司利润表、合并及公司现金流量表、合并及公司所有者权益变动表以及财务报表附注。

(二)我们的意见

我们认为,后附的财务报表在所有重大方面按照企业会计准则的规定编制,公允反映了平安信托公司2017年12月31日的合并及公司财务状况以及2017年度的合并及公司经营成果和现金流量。

二、形成审计意见的基础

我们按照中国注册会计师审计准则的规定执行了审计工作。审计报告的"注册会计师对财务报表审计的责任"部分进一步阐述了我们在这些准则下的责任。我们相信,我们获取的审计证据是充分、适当的,为发表审计意见提供了基础。

按照中国注册会计师职业道德守则,我们独立于平安信托公司,并履行了职业道德方面的其他责任。

三、其他信息

平安信托公司管理层对其他信息负责。其他信息包括平安信托公司2017年年度报告中涵盖的信息,但不包括财务报表和我们的审计报告。

我们对财务报表发表的审计意见不涵盖其他信息,我们也不对其他信息发表任何形式的鉴证结论。

结合我们对财务报表的审计,我们的责任是阅读其他信息,在此过程中,考虑其他信息是否与财务报表或我们在审计过程中了解到的情况存在重大不一致或者似乎存在重大错报。基于我们已经执行的工作,如果我们确定其他信息存在重大错报,我们应当报告该事实。在这方面,我们无任何事项需要报告。

四、管理层和治理层对财务报表的责任

平安信托公司管理层负责按照企业会计准则的规定编制财务报表,使其实现公允反映,并设计、执行和维护必要的内部控制,以使财务报表不存在由于舞弊或错误导致的重大错报。

在编制财务报表时,管理层负责评估平安信托公司的持续经营能力,披露与持续经营相关的事项(如适用),并运用持续经营假设,除非管理层计划清算平安信托公司、终止运营或别无其他现实的选择。

治理层负责监督平安信托公司的财务报告过程。

五、注册会计师对财务报表审计的责任

我们的目标是对财务报表整体是否不存在由于舞弊或错误导致的重大错报获取合理保证,并出具包含审计意见的审计报告。合理保证是高水平的保证,但并不能保证按照审计准则执行的审计在某一重大错报存在时总能发现。错报可能由于舞弊或错误导致,如果合理预期错报单独或汇总起来可能影响财务报表使用者依据财务报表作出的经济决策,则通常认为错报是重大的。

在按照审计准则执行审计工作的过程中,我们运用职业判断,并保持职业怀疑。同时,我们也执行以下工作:

(一)识别和评估由于舞弊或错误导致的财务报表重大错报风险;设计和实施审计程序以应对这些风险,并获取充分、适当的审计证据,作为发表审计意见的基础。由于舞弊可能涉及串通、伪造、故意遗漏、虚假陈述或凌驾于内部控制之上,未能发现由于舞弊导致的重大错报的风险高于未能发现由于错误导致的重大错报的风险。

(二)了解与审计相关的内部控制,以设计恰当的审计程序,但目的并非对内部控制的有效性发表意见。

(三)评价管理层选用会计政策的恰当性和作出会计估计及相关披露的合理性。

(四)对管理层使用持续经营假设的恰当性得出结论。同时,根据获取的审计证据,就可能导致对平安信托公司持续经营能力产生重大疑虑的事项或情况是否存在重大不确定性得出结论。如果我们得出结论认为存在重大不确定性,审计准则要求我们在审计报告中提请报表使用者注意财务报表中的相关披露;如果披露不充分,我们应当发表非无保留意见。我们的结论基于截至审计报告日可获得的信息。然而,未来的事项或情况可能导致平安信托公司不能持续经营。

(五)评价财务报表的总体列报、结构和内容(包括披露),并评价财务报表是否公允反映相关交易和事项。

(六)就平安信托公司中实体或业务活动的财务信息获取充分、适当的审计证据,以对合并财务报表发表审计意见。我们负责指导、监督和执行集团审计,并对审计意见承担全部责任。

我们与治理层就计划的审计范围、时间安排和重大审计发现等事项进行沟通,包括沟通我们在审计中识别出的值得关注的内部控制缺陷。

普华永道中天会计师事务所(特殊普通合伙)
注册会计师　陈岸强

中国　上海市　注册会计师　田　婕

2018年3月28日

(二)资产负债表

金额单位:万元

资产	本集团		本公司	
	期末数	期初数	期末数	期初数
货币资金	3,302,700.30	3,377,185.65	406,123.66	505,296.50

续表

资产	本集团		本公司	
	期末数	期初数	期末数	期初数
结算备付金	601,071.87	973,841.17	—	—
拆出资金	140,000.00	—	140,000.00	—
融出资金	1,122,599.85	712,491.19	—	—
以公允价值计量且其变动计入当期损益的金融资产	1,955,071.00	408,984.93	—	—
衍生金融资产	1,717.10	1,385.67	—	—
买入返售金融资产	1,344,049.45	1,221,965.55	—	—
应收利息	94,089.62	76,296.84	142.30	631.79
应收账款	754.37	1,939.26	—	—
预付款项	3,654.53	8,855.07	—	—
发放贷款及垫款	274,800.00	137,000.00	—	9,000.00
存出保证金	86,297.10	90,483.69	—	—
存货	43,926.41	24,418.00	—	—
划分为持有待售的资产	13,770.00	48,369.03	13,770.00	48,369.03
可供出售金融资产	3,276,958.03	4,439,287.16	1,064,379.20	944,146.80
持有至到期投资	102,398.08	134,060.97	—	—
应收款项类投资	29,980.00	—	—	—
长期股权投资	138,884.37	150,497.13	757,849.79	587,799.13
商誉	28,965.42	28,965.42	—	—
投资性房地产	934.26	973.74	—	—
固定资产	36,428.55	32,216.34	1,260.53	1,505.03
无形资产	376,501.34	584,250.62	1,275.61	1,895.38
递延所得税资产	112,781.39	122,744.35	21,882.25	22,721.13
其他资产	800,934.51	456,899.60	384,119.72	489,895.30
资产总计	13,889,267.55	13,033,111.38	2,790,803.06	2,611,260.09

（二）资产负债表（续）

金额单位：万元

负债及所有者权益	本集团		本公司	
	期末数	期初数	期末数	期初数
短期借款	24,116.84	4,472.55	—	—
以公允价值计量且其变动计入当期损益的金融负债	439,947.38	377,391.06	—	—
衍生金融负债	3,020.10	2,569.65	—	—

续表

负债及所有者权益	本集团		本公司	
	期末数	期初数	期末数	期初数
卖出回购金融资产款	2,317,571.21	1,965,489.71	—	—
代理买卖证券款	2,230,163.63	2,639,489.09	—	—
应付账款	572.44	747.60	—	—
预收款项	89,933.11	125,820.21	—	—
应付职工薪酬	318,172.13	323,185.34	73,401.83	81,418.58
应交税费	61,817.73	39,986.69	34,293.83	456.04
应付利息	42,908.38	33,020.38	2701.05	1,122.57
长期借款	144,709.00	543,602.71	—	—
应付债券	950,000.00	549,957.77	—	—
递延收益	630.09	976.38	—	—
递延所得税负债	48,420.15	86,178.57	—	—
其他负债	2,014,962.12	1,472,078.03	288,964.99	277,191.50
负债合计	8,686,944.31	8,164,965.74	399,361.70	360,188.69
实收资本	1,300,000.00	1,200,000.00	1,300,000.00	1,200,000.00
资本公积	216,648.47	217,389.74	17,010.42	17,147.97
其他综合收益	79,077.83	115,546.10	38,027.66	37,884.15
盈余公积	212,319.77	173,253.33	212,319.77	173,253.33
一般风险准备	378,718.14	299,485.89	137,686.39	113,091.32
未分配利润	1,714,632.11	1,655,093.66	686,397.12	709,694.63
归属于母公司所有者权益合计	3,901,396.32	3,660,768.72	2,391,441.36	2,251,071.40
少数股东权益	1,300,926.92	1,207,376.92	—	—
所有者权益合计	5,202,323.24	4,868,145.64	2,391,441.36	2,251,071.40
负债和所有者权益总计	13,889,267.55	13,033,111.38	2,790,803.06	2,611,260.09

（三）利润表

金额单位：万元

项目	本集团		本公司	
	本期数	上期数	本期数	上期数
一、营业收入	1,653,608.69	2,175,274.74	602,539.85	603,050.72
手续费及佣金净收入	901,584.32	917,494.70	401,641.03	298,579.51

续表

项目	本集团		本公司	
	本期数	上期数	本期数	上期数
其中:手续费及佣金收入	1,010,261.30	1,020,950.53	429,248.87	360,034.79
手续费及佣金支出	-108,676.98	-103,455.83	-27,607.85	-61,455.28
利息净收入	22,883.74	27,048.32	11,421.12	3,390.23
其中:利息收入	240,106.40	312,665.29	16,239.80	14,287.62
利息支出	-217,222.66	-285,616.97	-4,818.68	-10,897.39
商品销售收入	211,872.10	397,888.47	—	—
投资收益	461,030.62	440,900.19	179,028.39	291,086.13
公允价值变动收益	-1,019.75	-4,276.37	—	—
汇兑收益	-329.81	324.90	-103.55	113.93
其他业务收入	52,398.36	395,894.53	8,214.62	9,880.92
资产处置损失	4.01	—	—	—
其他收益	5,185.10	—	2,338.24	—
二、营业成本	-839,302.13	-1,365,531.48	-125,221.56	-187,097.83
商品销售成本	-212,378.27	-250,108.86	—	—
税金及附加	-11,097.23	-37,491.12	-2,814.53	-9,339.88
业务及管理费	-579,828.23	-978,062.33	-120,855.47	-153,353.51
资产减值损失	-9,195.04	-17,056.33	-1,829.34	633.98
其他业务成本	-26,803.36	-82,812.84	277.78	-25,038.42
三、营业利润	814,306.56	809,743.26	477,318.29	415,952.89
加:营业外收入	1,130.03	35,373.55	546.86	3,462.83
减:营业外支出	-1,339.52	-1,301.41	-49.13	-387.71
四、利润总额	814,097.07	843,815.40	477,816.02	419,028.01
减:所得税费用	-168,722.25	-197,971.73	-87,151.66	-39,317.91
五、净利润	645,374.82	645,843.67	390,664.36	379,710.10
归属于母公司所有者的净利润	528,137.49	491,132.33	390,664.36	379,710.10
少数股东损益	117,237.33	154,711.34	—	—
六、其他综合收益/(亏损)	-67,306.62	-49,486.81	143.51	-1,474.19

续表

项目	本集团		本公司	
	本期数	上期数	本期数	上期数
归属于母公司所有者的其他综合收益	-36,468.27	-34,938.28	143.51	-1,474.19
归属于少数股东的其他综合收益	-30,838.35	-14,548.53	—	—
七、综合收益总额	578,068.20	596,356.86	390,807.87	378,235.91
归属母公司所有者的综合收益总额	491,669.22	456,194.05	390,807.87	378,235.91
归属少数股东的综合收益总额	86,398.98	140,162.81	—	—

（四）所有者权益变动表

2017 年

金额单位：万元

项目	本集团								本公司						
	归属于母公司所有者权益						少数股东权益	所有者权益合计							
	股本	资本公积	其他综合收益	盈余公积	一般风险准备	未分配利润			股本	资本公积	其他综合收益	盈余公积	一般风险准备	未分配利润	所有者权益合计
一、2017年1月1日年初余额	1,200,000.00	217,389.74	115,546.10	173,253.33	299,485.89	1,655,093.66	1,207,376.92	4,868,145.64	1,200,000.00	17,147.97	37,884.15	173,253.33	113,091.32	709,694.63	2,251,071.40
二、本年增减变动金额															
（一）净利润	—	—	—	—	—	528,137.49	117,237.33	645,374.82	—	—	—	—	—	390,664.36	390,664.36
（二）其他综合收益	—	—	-36,468.27	—	—	—	-30,838.35	-67,306.62	—	—	143.51	—	—	—	143.51
综合收益总额	—	—	-36,468.27	—	—	528,137.49	86,398.98	578,068.20	—	—	143.51	—	—	390,664.36	390,807.87
（三）利润分配															
1. 提取盈余公积	—	—	—	39,066.44	—	-39,066.44	—	—	—	—	—	39,066.44	—	-39,066.44	—
2. 提取一般风险准备	—	—	—	—	79,232.25	-79,232.25	—	—	—	—	—	—	24,595.07	-24,595.07	—
3. 对股东的分配	—	—	—	—	—	-250,300.35	—	-250,300.35	—	—	—	—	—	-250,300.36	-250,300.36
（四）向少数股东分红	—	—	—	—	—	—	-5,748.90	-5,748.90	—	—	—	—	—	—	—
（五）清算纳入合并范围的结构化主体	—	—	—	—	—	—	-2,857.88	-2,857.88	—	—	—	—	—	—	—
（六）股份支付	—	-125.50	—	—	—	—	7.80	-117.70	—	-137.55	—	—	—	—	-137.55
（七）少数股东增资	—	—	—	—	—	—	15,750.00	15,750.00	—	—	—	—	—	—	—
（八）未分配利润转增股本	100,000.00	—	—	—	—	-100,000.00	—	—	100,000.00	—	—	—	—	-100,000.00	—
（九）其他	—	-615.77	—	—	—	—	—	-615.77	—	—	—	—	—	—	—
三、2017年12月31日年末余额	1,300,000.00	216,648.47	79,077.83	212,319.77	378,718.14	1,714,632.11	1,300,926.92	5,202,323.24	1,300,000.00	17,010.42	38,027.66	212,319.77	137,686.39	686,397.12	2,391,441.36

（四）所有者权益变动表（续）

2016年

金额单位：万元

项目	本集团							
	归属于母公司所有者权益						少数股东权益	所有者权益合计
	股本	资本公积	其他综合收益	盈余公积	一般风险准备	未分配利润		
一、2016年1月1日年初余额	1,200,000.00	220,051.84	150,484.38	135,282.32	258,485.23	1,647,433.00	1,990,046.25	5,601,783.02
二、本年增减变动金额								
（一）净利润	—	—	—	—	—	491,132.33	154,711.34	645,843.67
（二）其他综合收益	—	—	-34,938.28	—	—	—	-14,548.53	-49,486.81
综合收益总额	—	—	-34,938.28	—	—	491,132.33	140,162.81	596,356.86
（三）利润分配								
1.提取盈余公积	—	—	—	37,971.01	—	-37,971.01	—	—
2.提取一般风险准备	—	—	—	—	41,000.66	-41,000.66	—	—
3.对股东的分配	—	—	—	—	—	-404,500.00	—	-404,500.00
（四）支付给少数股东的股利	—	—	—	—	—	—	-1,020.93	-1,020.93
（五）收购子公司	—	—	—	—	—	—	597,691.44	597,691.44
（六）处置及清算子公司	—	-3,774.95	—	—	—	—	-1,535,471.69	-1,539,246.64
（七）股份支付	—	1,032.56	—	—	—	—	1,552.55	2,585.11
（八）少数股东增资	—	—	—	—	—	—	14,500.00	14,500.00
（九）其他	—	80.29	—	—	—	—	-83.51	-3.22
三、2016年12月31日年末余额	1,200,000.00	217,389.74	115,546.10	173,253.33	299,485.89	1,655,093.66	1,207,376.92	4,868,145.64

项目	本公司						
	股本	资本公积	其他综合收益	盈余公积	一般风险准备	未分配利润	所有者权益合计
一、2016年1月1日年初余额	1,200,000.00	17,279.23	39,358.34	135,282.32	97,287.61	788,259.25	2,277,466.75
二、本年增减变动金额							
（一）净利润	—	—	—	—	—	379,710.10	379,710.10
（二）其他综合收益	—	—	-1,474.19	—	—	—	-1,474.19
综合收益总额	—	—	-1,474.19	—	—	379,710.10	378,235.91
（三）利润分配							
1.提取盈余公积	—	—	—	37,971.01	—	-37,971.01	—
2.提取一般风险准备	—	—	—	—	15,803.71	-15,803.71	—
3.对股东的分配	—	—	—	—	—	-404,500.00	-404,500.00
（四）支付给少数股东的股利	—	—	—	—	—	—	—
（五）收购子公司	—	—	—	—	—	—	—
（六）处置及清算子公司	—	—	—	—	—	—	—
（七）股份支付	—	-131.26	—	—	—	—	-131.26
（八）少数股东增资							
（九）其他							
三、2016年12月31日年末余额	1,200,000.00	17,147.97	37,884.15	173,253.33	113,091.32	709,694.63	2,251,071.40

二、信托资产

(一)信托项目资产负债汇总表

金额单位:万元

信托资产	期末数	期初数	信托负债	期末数	期初数
货币资金	1,167,281.64	999,335.29	应付受托人报酬	134,332.18	119,641.50
拆出资金	—	—	应付托管费	7,035.88	7,047.93
存出保证金	162,293.20	263,909.12	应付受益人收益	20,848.01	25,165.13
交易性金融资产	6,233,615.66	4,682,111.51	应交税费	24,802.18	24,881.31
衍生金融资产	37,372.55	116,091.70	应付销售服务费	—	—
买入返售金融资产	151,475.28	291,905.13	其他应付款项	297,492.30	376,825.27
应收款项	7,568,188.22	5,676,886.95	其他负债		—
发放贷款	30,497,603.22	29,530,691.12	信托负债合计	484,510.55	553,561.14
可供出售金融资产	18,048,507.83	24,211,655.82	信托权益		
持有至到期投资	—	—	实收信托	62,297,305.50	64,980,482.29
长期股权投资	1,407,135.36	1,947,360.09	资本公积	100,903.29	592,994.59
投资性房地产	2,146.97	2,146.97	外币报表折算差额	5.02	-0.67
固定资产	—	—	未分配利润	2,392,895.57	1,595,056.33
其他资产	—	—	权益合计	64,791,109.38	67,168,532.55
信托资产总计	65,275,619.93	67,722,093.68	负债和权益合计	65,275,619.93	67,722,093.68

(二)信托项目利润及利润分配汇总表

金额单位:万元

项目	本期数	上期数
一、营业收入	4,946,500.11	4,685,176.71
利息收入	2,534,551.02	2,563,302.50
投资收入	1,948,571.82	2,141,746.07
租赁收入	—	-93.48
公允价值变动损益	460,786.92	-22,330.44
汇兑损益	5.02	-0.67
其他收入	2,585.33	2,552.73
二、营业费用	-549,543.01	-464,182.11
三、营业税金及附加	-242.22	-4,871.46
加:营业外收入	275.68	103.25
减:营业外支出	—	—
四、扣除资产减值损失前的信托利润	4,396,990.56	4,216,226.38
减:资产减值损失	—	—
五、净利润	4,396,990.56	4,216,226.38
加:期初未分配信托利润	1,595,056.33	1,689,335.00

续表

项目	本期数	上期数
六、可供分配的信托利润	5,992,046.89	5,905,561.38
减:本期已分配信托利润	3,599,151.32	4,310,505.05
七、期末未分配信托利润	2,392,895.57	1,595,056.33

第六节 会计报表附注

一、会计报表编制基准不符合会计核算基本前提的说明

(一)公司会计报表编制基准不存在不符合会计核算基本前提的情况。

(二)纳入公司合并会计报表的主要子公司情况

公司名称	业务性质	注册地	注册资本/资金规模(万元)	母公司所持有的权益性资本的比例	合并期间
平安商贸有限公司	商品贸易	广东	16,000	55.09%	全年
平安期货有限公司	期货经纪	广州	42,000	55.09%	全年
中国平安证券(香港)有限公司	证券经纪	香港	20,000万港币	55.66%	全年
平安财智投资管理有限公司	股权投资	深圳	60,000	55.66%	全年
深圳市平安创新资本投资有限公司	投资控股	深圳	400,000	100.00%	全年
平安大华基金管理有限公司	基金投资	深圳	30,000	60.70%	全年
平安磐海资本有限责任公司	投资管理	深圳	100,000	55.66%	全年
平安证券股份有限公司	证券投资与经纪	深圳	1380,000	55.66%	全年

本年度丧失控制权而减少的子公司:

于2017年度,本集团将拥有的湖南益常高速公路开发有限公司(以下简称"益常高速")的全部股权转让予深圳高速公路股份有限公司(以下简称"深高速"),因此益常高速不再纳入本集团合并范围。

二、重要会计政策和会计估计说明

公司财务报表按照财政部于2006年2月15日及以后期间颁布的《企业会计准则—基本准则》、各项具体会计准则及相关规定(以下合称"企业会计准则")编制。

(一)计提资产减值准备的范围和方法

1. 金融资产减值

本集团于资产负债表日对以公允价值计量且其变动计入当期损益的金融资产以外的金融资产的账面价值进行检查,有客观证据表明该金融资产发生减值的,计提减值准备。表明金融资产发生减值的客观证据,是指金融资产初始确认后实际发生的、对该金融资产的预计未来现金流量有影响,且本集团能够对该影响进行可靠计量的事项。

金融资产发生减值的客观证据,包括下列可观察到的各项事件:

a)发行方或债务人发生严重财务困难;

b)债务人违反了合同条款,如偿付利息或本金发生违约或逾期等;

c)债权人出于经济或法律等方面因素的考虑,对发生财务困难的债务人做出让步;

d)债务人很可能倒闭或进行其他财务重组;

e)因发行方发生重大财务困难,该金融资产无法在活跃市场继续交易;

f)无法辨认一组金融资产中的某项资产的现金流量是否已经减少,但根据公开的数据对其进行总体评价后发现,该组金融资产自初始确认以来的预计未来现金流量确已减少且可计量,如该组金融资产的债务人支付能力逐步恶化,或债务人所在国家或地区失业率提高、担保物在其所在地区的价格明显下降、所处行业不景气等;

g)权益工具发行人经营所处的技术、市场、经济或法律环境等发生重大不利变化,使权益工具投资人可能无法收回投资成本;

h)权益工具投资的公允价值发生严重或非暂时性下跌;

i)其他表明金融资产发生减值的客观证据。

(1)可供出售金融资产的减值

本集团于资产负债表日对每一项可供出售类权益工具进行检查以确定该金融资产是否需要计提减值准备。如果有客观证据表明该金融资产发生减值,原计入其他综合收益的因公允价值下降形成的累计损失,予以转出,计入当期损益。该转出的累计损失,为可供出售金融资

产的初始取得成本扣除已收回本金和已摊销金额、当前公允价值和原已计入损益的减值损失后的余额。

计提减值损失后并不构成可供出售权益投资新的成本。任何后续损失,包括由于外汇变动因素所造成的部分,都需要在损益中确认,直到该资产被终止确认。

对于已确认减值损失的可供出售债务工具,在随后的会计期间公允价值已上升且客观上与确认原减值损失确认后发生的事项有关的,原确认的减值损失予以转回,计入当期损益。可供出售权益工具投资发生的减值损失,不通过损益转回,减值之后发生的公允价值增加直接在其他综合收益中确认。

对于权益投资而言,其公允价值严重或非暂时地低于成本是发生减值的客观证据。在进行减值分析时,本集团考虑定量和定性证据。具体而言,本集团综合考虑公允价值相对于成本的下跌幅度、波动率和下跌的持续时间,以确定公允价值下跌是否属于重大。本集团考虑下跌的期间和幅度的一贯性,以确定公允价值下跌是否属于非暂时。本集团通常认为公允价值低于成本的50%为严重下跌,公允价值低于成本的持续时间超过12个月为非暂时性下跌。本集团以加权平均法计算可供出售权益工具投资的初始投资成本。

(2)以摊余成本计量的金融资产的减值

如果有客观证据表明该金融资产发生减值,则将该金融资产的账面价值减记至预计未来现金流量(不包括尚未发生的未来信用损失)现值,减记金额计入当期损益。预计未来现金流量现值,按照该金融资产原实际利率(即初始确认时计算确定的实际利率,但对于浮动利率,为合同规定的现行实际利率)折现确定,并考虑相关担保物的价值。

本集团对单项金额重大的金融资产进行单独评估,以确定其是否存在减值的客观证据,并对其他单项金额不重大的金融资产,以单独或组合评估的方式进行检查,以确定是否存在减值的客观证据。已进行单独评估,但没有客观证据表明已发生减值的单项金融资产,无论重大与否,该资产仍会包括在具有类似信用风险特征的金融资产组合中再进行组合减值评估。已经进行单项评估并确认或继续确认减值损失的金融资产将不被列入组合评估的范围内。

对于以组合评估方式来检查减值情况的金融资产组合而言,未来现金流量之估算乃参考与该资产组合信用风险特征类似的金融资产的历史损失经验确定。本集团会根据当前情况对所参考的历史损失经验进行修订,包括增加那些仅影响当前期间而不对历史损失经验参考期产生影响的因素,以及去除那些仅影响历史损失经验参考期但在当前已不适用的因素。本集团会定期审阅用于估计预期未来现金流的方法及假设。

本集团对以摊余成本计量的金融资产确认减值损失后,如有客观证据表明该金融资产价值已恢复,且客观上与确认该损失后发生的事项有关,原确认的减值损失予以转回,计入当期损益。但是,该转回后的账面价值不超过假定不计提减值准备情况下该金融资产在转回日的摊余成本。

(3)以成本计量的金融资产的减值

如果有客观证据表明该金融资产发生减值,将该金融资产的账面价值,与按照类似金融资产当时市场收益率对未来现金流量折现确定的现值之间的差额,确认为减值损失,计入当期损益。发生的减值损失一经确认,不再转回。

2. 递延所得税资产的减值

于资产负债表日,本集团对递延所得税资产的账面价值进行复核,如果未来期间很可能无法获得足够的应纳税所得额用以抵扣递延所得税资产的利益,减记递延所得税资产的账面价值。于资产负债表日,本集团重新评估未确认的递延所得税资产,在很可能获得足够的应纳税所得额可供所有或部分递延所得税资产转回的限度内,确认递延所得税资产。

3. 存货的减值

本集团的存货主要包括持有以备出售的商品,按成本与可变现净值孰低列示。

存货发出时的成本按加权平均法核算。

存货跌价准备按存货成本高于其可变现净值的差额计提。可变现净值按日常活动中,以存货的估计售价减去估计的销售费用以及相关税费后的金额确定。

本公司的存货盘存制度采用永续盘存制。

4. 除存货、递延所得税资产、金融资产以外的资产减值

本集团对除存货、递延所得税资产、金融资产以外的资产减值,按以下方法确定:

本集团于资产负债表日判断资产是否存在可能发生减值的迹象,存在减值迹象的,本集团将估计其可收回金额,进行减值测试。对因企业合并所形成的商誉和使用寿命不确定的无形资产,无论是否存在减值迹象,至少于每年末进行减值测试。对于尚未达到可使用状态的无形资产,也每年进行减值测试。

可收回金额根据资产的公允价值减去处置费用后的净额与资产预计未来现金流量的现值两者之间较高者确定。本集团以单项资产为基础估计其可收回金额;难以对单项资产的可收回金额进行估计的,以该资产所属的资产组为基础确定资产组的可收回金额。资产组的认定,以资产组产生的主要现金流入是否独立于其他资产或者资产组的现金流入为依据。

当资产或资产组的可收回金额低于其账面价值时,本集团将其账面价值减记至可收回金额,减记的金额计入当期损益,同时计提相应的资产减值准备。

就商誉的减值测试而言,对于因企业合并形成的商誉的账面价值,自购买日起按照合理的方法分摊至相关的资产组;难以分摊至相关的资产组的,将其分摊至相关的资产组组合。相关的资产组或资产组组合,是能够从

企业合并的协同效应中受益的资产组或者资产组组合，且不大于本集团确定的报告分部。

对包含商誉的相关资产组或者资产组组合进行减值测试时，如与商誉相关的资产组或者资产组组合存在减值迹象的，首先对不包含商誉的资产组或者资产组组合进行减值测试，计算可收回金额，确认相应的减值损失。然后对包含商誉的资产组或者资产组组合进行减值测试，比较其账面价值与可收回金额，如可收回金额低于账面价值的，减值损失金额首先抵减分摊至资产组或资产组组合中商誉的账面价值，再根据资产组或资产组组合中除商誉之外的其他各项资产的账面价值所占比重，按比例抵减其他各项资产的账面价值。

上述资产减值损失一经确认，在以后会计期间不再转回。

（二）金融资产分类的范围和标准

本集团的金融资产于初始确认时分类为：以公允价值计量且其变动计入当期损益的金融资产、持有至到期投资、贷款和应收款项、可供出售金融资产。本集团在初始确认时确定金融资产的分类。金融资产在初始确认时以公允价值计量。对于以公允价值计量且其变动计入当期损益的金融资产，相关交易费用直接计入当期损益，其他类别的金融资产相关交易费用计入其初始确认金额。

（三）以公允价值计量且其变动计入当期损益的金融资产核算方法

以公允价值计量且其变动计入当期损益的金融资产，包括以公允价值计量且其变动计入当期损益的金融资产和初始确认时指定为以公允价值计量且其变动计入当期损益的金融资产。以公允价值计量且其变动计入当期损益的金融资产，是指满足下列条件之一的金融资产：取得该金融资产的目的是为了在短期内出售；属于进行集中管理的可辨认金融工具组合的一部分，且有客观证据表明企业近期采用短期获利方式对该组合进行管理；属于衍生工具，但是，被指定且为有效套期工具的衍生工具、属于财务担保合同的衍生工具、与在活跃市场中没有报价且其公允价值不能可靠计量的权益工具投资挂钩并须通过交付该权益工具结算的衍生工具除外。对于此类金融资产，采用公允价值进行后续计量，所有已实现（如股利和利息收入）和未实现的损益均计入当期损益。

（四）可供出售金融资产核算方法

可供出售金融资产，是指初始确认时即指定为可供出售的非衍生金融资产，以及除上述金融资产类别以外的金融资产。对于此类金融资产，采用公允价值进行后续计量，但对于在活跃市场中没有报价且其公允价值不能可靠计量的权益工具投资，按成本扣除减值准备计量。可供出售债务工具投资在持有期间按实际利率法计算的利息，以及被投资单位已宣告发放的与可供出售权益工具投资相关的现金股利，作为投资收益计入当期损益。除减值损失及外币货币性金融资产的汇兑差额确认为当期损益外，可供出售金融资产的公允价值变动作为其他综合收益确认，直到该金融资产终止确认或发生减值时的累计利得或损失转入当期损益。

（五）持有至到期投资核算方法

持有至到期投资，是指到期日固定、回收金额固定或可确定，且本集团有明确意图和能力持有至到期的非衍生金融资产。对于此类金融资产，采用实际利率法，按照摊余成本进行后续计量，其摊销或减值以及终止确认产生的利得或损失，均计入当期损益。

（六）长期股权投资核算方法

长期股权投资包括对子公司、合营企业及联营企业的权益性投资。

长期股权投资在取得时以初始投资成本进行初始计量。对于企业合并形成的长期股权投资，通过同一控制下的企业合并取得的，以取得被合并方所有者权益账面价值的份额作为初始投资成本；通过非同一控制下的企业合并取得的，以合并成本作为初始投资成本（通过多次交易分步实现非同一控制下的企业合并的，以购买日之前所持被购买方的股权投资的账面价值与购买日新增投资成本之和作为初始投资成本），合并成本包括购买方付出的资产、发生或承担的负债、发行的权益性证券的公允价值之和。除企业合并形成的长期股权投资以外方式取得的长期股权投资，按照下列方法确定初始投资成本：支付现金取得的，以实际支付的购买价款及与取得长期股权投资直接相关的费用、税金及其他必要支出作为初始投资成本；发行权益性证券取得的，以发行权益性证券的公允价值作为初始投资成本；投资者投入的，以投资合同或协议约定的价值作为初始投资成本，但合同或协议约定价值不公允的除外。通过非货币性资产交换取得的，按照《企业会计准则第7号－非货币性资产交换》确定初始投资成本；通过债务重组取得的，按照《企业会计准则第12号－债务重组》确定初始投资成本。

控制是指拥有对被投资单位的权力，通过参与被投资方的相关活动而享有可变回报，并且有能力运用对被投资方的权力影响其回报金额。共同控制是指按照相关约定对某项安排所共有的控制，并且该安排的相关活动必须经过本集团及分享控制权的其他参与方一致同意后才能决策。重大影响是指对被投资单位的财务和经营政策有参与决策的权力，但并不能够控制或者与其他方一起共同控制这些政策的制定。

本公司能够对被投资单位实施控制的长期股权投资，在本公司个别财务报表中采用成本法核算。

采用成本法时，长期股权投资按初始投资成本计价，除取得投资时实际支付的价款或对价中包含的已宣告但尚未发放的现金股利或利润外，按享有被投资单位宣告分派的现金股利或利润，确认为当期投资收益，并同时根据有关资产减值政策考虑长期投资是否减值。

本集团对被投资单位具有共同控制或重大影响的，长期股权投资采用权益法核算。

采用权益法时，长期股权投资的初始投资成本大于投资时应享有被投资单位可辨认净资产公允价值份额的，归入长期股权投资的初始投资成本；长期股权投资的初始投资成本小于投资时应享有被投资单位可辨认净资产公允价值份额的，其差额计入当期损益，同时调整长期股权投资的成本。

采用权益法时，取得长期股权投资后，按照应享有或应分担的被投资单位实现的净损益和其他综合收益的份额，分别确认投资损益和其他综合收益，同时调整长期股权投资的账面价值。在确认应享有被投资单位净损益的份额时，以取得投资时被投资单位各项可辨认资产等的公允价值为基础，按照本集团的会计政策及会计期间，并抵销与联营企业及合营企业之间发生的内部交易损益按照持股比例计算归属于投资企业的部分（但内部交易损失属于资产减值损失的，应全额确认），对被投资单位的净利润进行调整后确认。按照被投资单位宣告分派的利润或现金股利计算应分得的部分，相应减少长期股权投资的账面价值。本集团确认被投资单位发生的净亏损，以长期股权投资的账面价值以及其他实质上构成对被投资单位净投资的长期权益减记至零为限，但本集团负有承担额外损失义务且符合或有事项准则所规定的预计负债确认条件的，继续确认投资损失并作为预计负债核算。被投资单位除净损益、其他综合收益和利润分配以外所有者权益的其他变动，调整长期股权投资的账面价值并计入资本公积。

（七）投资性房地产核算方法

投资性房地产，是指为赚取租金或资本增值，或两者兼有而持有的房地产，包括已出租的建筑物等。

投资性房地产按照成本进行初始计量。与投资性房地产有关的后续支出，如果与该资产有关的经济利益很可能流入且其成本能够可靠地计量，则计入投资性房地产成本。否则，于发生时计入当期损益。

本集团采用成本模式对投资性房地产进行后续计量。投资性房地产的折旧采用年限平均法计提，投资性房地产的预计使用寿命、预计净残值率及年折旧率如下：

项目	预计使用寿命	预计净残值率	年折旧率
房屋及建筑物	40年	5%	2.38%

（八）固定资产计价和折旧方法

固定资产仅在与其有关的经济利益很可能流入本集团，且其成本能够可靠地计量时才予以确认。与固定资产有关的后续支出，符合该确认条件的，计入固定资产成本，并终止确认被替换部分的账面价值；否则，在发生时计入当期损益。

固定资产按照成本进行初始计量，并考虑预计弃置费用因素的影响。购置固定资产的成本包括购买价款、相关税费，以及为使固定资产达到预定可使用状态前所发生的可直接归属于该资产的其他支出。

固定资产的折旧采用年限平均法计提，各类固定资产的预计使用寿命、预计净残值率及年折旧率如下：

项目	预计使用寿命	预计净残值率	年折旧率
房屋及建筑物	25－40年	5%	2.38%－3.80%
办公及机器设备	3－15年	5%－10%	6.00%－31.66%
运输设备	4－8年	5%－10%	11.88%－22.50%

本集团至少于每年年度终了，对固定资产的使用寿命、预计净残值和折旧方法进行复核，必要时进行调整。

（九）无形资产计价及摊销政策

无形资产仅在与其有关的经济利益很可能流入本集团，且其成本能够可靠地计量时才予以确认，并以成本进行初始计量。但企业合并中取得的无形资产，其公允价值能够可靠地计量的，即单独确认为无形资产并按照公允价值计量。

无形资产按照其能为本集团带来经济利益的期限确定使用寿命，无法预见其为本集团带来经济利益期限的作为使用寿命不确定的无形资产。

各项无形资产的预计使用寿命如下：

项目	预计使用寿命
高速公路收费经营权	30年
计算机软件系统	3－5年
交易席位费	10年
期货会员资格	无确定年限

本集团用以取得高速公路收费经营权的支出已资本化为无形资产，期后以直线法在合同期限内进行摊销。

使用寿命有限的无形资产，在其使用寿命内采用直线法摊销。本集团至少于每年年度终了，对使用寿命有限的无形资产的使用寿命及摊销方法进行复核，必要时进行调整。

（十）长期待摊费用的摊销政策

公司长期待摊费用按实际发生额核算，在项目的受益期限内分期平均摊销。

（十一）合并会计报表的编制方法

合并财务报表的合并范围以控制为基础确定，包括本公司及全部子公司截至2017年12月31日年度的财务报表。子公司（包括结构化主体）是指本集团控制的主体。结构化主体为被设计成其表决权或类似权利并非为判断对该主体控制与否的决定因素的主体，比如表决权仅与行政工作相关，而相关运营活动通过合同约定来安排。

本集团决定未由本集团控制的所有信托产品、债权投资计划、股权投资计划和项目资产支持计划均为未合并的结构化主体。信托产品、股权投资计划和项目资产支持计划由关联方的或无关联的信托公司或资产管理人管理，并将筹集的资金投资于其他公司的贷款或股权。债权投资计划由关联的或无关联的资产管理人管理，且其主要投资标的物为基础设施资金支持项目。信托产品、债权投资计划、股权投资计划和项目资产支持计划通过发行受益凭证授予持有人按约定分配相关信托产品、债权投资计划、股权投资计划和项目资产支持计划收益的权利来为其运营融资。本集团持有信托产品、债权投资计划、股权投资计划和项目资产支持计划的受益凭证。

编制合并财务报表时，子公司采用与本公司一致的会计年度和会计政策。本集团内部各主体之间的所有交易产生的余额、交易和未实现损益及股利于合并时对重大往来交易进行抵销。子公司的股东权益、当期净损益及综合收益中不属于本公司所拥有的部分分别作为少数股东权益、少数股东损益及归属于少数股东的综合收益总额在合并财务报表中股东权益、净利润及综合收益总额项下单独列示。本公司向子公司出售资产所发生的未实现内部交易损益，全额抵销归属于母公司股东的净利润；子公司向本公司出售资产所发生的未实现内部交易损益，按本公司对该子公司的分配比例在归属于母公司股东的净利润和少数股东损益之间分配抵销。子公司之间出售资产所发生的未实现内部交易损益，按照母公司对出售方子公司的分配比例在归属于母公司股东的净利润和少数股东损益之间分配抵销。

如果以本集团为会计主体与以本公司或子公司为会计主体对同一交易的认定不同时，从本集团的角度对该交易予以调整。

子公司少数股东分担的当期亏损超过了少数股东在该子公司期初所有者权益中所享有的份额的，其余额仍冲减少数股东权益。不丧失控制权情况下少数股东权益发生变化作为权益性交易。

对于通过非同一控制下的企业合并取得的子公司，被购买方的经营成果和现金流量自本集团取得控制权之日起纳入合并财务报表，直至本集团对其控制权终止。在编制合并财务报表时，以购买日确定的各项可辨认资产、负债及或有负债的公允价值为基础对子公司的财务报表进行调整。

对于通过同一控制下的企业合并取得的子公司，被合并方的经营成果和现金流量自合并当期期初纳入合并财务报表。编制比较合并财务报表时，对前期财务报表的相关项目进行调整，视同合并后形成的报告主体自最终控制方开始实施控制时一直存在。

因处置部分股权投资或其他原因丧失了对原有子公司控制权的，本公司区分个别财务报表和合并财务报表进行相关会计处理：

a）在个别财务报表中，对于处置的股权，按照《企业会计准则第2号－长期股权投资》的规定进行会计处理；同时，对于剩余股权，按其账面价值确认为长期股权投资或其他相关金融资产。处置后的剩余股权能够对原有子公司实施共同控制或重大影响的，按有关成本法转为权益法的相关规定进行会计处理。

b）在合并财务报表中，对于剩余股权，按照其在丧失控制权日的公允价值进行重新计量。处置股权取得的对价与剩余股权公允价值之和，减去按原持股比例计算应享有原有子公司自购买日开始持续计算的净资产的份额之间的差额，计入丧失控制权当期的投资收益。与原有子公司股权投资相关的其他综合收益，在丧失控制权时转为当期投资收益。

（十二）收入确认原则和方法

本集团各项业务的收入在经济利益很可能流入本集团、且金额能够可靠计量，并满足各项经营活动的特定收入确认标准时予以确认。收入按扣除增值税的净额列示。

1. 手续费及佣金收入

信托产品管理费收入包括本集团从事信托业务而收取的信托报酬等。本集团作为信托业务受托人取得的信托报酬，在相关服务已经提供且根据信托合同约定，收取的金额可以可靠计量时确认为收入。

证券经纪业务手续费收入为证券、期货代理买卖佣金收入，交易单元席位收入及代销金融产品业务收入，于所提供的服务完成时予以确认。

证券承销业务收入主要在证券承销项目已完成，根据承销协议、实际证券承销数量和收费比例等收取承销手续费后确认。

证券保荐业务收入于相关服务完成时按权责发生制确认收入。

证券公司根据与客户签订的受托投资管理合同的规定计提管理费收入。

投资咨询业务收入在提供劳务交易的结果能够可靠估计时确认为收入。

基金公司投资管理费收入包括基金管理收入及基金销售收入。

基金管理费收入包括本集团管理旗下各证券投资基金而取得的固定费率管理费收入，以及从事特定客户资产管理而取得的固定费率管理费收入和业绩报酬。在满足收入确认原则和管理费计提条件的前提下，管理费收入按照合同约定的基数和年费率计算。

基金销售收入主要为本集团因销售和购回所管理的开放式证券投资基金（收取销售服务费的货币型基金和债券型基金除外）的基金份额以及特定客户资产的资产份额而实际收取的认购费、申购费、赎回费、转换费，以及作为收取销售服务费的基金和特定客户资产的销售机构而实际收取的销售服务费等。

认购费、申购费、赎回费和转换费分别按认购金额、申购金额、赎回金额和转换金额的一定比例收取，于交易确认日按收费全额扣除归属代销机构部分后的净额确认。

销售服务费按适用基金的基金合同及特定客户资产管理合同中约定的基数和年费率计算，由本集团按月从基金及特定客户资产收取，按收费全额扣除归属代销机构部分后的净额确认。

货币经纪业务手续费及佣金收入于所提供的服务完成时予以确认。

2. 高速公路通行费收入

高速公路通行费收入为从事高速公路通行所取得的收入，于所提供的服务完成时予以确认。

3. 渠道居间服务费收入

渠道居间服务费收入包括为金融机构提供产品居间服务，为个人投资者提供综合理财服务，在相关服务完成时确认收入。

4. 利息收入和利息支出

利息收入和利息支出都按存出资金或让渡资金的使用权的时间及实际利率计算确定。实际利率是指将金融资产或金融负债在预期存续期间或适用的更短期间内的未来现金流量，折现为该金融资产或金融负债当前账面价值所使用的利率。在确定实际利率时，本集团在考虑金融资产或金融负债所有合同条款并且包括所有归属于实际利率组成部分的费用、交易成本及溢价或折价等，但不考虑未来信用损失。

5. 销售商品收入

本集团已将商品所有权上的主要风险和报酬转移给购货方，并不再对该商品保留通常与所有权相联系的继续管理权和实施有效控制，且相关的已发生或将发生的成本能够可靠地计量，确认为收入的实现。销售商品收入金额，按照从购货方已收或应收的合同或协议价款确定，但已收或应收的合同或协议价款不公允的除外；合同或协议价款的收取采用递延方式，实质上具有融资性质的，按照应收的合同或协议价款的公允价值确定。

6. 其他收入

本集团在提供劳务交易的结果能够可靠估计的情况下，按完工百分比法确认提供劳务收入；否则按已经发生并预计能够得到补偿的劳务成本金额确认收入。提供劳务交易的结果能够可靠估计，是指同时满足下列条件：收入的金额能够可靠地计量，相关的经济利益很可能流入本集团，交易的完工进度能够可靠地确定，交易中已发生和将发生的成本能够可靠地计量。本集团以已经提供的劳务占应提供劳务总量的比例确定提供劳务交易的完工进度。提供劳务收入总额，按照从接受劳务方已收或应收的合同或协议价款确定，但已收或应收的合同或协议价款不公允的除外。

（十三）所得税的会计处理方法

所得税包括当期所得税和递延所得税。除由于企业合并产生的调整商誉，或与直接计入所有者权益的交易或者事项相关的计入所有者权益外，均作为所得税费用或收益计入当期损益。

本集团对于当期和以前期间形成的当期所得税负债或资产，按照税法规定计算的预期应交纳或返还的所得税金额计量。

本集团根据资产与负债于资产负债表日的账面价值与计税基础之间的暂时性差异，以及未作为资产和负债确认但按照税法规定可以确定其计税基础的项目的账面价值与计税基础之间的差额产生的暂时性差异，采用资产负债表债务法计提递延所得税。

各种应纳税暂时性差异均据以确认递延所得税负债，除非：

1. 应纳税暂时性差异是在以下交易中产生的：商誉的初始确认，或者具有以下特征的交易中产生的资产负债的初始确认：该交易不是企业合并，并且交易发生时既不影响会计利润也不影响应纳税所得额或可抵扣亏损。

2. 对于与子公司、合营企业及联营企业投资相关的应纳税暂时性差异，该暂时性差异转回的时间能够控制并且该暂时性差异在可预见的未来很可能不会转回。

对于可抵扣暂时性差异、能够结转以后年度的可抵扣亏损和税款抵减，本集团以很可能取得用来抵扣可抵扣暂时性差异、可抵扣亏损和税款抵减的未来应纳税所得额为限，确认由此产生的递延所得税资产，除非：

1. 可抵扣暂时性差异是在以下交易中产生的：该交易不是企业合并，并且交易发生时既不影响会计利润也不影响应纳税所得额或可抵扣亏损。

2. 对于与子公司、合营企业及联营企业投资相关的可抵扣暂时性差异，同时满足下列条件的，确认相应的递延所得税资产：暂时性差异在可预见的未来很可能转回，且未来很可能获得用来抵扣可抵扣暂时性差异的应纳税所得额。

本集团于资产负债表日，对于递延所得税资产和递延所得税负债，依据税法规定，按照预期收回该资产或清偿该负债期间的适用税率计量，并反映资产负债表日预期收回资产或清偿负债方式的所得税影响。

于资产负债表日，本集团对递延所得税资产的账面价值进行复核，如果未来期间很可能无法获得足够的应纳税所得额用以抵扣递延所得税资产的利益，减记递延所得税资产的账面价值。于资产负债表日，本集团重新评估未确认的递延所得税资产，在很可能获得足够的应纳税所得额可供所有或部分递延所得税资产转回的限度内，确认递延所得税资产。

如果拥有以净额结算当期所得税资产及当期所得税负债的法定权利，且递延所得税与同一应纳税主体和同一税收征管部门相关，则将递延所得税资产和递延所得税负债以抵销后的净额列示。

（十四）信托报酬确认原则和方法

根据信托合同规定的计提方法、计提标准确认应由信托项目承担的受托人报酬。

三、或有事项说明

报告期末，公司无对外担保及其他或有事项。

四、重要资产转让及其出售的说明

报告期内，公司无需披露的重要资产转让及其出售。

五、会计报表中重要项目的明细资料

(一)自营资产经营情况

1. 信用资产风险分类情况

本公司报告期的信用风险资产分类情况如下:

表6.5.1.1

金额单位:万元

信用风险资产五级分类	正常类	关注类	次级类	可疑类	损失类	信用风险资产合计	不良合计	不良率(%)
期初数	1,756,581.11	—	—	—	—	1,756,581.11	—	0.00%
期末数	2,098,787.38	—	—	—	1,829.34	2,100,616.72	1,829.34	0.09%

注:以上资产数据未包括货币资金等非风险资产。

2. 资产损失准备情况

本公司报告期的资产减值损失准备情况如下:

表6.5.1.2

金额单位:万元

项目	期初数	本期增加	本期核销	本期转回已核销贷款	期末数
贷款损失准备	—	—	—	—	—
其中:一般准备	—	—	—	—	—
专项准备	—	—	—	—	—
其它资产减值准备	—	—	—	—	—
可供出售金融资产减值准备	—	—	—	—	—
应收款项类投资减值准备	—	—	—	—	—
持有至到期投资减值准备	—	—	—	—	—
长期股权投资减值准备	—	1,829.34	—	—	1,829.34
坏账准备	—	—	—	—	—

3. 投资情况

本公司报告期自营股票投资、基金投资、债券投资、长期股权投资等投资的期初数、期末数如下:

表6.5.1.3

金额单位:万元

项目	自营股票	基金	债券	长期股权投资	其它投资	合计
期初数	—	129,601.05	—	587,799.13	814,545.75	1,531,945.93
期末数	—	149,727.98	—	757,849.79	928,421.22	1,835,998.99

4. 前五名自营长期股权投资的企业情况

本公司报告期的前四名长期股权投资的企业情况如下(总共四名):

表6.5.1.4

金额单位:万元

名称	占被投资企业权益的比例	主要经营活动	2017年投资损益
深圳市平安创新资本投资有限公司	100.00%	投资控股	104,000
平安证券有限责任公司	55.66%	证券投资与经纪	—
平安大华基金管理有限公司	60.70%	基金投资	—
平安利顺国际货币经纪有限责任公司	67.00%	货币经纪	3,015

5. 前五名自营贷款情况

本公司报告期的无自营贷款。

6. 表外业务情况

本公司报告期的表外业务情况如下：

表6.5.1.6

表外业务	期初数	期末数
担保业务	—	—
代理业务(委托业务)	—	—
其它	—	—
合计	—	—

7. 公司当年的收入结构

表6.5.1.7　金额单位：万元

收入结构	本集团		本公司	
	金额	占比	金额	占比
手续费及佣金收入	1,010,261.30	51.01%	429,248.87	67.54%
其中：信托手续费收入	392,502.72	19.82%	401,938.70	63.25%
投资银行业务收入	94,400.43	4.77%	—	—
利息收入	240,106.40	12.12%	16,239.80	2.56%
商品销售收入	211,872.10	10.70%	—	—
高速公路通行费收入	32,943.84	1.66%	—	—
其他业务收入	19,454.52	0.99%	8,214.62	1.29%
其中：计入信托业务收入部分	—	—	—	—
资产处置损益	4.01	0.01%	—	—
其他收益	5,185.10	0.27%	2,338.24	0.37%
投资收益	461,030.62	23.28%	179,028.39	28.17%
其中：股权投资收益	107,392.01	5.42%	149,480.58	23.52%
证券投资收益	68,036.98	3.44%	29,547.81	4.65%
其它投资收益	285,601.63	14.42%	—	—
公允价值变动收益	-1,019.75	-0.05%	—	—
汇兑损益	-329.81	-0.02%	-103.55	-0.02%
营业外收入	1,130.03	0.06%	546.86	0.09%
收入合计	1,980,638.36	100.00%	635,513.23	100.00%

（二）信托财产管理情况

1. 信托资产的期初数、期末数

表6.5.2.1　金额单位：万元

信托资产	期初数	期末数
集合	32,160,415.31	34,530,497.84
单一	27,711,574.64	24,342,967.82
财产权	7,850,103.73	6,402,154.27
合计	67,722,093.68	65,275,619.93

(1)主动管理型信托业务的信托资产期初数、期末数

表6.5.2.1.1　　金额单位:万元

主动管理型信托资产	期初数	期末数
证券投资类	5,440,532.07	5,815,343.39
股权投资类	1,563,595.84	562,616.45
其他投资类	6,560,732.87	7,157,627.55
融资类	14,926,628.66	16,676,604.85
事务管理类	4,800.01	4,800.01
合计	28,496,289.45	30,216,992.25

(2)被动管理型信托业务的信托资产期初数、期末数

表6.5.2.1.2　　金额单位:万元

被动管理型信托资产	期初数	期末数
证券投资类	—	105,212.81
股权投资类	—	74,670.03
其他投资类	—	—
融资类	121,064.45	118,589.33
事务管理类[1]	39,104,739.78	34,760,155.51
合计	39,225,804.23	35,058,627.68

2.本年度信托项目清算情况

(1)本年度已清算结束的信托项目

表6.5.2.2.1　　金额单位:万元

已清算结束信托项目	项目个数	实收信托合计金额(万元)	加权平均实际年化收益率
集合	128	5,673,961.95	1.02%
单一	160	9,878,795.20	0.47%
财产管理类	84	5,940,343.32	0.06%

(2)本年度已清算结束的主动管理型信托项目

表6.5.2.2.2　　金额单位:万元

已清算结束信托项目	项目个数	实收信托合计金额	加权平均实际年化信托报酬报酬率	加权平均实际年化收益率
证券投资类	24	3,142,168.19	0.45%	1.35%
股权投资类	21	213,073.00	3.36%	17.58%
其他投资类	58	4,330,507.47	1.08%	6.99%
融资类	—	—	—	—
事务管理类	57	2,733,585.61	1.03%	7.32%

(3)本年度已清算结束的被动管理型信托项目

表6.5.2.2.3

金额单位:万元

已清算结束信托项目	项目个数	实收信托合计金额	加权平均实际年化信托报酬报酬率	加权平均实际年化收益率
证券投资类	—	—	—	—
股权投资类	—	—	—	—
其他投资类	—	—	—	—
融资类	212	11,073,766.20	0.10%	5.91%
事务管理类	—	—	—	—

3.本年度新增信托项目情况

表6.5.2.3

金额单位:万元

新增信托项目	项目个数	实收信托合计金额
集合类	127	9,875,229.67
单一类	85	4,626,576.60
财产管理类	20	4,586,371.50
新增合计	232	19,088,177.77
其中:主动管理型	142	9,381,589.18
被动管理型	90	9,706,588.59

4.信托业务创新成果和特色业务情况

公司在传统业务稳健发展的基础上,积极开展创新与特色业务,具体包括:

(1)保险金信托业务实现财富传承、财富管理与保险完美的嫁接

具体模式为平安人寿投保人和我司签订保险金信托合同,以人寿保险合同项下的身故保险金请求权作为信托财产,并指定平安信托(代表拟成立的保险金信托)为人寿保险合同项下唯一身故保险金受益人。当发生投保人身故理赔时,平安人寿将身故保险金交付于平安信托,由平安信托依信托合同约定的方式管理、运用信托财产,并于信托期间或终止时将信托利益分配给信托受益人。2017年,平安信托保险金信托业务规模达20.5亿,签约客户数接近整个市场保险金信托行业过去三年的两倍。

(2)推出"中国平安公益信托产品平台",服务社会公益

自2002年开始受托管理中国第一只公益类信托之后,平安信托在公益慈善领域坚持耕耘。由平安信托搭建的"中国平安公益信托产品平台"是国内首个以服务公益慈善实践为目标的信托产品平台。平台通过发挥信托在财产隔离、资产配置和专业运作方面的独特优势,将基金会与信托公司,委托人与受益人,金融行为与慈善行为有机结合起来,在"金融+公益"的模式下以企业化的运营模式和商业化的运作手段经营慈善,助力精准扶贫,同时号召更多个人、企业、公益机构等参与进来,进一步激发全社会崇德向善的风气。

(3)搭建信托风控系统平台,覆盖业务全生命周期的风险管控

搭建信托智能风控系统平台,以实现覆盖信托投融资业务端到端全生命周期管控,包括项目立项、尽调与决策、监管报备、合同用印、放款、客户评级等审批流程管理,以及押品信息管理、投后业务的监控管理以及多维度的统计查询等功能。项目构建了利用大数据技术的全方位风控体系,利用集团大数据、万得资讯、财汇资讯数据以及系统历史数据,建立风险决策引擎,构建从事前预警、事中监控、事后分析等集"防控避处"为一体的风险防控体系,最终实现风险管理的风险衡量、风险分析、风险绩效评估、信息披露、合规检视等全面风险管控支持。

(4)运用大数据技术开展金融创新实践

推动在投资端风控平台对接集团企业征信平台,利用资产端大数据分析成果,为投资风险评估部门提供投资项目和交易对手相关风险控制信息,如行业舆情评分、企业舆情新闻、外部评级下调、公司财务信号、行业及地区风险指数等,使得风控工作更高效、更精准;在募集端应用大数据平台技术,分析客户行为数据,通过智能资产配置出具客户化的资产配置建议,比如对风险偏好较高的客户重点配置PE类、股票二级市场类产品,对风险偏好较低的客户重点配置固定收益类、债券投资类产品,以智能的资产配置功能助力客户经理销售工作。该功能可以提升客户经理资产配置能力,有效促进销售成交率提升。

5. 履行受托人义务情况

本公司作为信托项目的受托人，严格按照《中华人民共和国信托法》、《信托公司管理办法》、《信托公司集合资金信托计划管理办法》等法律法规的规定及信托合同等文件的约定，恪尽职守，诚实、信用、谨慎、有效地管理信托财产，严格履行受托人的义务，为受益人的最大利益处理信托事务，公平、公正地处置信托财产。

6. 信托赔偿准备金提取、使用和管理情况

根据《信托公司管理办法》的规定，信托赔偿准备金按照税后利润的5%提取，累计总额达到公司注册资本的20%时，可不再提取。截至2017年末，本公司提取的信托赔偿准备金余额为106,150万元。

六、关联方关系及其交易

（一）关联方交易

本公司报告期关联交易方的数量、关联交易的总金额及关联交易的定价政策等如下：

表6.6.1

	关联交易方的数量	关联交易总金额（万元）	定价政策
合计	25	4,080,583.18	本公司2017年度发生的关联方交易均根据一般正常的交易条件进行，并以市场价格作为定价依据

（二）关联交易方

报告期涉及关联交易的关联方情况如下：

表6.6.2

金额单位：万元

关系性质	关联方名称	法定代表人	注册地址	注册资本	主营业务
母公司	中国平安保险（集团）股份有限公司	马明哲	深圳	1,828,024	投资保险企业、监督管理控股投资企业的各种国际国内业务
母公司控制的公司	平安付科技服务有限公司	钟毅	深圳	68,000	网络开发与维护
母公司控制的公司	平安科技（深圳）有限公司	TAN SIN YIN	深圳	92,476	IT服务
母公司控制的公司	中国平安财产保险股份有限	孙建平	深圳	2,100,000	财产保险
母公司控制的公司	中国平安人寿保险股份有限公司	丁新民	深圳	3,380,000	人身保险
母公司控制的公司	平安养老保险股份有限公司	甘为民	深圳	486,000	养老保险
母公司控制的公司	深圳平安综合金融服务有限公司（原名平安数据科技（深圳）有限公司）	卢跃	深圳	59,858	IT服务
母公司控制的公司	上海沪平投资管理有限公司	王宏	上海	100	物业管理
母公司控制的公司	北京汇安投资管理有限公司	耿梅	北京	300	投资咨询
合并子公司	平安证券股份有限公司	刘世安	深圳	1,380,000	证券投资与经纪
合并子公司	深圳平安大华汇通财富管理有限公司	罗春风	深圳	20,000	特定客户资产管理业务和中国证监会许可的其他业务
合并子公司	深圳市平安创新资本投资有限公司	谈清	深圳	400,000	投资控股
母公司控制的公司	深圳市平安德成投资有限公司	付扬	深圳	30,000	投资咨询
母公司控制的公司	平安银行股份有限公司	谢永林	深圳	1,717,041	银行业相关业务

续表

关系性质	关联方名称	法定代表人	注册地址	注册资本	主营业务
母公司控制的公司	深圳市平安置业投资有限公司	孟甠	深圳	131,000	房地产投资
母公司控制的公司	玉溪平安置业有限公司	王玉涛	玉溪	3,850	物业出租
母公司控制的公司	深圳平安商用置业投资有限公司	刘鹏鹏	深圳	109,500	物业租赁、物业管理
母公司控制的公司	三亚家化旅业有限公司	孟甠	三亚	24,000	旅馆业、住宿
母公司控制的公司	平安财富理财管理有限公司	张要辉	上海	10,000	投资管理、咨询
母公司控制的公司	北京双融汇投资有限公司	梁少凡	北京	25,632	投资管理;资产管理;出租商业用房
母公司控制的公司	北京京信丽泽投资有限公司	李文强	北京	116,000	投资管理、资产管理;设计、制作、代理、发布广告
母公司控制的公司	广州市信平置业有限公司	王丹	广州	5,000	自有房屋租赁
母公司控制的公司	成都平安蓉城置业有限公司	王玉涛	四川	60,000	物业管理;自有房屋租赁及销售等
母公司控制的公司	北京京平尚地投资有限公司	李文强	北京	4,500	投资管理、资产管理;出租商业用房;设计、制作、代理、发布广告
母公司控制的公司	北京京平尚北投资有限公司	李文强	北京	4,200	投资;资产管理;出租商业用房;设计、制作、代理、发布广告;物业管理

(三)本公司与关联方的重大交易事项

1. 固有与关联方交易情况

表6.6.3.1　　金额单位:万元

固有与关联方关联交易				
	期初	借方发生额	贷方发生额	期末数
贷款	—	—	—	—
投资	555,489.00	—	—	555,489.00
租赁	—	—	—	—
担保	—	—	—	—
应收账款	—	—	—	—
其它	24,435.92	22,476.43	-18,028.98	28,883.37
合计	579,924.92	22,476.43	-18,028.98	584,372.37

2. 信托与关联方交易情况

表 6.6.3.2　　金额单位：万元

信托与关联方关联交易				
	期初数	借方发生额	贷方发生额	期末数
贷款	271,847.20			271,847.20
投资	270,000.00		70,000.00	200,000.00
租赁	—			—
担保	—			—
应收帐款	—			—
其他	1,290,410.61		53,419.67	1,236,990.94
合计	1,832,257.81	0.00	123,419.67	1,708,838.14

3. 固有与信托财产之间交易情况

表 6.6.3.3.1　　金额单位：万元

固有财产与信托财产相互交易			
	期初数	本期发生额	期末数
合计	209,793.83	52,372.80	262,166.63

4. 信托项目之间交易情况

表 6.6.3.3.2　　金额单位：万元

信托财产与信托财产相互交易			
	期初数	本期发生额	期末数
合计	2,403,345.77	-878,139.73	1,525,206.04

（四）报告期，无关联方逾期未偿还本公司资金的事项以及无本公司为关联方担保发生或即将发生垫款的事项。

七、会计制度的披露

公司固有业务自2007年起执行财政部于2006年2月15日及以后期间颁布的《企业会计准则－基本准则》、各项具体会计准则及相关规定。

公司信托业务自2009年起执行新《企业会计准则》（财政部2006年颁布）。

第七节　财务情况说明书

一、利润实现和分配情况

报告期本公司实现净利润390,664.36万元，期初未分配利润为709,694.63万元，提取盈余公积39,066.44万元，提取一般风险准备24,595.07万元，对股东分配利润250,300.36万元，未分配利润转增股本100,000.00万元，本期末累计未分配利润为686,397.12万元。公司决定于2018年度全年对股东派发2017年度股利不超过200,000.00万元，2018年上半年对股东派发股利150,000.00万元，2018年下半年视具体经营情况决定是否进行分红，分红数额不超过50,000.00万元。

报告期本集团实现归属于母公司所有者的净利润528,137.49万元，期末累计未分配利润为1,714,632.11万元。

二、主要财务指标

本公司报告期的主要财务指标如下：

表 7.2　　金额单位：万元

指标名称	指标值		计算公式
	本公司	本集团	
资本利润率（%）	16.83%	12.82%	净利润/所有者权益平均余额＊100%

续表

指标名称	指标值		计算公式
	本公司	本集团	
加权年化信托报酬率	0.50%	0.50%	(信托项目1的年化信托报酬率＊信托项目1的实收信托＋信托项目2的年化信托报酬率＊信托项目2的实收信托＋…信托项目n的年化信托报酬率＊信托项目n的实收信托)/(信托项目1的实收信托＋信托项目2的实收信托＋…信托项目n的实收信托)
人均净利润	455.59	752.62	净利润/年平均人数

三、对本公司财务状况、经营成果有重大影响的其他事项

报告期内,没有对本公司财务状况、经营成果有重大影响的其他事项。

第八节 特别事项揭示

一、前五名股东报告期内变动情况及原因

报告期内,本公司股东没有发生变动:

股东名称	期初持股比例	期末持股比例
中国平安保险(集团)股份有限公司	99.88%	99.88%
上海市糖业烟酒(集团)有限公司	0.12%	0.12%
合计	100.00%	100.00%

二、董事、监事及高级管理人员变动情况及原因

报告期内,项有志先生出任公司董事;张健先生出任公司董事,葛俊杰先生不再担任公司董事;李祥军先生出任公司独立董事,杨世成先生不再担任公司独立董事。

报告期内,监事会完成换届,胡剑锋先生出任公司第六届监事会主席,王芊女士不再担任公司监事会主席、监事;许黎女士出任公司监事,张云平先生不再担任公司监事。

报告期内,公司副董事长宋成立先生兼任公司总经理;李数光先生不再担任公司总经理助理。

三、变更注册资本、变更注册地或公司名称、公司分立合并事项

报告期内,公司注册资本由120亿元人民币(含美元5000万)增加至130亿元人民币(含美元5000万)。

四、公司的重大诉讼事项

报告期内,公司没有重大诉讼事项发生。

五、公司及其董事、监事和高级管理人员受到处罚的情况

报告期内,中国银行业监督管理委员会深圳监管局对公司业务开展作出行政处罚一次,处罚方式为罚款。除前述事项外公司及其董事、监事和高级管理人员没有受到监管部门处罚的情况发生。

六、银监会及其派出机构对公司检查的情况

2017年10月30日至11月30日,中国银行业监督管理委员会深圳监管局对本公司开展了重点领域风险专项现场检查,并出具《现场检查意见书》,对公司业务发展、资产规模和盈利水平、综合实力等方面给予了肯定,同时也对日常经营中存在的问题提出检查意见。本公司高度重视,深入分析检查意见并采取有效措施,进一步完善了公司治理、内控管理、业务规范性等相关制度和流程。2017年,本公司严格落实监管检查意见,以合规风险防范为中心,持续提升合规管理水平,为公司稳健经营提供基础保障。

七、本年度重大事项临时报告的简要内容、披露时间、所披露的媒体及其版面

1.2017年3月,公司办公地址变更获得监管批复,公司已在《证券日报》2017年3月17日第D78版进行了相关信息的披露。

2.2017年4月,公司就办公地址变更完成章程修订,公司已在《证券日报》2017年4月20日第D156版进行了相关信息的披露。

3.2017年5月,宋成立先生总经理任职资格获得监管核准,公司已在《证券日报》2017年6月2日第B3版进行了相关信息的披露。

4.2017年11月,公司章程修订获得监管批复,公司已在《证券日报》2017年12月1日第D32版进行了相关信息的披露。

5.2017年11月,公司增资事项获得监管批复,公司已在《证券日报》2017年12月1日第D32版进行了相关信息的披露。

6.2017年12月,公司增资事项完成验资报告、章程修订和工商信息变更,公司已在《证券日报》2017年12月20日第D38版进行了相关信息的披露。

八、银监会及其省级派出机构认定的其他有必要让客户及相关利益人了解的重要信息

报告期内,没有发生银监会及其省级派出机构认定的其他有必要让客户及相关利益人了解的重要事项。

九、社会责任履行情况

(一)法律责任

1.坚持将合规经营放在首位

报告期内,根据国家法律法规以及各监管机构的要求,公司以现代国际一流金融企业为标杆,秉承综合金融发展战略,结合经营管理需要,践行"法规＋1"的合规理念，贯彻"目标明确、覆盖全面、运作规范、执行到位、监督有力"的方针，完善内部控制及合规管理运行机制，着力提高抵御风险的能力，确保公司经营管理合法合规、符合监管要求，促进业务可持续健康发展。公司遵循"以制度为基础、以风险为导向、以流程为纽带"思路，强化内部控制日常化运作机制，持续提升内控工作的水平和效果，为公司持续稳健发展提供保障。

2. 发布信托产品社会责任声明

报告期内，公司严格遵守法律法规和公司章程，全面贯彻《中国银监会办公厅关于信托公司风险监管的指导意见》、《信托公司社会责任公约》等相关规定及行业自律公约中关于社会责任的要求，积极履行对国家和社会的和谐发展、公共利益实现、自然环境保护和资源科学利用，以及对政府、委托人、受益人、股东、员工、客户、同行等利益相关方所应承担的责任，发布了信托产品社会责任声明，确认已发行的信托计划符合信托公司社会责任，承诺后续发行信托计划也将严格按照相关规定及行业自律公约要求执行，并将社会责任声明写入后续信托产品合同中，努力实现公司社会责任履行与日常经营的有机结合。

（二）经济责任

全力支持实体经济发展

报告期内，平安信托把握国家供给侧改革和"三去一降一补"的政策方向，发挥信托制度优势，缩短金融中介链条，以股权投资、基础产业投资、并购重组、资产证券化、国企混改等多种方式服务国内众多优秀企业。数据显示，2017年，平安信托投向工商企业、基础产业等实体经济部门的存续规模超过4000亿元。

（三）公益责任

积极推进平安慈善信托计划

报告期内，公司受托管理的"中国平安教育发展慈善信托计划"又陆续注入平安集团及子公司的捐赠资金1000万元，该信托计划管理理事会批准教育类慈善项目8个，包括"幕天公益·捐书助教"、"中国支教2.0·远程网络教室"、"蔚蓝行动·关注特殊儿童教育"等，慈善资金支出884万余元。2017年末，为响应国家"精准扶贫"号召，公司通过慈善信托及平安内部捐款，为广东河源袁田村三所小学捐赠70余万元，搭建远程网络教室、配备教师办公室及校园旱厕修缮，各工程于2018年1月全面落地。

（四）人本责任

1. 支持员工发展、提高综合素质

报告期内，平安信托线下培训624人次、线上培训42229人次，内容涵盖行业前沿动态讲座、投资实战案例分享、风险合规政策宣导、以及通用职业技能培训、团队管理技能进阶等多方面内容，为员工专业技能及职业素质提升提供平台，创造积极、和谐的氛围，帮助员工获得长足健康发展。

2. 提高员工福利、建设企业文化

报告期内，平安信托以工会为平台，搭建以员工工会俱乐部、传统节日庆祝、特色主题活动三条线并举的文化阵地，组织了登高节、财红合唱团、年会、三八节关爱活动、司庆活动、工会杯足球赛等形式多样、内容丰富的集体活动，丰富的工会俱乐部让员工在工作之余健康生活，营造了一个价值观统一、正能量十足的环境氛围，提升了员工的参与度和满意度。

十、消费者权益保护工作

为维持公平正义，促进社会和谐，实现金融机构可持续健康发展，有效维护金融消费者合法权益，提升金融消费者信心，实现公司可持续健康发展，平安信托积极落实消费者权益保护工作，严格按照监管要求履行消费者权益保护义务，大力推动投诉管理、合规销售管理、投资者教育等金融消费者关切问题。

在投诉管理方面，进一步加强客户投诉处置、法律处置机制；建立并不断优化投诉月度专项分析通报机制，对月度投诉数据进行问题分析通报；建立风险项目预警机制，更直观的理解客户真实诉求，更有针对性的为客户解决问题。

在合规销售管理方面，持续追踪优化"双录"，深化业务风险管控；加强数据防泄密，严格落实客户信息保密工作的落实；规范经营行为，不断通过客户满意度调研提高服务标准和水平；加强产品信息披露，切实保障消费者知情权和自主选择权。

在投资者教育方面，2017年"财富活动+"体系再度升级，开展投资者教育相关活动共计321场，现场参与活动人数达15391人次；线上发布投资者教育文章100余篇，覆盖人群超80万人次；与监管部门携手举办金融知识进万家活动，线上线下帮助消费者识别风险、维护自身保护合法权益。

第九节　公司监事会意见

公司监事会认为，报告期内，公司依法运作，决策程序合法有效，没有发现公司董事、高级管理层履行职务时有违法违规、违反公司章程或损害公司及股东利益的行为。公司2017年度财务报告中披露的财务信息，真实反映公司的财务状况和经营成果。

中信信托有限责任公司 2017年年度报告

重要提示

1.1 本公司董事会及董事保证本报告所载资料不存在任何虚假记载、误导性陈述或者重大遗漏，并对其内容的真实性、准确性和完整性承担个别及连带责任。

1.2 本公司独立董事林义相、徐经长、张宏久对年度报告内容的真实性、准确性、完整性无异议。

1.3 本公司董事长陈一松、副董事长兼总经理李子民、主管会计工作的常务副总经理王道远保证年度报告中财务报告的真实和完整。

目 录

2. 公司概况

2.1 公司简介

2.1.1 公司历史沿革

中信信托有限责任公司是经原中国人民银行批准设立的非银行金融机构，成立于1988年3月1日，注册地为北京市。其前身是中信兴业信托投资公司，2002年经中国人民银行批复，中信集团公司将中信兴业信托投资公司重组、更名、改制为“中信信托投资有限责任公司”，并承接中信集团公司信托类资产、负债及业务。2007年，根据中国银行业监督管理委员会《关于中信信托投资有限责任公司变更公司名称和业务范围的批复》，公司名称变更为“中信信托有限责任公司”。

公司于2005年、2006年、2014年分别增资2.92亿元、4亿元、88亿元，目前公司注册资本金为100亿元（其中外汇2,300万美元）。

2.1.2 公司的法定名称

中文：中信信托有限责任公司（缩写：中信信托）

英文：CITIC Trust Co., Ltd.

2.1.3 公司法定代表人：陈一松

2.1.4 公司注册地址：北京市朝阳区新源南路6号京城大厦

邮政编码：100004

公司互联网网址：http://trust.ecitic.com

公司电子信箱：citict@citictrust.com.cn

2.1.5 公司负责信息披露事务的高级管理人员：王道远

公司信息披露事务联系人：王珂

办公电话：8610－84862332

办公传真：8610－84861380

电子信箱：wangket@citictrust.com.cn

2.1.6 公司选定的信息披露报纸：《金融时报》

2.1.7 年报备置地点：北京市朝阳区新源南路6号京城大厦3层

2.1.8 公司聘请的会计师事务所：毕马威华振会计师事务所（特殊普通合伙）

地址：北京市东城区东长安街1号东方广场东2座办公楼8层

2.1.9 公司聘请的律师事务所：北京市嘉源律师事务所

地址：北京市西城区复兴门内大街158号远洋大厦F407室

2.2 公司组织结构图

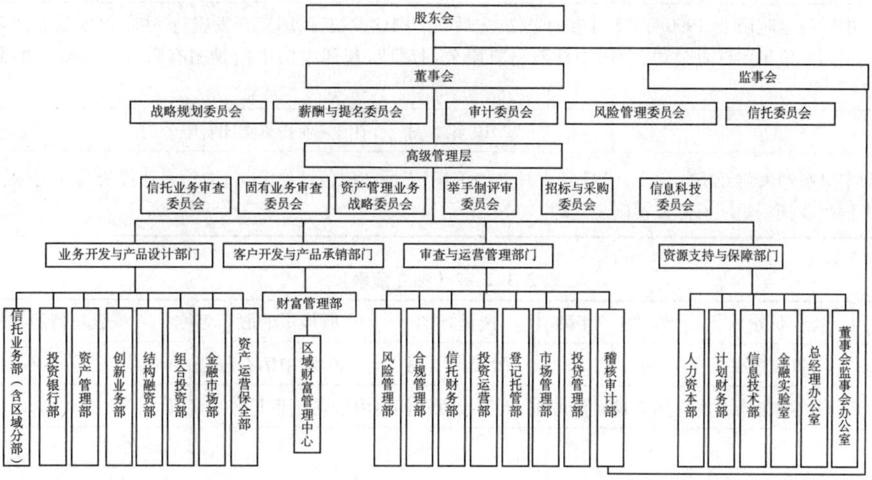

3. 公司治理

3.1 公司治理结构

3.1.1 股东总数:2

表 3.1.1

股东名称	持股比例	法定代表人	注册资本(单位:亿元)	注册地址	主要经营业务及主要财务情况
中国中信有限公司	80%	常振明	1,390.00	北京市朝阳区新源南路6号	金融、实业,2017年底净资产为5,154亿元。
中信兴业投资集团有限公司	20%	蔡希良	16.00	上海市虹口区四川北路859号55楼	实业投资与贸易,2017年底净资产为196亿元。

注:中信兴业投资集团有限公司是中国中信有限公司的全资子公司。中国中信集团有限公司为本公司最终实际控制人。

3.1.2 董事、董事会及其下属委员会

表 3.1.2-1(董事长、董事)

姓名	职务	性别	年龄	选任日期	所推举的股东名称	该股东持股比例(%)
陈一松	董事长	男	49	2014年7月	中国中信有限公司	80%
简要履历:湖南大学经济学硕士,1990年9月参加工作,先后在中信实业银行、中信证券公司、中国建设银行就职;2006年8月入职本公司,历任公司副总经理、总经理、副董事长,现任职公司董事长。						
李子民	副董事长	男	46	2017年5月	中国中信有限公司	80%
简要履历:中国科学院大学工学博士,1994年7月参加工作并入职本公司,历任部门总经理、业务总监、公司副总经理,现任职公司副董事长、总经理。						
张翔燕	副董事长	女	52	2015年7月	中国中信有限公司	80%
简要履历:清华大学工商管理硕士,1987年8月参加工作,先后在中信实业银行、中信证券公司、中信控股有限公司、中信集团公司就职;2006年7月任职公司董事,现任职公司副董事长、中信保诚基金管理有限公司专职董事长。						
薄伟康	董事	男	46	2017年9月	中国中信有限公司	80%
简要履历:中国人民大学博士,1996年7月参加工作,先后在农业部、国务院办公厅就职;2015年2月入职本公司任公司副总经理,现任公司董事。						
任霞	董事	女	48	2017年2月	中国中信有限公司	80%
简要履历:中国科学院硕士,1990年12月参加工作,先后在中国建设银行、国家开发银行、中信国安信息产业股份有限公司、中国中信集团有限公司、中国中信股份有限公司就职,现任中国中信集团有限公司战略发展部副总经理。						
张立	董事	女	45	2012年5月	中信兴业投资集团有限公司	20%
简要履历:中央财经大学经济学硕士,1997年4月参加工作,先后在中信证券公司、中信兴业投资集团有限公司就职,现任中信兴业投资集团有限公司副总经理。						

表 3.1.2-2(独立董事)

姓名	职务	性别	年龄	选任日期	所推举的股东名称	该股东持股比例(%)
林义相	独立董事	男	53	2012年5月	中国中信有限公司	80%
简要履历:法国巴黎第十大学应用宏观经济博士,天相投资顾问有限公司董事长兼总经理。						

续表

姓名	职务	性别	年龄	选任日期	所推举的股东名称	该股东持股比例(%)
徐经长	独立董事	男	52	2012年5月	中国中信有限公司	80%
简要履历:中国人民大学经济学博士,中国人民大学商学院教授、博士生导师。						
张宏久	独立董事	男	63	2016年6月	中国中信有限公司	80%
简要履历:北京大学法学硕士,北京市竞天公诚律师事务所合伙人。						

表3.1.2-3(董事会下属专门委员会)

董事会下属专门委员会名称	职责	组成人员姓名	职务
战略规划委员会	负责拟定公司中长期发展战略规划,审阅公司年度经营计划,增加或减少注册资本的方案,对公司合并、分立、解散、清算和变更公司组织形式的方案进行研究,并依据内外部发展状况对上述问题予以调整和完善等。	陈一松	主任委员
		张翔燕	委员
		徐经长	委员
审计委员会	审核和监督风险控制和内部审计年度计划的制定和执行,评估风险控制和审计结果,并提出改进建议等。	徐经长	主任委员
		张宏久	委员
		张　立	委员
风险管理委员会	负责拟定风险管理战略、风险管理政策和内部控制原则,监督风险管理和内部控制系统的健全性、合理性和执行的有效性,指导公司全面风险管理和内部控制工作。	张翔燕	主任委员
		林义相	委员
		李子民	委员
薪酬与提名委员会	负责拟定董事、高级管理人员、员工的薪酬、福利和其他激励计划,并监督方案的实施;拟定高级管理人员的选择标准、选择程序;对高级管理人员人选的任职资格和条件进行初步审核等。	林义相	主任委员
		徐经长	委员
		薄伟康	委员
信托委员会	负责拟定公司信托业务发展专项规划;初审拟提请董事会审议的信托项目;对公司日常合规管理工作进行监督;对公司信托业务运行情况进行定期评估等。	张宏久	主任委员
		林义相	委员
		张　立	委员

3.1.3 监事、监事会

表3.1.3

姓名	职务	性别	年龄	选任日期	所推举的股东名称	该股东持股比例(%)
吕君芳	监事会主席	女	46	2013年7月	中国中信有限公司	80%
简要履历:浙江大学文学博士,1992年8月参加工作,先后在浙江教育学院、浙江工商大学、中信资产管理有限公司就职;2013年5月入职本公司,现任职公司监事会主席。						
关颐	监事	男	49	2012年5月	中国中信有限公司	80%
简要履历:对外经济贸易大学毕业,1990年7月参加工作,先后在中国国际信托投资公司、中信集团公司就职;2006年1月任职公司监事;现任中国中信集团有限公司稽核审计部总经理助理。						
李东	监事	女	44	2015年10月	职工代表	—
简要履历:中央财经大学经济学硕士,1994年7月参加工作并进入国家审计署;2013年11月入职本公司,现任职稽核审计部总经理。						

注:本届监事会未设立下属委员会。

3.1.4 高级管理人员

表 3.1.4

姓名	职务	性别	年龄	选任日期	金融从业年限	学历	专业
李子民	总经理	男	46	2014 年 7 月	23 年	博士	管理科学与工程
简要履历:1994 年 7 月入职本公司,历任部门总经理、业务总监、公司副总经理,现任公司副董事长、总经理。							
王道远	常务副总经理	男	48	2017 年 6 月	21 年	硕士	工商管理
简要履历:1995 年 3 月入职本公司,历任部门总经理、董事会秘书、公司总经理助理兼信托业务审查委员会主任,现任公司常务副总经理、董事会秘书。							
蔡成维	副总经理	男	48	2015 年 3 月	13 年	硕士	法律硕士
简要履历:1991 年 8 月参加工作,先后在山东某市农业局、检察院、建设银行山东省分行、中国中期投资有限公司就职;2006 年 7 月入职本公司,历任部门副总经理、总经理、合规总监;现任公司副总经理。							
刘寅	副总经理	男	42	2017 年 7 月	18 年	硕士	经济学硕士
简要履历:1999 年 4 月参加工作,先后在中国银行、国泰君安证券公司、中国银监会就职;2017 年 6 月入职本公司,现任公司副总经理。							
涂一锴	副总经理	男	41	2015 年 3 月	14 年	硕士	企业管理
简要履历:2002 年 4 月参加工作并进入中信银行;2009 年 2 月入职本公司,历任部门副总经理、总经理、业务总监;现任公司副总经理。							
赵娜	副总经理	女	42	2015 年 3 月	14 年	硕士	工商管理
简要履历:1997 年 7 月参加工作并进入北大青鸟,2002 年 9 月入职本公司,历任部门副总经理、总经理、业务总监;现任公司副总经理。							
刘小军	副总经理	男	41	2016 年 5 月	14 年	硕士	金融学
简要履历:2002 年 7 月参加工作并进入中信建设银行,2006 年 4 月入职本公司,历任高级经理、部门副总经理、总经理、业务总监;现任公司副总经理。							

3.1.5 公司员工

报告期末,公司职工人数为 646 人。

表 3.1.5

项目		2017 年度		2016 年度	
		人数	比例	人数	比例
年龄分布	25 以下	18	3%	15	3%
	25－29	167	26%	138	27%
	30－39	344	53%	260	50%
	40 以上	117	18%	104	20%
性别分布	男	366	57%	311	60%
	女	280	43%	206	40%
学历分布	博士	23	3%	16	3%
	硕士	424	66%	351	68%
	本科	179	28%	129	25%
	专科	20	3%	21	4%

续表

项目		2017 年度		2016 年度	
		人数	比例	人数	比例
岗位分布	董事、监事及高管人员	18	3%	17	3%
	固有业务人员	18	3%	20	4%
	信托业务人员	546	84%	413	80%
	其他人员	64	10%	67	13%
合计		646	100%	517	100%

3.2 公司治理信息

3.2.1 年度内召开股东会情况

报告期内，公司共召开两次股东会。

5 月 15 日，公司召开 2017 年第 1 次股东会，审议并通过《关于公司年度财务预决算报告的议案》、《关于公司利润分配方案的议案》、《关于董事会年度工作报告的议案》、《关于独立董事年度履职报告的议案》、《关于监事会年度工作报告的议案》。

7 月 11 日，公司召开 2017 年第 2 次股东会，审议并通过《关于选举薄伟康为公司董事的议案》。

3.2.2 董事会及其下属委员会履行职责情况

报告期内，董事会及其下属委员会遵照《公司法》、《信托公司治理指引》和《中信信托有限责任公司章程》及相关议事规则，认真审议公司经营管理重大事项。

3.2.2.1 董事会本年度召开会议情况

报告期内，董事会共召开八次会议。

3 月 16 日，公司召开第五届董事会第十五次会议，审议通过《公司 2016 年经营管理工作报告》、《公司 2016 年财务决算和 2017 年财务预算报告》、《公司 2016 年度利润分配方案》、《公司 2016 年风险管理及合规管理报告》等议案。

3 月 20 日，公司召开第五届董事会第十六次会议，审议通过《关于设立消费金融公司的议案》。

4 月 18 日，公司召开第五届董事会第十七次会议，审议通过《关于选举董事会专门委员会委员的议案》。

6 月 5 日，公司召开第五届董事会第十八次会议，审议通过《关于认购中国宏桥增发股份的议案》。

6 月 20 日，公司召开第五届董事会第十九次会议，审议通过《关于提名董事候选人的议案》、《关于选举副董事长的议案》、《关于聘任常务副总经理的议案》。

7 月 5 日，公司召开第五届董事会第二十次会议，审议通过《关于聘任公司副总经理的议案》。

12 月 1 日，公司召开第五届董事会第二十一次会议，审议通过《关于向中信信惠国际资本有限公司增资的议案》。

12 月 14 日，公司召开第五届董事会第二十二次会议，审议通过《关于修改公司章程的议案》。

3.2.2.2 董事会专门委员会履职情况

报告期内，董事会专门委员会认真履行《公司法》和《公司章程》所赋予的各项职权，切实行使辅助董事会决策等职责，认真审查向董事会提交的各项议案、报告，积极运用委员在各领域的专业知识和丰富经验，在促进董事会审慎和科学决策方面发挥了积极作用。董事会专门委员会召开会议情况如下。

3 月 10 日，第五届董事会战略规划委员会第二次会议审查通过《公司 2016 年度经营管理工作报告》等报告；风险管理委员会第二次会议审查通过《公司 2016 年风险管理及合规管理报告》等报告；审计委员会第三次会议审查通过《公司 2016 年财务决算和 2017 年财务预算报告》等报告；薪酬与提名委员会第五次会议审查通过《公司 2016 年度经营管理工作报告》等报告；信托委员会第三次会议审查通过《公司 2016 年度经营管理工作报告》、《公司 2016 年风险管理及合规管理报告》等报告。

6 月 16 日，第五届董事会薪酬与提名委员会第六次会议审查通过《关于提名董事候选人的议案》、《关于选举副董事长的议案》、《关于聘任常务副总经理的议案》。

7 月 3 日，第五届董事会薪酬与提名委员会第七次会议审查通过《关于聘任公司副总经理的议案》。

12 月 25 日，第五届董事会信托委员会第四次会议审议通过《2017 年消费者权益保护工作开展情况报告》、《2018 年消费者权益保护工作计划》。

3.2.2.3 独立董事履职情况

公司独立董事专业涵盖经济、金融、法律等领域，具有丰富的专业知识和从业经验。在报告期内，独立董事诚信勤勉履职，积极参加董事会及其专门委员会会议，对公司业务发展和经营管理发表独立意见，审慎开展对各项议案的审议表决，维护公司整体利益，为董事会科学决策发挥了积极作用。

3.2.3 监事会召开会议情况

报告期内，监事会召开会议情况如下。

3 月 16 日，公司召开第五届监事会第四次会议，审查《公司 2016 年度经营管理工作报告》、《公司 2016 年内部审计工作报告》等报告，对《公司 2016 年年度报告》

发表独立意见。

7月12日,公司召开第五届监事会第五次会议,对推进公司大监督工作进行讨论,并部署下一阶段调研、筹建监督工作委员会等工作。

监事会认为,报告期内,公司能够按照合法决策程序对重大事项进行决策,业务经营活动符合《公司法》、《信托法》、《信托管理办法》及《信托公司治理引》等有关法律规定;董事、高级管理人员能够合法合规履行公司职务;毕马威华振会计师事务所出具的2017年度无保留意见的审计报告,真实、客观地反映了公司财务状况和经营结果。

3.2.4 高级管理人员履职情况

报告期内,公司高级管理人员遵纪守法,勤勉履职,严格贯彻执行股东会和董事会的各项决议,团结协作,深化改革,开拓创新,体现出较高的决策能力和管理水平,带领全体员工取得了显著业绩。

4. 经营管理

4.1 经营目标、方针、战略规划

4.1.1 经营目标:公司致力于成为综合金融解决方案的提供商和多种金融功能的集成者,以差异化竞争、持续性创新为特色,打造国内领先、综合优势明显、国际化、能力整合型资产管理集团。

4.1.2 经营方针:公司追求和谐、科学的价值文化,秉承"无边界服务、无障碍运行"的经营理念,遵循市场规律,超前适变应变,持续学习创新,统筹价值实现。

4.1.3 战略规划:以客户为中心,以信用和人才为资本,以价值创造和风险管理为目的,整合能力和资源,为客户提供投资银行、资产管理、财富管理和服务信托服务,逐步丰富产品种类,提升服务质量,提高客户满意度。

4.2 经营业务的主要内容

公司经营业务:信托业务、固有业务和专业子公司资产管理业务。

4.2.1 信托业务

信托业务是指公司作为受托人,按照委托人的意愿,为受益人利益或特定目的,对信托财产进行管理、处分的业务。2017年末,公司信托资产余额为1.98万亿元,实现信托手续费收入44亿元,持续稳定,为受益人分配信托利润732亿元;年内新增信托项目1,552个,实收信托10,752亿元。

投资银行业务指公司利用债务、权益等直接融资工具,向社会投资者发行信托产品募集资金,为企业、政府部门、金融同业机构等卖方客户提供灵活多元化融资服务。公司紧跟实体经济发展变化,及时调整该类业务方向,积极创新业务模式。截至报告期末,公司直接或间接投入实体经济的信托资金约13,000亿元,占信托资产的68%,参与一带一路、基础设施、民生工程、新兴产业等领域的发展。基础建设信托规模超3,800亿元;"京津冀一体化"业务规模超1,200亿元;参与创设总规模为400亿元的国家新兴产业创业投资引导基金;发行规模为200亿元的贵州筑银扶贫产业基金;推出"中信·北京中小企业发展信托基金"系列,为中小企业发放贷款670笔,规模超85亿元;公司持续推进政府与社会资本合作(PPP)信托业务拓展,规模近1000亿元,范围从传统基建到公共服务领域,涵盖医疗养老、节能环保、教育培训、物流交通等产业。

资产管理业务指公司为满足买方客户的投资需求,按照约定的投资范围和策略,将客户交付的信托资金配置到各类金融产品的业务。报告期内,公司为满足客户不同需求,采取多元化资产配置策略,提供不同组合的产品,主要类型包括权益型、混合型等。

财富管理业务指公司根据高净值个人客户或机构客户的特殊需求,提供专业咨询、资产配置、事务管理等系列服务,为客户量身打造综合财富管理解决方案的业务,并根据不同的客户类型设立家族信托、保险金信托、专户理财等差异化的细分服务。截至报告期末,公司服务客户近900位,受托资产规模超120亿元,引领中国信托业发展,系列产品包括传世家族信托、恒荣家族信托、幸福传承家族信托、保险金信托等。

服务信托业务是指公司凭借受托人资格、信誉和运营能力,为客户安全地持有资产,并提供相应的配套管理和服务,帮客户解决资产的托管独立性、流动化等问题,产品包括股权信托、消费信托、资产证券化、企业年金信托、财产权信托、慈善信托等。公司在中央国债登记结算有限责任公司优秀成员评选中荣膺"优秀ABS发行人",报告期内资产证券化业务规模超1,650亿元,连续5年稳居行业领军地位,同时在银行间市场交易商协会发信托行业第一单由信托公司主导、完成全流程的信托型资产支持票据ABN。在消费金融方面,公司积极融合"互联网+金融+消费"的模式,创新消费贷款与账户管理服务信托。

报告期末,公司信托资产运用与分布表如下。

表4.2.1 单位:人民币万元

资产运用	金额	占比(%)	资产分布	金额	占比(%)
货币资产	14,112,772.19	7.10	基础产业	38,856,421.09	19.56
贷款	88,711,546.64	44.65	房地产	29,615,315.29	14.91
交易性金融资产投资	11,176,331.77	5.63	证券市场	8,521,285.09	4.29

续表

资产运用	金额	占比(%)	资产分布	金额	占比(%)
可供出售金融资产投资	42,944,101.36	21.62	工商企业	24,012,900.19	12.09
持有至到期投资	2,851,952.68	1.44	金融机构	41,650,613.59	20.96
长期股权投资	18,998,935.55	9.56	其他	56,016,440.72	28.19
其他	19,877,335.78	10.00			
信托资产总计	198,672,975.97	100.00	信托资产总计	198,672,975.97	100.00

4.2.2 固有业务

固有业务指公司运用自有资产开展的业务，主要包括贷款、股权投资、金融产品投资等类型。公司秉承谨慎运用原则，确保公司资产的稳健增值。报告期末，公司固有资产运用与分布表如下。

表4.2.2 单位：人民币万元

资产运用	金额	占比(%)	资产分布	金额	占比(%)
货币资产	893,495.89	33.66%	基础产业	—	—
贷款及应收款	1,173,163.84	44.19%	房地产业	261,224.35	9.84%
交易性金融资产	5,712.39	0.22%	证券市场	23,741.68	0.89%
可供出售金融资产	346,938.84	13.07%	工商企业	2,100.00	0.08%
持有至到期投资	0.00	0.00%	金融机构	1,162,216.95	43.78%
长期股权投资	152,455.61	5.74%	其他	1,205,470.73	45.41%
其他	82,987.16	3.13%			
资产总计	2,654,753.72	100.00%	资产总计	2,654,753.72	100.00%

4.2.3 资产管理业务

公司通过中信聚信(北京)资本管理有限公司、中信保诚基金管理有限公司、中信信诚资产管理有限公司、中信信惠国际资本有限公司等专业子公司，采用公募和私募等形式开展资产管理业务。报告期末，这类业务余额共3,032亿元，投向涵盖医疗养老、科技材料、影视文化等领域。公司通过信惠国际发行的全球机遇基金(国际股票型对冲基金)，荣获全球对冲基金研究机构 Eurekahedge“2017年亚洲最佳新成立基金”奖项。

4.3 市场分析

4.3.1 影响业务发展的有利因素

①国内经济社会发展稳中趋好，经济结构持续调整优化，经济发展内生动力不断增强，这为信托业发展继续创造有利环境。

②传统产业提质增效，释放出新的产业及市场，新兴环保新能源、信息科技、医疗健康等行业可能孕育新的业务机会。

③信托业制度与基础建设进一步完善，监管强度持续提升，行业聚焦回归信托本源和服务实体经济。信托统一登记制度初步建立、监管评级稳步实施。

④与发达国家相比，国内金融市场仍处于发展初期，随着各项金融制度与风险防范措施的不断完善，市场的升级将为信托公司的发展提供基础。

⑤国民财富存量的持续提高催生了客户对多元化投资渠道需求的增加，同时国民对资产保值增值、传承遗赠、家族治理、税务规划等财富管理的需求日益增强，这为信托公司开展资产管理和财富管理业务奠定了基础。

4.3.2 影响业务发展的不利因素

①实体经济绩效改善速度趋缓，偿债能力呈现分化，叠加资金渠道有限及融资成本抬高，部分实体企业经营压力进一步传向金融行业，信托公司风险管理压力加大。

②资金端匹配难度加大。受严监管、去杠杆等因素影响，信托业“平、房、证、通”四大类传统业务空间萎缩，高增长、高利润的商业模式难以持续。

③金融业竞争日趋激烈。2017年11月17日“一行三会一局”共同发布的《关于规范金融机构资产管理业务的指导意见(征求意见稿)》，要求资管业务回归本源，产品打破刚兑、实行净值化管理，这使市场竞争压力进一步增大；同时，信托公司运营管理、产品研发、品牌销售等能力，与国内外一流金融同业相比，仍存在较大提升空间。

4.4 内部控制

4.4.1 内部控制环境和内部控制文化

公司按照《公司法》、《信托公司治理指引》、《企业内部控制基本规范》等法律法规以及《公司章程》的相关要求，建立了由股东会、董事会、监事会、高级管理层组成的分工明确、权责对应、合理制衡的公司治理结构，以及各业务部门、风险合规等管理部门、审计监察部门等各层级组成报告关系清晰的组织架构体系。

公司重视内部控制文化建设，以合规经营和维护受益人利益为出发点，坚持“业务发展、内控先行”的管理理念，建立了涵盖企业价值观、经营理念、运行原则、操守规范的文化体系；坚持可持续发展的人力资源政策，建立了包括举手制在内的具有信托特色、激励与约束并重的人力资本管理体系；从环境文化、制度文化、组织文化、行为文化等多层次切入，通过制度规范、考核激励、讲座培训、全员问责等多种方式倡导和实践内部控制核心理念，营造了良好的合规经营和风险防范的内部控制文化氛围。

4.4.2　内部控制措施

公司内控制度体系涵盖公司治理、风险合规、稽核审计、财务管理、人力资本、市场销售、信息技术、行政管理等，明确了各部门及岗位的职责权限、各业务流程的控制节点及控制要求。公司定期对各项制度和流程进行评估，2017年新增和修订制度及流程共41项。

公司通过分级授权审批控制、不相容职务分离控制、会计系统控制、财务预算控制、财产保护控制、运营分析控制、绩效考评控制、业务预警及应急机制等措施有效发挥内控在经营管理和业务发展中的实质性作用；始终遵循前、中、后台分离的原则，将相互监督制衡的运行机制贯穿全业务流程；加大信息系统投入，上线综合业务管理平台，升级财务管理、资金清算等系统，将自动控制与人工控制相结合，加强关键风险点的自动化管控和监督。

公司坚持“防火墙”机制，在信托业务和固有业务之间实行部门、人员、财务和管理的有效分离；设立信托业务审查委员会和固有业务审查委员会，对信托业务和固有业务进行独立的评审。

4.4.3　信息交流与反馈

公司建立起高效通畅的内外部信息交流与反馈机制。公司在内部各层级之间明确报告路线，在上下级之间、前中后台之间确立信息交流与共享机制；通过业务系统、财务管理系统、OA办公系统等渠道，以管理月报、业务快报、专项报告等方式，及时发布公司的经营管理等情况；通过观察员制度和高管接待日活动，建立了员工与管理层之间的定期对话沟通机制。

公司按监管要求，及时报送各类财务及业务报表、事前及事后报告、关联交易报告等；积极履行受托人职责，按照《信托项目信息披露管理办法》，准确地向投资者披露项目信息；加强消费者权益保护工作管理，规范投诉受理和处理流程，设立投诉邮箱、400电话及现场投诉等渠道，接受投资者的监督；发挥信息技术和自媒体优势，通过官方网站、微信等平台，加强对外信息传播工作，客观全面地向社会披露公司相关信息。

4.4.4　监督评价与纠正

公司创新内控管理模式，积极推进多层次大监督体系建设，成立监督工作委员会，实现党内监督、行政监察、经营监督的全覆盖，形成以监督工作委员会为统领，以监督信息采集、调研分析、整改落实、执纪问责等制度机制为支撑的工作模式；监事会负责监督董事会、高级管理层及其成员履行内部控制职责；纪检监察部门聚焦党风廉政建设和廉洁从业，强化监督执纪问责；稽核审计部以风险为导向独立行使监督评价职能，通过常规审计与专项审计相结合的方式持续对公司的各类经营管理活动进行监督评价。

报告期内，公司继续加强对重点业务、重点子公司的审计，开展各类信托项目风险审计，对管理人员实施任期经济责任审计，对内控的有效性开展专项审计，注重审计发现问题的整改跟踪与问责，确保审计建议的有效落实。

4.5　风险管理

4.5.1　风险管理概况

公司风险管理的全局性目标是以客户风险偏好为导向，积极开拓业务机会，通过资源和能力整合及专业化管理，投入与收益相匹配的风险管理成本，为客户创造更大价值，实现业务规模与业务质量的平衡发展。

公司推行全员风险管理文化，构建了以“四道防线”（业务拓展、风险合规、稽核审计、纪检监察）为组织基础，覆盖公司战略风险、业务风险、人力风险、财务风险、声誉风险的全面风险管理体系，通过制度规章和管理流程的有效运行，保障公司经营目标的实现。

4.5.2　风险状况

4.5.2.1　信用风险状况

信托业务的信用风险主要来自融资类信托业务。报告期内，公司顺利完成85个融资类信托项目的终止清算，分配信托本金664亿元，实现了信托业务的预期目标，履行了受托人的尽职管理职责。

固有业务信用风险主要来自固定收益类资产。报告期末，公司投资的具有融资属性的金融产品安全性较好，各产品均处于正常运行状态。

4.5.2.2　市场风险状况

信托业务的市场风险主要来自直接投资和金融投资信托业务。2017年股票市场呈现二八结构性行情，债券市场震荡下行，市场风险整体偏大，但公司严格依据信托合同进行投资运营，确保各项风险控制措施有效运行，使得有价证券投资类信托产品整体运行平稳。

固有业务的市场风险主要来自固有权益类资产。报告期内，公司权益类投资业务业绩表现良好。

4.5.2.3　操作风险状况

操作风险是指由于不完善或有问题的内部操作过程、人员、系统或外部事件而导致的直接或间接损失的风险，发生财务上与声誉上的损失。报告期内，公司以风险管理为导向的综合业务管理平台投入使用，优化业务操作流程，增加系统复核校验，提高前中后台部门的业务操作规范性,操作风险进一步降低。

4.5.2.4　合规与法律风险状况

公司坚持“实质重于形式、合法有效”的原则开展业务。报告期内,银监会组织开展了“三三四十”等系列专项治理行动,加大对违法违规经营的处罚力度,持续保持监管高压态势,着力引导银行业回归本源、合规经营、稳健发展。公司高度关注监管形势变化,及时跟进监管政策要求,扎实开展政策学习、内部自查、配合检查、整改落实等具体工作,工作成果得到监管机构认可。公司未因开展违法违规业务或受托履职不当受到监管处罚,也未因法律风险管控不当导致交易无效或发生重大财务损失。

4.5.2.5　道德风险状况

公司通过组织全员培训和宣导教育活动,增加内部监察和审计频率,提高了全体员工的职业操守和道德水平。报告期内,公司未发生因员工道德问题使信托或固有财产遭到损失的情形。

4.5.2.6　声誉风险状况

声誉是信托公司赖以生存的重要资产。信托业备受公众关注,同时监管机构进一步加强对行业声誉风险管理的监督力度。报告期内,公司修订《重大突发事件应急处置办法》,未发生重大负面舆情、案件和群体事件,维护了良好的品牌声誉。

4.5.3　风险管理

为适应公司业务规模和结构的快速发展变化,公司继续推进风险管理体系建设和机制完善,风险管理能力显著提升。

在业务评审方面,公司继续完善以“初审制、主审制、陪审制”为核心的评审机制,一方面加强主审团队建设,积极鼓励技术分享与传承,加速人才培养和梯队建设;另一方面,强化中高层对业务的横向把控和覆盖力度,对操作复杂、交易难度大的重点项目除需经评审会审议外,还以总经理决策会的形式集中研判和决策,充分发挥“智力叠加”的作用。

在风险监控方面,公司坚持“全面覆盖、重点突出、长短结合”的风险管控思路。一是强化项目的全生命周期管理,建立覆盖项目立项评审、决策审批、发行成立、过程运营、风险处置、终止清算全过程的风险监测体系,确保风险信息传递的连贯性与风险管控强度的持续性;二是进一步完善项目风险分级应对机制,动态跟踪和调整项目风险等级,对风险监控资源进行优化配置,确保较高风险等级的项目得到快速有力的处置响应;三是进一步丰富风险监控手段,长期不间断监测重点项目的风险变化,定期开展全面项目风险排查。

在风险处置方面,公司进一步完善风险处置督导中心与负责风险资产处置和运营的资产运营保全部的协调机制,加强风险处置的归集管理与效率提升。此外,公司创造性地在展业中引入融资客户协助处置存量风险项目,风险处置效果明显。

在风险综合管理方面,以风险管理需求为核心的综合业务管理平台在实现业务风险信息化管理初期目标的基础上进一步优化升级。同时,公司加强业务风险研究、分析和综合管理的人才引进,深入开展了大客户融资、家族信托、保险金信托、PPP、消费信托等专项业务和产品的研究和管理工作。

4.5.3.1　信用风险管理

地方政府和融资平台信用风险管理。公司重视与地方政府和融资平台开展的合作业务,贯彻落实国家规范和强化地方政府债务管理的政策要求,向新型融资模式转型,及时调整展业思路和产品结构。公司对地方政府和融资平台信用风险的管理实现了“存量管得住、增量稳得住”的目标。在展业区域选择上,公司深耕经济发展较好、债务负担可控的地区,通过建立战略合作关系,争取优质业务资源;在政府层级选择上,公司结合当地经济发展特色,深挖客户需求,力求做深做透,在更高合作层级上绑定政府的履约信用。在PPP、政府采购服务等新型合作业务中,公司继续推进理论研究和业务实践,初步形成一套业务操作和风险管控的经验体系,报告期内已与其它社会资本合作中标14个项目,总投资额为994.7亿元;公司积极探索与中央企业或国有企业组成联合体的PPP项目展业模式,如公司与中国二十二冶集团有限公司组成联合体,成功中标安徽省淮北市第一中学东区建设PPP项目,联合体充分发挥在投融资、建设和运营管理上的全产业综合服务优势。

大客户信用风险管理。公司重视与综合实力较强的集团大客户的合作,一方面积极与大客户确定战略合作,建立“总对总”的合作关系,对合作项目采取集中管控,由公司“总对总”工作负责人对项目进行初步筛选,符合条件后执行项目立项评审,从整体上控制合作项目质量;另一方面,风险管理部与大客户总部直接对接数据信息,汇总融资集中度,定期对客户经营和财务风险进行分析,制定总体合作策略,整体把控融资总量,防范系统性风险。

4.5.3.2　市场风险管理

为管理金融投资的市场风险,公司秉承稳健审慎风格,注重研究防范宏观经济等系统性风险,遵循组合投资、分散风险的投资原则,注重FOF、MOM等稳健型基金的开发,限制高风险资产的配置比例和对冲策略的风险敞口;严格筛选合作伙伴,注重客户风险适应性匹配,强化风险揭示和风险教育,确保客户明确知晓和独立承担市场风险;在传统的每日盯盘、预警、止损监控以外,增加资产配置比例监控、交易记录监控、业绩回报评价、净值波动分析、业绩归因分析等多种市场风险监测措施,依靠科学的量化指标体系,更准确地把握资金运用效果和业绩改善空间。

为管理股权投资面临的市场风险,公司密切跟踪市场,加强对交易对手市场竞争能力分析,弹性避免进入限制类行业和相关项目,通过业务创新拓展多元化的投资领域,制定风险处置预案提前锁定项目退出风险。

4.5.3.3 操作风险管理

公司在业务尽职调查、产品规范化管理、外部中介机构管控、风险监测评价、合同档案管理、信息披露等方面,不断细化管理和规范操作流程,提升业务操作的规范化和标准化水平。报告期内,公司制定和修订了《资产管理业务管理办法(试行)》、《信政合作融资业务风险管理指引》等多项业务管理制度和操作指引,进一步明确部门和岗位职责,优化业务流程。同时,稽核审计部多次对公司内部控制开展审计工作,对审计发现的流程、内控、操作问题及时予以整改完善,降低操作风险。

4.5.3.4 合规与法律风险管理

公司高度重视合规理念塑造与合规文化培育,始终倡导"合规创造价值"、"合规人人有责"的合规理念,积极营造"鼓励合规守法、抑制违规违法"的合规文化。公司坚持合规管理全覆盖,要求合规活动面向所有业务,覆盖每项业务的事前调查、事中审查、事后检查,追求每项业务在时间、空间上的全程合规。在"强监管、严问责"的常态化趋势下,公司进一步强化监管政策传导,要求人人明确监管政策要求、掌握公司展业标准;严格执行"实质重于形式"的合规审核标准,审慎研判合规风险,严肃合规责任追究。

公司持续加强法律风险管理,强调交易结构简洁适当、法律关系清晰明确、权利救济可靠充分,倡导内部法务与外聘律师的信息共享、智力叠加。公司鼓励知识分享,通过总结风险项目的经验教训,为业务人员在尽职调查、产品设计、过程管理等方面进行反向警示与正向引导。公司综合运用债务重组、和解调解、司法处置等手段,有序推进风险资产处置工作,不断优化资产结构。

4.5.3.5 道德风险管理

公司严控道德风险,严格要求员工加强经营理念、政策法规和业务操作等知识技能的学习,加强职业道德和风险防范意识的培养,要求员工全面掌握有关法律法规、各项管理制度和风险防控措施,并在各部门设立观察员岗位,定期向公司汇报有悖于从业操守规范的倾向性问题。报告期内,观察员定期向公司汇报反映存在的管理问题,提出整改意见,追踪整改落实进度,在执行层面完善管理细节。

4.5.3.6 声誉风险管理

公司重视声誉风险管理,将其纳入公司治理和全面风险管理体系,提出"全员有责、审慎管理、口径一致、动态预防"的原则,建立积极、合理、有效的声誉风险管理机制,实现了对声誉风险的识别、监测、控制和化解。报告期内,公司以业务创新推广为核心品牌传播策略,采取信息内容为主导方式,充分利用互联网与自媒体等媒介方式,整合媒体、业务和市场资源;严格落实北京银监局"零报告"制度,贯彻执行《中信集团声誉风险管理办法》、《中信信托声誉风险管理办法》、《中信信托自媒体管理办法》等制度,不断提升危机处理、监测分析、舆情引导等工作。

4.6 净资本管理概况

公司依据《信托公司净资本管理办法》积极推进净资本管理,进一步强化增量业务的资本约束机制,确立了以净资本管理为核心的业务发展模式和管理体系。报告期末,净资本各项指标均处于符合监管要求的较好水平。

指标	期末数(亿元)	监管标准
净资本	161	≥2 亿元
各项风险资本之和	96	
净资本/各项风险资本之和	167%	≥100%
净资本/净资产	75%	≥40%

4.7 消费者权益保护

公司高度重视银行业金融机构消费者权益保护工作,严格贯彻落实监管要求,建立消费者权益保护工作机制和内控制度,将消费者保护工作嵌入全公司产品和服务的售前、售中、售后各环节的业务流程之中,不断提高服务标准和水平,大力推动消费者宣传教育活动,增强消费者维护自身合法权益的能力。董事会承担公司消费者权益保护工作的最终责任,董事会下设信托委员会承担消费者权益保护委员会的职能,负责统筹公司消费者权益保护整体工作。

报告期内,公司制定《公众教育服务工作管理办法》、《客户信息保护管理办法》,修订《消费者权益保护工作管理办法(试行)》、《客户投诉管理办法》、《集合类金融投资信托业务审计工作指引》及《集合类非金融投资信托业务审计工作指引》等;组织高层管理人员召开消费者权益保护专题会议,实现消费者权益保护和经营管理的协调发展;加强落实产品销售专区管理和"双录"等各项消费者权益保护工作机制;公司官方网站开设消费者权益保护专栏;举办防范非法集资宣传月、信托文化中国行等消费者金融知识宣传教育和培训活动。

4.8 企业社会责任

公司以"信行天下、信惠百姓"为企业愿景,以"为客户提供最佳的增值服务,为股东创造最大的价值,为职工搭建实现自我价值的平台,为行业发展贡献智慧,为社会做出最大的贡献"为使命,积极践行《信托公司社会责任公约》,履行行业"八大责任",持续丰富企业社会责任的实践内容。

报告期内,公司坚持以服务实体经济发展为导向,整合货币、资本和产业三大市场资源和多方面能力,借助产融结合等模式,创新信托产品,发挥优势参与一带一路、基础设施、环保节能、医疗养老等领域,在促进产业转型升级、资源优化、改善民生等方面发挥巨大作用。公司持续加大对湖北、山东、湖南、贵州、四川、云南、江苏等地区的支持力度，推动当地乡镇路网配套、垃圾处理、供排水系统、地下管网、湿地河道和景观照明等设施修建；助力精准扶贫，设立百亿元规模的贵州省筑银扶贫产业基金；积极探索慈善信托，自2016年《中华人民共和国慈善法》颁布以来，已设立4个慈善信托项目，2017年7月受何享健慈善基金会委托设立中国信托行业受托规模最大的5亿元慈善信托；继续举办"信托文化中国行"、"美丽中国的信托推动力"、"金融知识进校园"等消费者权益宣传保护活动；组织员工参加"城市定向挑战赛"、"微笑亚洲，关爱兔唇儿童"、植树等公益活动，为青海省玉树自治州曲麻莱县第二完全小学、云南白马小学、北京太阳村等捐款捐物；重视员工权益保护，设立"举手制"等职业发展绿色成长通道，举办业务知识竞赛鼓励员工在职继续学习，完善工会组织建设，支持员工俱乐部开展各类文体活动，丰富员工业余生活。

5. 报告期末及上一年度末的比较式会计报表

5.1 固有资产

5.1.1 会计师事务所审计意见

KPMG

KPMG Huazhen LLP
8th Floor, KPMG Tower
Oriental Plaza
1 East Chang An Avenue
Beijing 100738
China
Telephone +86 (10) 8508 5000
Fax +86 (10) 8518 5111
Internet kpmg.com/cn

毕马威华振会计师事务所
(特殊普通合伙)
中国北京
东长安街1号
东方广场毕马威大楼8层
邮政编码：100738
电话 +86 (10) 8508 5000
传真 +86 (10) 8518 5111
网址 kpmg.com/cn

审计报告

毕马威华振审字第1801199号

中信信托有限责任公司董事会：

一、审计意见

我们审计了后附的第1页至第108页的中信信托有限责任公司（以下简称"贵公司"）财务报表，包括2017年12月31日的合并及母公司资产负债表，2017年度的合并及母公司利润表、合并及母公司现金流量表、合并及母公司所有者权益变动表以及财务报表附注。

我们认为，后附的财务报表在所有重大方面按照中华人民共和国财政部颁布的企业会计准则(以下简称"企业会计准则")的规定编制，公允反映了贵公司2017年12月31日的合并及母公司财务状况以及2017年度的合并及母公司经营成果和现金流量。

二、形成审计意见的基础

我们按照中国注册会计师审计准则（以下简称"审计准则"）的规定执行了审计工作。审计报告的"注册会计师对财务报表审计的责任"部分进一步阐述了我们在这些准则下的责任。按照中国注册会计师职业道德守则，我们独立于贵公司，并履行了职业道德方面的其他责任。我们相信，我们获取的审计证据是充分、适当的，为发表审计意见提供了基础。

三、其他信息

贵公司管理层对其他信息负责。我们在审计报告日前已获取的其他信息包括贵公司2017年年度报告中涵盖的信息，但不包括财务报表和我们的审计报告。

我们对财务报表发表的审计意见不涵盖其他信息，我们也不对其他信息发表任何形式的鉴证结论。

结合我们对财务报表的审计，我们的责任是阅读其他信息，在此过程中，考虑其他信息是否与财务报表或我们在审计过程中了解到的情况存在重大不一致或者似乎存在重大错报。

基于我们对审计报告日前获取的其他信息已执行的工作，如果我们确定其他信息存在重大错报，我们应当报告该事实。在这方面，我们无任何事项需要报告。

第1页，共3页

KPMG

审计报告(续)

毕马威华振审字第 1801199 号

四、管理层和治理层对财务报表的责任

管理层负责按照企业会计准则的规定编制财务报表，使其实现公允反映，并设计、执行和维护必要的内部控制，以使财务报表不存在由于舞弊或错误导致的重大错报。

在编制财务报表时，管理层负责评估贵公司的持续经营能力，披露与持续经营相关的事项(如适用)，并运用持续经营假设，除非贵公司计划进行清算、终止运营或别无其他现实的选择。

治理层负责监督贵公司的财务报告过程。

五、注册会计师对财务报表审计的责任

我们的目标是对财务报表整体是否不存在由于舞弊或错误导致的重大错报获取合理保证，并出具包含审计意见的审计报告。合理保证是高水平的保证，但并不能保证按照审计准则执行的审计在某一重大错报存在时总能发现。错报可能由于舞弊或错误导致，如果合理预期错报单独或汇总起来可能影响财务报表使用者依据财务报表作出的经济决策，则通常认为错报是重大的。

在按照审计准则执行审计工作的过程中，我们运用职业判断，并保持职业怀疑。同时，我们也执行以下工作：

(1) 识别和评估由于舞弊或错误导致的财务报表重大错报风险，设计和实施审计程序以应对这些风险，并获取充分、适当的审计证据，作为发表审计意见的基础。由于舞弊可能涉及串通、伪造、故意遗漏、虚假陈述或凌驾于内部控制之上，未能发现由于舞弊导致的重大错报的风险高于未能发现由于错误导致的重大错报的风险。

(2) 了解与审计相关的内部控制，以设计恰当的审计程序，但目的并非对内部控制的有效性发表意见。

KPMG

审计报告 (续)

毕马威华振审字第 1801199 号

五、注册会计师对财务报表审计的责任 (续)

(3) 评价管理层选用会计政策的恰当性和作出会计估计及相关披露的合理性。

(4) 对管理层使用持续经营假设的恰当性得出结论。同时，根据获取的审计证据，就可能导致对贵公司持续经营能力产生重大疑虑的事项或情况是否存在重大不确定性得出结论。如果我们得出结论认为存在重大不确定性，审计准则要求我们在审计报告中提请报表使用者注意财务报表中的相关披露；如果披露不充分，我们应当发表非无保留意见。我们的结论基于截至审计报告日可获得的信息。然而，未来的事项或情况可能导致贵公司不能持续经营。

(5) 评价财务报表的总体列报、结构和内容 (包括披露)，并评价财务报表是否公允反映相关交易和事项。

(6) 就贵公司中实体或业务活动的财务信息获取充分、适当的审计证据，以对财务报表发表审计意见。我们负责指导、监督和执行集团审计，并对审计意见承担全部责任。

我们与治理层就计划的审计范围、时间安排和重大审计发现等事项进行沟通，包括沟通我们在审计中识别出的值得关注的内部控制缺陷。

毕马威华振会计师事务所 (特殊普通合伙)　　中国注册会计师

金乃雯

中国 北京　　刘洁

2018年3月23日

5.1.2 资产负债表

单位：人民币万元

项 目	合并		母公司	
	2017.12.31	2016.12.31	2017.12.31	2016.12.31
资产：				
现金及银行存款	4,396.10	20,707.82	2.96	2.96
存放同业款项	911,177.63	202,662.99	893,492.92	186,018.70
以公允价值计量且其变动计入当期损益的金融资产	614,973.43	108,975.61	5,712.39	105,983.01
应收手续费	23,328.25	28,818.84	9,102.15	23,403.02
应收利息	15,781.41	25,164.97	12,154.82	20,025.58
其他应收款	371,145.93	160,047.34	383,896.67	179,679.23
买入返售金融资产	0.00	238,718.46	0.00	238,718.46
发放贷款和垫款	263,824.03	435,939.75	263,324.35	313,565.87
可供出售金融资产	516,277.11	803,497.74	346,938.84	562,813.88
持有至到期投资	181,680.61	53,207.17	0.00	0.00
应收款项类投资	504,685.86	601,912.68	504,685.86	601,912.68
长期股权投资	125,094.98	107,246.53	152,455.61	137,559.36
固定资产	1,508.70	1,548.41	1,306.18	1,283.83
无形资产	2,479.30	2,675.47	2,479.30	2,675.47
商誉	36.21	36.21	0.00	0.00
递延所得税资产	76,655.70	40,664.83	70,807.77	35,937.48
其他资产	10,499.07	8,937.10	8,393.90	8,654.75
资产总计	3,623,544.32	2,840,761.92	2,654,753.72	2,418,234.28
负债：				
借款	632,485.54	355,335.23	0.00	0.00
应付利息	3,860.07	935.78	0.00	0.00
递延收入	11,368.02	14,218.28	10,412.03	14,193.91
应付职工薪酬	125,084.10	123,210.01	117,594.51	114,557.52
应交税费	64,545.88	55,439.04	62,338.26	53,618.12
递延所得税负债	16.72	17.89	0.00	0.00
其他应付款	332,640.51	234,956.42	310,425.90	227,765.89
预计负债	66,516.70	27,456.71	0.00	0.00
应付股利	1,642.22	0.00	0.00	0.00
应付债券	115,132.19	0.00	0.00	0.00
负债合计	1,353,291.95	811,569.36	500,770.70	410,135.44
所有者权益：				

续表

项　目	合并		母公司	
	2017.12.31	2016.12.31	2017.12.31	2016.12.31
实收资本	1,000,000.00	1,000,000.00	1,000,000.00	1,000,000.00
资本公积	2,134.09	2,441.84	0.00	0.00
其他综合收益	5,668.76	17,223.11	17,951.40	16,235.61
盈余公积	235,684.53	211,433.28	235,684.52	211,433.28
一般风险准备	42,009.16	36,861.15	42,009.16	36,861.15
信托赔偿准备	115,915.58	103,789.96	115,915.58	103,789.96
未分配利润	868,569.29	653,300.70	742,422.36	639,778.84
归属于母公司所有者权益合计	2,269,981.41	2,025,050.04	0.00	0.00
少数股东权益	270.96	4,142.51	0.00	0.00
所有者权益合计	2,270,252.37	2,029,192.56	2,153,983.02	2,008,098.84
负债和所有者权益总计	3,623,544.32	2,840,761.92	2,654,753.72	2,418,234.28

公司法定代表人:陈一松　　主管会计工作的公司负责人:王道远　　公司会计机构负责人:李玎

5.1.3　利润表

单位:人民币万元

项　目	合并		母公司	
	2017 年度	2016 年度	2017 年度	2016 年度
一、营业收入	739,895.86	591,758.10	574,951.48	564,623.09
手续费及佣金收入	454,848.12	433,748.15	444,770.70	430,721.76
利息净收入	81,830.02	104,716.67	77,373.31	98,398.45
投资收益	62,905.38	58,057.25	54,754.33	39,628.36
公允价值变动收益	140,589.18	-4,305.90	-1,899.24	-3,859.13
汇兑净收益	-235.98	-181.64	-6.76	10.1
资产处置损失	-46.85	-276.44	-46.85	-276.44
其他业务收入	5.99	0.00	5.99	0.00
二、营业支出	302,292.11	205,810.86	258,272.87	169,037.05
税金及附加	3,262.78	13,723.20	3,232.60	13,541.83
业务及管理费	163,201.54	153,298.59	117,168.86	121,869.80
财务费用	38.84	0.00	38.84	0.00
资产减值损失	135,788.95	38,789.07	137,832.57	33,625.42
三、营业利润	437,603.75	385,947.24	316,678.61	395,586.04
加:营业外收入	17.03	1,818.67	0.08	1,817.69
减:营业务支出	206.52	30.01	0.47	30.00
四、利润总额	437,414.26	387,735.90	316,678.22	397,373.73
减:所得税费用	78,377.65	92,009.90	74,165.82	93,209.21

续表

项　　目	合并		母公司	
	2017年度	2016年度	2017年度	2016年度
五、净利润	359,036.61	295,726.00	242,512.40	304,164.52
归属于母公司所有者的净利润	358,558.02	303,949.62	—	—
少数股东损益	478.59	-8,223.62	—	—

公司法定代表人：陈一松　　主管会计工作的公司负责人：王道远　　公司会计机构负责人：李玎

5.1.4 所有者权益变动表

单位：人民币万元

项目	2017年度（合并）									2017年度（母公司）						
	归属于母公司所有者权益							少数股东权益	所有者权益合计	实收资本	其他综合收益	盈余公积	一般风险准备	信托赔偿准备	未分配利润	所有者权益合计
	实收资本	资本公积	其他综合收益	盈余公积	一般风险准备	信托赔偿准备	未分配利润									
2017年1月1日余额	1,000,000.00	2,441.84	17,223.11	211,433.28	36,861.15	103,789.96	653,300.70	4,142.51	2,029,192.56	1,000,000.00	16,235.62	211,433.28	36,861.15	103,789.96	639,778.84	2,008,098.84
本年增减变动金额	—	—	—	—	—	—	—	—	—	—	—	—	—	—	—	—
1. 综合收益总额	—	—	-11,554.35	—	—	—	358,558.02	478.59	347,482.26	—	1,715.78	—	—	—	242,512.40	244,228.19
2. 利润分配	—	—	—	24,251.24	5,148.01	12,125.62	-141,511.10	-1,642.22	-101,628.44	—	—	24,251.24	5,148.01	12,125.62	-139,868.88	-98,344.01
提取盈余公积	—	—	—	24,251.24	—	—	-24,251.24	—	—	—	—	24,251.24	—	—	-24,251.24	—
对所有者的分配	—	—	—	—	—	—	-99,986.23	-1,642.22	-101,628.44	—	—	—	—	—	-98,344.01	-98,344.01
提取一般风险准备	—	—	—	—	5,148.01	—	-5,148.01	—	—	—	—	—	5,148.01	—	-5,148.01	—
提取信托赔偿准备	—	—	—	—	—	12,125.62	-12,125.62	—	—	—	—	—	—	12,125.62	-12,125.62	—
3. 同一控制下企业合并调整	—	-307.74	—	—	—	—	-1,778.33	-2,707.93	-4,794.00	—	—	—	—	—	—	—
上述1至3小计	—	-307.74	-11,554.35	24,251.24	5,148.01	12,125.62	215,268.59	-3,871.55	241,059.81	—	1,715.78	24,251.24	5,148.01	12,125.62	102,643.52	145,884.18
2017年12月31日余额	1,000,000.00	2,134.09	5,668.76	235,684.52	42,009.16	115,915.58	868,569.29	270.96	2,270,252.37	1,000,000.00	17,951.40	235,684.52	42,009.16	115,915.58	742,422.36	2,153,983.02

所有者权益变动表（续）

单位：人民币万元

项　目	2016年度（合并）									2016年度（母公司）						
	归属于母公司所有者权益							少数股东权益	所有者权益合计	实收资本	其他综合收益	盈余公积	一般风险准备	信托赔偿准备	未分配利润	所有者权益合计
	实收资本	资本公积	其他综合收益	盈余公积	一般风险准备	信托赔偿准备	未分配利润									
2015年12月31日余额	1,000,000.00	938.09	8,689.90	181,016.83	34,427.26	88,581.73	485,832.19	206.31	1,799,692.32	1,000,000.00	8,456.11	181,016.83	34,427.26	88,581.74	482,741.23	1,795,223.17
同一控制下企业合并调整	—	1,503.74	-2.14	—	—	—	10,645.80	12,159.82	24,307.23	—	—	—	—	—	—	—
2016年1月1日余额	1,000,000.00	2,441.84	8,687.76	181,016.83	34,427.26	88,581.73	496,478.00	12,366.13	1,823,999.55	—	—	—	—	—	—	—
本年增减变动金额	—	—	—	—	—	—	—	—	—	—	—	—	—	—	—	—
1. 综合收益总额	—	—	8,535.35	—	—	—	303,949.62	-8,223.62	304,261.35	—	7,779.50	—	—	—	304,164.52	311,944.02
2. 利润分配	—	—	—	30,416.45	2,433.89	15,208.23	-147,126.92	—	-99,068.35	—	—	30,416.45	2,433.89	15,208.22	-147,126.91	-99,068.35
提取盈余公积				30,416.45			-30,416.45		—	—	—	30,416.45	—	—	-30,416.45	—
对所有者的分配	—	—	—	—	—	—	-99,068.35	—	-99,068.35	—	—	—	—	—	-99,068.35	-99,068.35
提取一般风险准备	—	—	—	—	2,433.89	—	-2,433.89	—	—	—	—	—	2,433.89	—	-2,433.89	—
提取信托赔偿准备	—	—	—	—	—	15,208.23	-15,208.23	—	—	—	—	—	—	15,208.22	-15,208.22	—
上述1-2小计	—	—	8,535.35	30,416.45	2,433.89	15,208.23	156,822.70	-8,223.62	205,193.00	—	7,779.50	30,416.45	2,433.89	15,208.22	157,037.61	212,875.67

续表

项目	2016年度(合并)									2016年度(母公司)						
	归属于母公司所有者权益							少数股东权益	所有者权益合计	实收资本	其他综合收益	盈余公积	一般风险准备	信托赔偿准备	未分配利润	所有者权益合计
	实收资本	资本公积	其他综合收益	盈余公积	一般风险准备	信托赔偿准备	未分配利润									
2016年12月31日余额	1,000,000.00	2,441.84	17,223.11	211,433.28	36,861.15	103,789.96	653,300.70	4,142.51	2,029,192.55	1,000,000.00	16,235.61	211,433.28	36,861.15	103,789.96	639,778.84	2,008,098.84

公司法定代表人:陈一松　　主管会计工作的公司负责人:王道远　　公司会计机构负责人:李玎

5.2 信托资产

5.2.1 信托项目资产负债汇总表

单位：人民币万元

信托资产	2017.12.31	2016.12.31
信托资产：		
存放同业款项	14,112,772.19	14,795,139.82
拆出资金	—	—
衍生金融资产	—	—
交易性金融资产	11,176,331.77	6,600,804.50
买入返售金融资产	686,471.07	863,263.40
应收票据	—	—
应收账款	17,151,777.77	18,961,810.52
应收利息	51,435.95	56,748.13
应收股利	84,413.00	80,199.80
其他应收款	1,855,429.64	590,744.96
贷款	88,711,546.64	57,433,675.77
可供出售金融资产	42,944,101.36	26,091,072.29
长期应收款	—	—
持有至到期金融资产	2,851,952.68	2,140,916.54
长期股权投资	18,998,935.55	14,826,271.15
其他资产	47,808.35	48,232.29
信托资产总计	198,672,975.97	142,488,879.17
信托负债和信托权益	2017.12.31	2016.12.31
信托负债：		
交易性金融负债	—	—
应交税费	727.88	634.17
其他应付款	2,397,766.82	2,023,968.89
应付账款	53,421.27	47,501.26
长期应付款	—	—
信托负债合计	2,451,915.97	2,072,104.32
信托权益：		
实收信托	189,845,682.67	133,704,568.35
资本公积	3,903,904.91	3,908,312.00
未分配利润	2,471,472.42	2,803,894.50
信托权益合计	196,221,060.00	140,416,774.85
信托负债及权益总计	198,672,975.97	142,488,879.17

法定代表人：陈一松　　主管信托财务负责人：王道远　　会计机构负责人：李青

5.2.2　信托项目利润及利润分配汇总表

单位:人民币万元

项目	2017 年度	2016 年度
一、营业收入	7,807,201.41	7,552,411.72
利息收入	5,027,597.84	3,711,097.39
投资收益	1,485,991.08	2,904,539.16
租赁收入	—	—
公允价值变动损益	575,351.51	-125,984.96
汇兑损益	-1,677.04	-1,638.66
其他收入	719,938.02	1,064,398.79
二、营业费用	825,250.99	666,032.87
三、税金及附加	442.49	16,342.12
四、扣除资产损失前的信托利润	6,981,507.93	6,870,036.73
减:资产减值损失	-10,637.17	397.15
五、扣除资产损失后的信托利润	6,992,145.10	6,869,639.58
加:期初未分配信托利润	2,803,894.50	1,546,030.34
六、可供分配的信托利润	9,796,039.60	8,415,669.92
减:本期已分配信托利润	7,324,567.18	5,611,775.42
七、期末未分配信托利润	2,471,472.42	2,803,894.50

法定代表人:陈一松　　主管信托财务负责人:王道远　　会计机构负责人:李青

6. 会计报表附注

6.1　会计报表编制基准不符合会计核算基本前提的说明

6.1.1　会计报表不符合会计核算基本前提的事项

本公司无上述情况。

6.1.2　纳入公司合并会计报表范围的子公司情况

子公司名称	业务性质	注册地	注册资本	实际投资额	母公司持有的权益性资本的比例	合并期间
中信聚信(北京)资本管理有限公司	服务业	北京	500,000,000 元	500,000,000 元	100%	2012 年 4 月至 2017 年 12 月
中信信惠国际资本有限公司	金融业	香港	77,745,000 港元	62,634,855 元	100%	2014 年 10 月至 2017 年 12 月

注:2012 年,公司出资 20,000 万元设立全资子公司中信聚信(北京)资本管理有限公司,并将其纳入合并会计报表范围,纳入合并报表的基准日为 2012 年 4 月 17 日。2014 年,公司以现金方式向中信聚信(北京)资本管理有限公司增加注册资本 20,000 万元,变更后注册资本为 40,000 万元。

2014 年,公司出资 158,324 元受让中信信惠国际资本有限公司 51% 股权,并将其纳入合并会计报表范围,纳入合并报表的基准日为 2014 年 10 月 31 日。2015 年 3 月,公司以现金 31,738,320 元向信惠国际增资。2015 年 10 月,公司以现金 30,738,211 元购买信惠国际少数股权(占该公司股份的 49%),由此取得对信惠国际 100% 控制权。

6.2　重要会计政策和会计估计说明

6.2.1　计提资产减值准备的范围和方法

公司计提资产减值准备的范围包括:贷款损失准备、可供出售金融资产减值准备、持有至到期投资减值准备、应收款项类投资减值准备、长期股权投资减值准备、固定资产减值准备和无形资产减值准备。主要计提方法是:

①贷款损失准备

公司按照贷款资产风险分类后的风险程度和回收的

可能性计提专项准备。

②可供出售金融资产减值准备

期末对单项投资由于发行方或债务人发生严重财务困难等原因,导致其可收回金额低于账面价值的差额,分项提取可供出售金融资产减值准备。

③持有至到期投资减值准备

期末对单项投资由于发行方或债务人发生严重财务困难等原因,导致其可收回金额低于账面价值的差额,分项提取持有至到期投资减值准备。

④应收款项类投资减值准备

期末对单项投资由于发行方或债务人发生严重财务困难等原因,导致其可收回金额低于账面价值的差额,分项提取持有至到期投资减值准备。

⑤长期股权投资减值准备

期末对单项投资由于市价持续下跌或被投资单位经营状况恶化等原因,导致其可收回金额低于账面价值的差额,分项提取长期投资减值准备。

⑥固定资产减值准备

期末对单项资产由于市价持续下跌、技术陈旧、损坏或长期闲置等原因,导致其可收回金额低于账面价值的差额,分项提取固定资产减值准备。

⑦无形资产减值准备

期末按单项资产预计可收回金额低于其账面价值的差额,分项提取无形资产减值准备。

6.2.2 金融资产四分类的范围和标准

金融资产于初始确认时分为以下四类:以公允价值计量且其变动计入当期损益的金融资产、持有至到期投资、贷款和应收款项、可供出售金融资产。金融资产在初始确认时以公允价值计量。对于以公允价值计量且其变动计入当期损益的金融资产,相关交易费用直接计入当期损益,其他类别的金融资产相关交易费用计入其初始确认金额。

①金融资产的公允价值

存在活跃市场的金融资产,采用活跃市场中的报价确定其公允价值。不存在活跃市场的,本公司采用估值技术确定其公允价值,估值技术包括参考熟悉情况并自愿交易的各方最近进行的市场交易中使用的价格、参照实质上相同的其他金融工具的当前公允价值、现金流量折现法和期权定价模型等。

②金融资产转移

金融资产转移,是指本公司将金融资产让与或交付给该金融资产发行方以外的另一方(转入方)。

已将金融资产所有权上几乎所有的风险和报酬转移给转入方的,终止确认该金融资产;保留了金融资产所有权上几乎所有的风险和报酬的,不终止确认该金融资产;既没有转移也没有保留金融资产所有权上几乎所有的风险和报酬的,分别按下列情况处理:放弃了对该金融资产控制的,终止确认该金融资产并确认产生的资产和负债;未放弃对该金融资产控制的,按照其继续涉入所转移金融资产的程度确认有关金融资产,并相应确认有关负债。

6.2.3 交易性金融资产核算方法

以公允价值计量且其变动计入当期损益的金融资产,包括交易性金融资产和初始确认时指定为以公允价值计量且其变动计入当期损益的金融资产,采用公允价值进行后续计量,所有已实现和未实现的损益均计入当期损益。

6.2.4 可供出售金融资产核算方法

可供出售金融资产指初始确认时即指定为可供出售的非衍生金融资产,以及除上述金融资产类别以外的金融资产,此类金融资产采用公允价值进行后续计量。其折溢价采用实际利率法进行摊销并确认为利息收入。除减值损失及外币货币性金融资产的汇兑差额确认为当期损益外,可供出售金融资产的公允价值变动作为资本公积的单独部分予以确认,直到该金融资产终止确认或发生减值时,在此之前在资本公积中确认的累计利得或损失转入当期损益。与可供出售金融资产相关的股利或利息收入,计入当期损益。

6.2.5 持有至到期投资核算方法

持有至到期投资是指到期日固定、回收金额固定或可确定,且本公司有明确意图和能力持有至到期的非衍生金融资产,采用实际利率法,按照摊余成本进行后续计量,其终止确认、发生减值或摊销产生的利得或损失,均计入当期损益。

6.2.6 长期股权投资核算方法

①长期股权投资的初始计量

长期股权投资在取得时按初始投资成本计量。初始投资成本一般为取得该项投资而付出的资产、发生或承担的负债以及发行的权益性证券的公允价值,并包括直接相关费用。但同一控制下的企业合并形成的长期股权投资,其初始投资成本为合并日取得的被合并方所有者权益的账面价值份额。

②长期股权投资的后续计量

能够对被投资单位实施控制的长期股权投资,以及对被投资单位不具有共同控制或重大影响,且在活跃市场中没有报价、公允价值不能可靠计量的长期股权投资采用成本法核算;对被投资单位具有共同控制或重大影响的长期股权投资,采用权益法核算。

长期股权投资采用权益法核算时,对长期股权投资初始投资成本大于投资时应享有被投资单位可辨认净资产公允价值份额的,不调整长期股权投资的初始投资成本;对长期股权投资初始投资成本小于投资时应享有被投资单位可辨认净资产公允价值份额的,其差额计入当期损益,同时调整长期股权投资的成本。

按权益法对长期股权投资进行核算时,先对被投资单位的净利润进行取得投资时被投资单位各项可辨认资产等的公允价值、会计政策和会计期间方面的调整,再按应享有或应分担的被投资单位的净损益份额确认当期投资损益。

6.2.7 固定资产计价和折旧方法

固定资产按照取得时的实际成本进行初始计量，采用年限平均法计提折旧。

6.2.8 无形资产计价及摊销政策

无形资产按照成本进行初始计量，采用直线法摊销。

6.2.9 收入确认原则和方法

在与交易相关的经济利益很可能流入公司且收入的金额能够可靠地计量时，确认提供与金融业务相关服务收入的实现。

6.2.10 所得税的会计处理方法

采用资产负债表债务法计提递延所得税，所得税率为25%。

6.2.11 信托报酬的确认原则和方法

在收入确认原则基础上，信托业务手续费收入按照信托合同约定的结算方法，一般以收益分配结算报告确认。

6.3 或有事项说明

报告期末，公司没有对外担保。

6.4 重要资产转让及其出售的说明

报告期内，公司没有重要资产转让及其出售。

6.5 会计报表中重要项目的明细资料

6.5.1 固有资产经营情况

6.5.1.1 信用风险资产五级分类情况

按照《中国银行业监督管理委员会关于非银行金融机构全面推行资产质量五级分类管理的通知》的分类标准，本年度公司固有资产质量情况是：

表6.5.1.1

单位：人民币万元

信用风险资产五级分类	正常类	关注类	次级类	可疑类	损失类	信用风险资产合计	不良资产合计	不良资产率
期初数	1,355,291.82	235,321.98	26,600.00	3,018.46	10,928.28	1,631,160.54	40,546.74	2.49%
期末数	1,896,254.86	179,431.76	56,400.00	—	62,794.40	2,194,881.02	119,194.40	5.43%

不良资产合计＝次级类＋可疑类＋损失类

6.5.1.2 资产减值准备情况

表6.5.1.2

单位：人民币万元

	期初数	本期计提	本期转回	本期核销	期末数
贷款损失准备	47,080.04	38,423.53	-8,212.00	—	77,291.57
一般准备	23,511.76	31,523.53	-8,200.00	—	46,835.29
专项准备	23,568.28	6,900.00	-12.00	—	30,456.28
其他资产减值准备	36,835.71	137,720.08	-30,099.04	-1,092.40	143,364.35
可供出售金融资产减值准备	20,505.00	72,410.00	—	—	92,915.00
持有至到期投资减值准备	—	—	—	—	—
应收款项类投资减值准备	15,294.14	60,056.85	-29,906.38	—	45,444.61
长期股权投资减值准备	713.16	—	—	—	713.16
坏账准备	323.41	5,253.24	-192.67	-1,092.40	4,291.58
投资性房地产减值准备	—	—	—	—	—

6.5.1.3 固有股票投资、基金投资、债券投资、长期股权投资等投资情况

表6.5.1.3

单位：人民币万元

	固有股票	基金	债券	长期股权投资	其他投资	合计
期初数	50,650.94	100,007.47	—	137,559.36	518,138.48	806,356.25
期末数	23,741.68	—	—	152,455.61	328,909.55	505,106.84

6.5.1.4　固有长期股权投资的前五名

表 6.5.1.4

单位:人民币万元

企业名称	占被投资企业权益的比例	主要经营活动	投资收益
中信聚信(北京)资本管理有限公司	100.00%	投资管理、经济信息咨询	—
中信信惠国际资本有限公司	100.00%	资产管理	—
中信保诚基金管理有限公司	49.00%	证券投资基金	54,266.07
天津信唐货币经纪有限责任公司	48.00%	资产管理	4,388.59
中信信诚资产管理有限公司	45.00%	资产管理	37,537.46

6.5.1.5　固有贷款前五名

表 6.5.1.5

单位:人民币万元

企业名称	占贷款总额的比例	还款情况
昆明嘉丽泽投资有限公司	42.90%	正常
浙江万厦房地产开发有限公司	23.49%	正常
义乌世茂中心发展有限公司	11.74%	正常
浙江新光建材装饰城开发有限公司	8.81%	正常
云南御行中天房地产开发有限公司	5.87%	欠息

6.5.1.6　表外业务的期初数、期末数

表 6.5.1.6

单位:人民币万元

表外业务	期初数	期末数
担保业务	—	—
代理业务(委托业务)	72,527.79	72, 870.75
其他	—	—
合计	72.527.79	72.870.75

6.5.1.7　公司当年的收入结构

表 6.5.1.7

单位:人民币万元

收入结构	合并		母公司	
	金额	占比	金额	占比
手续费及佣金收入	454,848.12	61.47%	444,770.70	77.35%
其中:信托手续费收入	444,770.70	60.11%	444,770.70	77.35%
投资银行业务收入	—	—	—	—
利息收入	82,527.13	11.15%	78,070.41	13.58%
其他业务收入	5.99	—	5.99	—
其中:计入信托业务收部分	—	—	—	—
投资收益	62,905.38	8.50%	54,754.33	9.52%
其中:股权投资收益	39,930.77	5.40%	31,779.73	5.53%
证券投资收益	10,077.15	1.36%	10,928.66	1.90%

续表

收入结构	合并		母公司	
	金额	占比	金额	占比
其他投资收益	12,897.46	1.74%	12,045.94	2.09%
公允价值变动收益	140,589.18	19.00%	-1,899.24	-0.33%
营业外收入	17.03	0.00%	0.08	0.00%
汇兑损益	-235.98	0.04%	6.76	0.00%
收入合计	739,959.74	100.00%	74,998.89	100.00%

6.5.2　信托资产管理情况

6.5.2.1　信托资产的期初数、期末数

表 6.5.2.1　　单位：人民币万元

信托资产	期初数	期末数
集合	37,356,391.86	62,213,650.34
单一	59,710,378.43	80,602,048.86
财产权	45,422,108.88	55,857,276.77
合计	142,488,879.17	198,672,975.97

6.5.2.1.1　主动管理型信托业务期初数、期末数

表 6.5.2.1.1　　单位：人民币万元

主动管理型信托资产	期初数	期末数
证券投资类	20,980,394.98	24,403,369.93
股权投资类	1,816,076.88	5,061,041.61
融资类	19,758,609.13	19,020,384.93
事务管理类	—	—
合计	42,555,080.99	48,484,796.47

6.5.2.1.2　被动管理型信托业务期初数、期末数

表 6.5.2.1.2　　单位：人民币万元

被动管理型信托资产	期初数	期末数
证券投资类	—	—
股权投资类	—	—
融资类	—	—
事务管理类	99,933,798.18	150,188,179.50
合计	99,933,798.18	150,188,179.50

6.5.2.2　本年度已清算结束的信托项目个数、实收信托合计金额、加权平均实际年化收益率。

6.5.2.2.1　本年度已清算结束的集合类、单一类资金信托项目和财产管理类信托项目个数、金额、加权平均实际年化收益率。

表 6.5.2.2.1　　单位:人民币万元

已清算结束信托项目	项目个数	合计金额	加权平均实际年化收益率
集合类	91	5,755,491.83	8.96%
单一类	383	23,827,891.28	6.08%
财产管理类	116	17,152,414.10	6.18%

6.5.2.2.2　本年度已清算结束的主动管理型信托项目个数、合计金额、加权平均实际年化收益率。分证券投资、股权投资、融资、事务管理类分别披露。

表 6.5.2.2.2　　单位:人民币万元

已清算结束信托项目	项目个数	合计金额	加权平均实际年化收益率
证券投资类	40	423,329.64	24.50%
股权投资类	6	1,142,687.60	9.83%
融资类	85	6,643,415.97	8.62%
事务管理类	—	—	—

6.5.2.2.3　本年度已清算结束的被动管理型信托项目个数、合计金额、加权平均实际年化收益率。分证券投资、股权投资、融资、事务管理类分别披露。

表 6.5.2.2.3　　单位:人民币万元

已清算结束信托项目	项目个数	合计金额	加权平均实际年化收益率
证券投资类	—	—	—
股权投资类	—	—	—
融资类	—	—	—
事务管理类	459	38,526,364.00	5.80%

6.5.2.3　本年度新增的集合类、单一类和财产管理类信托项目个数、合计金额。

表 6.5.2.3　　单位:人民币万元

新增信托项目	项目个数	合计金额
集合类	578	30,630,775.66
单一类	729	38,616,067.21
财产管理类	245	38,269,236.47
新增合计	1,552	107,516,079.34
其中:主动管理型	733	13,951,143.18
被动管理型	819	93,564,936.16

注:上述统计未包括尚未清算的开放式信托项目本年度内发生的申购和赎回金额,故期初余额 - 本期清算 + 本期新增≠期末余额

6.5.2.4　信托创新研究成果

公司积极推进业务创新,在资产证券化信托、国际业务、PPP 业务、消费信托、家族信托、保险金信托等业务上取得了较大进展。

6.5.2.5　本公司履行受托人义务情况

公司以受益人利益最大化为原则,严格按照《信托法》、《信托公司管理办法》、《信托公司集合资金信托计划管理办法》等法律法规的规定及信托合同等文件的约定,恪尽职守,诚实、信用、谨慎、有效地管理信托财产,严格履行受托人的义务,为受益人的最大利益处理信托事务,公平、公正地处置信托财产,建立金融消费者权益保护机制和管理体系,为投资者提供了回报稳定且风险可控的投资产品。

6.5.2.6 信托赔偿准备的提取、使用和管理情况

公司从2017年的税后利润提取5%的信托赔偿准备金，即12,125.62万元，余额达115,915.58万元。公司2017年度未发生需要使用信托赔偿准备金的事件，也未使用信托赔偿准备金。

6.6 关联方关系及其交易的披露

6.6.1 关联交易方的数量、关联交易的总金额及关联交易的定价原则等

表6.6.1 单位：人民币万元

	关联交易方数量	关联交易金额	定价政策
合计	27	1,960,097.26	1. 遵循市场价格的原则，有客观的市场价格作为参照的一律以市场价格为准 2. 如果没有市场价格，按照成本加成定价 3. 如果既没有市场价格，也不适合采用成本加成价的，按照协议价定价

6.6.2 关联交易方与本公司的关系性质、关联交易方的名称、法定代表人、注册地址、注册资本及主营业务等

表6.6.2 单位：人民币亿元

关系性质	关联方名称	法定代表人	注册地址	注册资本	主营业务
母公司	中国中信有限公司	常振明	北京市朝阳区新源南路6号	1390.00	金融、实业
同一母公司	中信银行股份有限公司	李庆萍	北京东城区朝阳门北大街8号富华大厦C座	489.35	银行业务
母公司对其有重大影响	中信证券股份有限公司	张佑君	广东省深圳市福田区中心三路8号卓越时代广场(二期)北座	121.17	证券经纪、投行业务

注：公司本年度共有关联方22个，主要来自中信集团内部，表中为公司主要关联方。

6.6.3 公司与关联方的重大交易事项

6.6.3.1 固有财产与关联方：贷款、投资、租赁、应收账款、担保、其他方式等期初汇总数、本期发生额汇总数、期末汇总数

表6.6.3.1 单位：人民币万元

固有与关联方关联交易				
	期初数	借方发生额	贷方发生额	期末数
贷款	—	—	—	—
投资	39,916.86	8,365.34	38,729.98	9,552.22
租赁	20.44	—	2.00	18.44
担保	—	—	—	—
应收账款	21,866.05	12,099.01	20,202.26	13,762.80
其他	273,323.15	18,401,194.47	18,364,443.24	310,074.38
合计	335,126.50	18,421,658.82	18,423,377.48	333,407.84

6.6.3.2 信托资产与关联方：贷款、投资、租赁、应收账款、担保、其他方式等期初汇总数、本期发生额汇总数、期末汇总数

表 6.6.3.2　　单位：人民币万元

信托与关联方关联交易				
	期初数	借方发生	贷方发生	期末数
贷款	77,582.28	—	3,597.09	73,985.19
投资	17,846.45	93,862.27	727.31	110,981.41
合计	95,428.73	93,862.27	4,324.40	184,966.60

注：此外，还包括支付给关联方中信银行的托管费 15,577.31 万元。

6.6.3.3　固有财产和信托财产之间的交易金额期初汇总数、本期发生额汇总数、期末汇总数

表 6.6.3.3　　单位：人民币万元

固有财产与信托财产相互交易			
	期初数	本期发生额	期末数
合计	396,462.54	-47,740.72	348,721.82

6.6.3.4　信托资产与信托财产之间的交易金额期初汇总数、本期发生额汇总数、期末汇总数

表 6.6.3.4　　单位：人民币万元

信托资产与信托财产相互交易			
	期初数	本期发生额	期末数
合计	1,537,519.11	3,651,968.98	5,189,488.09

6.6.4　关联方逾期未偿还本公司资金的详细情况以及本公司为关联方担保发生或即将发生垫款的情况

关联方无逾期不偿还本公司资金情况，本公司无为关联方担保发生或即将发生垫款情况。

6.7　会计制度的披露

本公司固有业务和信托业务均执行财政部 2006 年颁布的企业会计准则。

7. 财务情况说明书

7.1　利润实现和分配情况

2017 年母公司净利润为 242,512.40 万元，合并净利润为 359,036.61 万元。

依据《公司法》、《信托公司管理办法》和本公司章程，公司对本年实现的母公司净利润 242,512.40 万元进行分配，其中：提取 10% 法定盈余公积金 24,251.24 万元，提取 5% 信托赔偿准备 12,125.62 万元。

7.2　主要财务指标

指标名称	指标值	
	合并	母公司
资本利润率（%）	16.68%	11.65%
人均净利润（单位：人民币万元）	606.18	443.76

注：资本利润率 = 净利润/所有者权益平均余额 × 100%。

人均净利润 = 净利润/年平均人数。

平均值采取期初、期末余额简单平均法。

公式为：a（平均）=（期初数 + 期末数）/2。

7.3　对本公司财务状况、经营成果有重大影响的其他事项

报告期内，公司没有对财务状况、经营成果产生重大影响的其他事项。

8. 特别事项揭示

8.1　股东报告期内变动情况及原因

报告期内，本公司没有发生股东变动。

8.2　董事、监事及高级管理人员变动情况及原因

2017 年 4 月，路京生因退休不再担任公司副董事长、董事职务。

2017 年 7 月，股东会选举薄伟康为公司董事。

2017 年 6 月，董事会选举李子民为公司副董事长，聘任王道远为公司常务副总经理。7 月，董事会聘任刘寅为公司副总经理。

上述新任董事、高级管理人员的任职资格均已获得北京银监局核准。

8.3　变更注册资本、注册地或公司名称、公司分立合并事项

报告期内，注册资本、注册地或公司名称、公司分立合并事项均未发生。

8.4　公司的重大诉讼事项

报告期内，公司无重大诉讼事项。

8.5　公司及其董事、监事和高级管理人员受到处罚情况

报告期内无上述处罚情况。

8.6　银监会及其派出机构对公司进行检查及提出整改意见的情况

报告期内,北京银监局对公司进行了信用风险、“四不当”、“双录”等现场检查、排查;同期,公司按照北京银监局要求组织开展了“三套利”、“三违反”、“四不当”、“十大乱象”等专项自查。结合检查、自查反映的问题,公司通过完善业务制度、优化管控流程、强化规范操作、严肃责任追究等措施,着力强化了业务、内控、系统、人员执业行为等方面的规范管理,公司整体风险、合规管理水平进一步提升。

8.7　重大事项临时报告情况

报告期内无临时报告。

8.8　其他有必要让客户及相关利益人了解的重要信息

无。

9. 公司监事会意见

监事会根据有关法律、法规,监督检查了公司依法运作、重大决策、重大经营活动情况及财务状况,认为公司能够合规运作,公司董事、总经理等在履行公司职务时未有违反法律、法规、公司章程或损害公司利益的行为,公司年度报告真实反映了公司的财务状况和经营成果。

安信信托股份有限公司　2017年年度报告

重要提示

一、本公司董事会、监事会及董事、监事、高级管理人员保证年度报告内容的真实、准确、完整,不存在虚假记载、误导性陈述或重大遗漏,并承担个别和连带的法律责任。

二、公司全体董事出席董事会会议。

三、立信会计师事务所(特殊普通合伙)为本公司出具了标准无保留意见的审计报告。

四、公司负责人王少钦、主管会计工作负责人赵宝英及会计机构负责人(会计主管人员)赵宝英声明:保证年度报告中财务报告的真实、准确、完整。

五、经董事会审议的报告期利润分配预案或公积金转增股本预案

经立信会计师事务所(特殊普通合伙)审计确认,公司2017年度归属于母公司净利润366,821.23万元,母公司可供分配利润为584,343.10万元。本年度拟以2017年末总股本4,557,614,932股为基数,向全体股东每10股派发现金红利5.00元(含税),共派发2,278,807,466元。

本年度拟以2017年末总股本4,557,614,932股为基数,资本公积金每10股转增2股,共计911,522,987股。上述预案实施完成后,公司总股本将增加至5,469,137,919股。

本议案尚需提交股东大会审议批准。

六、前瞻性陈述的风险声明

√适用　□不适用

本报告中所涉及的未来计划、发展战略等前瞻性描述不构成公司对投资者的实质承诺,敬请投资者注意投资风险。

七、是否存在被控股股东及其关联方非经营性占用资金情况

否

八、是否存在违反规定决策程序对外提供担保的情况?

否

九、重大风险提示

公司已在本报告中详细描述存在的行业风险、市场风险等,敬请查阅管理层经营与分析中关于公司未来发展的讨论与分析中可能面对的风险因素及对策部分的内容。

十、其他

□适用　√不适用

目录

第一节　释义

一、释义

在本报告书中,除非文义另有所指,下列词语具有如下含义:

常用词语释义		
安信信托/公司/本公司/上市公司	指	安信信托股份有限公司,股票代码:600816
国之杰/控股股东	指	上海国之杰投资发展有限公司
一法三规	指	《中华人民共和国信托法》、《信托公司管理办法》、《信托公司集合资金信托计划管理办法》和《信托公司净资本管理办法》
集合信托/集合信托计划/集合资金信托计划	指	受托人把所受托的众多委托人的信托财产集中成一个整体加以管理或者处分的信托。
单一信托/单一信托计划/单一资金信托计划	指	受托人所受托的不同委托人的信托财产分别、独立地予以管理或者处分的信托,它是委托人与受托人一对一协商的结果。

续表

常用词语释义		
固有业务	指	信托公司运用自有资本开展的业务。
信托业务	指	信托公司以收取报酬为目的,以受托人身份接受信托和处理信托事务的经营行为。
信托报酬	指	作为受托人在办理信托事务后所取得的报酬。
信托财产	指	通过信托行为从委托人手中转移到受托者手里的财产,包括有形与无形财产。
净资本	指	根据信托公司的业务范围和公司资产结构的特点,在净资产的基础上对各固有资产项目、表外项目和其他有关业务进行风险调整后得出的综合性风险控制指标。
中国证监会	指	中国证券监督管理委员会
中国银监会	指	中国银行业监督管理委员会
元、万元、亿元	指	人民币元、人民币万元、人民币亿元

第二节 公司简介和主要财务指标

一、公司信息

公司的中文名称	安信信托股份有限公司
公司的中文简称	安信信托
公司的外文名称	ANXIN TRUST CO. , LTD
公司的外文名称缩写	AXXT
公司的法定代表人	王少钦

二、联系人和联系方式

	董事会秘书
姓名	武国建
联系地址	上海市黄浦区广东路689号海通证券大厦29楼
电话	021-63410710
传真	021-63410712
电子信箱	600816@anxintrust.com

三、基本情况简介

公司注册地址	上海市控江路1553号—1555号A座301室
公司注册地址的邮政编码	200092
公司办公地址	上海市黄浦区广东路689号海通证券大厦1/2/29楼
公司办公地址的邮政编码	200001
公司网址	www.anxintrust.com
电子信箱	600816@anxintrust.com

四、信息披露及备置地点

公司选定的信息披露媒体名称	《中国证券报》、《上海证券报》、《证券时报》
登载年度报告的中国证监会指定网站的网址	www.sse.com.cn
公司年度报告备置地点	上海市黄浦区广东路689号海通证券大厦1/2/29楼

五、公司股票简况

公司股票简况				
股票种类	股票上市交易所	股票简称	股票代码	变更前股票简称
A股	上海证券交易所	安信信托	600816	鞍山信托

六、其他相关资料

公司聘请的会计师事务所(境内)	名称	立信会计师事务所(特殊普通合伙)
	办公地址	上海市黄浦区南京东路61号新黄浦金融大厦4楼
	签字会计师姓名	肖菲、徐萍
报告期内履行持续督导职责的保荐机构	名称	海通证券股份有限公司
	办公地址	上海市黄浦区广东路689号14楼
	签字的保荐代表人姓名	杨唤、张晓峰
	持续督导的期间	2016年12月29日—2017年12月31日

七、近三年主要会计数据和财务指标

(一)主要会计数据

单位:元　币种:人民币

主要会计数据	2017年	2016年	本期比上年同期增减(%)	2015年
营业收入	5,592,427,918.12	5,245,959,043.75	6.60	2,954,767,340.15
归属于上市公司股东的净利润	3,668,212,257.98	3,033,947,447.70	20.91	1,722,148,466.81
归属于上市公司股东的扣除非经常性损益的净利润	3,538,433,031.51	2,935,978,113.31	20.52	1,631,997,993.16
经营活动产生的现金流量净额	1,730,039,924.46	2,993,793,908.96	-42.21	1,806,478,188.85
	2017年末	2016年末	本期末比上年同期末增减(%)	2015年末
归属于上市公司股东的净资产	16,191,481,860.03	13,718,166,573.28	18.03	6,308,919,296.89
总资产	25,126,115,640.70	19,125,695,062.24	31.37	9,158,951,229.91

（二）主要财务指标

主要财务指标	2017 年	2016 年	本期比上年同期增减（%）	2015 年
基本每股收益（元/股）	0.8049	0.7792	3.30	0.4765
稀释每股收益（元/股）	0.8049	0.7792	3.30	0.4765
扣除非经常性损益后的基本每股收益（元/股）	0.7764	0.7540	2.97	0.4515
加权平均净资产收益率（%）	25.23	41.15	减少 15.92 个百分点	42.73
扣除非经常性损益后的加权平均净资产收益率（%）	24.34	39.83	减少 15.49 个百分点	40.49

报告期末公司前三年主要会计数据和财务指标的说明

□适用 √不适用

八、境内外会计准则下会计数据差异

（一）同时按照国际会计准则与按中国会计准则披露的财务报告中净利润和归属于上市公司股东的净资产差异情况

□适用 √不适用

（二）同时按照境外会计准则与按中国会计准则披露的财务报告中净利润和归属于上市公司股东的净资产差异情况

□适用 √不适用

（三）境内外会计准则差异的说明：

□适用 √不适用

九、2017 年分季度主要财务数据

单位：元　币种：人民币

	第一季度（1—3 月份）	第二季度（4—6 月份）	第三季度（7—9 月份）	第四季度（10—12 月份）
营业收入	1,632,959,173.56	718,200,928.53	1,845,341,867.46	1,395,925,948.57
归属于上市公司股东的净利润	1,020,135,560.33	591,881,689.18	1,213,271,074.28	842,923,934.19
归属于上市公司股东的扣除非经常性损益后的净利润	1,020,179,435.33	458,517,439.18	1,213,347,928.48	846,388,228.52
经营活动产生的现金流量净额	1,420,676,105.77	-302,234,680.86	-443,649,195.27	1,055,247,694.82

季度数据与已披露定期报告数据差异说明

□适用 √不适用

十、非经常性损益项目和金额

√适用 □不适用

单位：元　币种：人民币

非经常性损益项目	2017 年金额	2016 年金额	2015 年金额
非流动资产处置损益	-14,119.16	-22,835.59	-99,251.48
越权审批，或无正式批准文件，或偶发性的税收返还、减免			

续表

非经常性损益项目	2017年金额	2016年金额	2015年金额
计入当期损益的政府补助，但与公司正常经营业务密切相关，符合国家政策规定、按照一定标准定额或定量持续享受的政府补助除外	178,119,000.00	130,803,000.00	55,835,695.01
计入当期损益的对非金融企业收取的资金占用费			
企业取得子公司、联营企业及合营企业的投资成本小于取得投资时应享有被投资单位可辨认净资产公允价值产生的收益			
非货币性资产交换损益			
委托他人投资或管理资产的损益			
因不可抗力因素，如遭受自然灾害而计提的各项资产减值准备			
债务重组损益			
企业重组费用，如安置职工的支出、整合费用等			
交易价格显失公允的交易产生的超过公允价值部分的损益			
同一控制下企业合并产生的子公司期初至合并日的当期净损益			
与公司正常经营业务无关的或有事项产生的损益			
除同公司正常经营业务相关的有效套期保值业务外，持有交易性金融资产、交易性金融负债产生的公允价值变动损益，以及处置交易性金融资产、交易性金融负债和可供出售金融资产取得的投资收益			
单独进行减值测试的应收款项减值准备转回			
对外委托贷款取得的损益			
采用公允价值模式进行后续计量的投资性房地产公允价值变动产生的损益			
根据税收、会计等法律、法规的要求对当期损益进行一次性调整对当期损益的影响			
受托经营取得的托管费收入			
除上述各项之外的其他营业外收入和支出	-5,065,912.21	-154,385.22	64,188.01
其他符合非经常性损益定义的损益项目			48,300,000.00
少数股东权益影响额			
所得税影响额	-43,259,742.16	-32,656,444.80	-13,950,157.89
合计	129,779,226.47	97,969,334.39	90,150,473.65

十一、采用公允价值计量的项目

√适用 □不适用

单位：元 币种：人民币

项目名称	期初余额	期末余额	当期变动	对当期利润的影响金额
交易性金融资产—权益工具	1,009,668,299.73	1,396,907,585.43	387,239,285.70	-449,060,856.11
以公允价值计量且其变动计入当期损益的金融资产——信托产品	1,869,980,566.12	1,830,163,805.78	-39,816,760.34	-38,489,320.10
以公允价值计量且其变动计入当期损益的金融资产——资管计划	2,803,821,536.65	2,182,450,525.90	-621,371,010.75	69,488,694.41
以公允价值计量且其变动计入当期损益的金融资产——其他				2,849,681.76
认定为可供出售的金融资产——资管计划	462,193,524.04	97,023,771.09	-365,169,752.95	184,201,426.02
认定为可供出售的金融资产——基金	304,721,856.44	397,012,489.55	92,290,633.11	0.00
认定为可供出售的金融资产——信托产品	2,830,000,000.00		-2,830,000,000.00	0.00
以公允价值计量且其变动计入当期损益的金融负债	920,607,764.77	1,124,526,394.10	203,918,629.33	6,081,370.67
合计	10,200,993,547.75	7,028,084,571.85	-3,172,908,975.90	-224,929,003.35

十二、其他

□适用 √不适用

第三节 公司业务概要

一、报告期内公司所从事的主要业务、经营模式及行业情况说明

（一）主要业务

公司目前经营的主要业务包括固有业务和信托业务。

1. 固有业务

固有业务指信托公司运用自有资本开展的业务，主要包括但不限于贷款、租赁、投资、同业存放、同业拆放等。公司的固有业务包括固有资金存贷款及投资业务。该类业务由公司内设的固有业务部负责。

报告期内，公司的利息收入及投资收益情况如下：

单位：万元

项目	2017年	2016年	2015年
利息净收入	12,603.22	17,767.65	26,599.85
其中：利息收入	49,822.30	32,650.95	26,599.92
利息支出	37,219.08	14,883.30	0.07
投资收益	78,463.14	27,977.43	19,047.31
公允价值变动收益	-59,773.91	27,236.62	18,054.42

2. 信托业务

信托业务是指公司作为受托人，按照委托人意愿以公司名义对受托的货币资金或其他财产进行管理或处分，并从中收取手续费的业务。公司的信托业务主要由其下设的各信托业务部门负责开展经营。

报告期内，公司与信托业务相关的收入体现在手续费及佣金收入中，具体情况如下：

单位：万元

项目	2017年	2016年	2015年
手续费及佣金收入	527,950.34	452,410.89	233,134.37
其中：信托报酬	524,374.31	439,342.31	220,773.72
手续费及佣金支出		796.69	1,359.20
手续费及佣金净收入	527,950.34	451,614.20	231,775.17

（二）经营模式

报告期内，公司以习总书记供给策结构性改革为主要指导思想，积极推行"三去一降一补"五大根本性任务，以化解过剩产能、降低企业成本、化解房地产库存、防范化解金融风险为主要出发点，着力解决中小企业融资难、融资贵问题，努力推动信托回归本源，服务实体经济。

公司从信托回归本源，金融服务实体经济的角度出发，明确提出以下要求：禁止进入两高一剩行业；有选择地参与房地产项目，重点支持城市更新项目、城中村改造项目和保障房建设项目；优先支持信托资金以投贷联动的形式注入实体企业，优先扶持三农、中小微和科创型企业的发展；主动缩减通道类业务，弱化信托通道化功能；大力发展资产证券化业务；继续推进公司金融集成实践，大力发展财富管理类业务，从供给端为客户提供多元化的金融产品和金融服务，打造信托行业的精品店。

公司信托业务定位实业投行，以投贷联动的形式服务实体经济，目前主要涉及的领域包括光伏电站、生物医药、互联网基础设施、锂电池、养老产业、现代物流、高端现代农业等。

为了更好地服务实体经济，最大限度地保障股东和受益人的利益，公司重视风险管理方面的把控工作。公司聚焦行业研究，明确专业的人做专业的事。在机构设置上，公司组建了专门从事房地产行业、光伏行业、养老行业、资产证券化业务、事务管理类业务的业务团队；在尽职调查和评审环节，组建行业专家库，聘请行业专家共同参与项目尽职调查和评审工作；风控经理、合规经理按照行业划分共同组成评审小组，分工协作，专业评判；同时，公司积极组建专业产业团队负责项目投后管理工作。

公司将结合国内外经济金融环境的变化，调整信托资产结构，优化信托资产运用方式和资产投向，提升主动管理能力，实现信托业务平稳、可持续发展。

另一方面，在保障自有资金流动性的前提下，公司通过财务投资、参股等方式增加交易性金融资产及金融类长期股权投资，各金融资源之间有望实现战略协同，促进共同发展。

（三）行业情况

信托业作为中国金融子行业之一，自1979年恢复经营以来，沧桑砥砺，历经三十多年改革与发展的跌宕起伏，积累与沉淀了宝贵的经验。信托业发挥其制度优势，主动回归业务本源，行业规模逐步扩大，服务质效不断提高，风控能力逐步增强。信托公司充分利用其业务的综合性、灵活性和敏锐性，通过对社会闲置资金的多方式运用、跨市场配置，以债权融资、股权投资、投贷联动、产业基金、资产证券化等投入实体经济，有效弥补了传统信贷业务的不足。同时，信托公司发挥资产管理的专业优势，设计开发多类型信托产品，满足投资者多样化、特色化和个性化的投资需求，为国民财富的保值增值提供了更丰富的途径。信托业在稳步发展的同时积极构建与业务发展水平相匹配的科学风险管理体系，重视信托公司治理体系和内部控制体系的建设。

近年来，信托业进入稳步增长的阶段，中国信托业协会数据显示：截至2017年3季度末，全行业管理信托资产规模突破24万亿。2017年信托业以服务实体经济的大局观为指导，以回归信托本源为宗旨，受益于供给侧结构性改革带来的发展理念和经济结构加快调整取得的新进展，全行业管理的资产呈现升中趋稳，信托资产的内部结构持续优化，行业固有资本实力不断增强，风险资产占比逐年递减，牢筑风险防范体系，适度控制规模增速，保障信托业健康平稳发展。

中国信托登记有限责任公司（以下简称“中国信登”）成立一年来，中国银监会、各地方监管局均实现在线查阅信托产品信息，线上开展信托产品入市前的报告管理及后续的持续监管。中国信登统计数据显示：截至2017年12月底，全国各信托公司都通过系统报送信托产品登记信息，累计报送信托登记近2.2万笔，其中预登记累计1.7万余笔，获取有效产品编码的信托产品1.56万多个。

中国信登建立的全国全流程、全生命周期的统一登记系统，填补了中国信托业统一登记的空白，有利于推进完善信托登记制度，有助于充分挖掘利用信托登记系统相关数据，有利于为将来适时推出信托产品的发行交易创造条件，为标准化、长期化的信托产品研发与发行奠定基础。同时，信托登记系统的平稳运行有利于提高信托市场透明度和规范化程度，助力科学监管，进一步加强信托行业风险防控，保障信托业长期可持续发展。

二、报告期内公司主要资产发生重大变化情况的说明

□适用 √不适用

三、报告期内核心竞争力分析

√适用 □不适用

公司作为国内最早一批金融类上市公司，也是目前国内仅有的两家上市信托公司之一，秉承“诚信、务实、分享、责任”的企业价值观，以社会责任为导向，信用建设为基础，风险控制为前提，创新服务为动力，价值实现为目标，差异化经营为特色，在促进公司可持续发展的同时，致力成为信托法律关系框架下，服务于实体经济、关注国计民生的金融服务商。

近年来，公司不断提升法人治理水平，扁平化层级架构带来企业的高效，推进业务结构优化，精品化、差异化的业务定位，专业的资产配置与财富管理能力，紧密支持实业发展，管理层忠诚勤勉，重视人才储备，潜心培育核心竞争力，主要体现在：

（1）业务创新转型能力持续增强

公司持续加深经营差异化，坚持业务创新，继续调整并丰富业务结构，实现转型升级，业务拓展能力及业务协同发展能力不断增强。近年来，成功完成资本市场再融资使得公司资本实力进一步增强，科学的激励机制使得人力资源建设再上台阶，支持业务创新拓展，丰富固有业务结构，实现特色经营和多元化经营。

（2）坚持服务实体经济，主动管理能力不断增强

探索为实体经济服务，坚持提升主动管理能力的战略方向，发力投资类业务，完善风险控制体系建设的同时，持续优化业务结构，坚持立足信托本源，支持实体经济发展，提升项目主动管理能力，严格控制风险，对委托

人和全体股东负责。

(3)专业资产配置能力与财富管理服务能力继续提升

拓展销售渠道,提升品牌价值,实现“受人之托、代人理财”职能。境外理财业务资格获批,进一步完善全球资产配置能力,满足高净值人群海外配置资产相关需求。从单纯的信托产品销售向综合性财富管理业务转变,金融集成实践进一步推进,有效提升综合金融服务能力,为客户提供全方位的产品供给和理财服务。

(4)上市公司的资源优势与国际金融中心区域优势

品牌优势和资本市场优势为公司在业务规模和资产质量上不断提升提供了条件。

第四节 经营情况讨论与分析

一、经营情况讨论与分析

2017年国内经济保持稳中向好的态势,经济结构、增长动力以及质量效益等均发生积极变化,前三季度GDP同比增长6.9%,企业景气度多项指标创下近五年来的新高,众多国际机构纷纷上调对中国经济增速的预期。十九大报告明确了金融业服务实体经济,深化金融体制改革,防范系统性金融风险的重要使命。信托业不忘初心,回归本源,切实服务实体经济,支持供给侧结构性改革持续深化,协调金融资源配置,发挥信托金融工具优势,提供综合性解决方案,引导社会资金参与直接融资,满足实业投融资需求。2017年,信托全行业资产管理规模保持稳健增长,进一步优化资产结构,行业固有资本实力持续增强,完善风控体系建设,信托业健康平稳发展的基础更加牢固。

报告期内,公司董事会和经营管理层面对日趋复杂的行业发展环境,积极推行“三去一降一补”五大根本性任务,以化解过剩产能、降低企业成本、化解房地产库存、防范化解金融风险为主要出发点,坚持服务实体经济,持续优化业务结构,进一步夯实主动管理能力和直销能力,努力推动信托回归本源,服务实体经济,为公司向精品化实业投行发展奠定基础。

2017年9月8日,公司七届董事会第五十次会议审议通过非公开发行优先股相关事项(详情查阅2017年9月9日刊登于上海证券交易所,《中国证券报》、《上海证券报》和《证券时报》,编号:临2017-019号,《安信信托股份有限公司第七届董事会第五十次决议公告》)。公司拟发行优先股总数不超过6,800万股,募集资金总额不超过人民币68亿元,在扣除发行费用后将全部用于补充公司净资本,在满足行业监管要求基础上为公司现有业务持续快速发展和创新业务提供资本保障。

2017年公司荣获《中国证券报》第五届金牛财富管理论坛“2016年度金牛集合信托公司奖”;《证券时报》主办的“2017中国信托业发展高峰论坛”暨“第十届中国优秀信托公司评选”中,安信信托荣获“2017年度锐意进取信托公司”奖,“蓝天3号·新能源投资集合资金信托计划”荣获“2017年度优秀绿色信托计划”奖;中国财金峰会颁发的“年度企业社会责任典范奖”。

二、报告期内主要经营情况

报告期内,公司共实现营业收入559,242.79万元,归属于母公司的净利润366,821.23万元,归属于母公司的所有者权益1,619,148.19万元。截至报告期末,公司总资产2,512,611.56万元,比上年末增加600,042.06万元,增幅为31.37%,负债总额893,463.38万元。资产负债率35.56%,比上年度增加7.29个百分点。

1.固有业务方面

经过两次资本市场再融资后,公司资本金获得补充,固有业务资产流动性也有了较大幅度增长。公司固有业务在有效控制风险,兼顾公司整体流动性,在监管政策及市场资金都趋于收紧的情况下,合理安排固有资金,确保公司各类业务平稳开展,为公司稳健发展提供强有力的支持。另一方面,公司积极开拓新的业务板块,寻求市场机遇,实现固有业务资金在贷款、证券市场、定向增发项目、非上市金融企业股权投资等金融产品的多元化投资运作。

2.信托业务方面

截至报告期末,存续信托项目276个,受托管理信托资产规模2,325.51亿元;已完成清算的信托项目140个,清算信托规模759.95亿元;新增信托项目91个,新增信托规模735.34亿元。其中,新增集合类信托项目55个,实收信托规模523.95亿元;新增单一类信托项目36个,实收信托规模为211.39亿元。

(1)信托资金投向:2017年度信托资金主要投向基础产业、房地产、实业等领域。同时深化业务结构调整,向生物医药、港口物流、智慧城市等多个行业和领域进行拓展和布局。

(2)主动管理类信托业务:主动管理类信托业务规模占信托资产总规模比例为68%。

(3)信托业务风险方面:公司执行各项信托业务管理制度,信托业务的开展及后续管理均严格以受益人利益最大化等为宗旨依法操作。

3.立足脱虚向实,优化业务结构,紧贴实体经济发展需求

2017年公司结合经济金融和监管环境,积极响应国家“三去一降一补”的五大根本性任务,坚持信托本源,支持实体经济,继续优化业务结构,提升主动管理能力,进一步压缩通道类业务占比,发挥多领域、多渠道配置资源的优势,为实体经济提供针对性强、附加值高的金融服务。报告期内,公司立足现有存量业务的精细化管理,在严格控制和管理风险的同时,重点布局高端养老服务、云计算、新能源汽车、智能制造和医疗产业等行业。报告期内,公司设立高端养老信托业务部,切实推进养老信托产品的开发,适应市场需求,丰富公司产品线,不断满足人民群众对美好生活的追求。

4.强化公司治理,管理层勤勉尽责,重视投资者利益

报告期内,公司根据《公司法》、《证券法》和《信托

法》及中国银监会、中国证监会有关法律法规的要求，强化公司治理，董事会和管理层勤勉尽责，重视投资者利益，连续5年实现对全体股东的现金分红，切实回馈全体股东，另一方面，与时俱进修订《未来三年（2017—2019年）股东分红回报规划》。

5. 全面风控体系初步构建完成

报告期内，公司意识到风险管理中的缺失和薄弱环节，制定了《安信信托全面风险管理办法》，该办法是公司全面风险管理纲领性文件。文件明确了公司风险管理体系建设的九大内容，包括：风险管理环境；风险管理目标和基本原则；风险治理架构；风险偏好、风险限额、风险管理政策和程序；风险数量控制指标；主要风险管理；风险报告及信息披露；风险管理信息系统和数据质量和内部控制和审计体系。围绕该办法，公司正着手制定《净资本管理实施细则》、《风险操作手册》、《股权类估值指引》；引入风险限额管理和与风险挂钩的绩效考核办法等。公司风险评价体系正在努力地从过去的定性分析为主转入为以定性分析为辅，定量分析为主的风险评价管理体系。

6. 财富管理规模稳步增长

报告期内，公司财富管理中心无论是发行总规模、客户数量和人均投资额等各项指标均实现稳步增长。公司深耕市场多年，已拥有相当规模的成熟投资者，他们认可公司的理念、产品，具有较高的忠诚度和信任度。公司现有营销团队具备良好的市场营销能力和财富技能，始终致力于优化和完善自身的直销中心。同时，在客户服务上，提供全方位多维度的一站式销售和服务。

（一）主营业务分析

利润表及现金流量表相关科目变动分析表

单位：元　币种：人民币

科目	本期数	上年同期数	变动比例（%）
营业收入	5,592,427,918.12	5,245,959,043.75	6.60
营业成本	891,253,271.10	1,223,363,532.48	-27.15
销售费用			
管理费用			
财务费用			
经营活动产生的现金流量净额	1,730,039,924.46	2,993,793,908.96	-42.21
投资活动产生的现金流量净额	-2,245,295,204.24	-6,493,731,086.51	65.42
筹资活动产生的现金流量净额	107,164,109.40	5,597,332,955.75	-98.09
研发支出			

1. 收入和成本分析

√适用　□不适用

①公司坚持回归信托本源的基本定位，服务于实体经济，信托业务手续费收入增长。

2017年公司信托业务平稳发展，信托业务收入占公司收入主导地位，2017年度公司实现手续费收入净额527,950万元，占营业收入的94%。同时，信托主动管理类业务上升，至2017年末公司信托资产总额2,325.51亿元，基本与上年度持平，其中主动管理的信托业务规模1,585亿元，占比68%，通道类业务规模及占比进一步下降，公司主动管理能力有所提升。

另一方面，公司致力于服务实体经济，目前主要涉及的领域包括光伏电站、生物医药、互联网基础设施、锂电池、养老产业、现代物流、高端现代农业等，为公司持续稳健发展打下了一定的基础。

②固有业务收入有所降低，金融资产浮动亏损增加。

公司固有业务收入比上年度有所降低，主要表现为：利息净收入、公允价值变动损益比上年度有所降低，投资收益有所增长。分析其原因，一方面，经过两次资本市场再融资后，公司资本金获得补充，根据监管部门对信托公司资金流动性的相关要求，公司固有业务在展业过程中为有效控制风险，兼顾流动性，提高了可随时变现的有价证券和银行存款等资产的持有比例，本年度相应总体资产收益率有所降低。

在公允价值变动损益方面，本年度浮动亏损5.98亿元，主要原因为：

Ⅰ、会计估值技术变更影响：对于具有限售条件的上市权益工具投资，浮动亏损比原估值方法增加10,002.7万元；

Ⅱ、会计核算影响：1.56亿元浮动亏损为公司投资的金融资产，在以前年度实现浮动盈利1.56亿元，本年度该资产转让后，根据《企业会计准则》的规定，将以前年度实现的浮动盈利转为投资收益，因此体现在当期报表中"投资收益"科目增加1.56亿元收益，同时"公允价值变动收益”科目增加1.56亿元亏损；

Ⅲ、资本市场股价下跌影响：公司持有的金融资产受期末资本市场股价影响，产生浮动亏损。

公司将进一步加强对金融资产的投资管理，提升固有业务资产的抗风险能力。

（1）主营业务分行业、分产品、分地区情况

单位：元 币种：人民币

主营业务分行业情况						
分行业	营业收入	营业成本	毛利率（%）	营业收入比上年增减（%）	营业成本比上年增减（%）	毛利率比上年增减（%）
金融信托业	5,592,427,918.12		84.06	6.60		增加7.38个百分点
主营业务分产品情况						
分产品	营业收入	营业成本	毛利率（%）	营业收入比上年增减（%）	营业成本比上年增减（%）	毛利率比上年增减（%）
金融信托业	5,592,427,918.12		84.06	6.60		增加7.38个百分点
主营业务分地区情况						
分地区	营业收入	营业成本	毛利率（%）	营业收入比上年增减（%）	营业成本比上年增减（%）	毛利率比上年增减（%）
上海地区	5,592,427,918.12		84.06	6.60		增加7.38个百分点

主营业务分行业、分产品、分地区情况的说明

√适用 □不适用

由于公司为金融信托业，没有直接成本，营业支出中主要为业务及管理费用。故毛利率计算公式调整为：毛利率＝（营业收入－业务及管理费用－税金及附加－资产减值损失）/营业收入。

（2）产销量情况分析表

□适用 √不适用

（3）主要销售客户及主要供应商情况

□适用 √不适用

2. 费用

√适用 □不适用

2017年度公司业务及管理费用83,168万元，比上年减少29,437万元。一方面，根据本公司制定的《信托业务准备金计提制度》规定：每年末，以公司存续信托项目资产余额为基数按照《信托资产质量评级管理办法》进行五级分类，按五级分类结果，计提信托业务准备金，本年度计提的信托业务准备金比去年同期减少；公司在加强优秀人才引进及储备的同时，进一步加强人力成本的科学管理。另一方面，公司增加了品牌及企业文化建设，增强员工凝聚力，提升企业文化；加大了对信息系统的投入，为公司业务发展、运营管理、内部控制及信息安全提供了更有效的支持。本年度我公司根据经营目标，在整体运营费用保持平稳的前提下，费用支出进行了结构性调整。

3. 研发投入

研发投入情况表

□适用 √不适用

情况说明

□适用 √不适用

4. 现金流

√适用 □不适用

本年度我公司经营活动产生的现金流量净额，比上年度降低，主要为公司合并的结构化主体对外发放贷款现金流出增加；本期筹资活动产生的现金流量净额，比上年度降低，主要为公司上年度定向增发募集资金49亿元，现金流入增加。

（二）非主营业务导致利润重大变化的说明

□适用 √不适用

（三）资产、负债情况分析

√适用 □不适用

1. 资产及负债状况

单位：元

项目名称	本期期末数	本期期末数占总资产的比例(%)	上期期末数	上期期末数占总资产的比例(%)	本期期末金额较上期期末变动比例(%)	情况说明
存放同业款项	2,985,728,343.97	11.88	3,445,451,410.65	18.01	-13.34	
以公允价值计量且其变动计入当期损益的金融资产	5,409,521,917.11	21.53	5,683,470,402.50	29.72	-4.82	
发放贷款和垫款	5,553,722,338.51	22.10	3,894,031,016.20	20.36	42.62	报告期内需合并结构化主体增加，导致贷款余额增加
可供出售金融资产	4,182,141,093.13	16.64	4,650,870,809.68	24.32	-10.08	
应收账款类投资	4,738,523,076.94	18.86				投资资金信托计划增加
长期股权投资	1,020,734,386.23	4.06	870,779,159.85	4.55	17.22	
以公允价值计量且其变动计入当期损益的金融负债	920,607,764.77	3.66	1,124,526,394.10	5.88	-18.13	
应付职工薪酬	507,142,015.54	2.02	547,021,733.12	2.86	-7.29	
应交税费	1,223,370,971.66	4.87	968,328,474.55	5.06	26.34	
其他负债	5,880,361,942.58	23.40	2,208,619,815.28	11.55	166.25	借入信托业保障基金款增加

2. 截至报告期末主要资产受限情况

□适用 √不适用

3. 其他说明

□适用 √不适用

(四)行业经营性信息分析

√适用 □不适用

自2007年新"两规"颁布实施以来，信托业走过高速发展的十年，成为仅次于银行的第二大金融子行业，在做大规模的同时，信托业努力做到质量和效率的双赢，实现全行业的可持续发展。

报告期内，伴随着供给侧改革的深入，一行三会针对金融业结束脱虚向实，回归服务实体经济的金融监管政策迭出，各类去通道、去杠杆措施的打击力度显著加大，信托业面临的发展环境日趋复杂，金融业竞争格局日益激烈，尽管如此，信托业继续保持稳健增长，根据中国信托业协会最新披露的数据，截至2017年三季度末信托全行业管理资产规模突破24万亿，同比增速达到34.33%，环比增长5.4%，再创历史新高。信托资产规模的持续较快增长与宏观经济发展态势密不可分，2017年前三季度GDP同比增速6.9%，中国信托业协会数据显示：自2013年以来，信托资产规模和GDP的相关系数高达0.865，从统计上印证了信托业与宏观经济增速之间的紧密度。随着国内宏观经济进入高质量发展阶段，各类实业企业对资金的需求也会进一步扩大，信托业凭借制度的灵活性，发挥综合金融工具的作用，积极引导资金支持产业结构调整和新兴产业发展，切实有效地支持实体经济发展的新需求。

（五）投资状况分析

1. 对外股权投资总体分析

√适用 □不适用

参与中信银行（国际）有限公司（以下简称"信银国际"）的增资，持股比例3.4%，信银国际自身经营情况良好，经营稳健，盈利能力较强，同时，依托母行中信银行的客户资源，未来发展可期；参与营口银行股份有限公司（以下简称"营口银行"）的增资，持股比例为4.27%，营口银行发展迅速，是一家优质的中小银行，多元化经营发展潜力大；入股渤海人寿股份有限公司（以下简称"渤海人寿"），持股比例为3.85%，渤海人寿2016年发展稳定，是一家集聚创新能力、盈利能力和服务品质的人寿保险公司；参与发起设立中国信托登记有限责任公司，占股2%，2016年12月末中国信托登记有限责任公司在上海揭牌成立，对信托业的发展具有里程碑意义。

（1）重大的股权投资

□适用 √不适用

（2）重大的非股权投资

□适用 √不适用

（3）以公允价值计量的金融资产

√适用 □不适用

见"第二节（十一）"

（六）重大资产和股权出售

□适用 √不适用

（七）主要控股参股公司分析

√适用 □不适用

1. 中国信托登记有限责任公司

2016年12月26日，中国信托登记有限责任公司在上海揭牌成立，标志着支持信托业发展的"一体三翼"架构全面建成，形成了多层次、多维度的信托业风险防控体系，为信托业转型升级提供了强有力的保障。

2. 营口银行股份有限公司（简称"营口银行"）

营口银行发展迅速，是一家优质的中小银行，多元化经营发展潜力大。

3. 渤海人寿股份有限公司（简称"渤海人寿"）

渤海人寿是一家集聚创新能力、盈利能力和服务品质的人寿保险公司。

4. 中信银行（国际）有限公司（简称"信银国际"）

信银国际自身经营情况良好，经营稳健，盈利能力较强，同时，依托母行中信银行的客户资源，未来发展可期。

（八）公司控制的结构化主体情况

√适用 □不适用

本公司对结构化主体是否应纳入合并范围进行判断，包括本公司作为受托人的结构化主体和本公司投资的由其他机构发行的结构化主体。

本期公司认购或受让的资产管理计划、基金、信托计划，综合考虑本公司对该等结构化主体拥有的权利及参与该等结构化主体的相关活动而享有可变回报等控制因素，认定将本公司控制的14个结构化主体纳入合并范围。

三、公司关于公司未来发展的讨论与分析

（一）行业格局和趋势

√适用 □不适用

中国信托业与改革开放相伴而生，砥砺奋进三十余载，不断转型变革，顺应时代需求。十九大报告做出了中国特色社会主义进入新时代的重要判断，提出了在新时代必须把发展经济的着力点放在实体经济上，深化金融体制改革，增强金融服务实体经济的能力，提高直接融资比重。信托业依托其制度的灵活性，紧密支持实体经济稳健增长，发挥信托金融工具的优势，提供综合性金融解决方案，引导社会资金参与直接融资，满足实业企业的投融资需求。

在中国特色社会主义新时代的历史条件下，信托业应把握机遇，应对复杂多变的经济环境和监管环境，信托公司坚持把服务实体经济放在核心位置，进一步优化资产结构，持续提升主动管理和财富管理水平，形成良性互动，继续为客户创造较高收益，满足人民对美好生活的实际需求。

（二）公司发展战略

√适用 □不适用

以实现公司价值最大化为战略目标，不断完善法人治理结构，优化资产配置，加强团队建设，尊重员工的价值创新，拓展营销渠道，提升项目流程控制和风控能力，建立以客户为中心的便捷、综合、增值的金融服务体系，以产品和服务为客户创造价值、为投资者创造财富，实现可持续发展，成为具有强劲市场竞争力的信托公司。

充分利用老牌上市公司得天独厚的优势，有效利用资本市场的融资功能，通过资本运作增强公司资本实力，不断提升公司营业收入及净利润的增长。结合公司发展情况科学规划员工队伍建设，建立与公司资产规模及业务拓展相匹配的工作团队。在业务发展过程中，逐渐形成立体化、分工明确的协同展业体系，实现专业分工，提高风险管理水平，确保可以高效地赢得优质客户、取得优质项目。

1. 业务发展

公司将通过不断提升资本实力与质量，带动信托业务相关资质的拓展，稳步提升信托的主业地位，逐步开展监管许可下的创新业务，包括私人股权投资信托、公益信托、资产证券化、受托境外理财和发行产业基金等。同时，配合公司的战略发展方向，本着将短、中、长期行业相结合、战略性行业和现金流行业相匹配、优势行业和潜力行业相兼顾的原则有序进行展业。将重点关注包括与城镇化相关的基础产业、与国计民生相关的产业、证券投资及相关行业以及体现金融特点的行业。

2. 风险管理与内部控制

公司将继续完善全方位、全流程的风险管理与内部控制体系，持续深化对信用风险、流动性风险、市场风险和操作风险等各类风险的管理，构建合理高效的管控流程，在风险可控的前提下，实现业务优质发展。

3. 人力资源

公司人力资源的发展目标为优化人力资源结构，构建科学全面的薪酬考核体系，培育一支规模适度、结构合理、精干高效的人才队伍，构筑和强化与公司发展战略相适应的企业文化，提升员工凝聚力和归属感，为实现战略目标提供坚实的人力资源支撑。

（三）经营计划

√适用 □不适用

过去五年公司虽成绩显著，也存在着不足，2018年是中国经济处于转型升级的重要历史阶段，也将是金融监管大年，公司在保持适度增长的同时，应坚持服务实体经济的战略方向，继续优化业务结构，完善全面风控治理体系建设，提升资产管理和财富管理能力，精炼企业文化，凸显品牌价值，致力于将公司打造成精品化实业投行。

1. 坚持脱虚向实，服务实体经济，回归信托业务本源，实现精品化差异化发展。公司致力于优化业务结构，着力解决中小企业融资难、融资贵问题，努力推动信托回归本源，服务实体经济，提升项目主动管理能力和风险控制水平，向委托人和全体股东负责。

2. 完善全面风控治理体系建设，培育有公司特色的风控文化。以《安信信托股份有限公司全面风险管理办法》为中心，制定一揽子操作细则及指引，引入风险限额管理和与风险挂钩的绩效考核办法等。

3. 提升资产管理和财富管理能力，兼顾资金端与资产端，业务全方位覆盖。开拓直销渠道，深挖潜在客户，充分发挥制度优势，为投资者实现资产保值增值，提升对高净值客户的吸引力。

4. 积极推进养老消费信托业务落地，进行养老信托产品开发，进一步引入养老资源，完善资产配置体系，培育养老产业投资能力、深化研究，强化数据基础等多重并举的手段，立体化、系统性地推进养老信托产品的建设工作。通过加强养老信托项目的运营维护管理，加强营销管理、强化服务商管理等手段，提高项目的运营管理水平，确保服务顺畅，防控各类风险。

5. 精炼企业文化，凸显品牌价值，助力财富管理和传承。配合公司财富管理中心的整体营销需求，探索全新的公司整合营销模式，强化品牌渠道建设与管理，进一步提升公司品牌的认知度。

（四）可能面对的风险

√适用 □不适用

报告期内，公司可能面对的风险有：信用风险、流动性风险、市场风险、操作风险、其他风险（合规风险、声誉风险）等。

1. 信用风险

信用风险是债务人或交易对手未能或不愿履行其承诺而造成损失的风险，即交易对手不能完全履行合同的风险。

信用风险管理主要通过客户准入、客户评级、限额管理、授信管理、大客户集中度管理、授信担保管理、评审要求和流程管理、风险分类管理等手段进行控制和防范。报告期内，在公司信用风险管理中，一是公司严格客户准入标准，实行了黑白名单制管理；二是公司对交易对手进行集中授信，限额管理；三是公司每月对大客户的用信集中度情况进行定期监测；四是公司对授信抵押担保条件进行了严格的规定；五是公司重新梳理相关业务的评审管理办法和流程，按照项目种类（融资类、投资类）分别评审并统一决策；六是公司要求加强对交易对手的尽职调查工作，并由风险管理部及法律合规部初审人员到项目现场进行初步审核，提示项目风险、制定并落实风控措施，必要时，公司会聘请外部独立专家客观、公正地提出专业意见；七是公司对信托资金的投向在单个法人机构、区域、行业上进行合理布局，避免区域性、行业性的信用风险规模化爆发；八是公司对交易对手进行动态管理，在资金发放后，业务部门、风险管理部等定期或不定期的进行贷后检查和抽查，形成检查报告，发现问题及时预警、及时处理。

2. 流动性风险

流动性风险管理是指公司在履行以交付现金或其他金融资产的方式结算的义务时发生资金短缺的风险。

固有业务方面，公司为了加强流动性管理，按照年初的计划安排，对可运用的固有资金的投向（如银行存款、贷款、交易性金融资产、可供出售的金融资产、股权投资等）比例进行调整，留足一定比例（总资产8%－10%）的可随时变现的有价证券和银行存款防范突发的流动性风险事件，同时，公司通过监控现金余额、可随时变现的有价证券以及对未来12个月现金流量的滚动预测，确保公司在所有合理预测的情况下拥有充足的资金偿还债务，此外，公司与多家金融机构达成战略合作关系，必要时给予公司不同程度的同业授信额度和流动性支持额度，防范流动性风险。

信托业务方面，公司要求合理预测并实时监控单个信托项目的现金流入流出情况，对存续信托项目则按月进行流动性风险排查，排查六个月之内到期的信托项目的资金兑付压力，对大额到期兑付项目予以重点高度关注，未雨绸缪，防范信托业务的流动性风险。

3. 市场风险

市场风险是指由于市场因素变动导致损失的风险，主要表现为市场环境、行业状况、供求关系、价格、利率、汇率等宏观因素发生变化对项目价值产生负面影响，导致信托财产或公司利益遭受损失。

在防范市场风险方面，公司加强对宏观经济走势及金融形势的分析和研判，在支持服务实体经济时，注重对行业政策研究，加大国家鼓励类行业的投资力度，严格限制类行业的投资；在对具体项目进行尽职调查时，风控前移，与业务部门一起参与尽职调查；聘请行业专家进行行业知识讲座，聘请咨询机构提供行业研究咨询报告，在投资决策过程中充分考虑行业专业意见或建议；在投后管理方面，公司积极的组建自己的产业管理团队，将有经验的产业专家纳入被投资企业的高级管理团队，参与企业后期的运营和管理；在退出方面，公司可为被投资企业提供增值服务，积极寻求被投资企业通过并购、重组、股权转让、上市等多种退出渠道。

房地产项目上，公司按照监管部门的要求统一开展房地产项目的压力测试，并根据国家对于房地产市场的调控和市场的反应情况，实时的调整测试参数，定期向高级管理层汇报，严防房地产市场的市场波动风险。

二级股票市场项目上，公司主要采用引入投资顾问、净值定期报告制度、盯市、设置预警平仓线等措施，防范市场风险。

4. 操作风险

操作风险是指由于不完善或有问题的内部操作过程、人员、系统或外部事件而导致的直接或间接损失的风险。

公司定期重新梳理内控制度、业务流程，在业务评审、业务签报、合同用印等流程进行了规范，同时，安排了业务操作流程方面的培训力度。在报告期内，公司加大了对公司信息科技方面的建设和投入，统一搭建了公司信息科技管理平台，力争将上述流程置于同一平台上进行运作、管理和维护，全面提升公司的信息科技水平，防范操作风险。

在项目投后监管的操作风险防控上，公司风险管理部积极探索扩大投资监管的范围，覆盖公司主动管理的投资类、融资类、基金类项目及平台公司；改变驻场人员的用工模式；提高选人用人标准，使驻场监管体系走向专业化、标准化、规范化。项目后续管理环节上，除原先重点关注的资金安全、节点管理、销售管理、成本管理、现金流管理、信息系统电子化、操作标准变化管理之外，增加了客户目标管理、项目经营情况管理、支付操作安全性管理、投资监管员内部稽核、信息收集总部化，监管手段标准化；信息系统建设上面升级了付款、用印审批系统，付款授权审核，建设投资监管系统，对接客户财务系统，实时掌握项目终端财务数据及运营数据；对监管人员的稽核方式也在原来项目巡检、与风控经理深度全方面风险排查的基础上，增设稽核岗、实行了人员轮岗制。按照上述2.0版的投资监管体系，驻场监管人员有了标准化的动作、标准化的流程；驻场监管人员凝聚力、使命感增强，监管总部层面参与项目评审、项目公司重大决策，通过制度设计，实现项目公司高级管理层与公司的目标的统一；实时的稽核、巡视驻场管理的标准化动作，用严谨、可操作的制度、流程约束来加强对项目过程管理的整体把控。

5. 其他风险（合规风险、声誉风险）

合规风险主要指未遵循法律法规、监管要求、规则、自律性组织制定的有关准则、以及适用于信托公司自身业务活动的行为准则，而可能遭受法律制裁或监管处罚、重大财务损失或声誉损失的风险。

声誉风险是指由公司经营、管理及其他行为或外部事件导致利益相关方对公司负面评价的风险。在当前金融严监管历史背景下以及资管行业打破刚兑的趋势下，信托公司防范声誉风险显得更加重要。报告期内，公司严格按照《信托公司管理办法》、《集合资金信托计划管理办法》以及信托合同的约定，尽职勤勉的履行受托人的受托管理职责，从维护客户关系、履行告知义务、解决客户问题、确保客户合法权益、提升客户满意度等方面实施监督和评估，加强舆情和声誉风险管理，建立重大风险事项的汇报制度，对可能发生的各类声誉事件进行情景分析，制定预案，开展演练，防范声誉风险。

6. 全面风险管理体系初步建立

报告期内，公司意识到风险管理中的缺失和薄弱环节，制定了《安信信托全面风险管理办法》，该办法是公司全面风险管理纲领性文件。文件明确提出了公司风险管理体系建设的九大内容，其中包括：风险管理环境；风险管理目标和基本原则；风险治理架构；风险偏好、风险限额、风险管理政策和程序；风险数量控制指标；主要风险管理；风险报告及信息披露；风险管理信息系统和数据质量；内部控制和审计体系。围绕该办法，公司正着手制定《净资本管理实施细则》、《风险操作手册》、《股权类估值指引》；引入风险限额管理和与风险挂钩的绩效考核办法等。公司风险评价体系正在努力地从过去的定性分析为主转入为以定性分析为辅，定量分析为主的风险评价管理体系。

（五）其他

□适用　√不适用

四、公司因不适用准则规定或国家秘密、商业秘密等特殊原因，未按准则披露的情况和原因说明

□适用　√不适用

第五节　重要事项

一、普通股利润分配或资本公积金转增预案

（一）现金分红政策的制定、执行或调整情况

√适用　□不适用

公司根据中国证券监督管理委员会《关于进一步落实上市公司现金分红有关事项的通知》（证监发〔2012〕37号）、《上市公司监管指引第3号—上市公司现金分红》（中国证券监督管理委员会公告〔2013〕43号）、《上海证券交易所上市公司现金分红指引》和《上市公司定期报告工作备忘录第七号—关于年报工作中与现金分红相关的注意事项（2014年1月修订）》（上证函〔2014〕17号）之规定对《公司章程》利润分配部分进行了修订。

为充分维护公司股东依法享有的资产收益等权利，不断完善董事会、股东大会对公司利润分配事项的决策程序与机制，进一步细化《安信信托股份有限公司章程》中关于股利分配政策的条款，增加股利分配决策的透明度和可操作性，便于股东对公司经营和分配进行监督，2014年10月9日，公司召开2014年第一次临时股东大会

审议通过了《安信信托股份有限公司未来三年(2014—2016年)股东分红回报规划》。2017年9月26日,公司召开2017年第一次临时股东大会审议通过了《安信信托股份有限公司未来三年(2017—2019年)股东分红回报规划》。

报告期内,公司严格执行《公司章程》相关利润分配政策,充分保护中小投资者的合法权益,具体执行情况如下:经立信会计师事务所(特殊普通合伙)审计确认,公司2016年度归属于母公司净利润303,394.74万元,母公司可供分配利润为403,480.00万元。本年度以2016年末总股本2,071,643,151股为基数,向全体股东每10股派发现金红利6.00元(含税),共派发1,242,985,890.60元。以2016年末总股本2,071,643,151股为基数,资本公积金每10股转增12股,共计2,485,971,781股。上述方案实施完成后,公司总股本增加至4,557,614,932股。

该议案经2017年2月15日2016年度股东大会审议通过(详情请查阅2017年2月16日,刊登在上海证券交易所、《中国证券报》、《上海证券报》和《证券时报》,公告编号:临2017-007号,《2016年年度股东大会决议公告》),权益分派实施公告于2017年2月27日披露在上海证券交易所、《中国证券报》、《上海证券报》和《证券时报》,2017年3月3日为现金分红股权登记日,3月6日为红利派发日,3月7日资本公积金转增新股上市(详情请查阅2017年2月27日刊登于上海证券交易所、《中国证券报》、《上海证券报》和《证券时报》,公告编号:临2017-008号,《2016年度权益分派实施公告》)。

(二)公司近三年(含报告期)的普通股股利分配方案或预案、资本公积金转增股本方案或预案

单位:元　币种:人民币

分红年度	每10股送红股数(股)	每10股派息数(元)(含税)	每10股转增数(股)	现金分红的数额(含税)	分红年度合并报表中归属于上市公司普通股股东的净利润	占合并报表中归属于上市公司普通股股东的净利润的比率(%)
2017年	0	5.00	2	2,278,807,466.00	3,668,212,257.98	62.12
2016年	0	6.00	12	1,242,985,890.60	3,033,947,447.70	40.97
2015年	0	3.50	15	619,461,439.80	1,722,148,466.81	35.97

(三)以现金方式要约回购股份计入现金分红的情况

□适用　√不适用

(四)报告期内盈利且母公司可供普通股股东分配利润为正,但未提出普通股现金利润分配方案预案的,公司应当详细披露原因以及未分配利润的用途和使用计划

□适用　√不适用

二、承诺事项履行情况

(一)公司实际控制人、股东、关联方、收购人以及公司等承诺相关方在报告期内或持续到报告期内的承诺事项

√适用　□不适用

承诺背景	承诺类型	承诺方	承诺内容	承诺时间及期限	是否有履行期限	是否及时严格履行
与重大资产重组相关的承诺	解决同业竞争	上海国之杰投资发展有限公司	不利用自身对安信信托的股东地位及重大影响,谋求安信信托在业务合作等方面给予国之杰优于市场第三方的权利;不利用自身对安信信托的股东地位及重大影响,谋求与安信信托达成交易的优先权利;杜绝本公司及所控制的企业非法占用安信信托资金、资产的行为,在任何情况下,不要求安信信托违规向本公司及所控制的企业提供任何形式的担保;国之杰及所控制的企业不与安信信托及其控制企业发生不必要的关联交易,如确需与安信信托及其控制的企业发生不可避免的关联交易,保证:(1)督促安信信托按照《中华人民共和国公司法》、《上市规则》等有关法律、法规、规范性文件和安信信托章程的规定,履行关联交易的决策程序,国之杰并将严格按照该等规定履行关联股东的回避表决义务;(2)遵循平等互利、诚实信用、等价有偿、公平合理的交易原则,以市场公允价格与安信信托进行交易,不利用该类交易从事任何损害安信信托利益的行为;(3)根据《中华人民共和国公司法》、《上市规则》等有关法律、法规、规范性文件和安信信托章程的规定,督促安信信托依法履行信息披露义务和办理有关报批程序。	截至本公告日,本公司与承诺人之间发生的关联交易符合上述承诺的要求。	否	是
与重大资产重组相关的承诺	解决关联交易	上海国之杰投资发展有限公司	国之杰不会以任何方式(包括但不限于其独资经营、通过合资经营或拥有另一公司或企业的股份及其它权益)直接或间接从事与安信信托主营业务构成竞争的业务;国之杰将采取合法及有效的措施,促使本公司现有或将来成立的全资子公司、控股子公司和其它受本公司控制的企业不从事与安信信托主营业务构成竞争的业务;对于安信信托的正常生产、经营活动,国之杰保证不利用控股股东地位损害安信信托及安信信托中小股东的利益。	截至本公告日,本公司与上述承诺人未发生过同业竞争。	否	是
与再融资相关的承诺	解决同业竞争	上海国之杰投资发展有限公司	国之杰及国之杰所控制的除安信信托股份有限公司(以下简称"安信信托")之外的其他企业(以下简称"其他子公司")未以任何方式直接或间接从事与安信信托相竞争的业务,未拥有与安信信托存在同业竞争企业的股份、股权或任何其他权益;公司承诺在直接或间接持有安信信托股份期间,公司及公司所控制的其他子公司不会以任何形式直接或间接从事对安信信托的生产经营构成或可能构成同业竞争的业务和经营活动,也不会以任何方式为安信信托的竞争企业提供任何资金、业务及技术等方面的帮助。	截至本公告日,本公司与上述承诺人未发生过同业竞争。	否	是

续表

承诺背景	承诺类型	承诺方	承诺内容	承诺时间及期限	是否有履行期限	是否及时严格履行
与再融资相关的承诺	解决同业竞争	高天国	高天国先生及其本人所控制的除安信信托股份有限公司（以下简称“安信信托”）之外的其他企业（以下简称“其他子公司”）未以任何方式直接或间接从事与安信信托股份有限公司（以下简称“安信信托”）相竞争的业务，未拥有与安信信托存在同业竞争企业的股份、股权或任何其他权益；本人承诺在直接或间接持有安信信托股份期间，本人及本人所控制的其他子公司不会以任何形式直接或间接从事对安信信托的生产经营构成或可能构成同业竞争的业务和经营活动，也不会以任何方式为安信信托的竞争企业提供任何资金、业务及技术等方面的帮助。	截至本公告日，本公司与承诺人未发生过同业竞争。	否	是
与再融资相关的承诺	股份限售	上海国之杰投资发展有限公司	2014年非公开发行A股股票，国之杰与公司签订《附条件生效的股份认购合同》中约定：国之杰于本次非公开发行结束之日起的36个月内不得转让本次非公开发行认购的股票。2015年7月2日，公司在中国证券登记结算有限责任公司上海分公司办理了本次非公开发行相关股份的股权登记及股份限售手续。	截至报告期末，承诺人股份处于限售期。	是	是
与再融资相关的承诺	股份限售	上海国之杰投资发展有限公司	2015年非公开发行A股股票，国之杰与公司签订《附条件生效的股份认购合同》中约定：国之杰于本次非公开发行结束之日起的60个月内不得转让本次非公开发行认购的股票。2016年12月27日，公司在中国证券登记结算有限责任公司上海分公司办理了本次非公开发行相关股份的股权登记及股份限售手续。	截至报告期末，承诺人股份处于限售期。	是	是
与再融资相关的承诺	股份限售	上海公信实业有限公司	2015年非公开发行A股股票，公信实业与公司签订《附条件生效的股份认购合同》中约定：公信实业于本次非公开发行结束之日起的36个月内不得转让本次非公开发行认购的股票。2016年12月27日，公司在中国证券登记结算有限责任公司上海分公司办理了本次非公开发行相关股份的股权登记及股份限售手续。	截至报告期末，承诺人股份处于限售期。	是	是

续表

承诺背景	承诺类型	承诺方	承诺内容	承诺时间及期限	是否有履行期限	是否及时严格履行
与再融资相关的承诺	股份限售	日照岚桥港务有限公司	2015年非公开发行A股股票，岚桥港务与公司签订《附条件生效的股份认购合同》中约定：岚桥港务于本次非公开发行结束之日起的36个月内不得转让本次非公开发行认购的股票。2016年12月27日，公司在中国证券登记结算有限责任公司上海分公司办理了本次非公开发行相关股份的股权登记及股份限售手续。	截至报告期末，承诺人股份处于限售期。	是	是
与再融资相关的承诺	股份限售	瀚博汇鑫（天津）投资有限公司	2015年非公开发行A股股票，瀚博汇鑫与公司签订《附条件生效的股份认购合同》中约定：瀚博汇鑫于本次非公开发行结束之日起的36个月内不得转让本次非公开发行认购的股票。2016年12月27日，公司在中国证券登记结算有限责任公司上海分公司办理了本次非公开发行相关股份的股权登记及股份限售手续。	截至报告期末，承诺人股份处于限售期。	是	是
与再融资相关的承诺	股份限售	湘财证券股份有限公司	2015年非公开发行A股股票，湘财证券与公司签订《附条件生效的股份认购合同》中约定：湘财证券于本次非公开发行结束之日起的36个月内不得转让本次非公开发行认购的股票。2016年12月27日，公司在中国证券登记结算有限责任公司上海分公司办理了本次非公开发行相关股份的股权登记及股份限售手续。	截至报告期末，承诺人股份处于限售期。	是	是
其他对公司中小股东所作承诺	其他	上海国之杰投资发展有限公司	从《关于解决安信信托历史遗留问题的协议》签署后的第四年起（2008年），由本公司对鞍山市财政局进行补贴，为期20年，补贴标准为：前10年每年1,000万元；后10年每年1,200万元。国之杰和本公司连带承担此项承诺。2006年4月28日，国之杰承诺：同意承担上述安信信托对鞍山市财政局进行的补贴事项。	截至本公告日，承诺人对鞍山市财政局的补贴承诺尚在履行过程中。	是	是

（二）公司资产或项目存在盈利预测，且报告期仍处在盈利预测期间，公司就资产或项目

是否达到原盈利预测及其原因作出说明

□已达到　□未达到　√不适用

三、报告期内资金被占用情况及清欠进展情况

□适用　√不适用

四、公司对会计师事务所“非标准意见审计报告”的说明

□适用　√不适用

五、公司对会计政策、会计估计变更或重大会计差错更正原因和影响的分析说明

（一）公司对会计政策、会计估计变更原因及影响的分析说明

√适用　□不适用

详见“第十一节、三（四十二）”

（二）公司对重大会计差错更正原因及影响的分析说明

□适用　√不适用

（三）与前任会计师事务所进行的沟通情况

□适用　√不适用

（四）其他说明

□适用　√不适用

六、聘任、解聘会计师事务所情况

单位：万元　币种：人民币

	现聘任
境内会计师事务所名称	立信会计师事务所（特殊普通合伙）
境内会计师事务所报酬	120
境内会计师事务所审计年限	13年

	名称	报酬
内部控制审计会计师事务所	立信会计师事务所（特殊普通合伙）	60
保荐人	海通证券股份有限公司	1,500

聘任、解聘会计师事务所的情况说明

√适用　□不适用

报告期内，公司未改聘会计师事务所，公司现聘任立信会计师事务所（特殊普通合伙）为公司的境内审计机构，支付其年度审计工作的酬金约180万元（其中年报审计费120万元，内控审计费60万元）。截至本报告期末，该会计师事务所已为本公司提供了13年审计服务。

审计期间改聘会计师事务所的情况说明

□适用　√不适用

七、面临暂停上市风险的情况

（一）导致暂停上市的原因

□适用　√不适用

（二）公司拟采取的应对措施

□适用　√不适用

八、面临终止上市的情况和原因

□适用　√不适用

九、破产重整相关事项

□适用　√不适用

十、重大诉讼、仲裁事项

□本年度公司有重大诉讼、仲裁事项√本年度公司无重大诉讼、仲裁事项

十一、上市公司及其董事、监事、高级管理人员、控股股东、实际控制人、收购人处罚及整改情况

□适用　√不适用

十二、报告期内公司及其控股股东、实际控制人诚信状况的说明

√适用　□不适用

报告期内，公司控股股东、实际控制人不存在未履行法院生效判决，不存在数额较大债务到期未清偿等不良诚信状况。

十三、公司股权激励计划、员工持股计划或其他员工激励措施的情况及其影响

（一）相关激励事项已在临时公告披露且后续实施无进展或变化的

□适用　√不适用

（二）临时公告未披露或有后续进展的激励情况

股权激励情况

□适用　√不适用

其他说明

□适用　√不适用

员工持股计划情况

□适用　√不适用

其他激励措施

□适用　√不适用

十四、重大关联交易

（一）与日常经营相关的关联交易

1. 已在临时公告披露且后续实施无进展或变化的事项

□适用　√不适用

2. 已在临时公告披露，但有后续实施的进展或变化的事项

□适用　√不适用

3. 临时公告未披露的事项

□适用　√不适用

（二）资产或股权收购、出售发生的关联交易

1. 已在临时公告披露且后续实施无进展或变化的事项

□适用　√不适用

2. 已在临时公告披露，但有后续实施的进展或变化的事项

□适用 √不适用

3. 临时公告未披露的事项

□适用 √不适用

4. 涉及业绩约定的，应当披露报告期内的业绩实现情况

□适用 √不适用

（三）共同对外投资的重大关联交易

1. 已在临时公告披露且后续实施无进展或变化的事项

□适用 √不适用

2. 已在临时公告披露，但有后续实施的进展或变化的事项

□适用 √不适用

3. 临时公告未披露的事项

□适用 √不适用

（四）关联债权债务往来

1. 已在临时公告披露且后续实施无进展或变化的事项

□适用 √不适用

2. 已在临时公告披露，但有后续实施的进展或变化的事项

□适用 √不适用

3. 临时公告未披露的事项

□适用 √不适用

（五）其他

√适用 □不适用

2017年12月29日，公司七届董事会第五十四次会议审议通过了《关于特定资管份额收益权转让涉及关联交易的议案》，为优化业务结构，安信信托拟与上海国之杰投资发展有限公司（下称“国之杰”）签署《特定资管份额收益权转让合同》，将安信信托作为单一委托人投资并持有的“海富通－兴业银行－海外4号QDII资产管理计划”的全部份额转让给国之杰（详情查阅上海证券交易所、《中国证券报》、《上海证券报》和《证券时报》，公告编号：临2017－031，《安信信托股份有限公司第七届董事会第五十四次会议决议公告》）。

十五、重大合同及其履行情况

（一）托管、承包、租赁事项

1. 托管情况

√适用 □不适用

单位：元 币种：人民币

委托方名称	受托方名称	托管资产情况	托管资产涉及金额	托管起始日	托管终止日	托管收益	托管收益确定依据	托管收益对公司影响	是否关联交易	关联关系
上海国之杰投资发展有限公司	安信信托股份有限公司	营口银行股份有限公司股权391,395,704股		2017－12－29	2020－12－29		委托协议		是	控股股东

托管情况说明

2017年12月25日，公司第七届董事会五十三次会议决议，为避免国之杰参股的营口银行股份有限公司（以下简称“营口银行”）与本公司产生潜在的利益冲突，保护公司中小股东的利益，国之杰拟与安信信托签署《委托协议》，委托安信信托行使国之杰因持有营口银行股份而产生的部分股东权利。

2017年12月29日，安信信托与国之杰签署了《委托协议》，国之杰委托本公司代为行使部分股东权利的股份为国之杰现在及未来持有的营口银行全部股份，截至本协议签署日，国之杰持有营口银行的股份为391,395,704股，占营口银行总股本14.6666%。在保证国之杰对其持有的营口银行全部股份的所有权、收益权（含收益分配请求权及剩余财产分配请求权）和处分权（含转让、赠与、质押等）不变的前提下，国之杰将其他股东权利委托本公司行使。本公司受托代为行使的权利范围包括但不限于表决权、股东大会提案权、股东大会召开提议权等。委托期限为自本协议生效之日起三年，委托管理费用为100万元/年，于本协议生效之日起每满12个月支付。

2. 承包情况

□适用 √不适用

3. 租赁情况

√适用 □不适用

单位：元　币种：人民币

出租方名称	租赁方名称	租赁资产情况	租赁资产涉及金额	租赁起始日	租赁终止日	是否关联交易	关联关系
上海谷元房地产开发有限公司	安信信托股份有限公司	黄浦区广东路689号29层整层（1700.16平方米）	6,216,981.00	2013年10月1日	2021年9月30日	是	其他关联人
上海谷元房地产开发有限公司	安信信托股份有限公司	黄浦区广东路689号第1层（286.66平方米）	1,658,724.00	2013年10月1日	2021年9月30日	是	其他关联人
上海谷元房地产开发有限公司	安信信托股份有限公司	黄浦区广东路689号第2层03、05、06室（1533平方米）	5,012,584.00	2010年8月1日	2021年9月30日	是	其他关联人
上海谷元房地产开发有限公司	安信信托股份有限公司	黄浦区广东路689号第2层01、02、07、08室（2024平方米）	6,296,652.00	2014年1月1日	2021年9月30日	是	其他关联人
上海谷元房地产开发有限公司	安信信托股份有限公司	黄浦区广东路689号第1层01室（585.21平方米）	3,255,264.00	2015年2月1日	2021年9月30日	是	其他关联人
上海三至酒店投资管理有限公司	安信信托股份有限公司	虹口区四平路59号三至喜来登酒店38—39楼（2566.2平方米）	9,345,000.00	2014年8月25日	2024年8月24日	是	其他关联人

租赁情况说明

备注:租赁资产涉及金额均为合同金额。

据《中华人民共和国合同法》、《上海市房屋租赁条例》的相关规定,在自愿、平等、公平、诚实信用的基础上,充分考虑到海通证券大厦的品质、位置以及上海目前的商业租赁市场后,为保证公司经营的正常,经协商一致,公司与上海谷元房地产开发有限公司继续签订《上海市房屋租赁合同》,续租黄浦区广东路689号第29层(建筑面积为1700.16平方米);续租第1层(建筑面积286.66平方米),皆为办公用房。

根据《中华人民共和国合同法》、《上海市房屋租赁条例》的相关规定,在自愿、平等、公平、诚实信用的基础上,充分考虑到海通证券大厦的品质、位置以及上海目前的商业租赁市场后,经协商一致,公司与上海谷元房地产开发有限公司签订《上海市房屋租赁合同》,租用黄浦区广东路689号第2层03、05、06室(1533平方米)为办公用房。

根据《中华人民共和国合同法》、《上海市房屋租赁条例》的相关规定,在自愿、平等、公平、诚实信用的基础上,充分考虑到海通证券大厦的品质、位置以及上海目前的商业租赁市场后,经协商一致,公司与上海谷元房地产开发有限公司签订《上海市房屋租赁合同》,租用黄浦区广东路689号第2层01、02、07、08室(建筑面积为2024平方米)为办公用房。

根据《中华人民共和国合同法》、《上海市房屋租赁条例》的相关规定,在自愿、平等、公平、诚实信用的基础上,充分考虑到海通证券大厦的品质、位置以及上海目前的商业租赁市场后,经协商一致,公司与上海谷元房地产开发有限公司签订《上海市房屋租赁合同》,租用黄浦区广东路689号第1层01室(建筑面积585.21平方米)为办公用房。

因物业拥有方上海谷元房地产开发有限公司为本公司第一大股东上海国之杰投资发展有限公司的母公司。

根据《中华人民共和国合同法》、《上海市房屋租赁条例》的相关规定,在自愿、平等、公平、诚实信用的基础上,充分考虑到三至喜来登酒店的品质、位置以及上海目前的商业租赁市场后,经协商一致,公司与上海三至酒店投资管理有限公司签订《上海市房屋租赁合同》,租用虹口区四平路59号三至喜来登酒店38－39楼(建筑面积2566.2平方米)为系统提升产品销售及财富管理能力服务。

因物业拥有方三至酒店投资方为上海凯盟投资发展有限公司(以下简称"凯盟投资"),凯盟投资的法定代表人为本公司实际控制人高天国。

(二)担保情况

□适用 √不适用

(三)其他重大合同

□适用 √不适用

十六、其他重大事项的说明

□适用 √不适用

十七、积极履行社会责任的工作情况

(一)上市公司扶贫工作情况

□适用 √不适用

(二)社会责任工作情况

√适用 □不适用

详见《安信信托股份有限公司2017年度社会责任报告》。

(三)环境信息情况

1. 属于环境保护部门公布的重点排污单位的公司及其重要子公司的环保情况说明

□适用 √不适用

2. 重点排污单位之外的公司

□适用 √不适用

3. 其他说明

□适用 √不适用

(四)其他说明

□适用 √不适用

十八、可转换公司债券情况

(一)转债发行情况

□适用 √不适用

(二)报告期转债持有人及担保人情况

□适用 √不适用

(三)报告期转债变动情况

□适用 √不适用

报告期转债累计转股情况

□适用 √不适用

(四)转股价格历次调整情况

□适用 √不适用

(五)公司的负债情况、资信变化情况及在未来年度还债的现金安排

□适用 √不适用

(六)转债其他情况说明

□适用 √不适用

第六节 普通股股份变动及股东情况

一、普通股股本变动情况

(一)普通股股份变动情况表

1. 普通股股份变动情况表

单位:股

	本次变动前		本次变动增减(+,-)					本次变动后	
	数量	比例(%)	发行新股	送股	公积金转股	其他	小计	数量	比例(%)
一、有限售条件股份	936,368,706	45.20			+1,123,642,447		+1,123,642,447	2,060,011,153	45.20
1. 国家持股									
2. 国有法人持股									
3. 其他内资持股	936,368,706	45.20			+1,123,642,447		+1,123,642,447	2,060,011,153	45.20
其中:境内非国有法人持股	936,368,706	45.20			+1,123,642,447		+1,123,642,447	2,060,011,153	45.20
境内自然人持股									
4. 外资持股									
其中:境外法人持股									
境外自然人持股									
二、无限售条件流通股份	1,135,274,445	54.80			+1,362,329,334		+1,362,329,334	2,497,603,779	54.80
1. 人民币普通股	1,135,274,445	54.80			+1,362,329,334		+1,362,329,334	2,497,603,779	54.80
2. 境内上市的外资股									
3. 境外上市的外资股									
4. 其他									
三、普通股股份总数	2,071,643,151	100.00			+2,485,971,781		+2,485,971,781	4,557,614,932	100.00

2. 普通股股份变动情况说明

√适用 □不适用

2017年2月15日,公司2016年度股东大会审议通过《2016年度利润分配及资本公积金转增股本的预案》,本次利润分配及转增股本以方案实施前的公司总股本2,071,643,151股为基数,每股派发现金红利0.6元(含税),以资本公积金向全体股东每股转增1.2股,共计派发现金红利1,242,985,890.60元,转增2,485,971,781股,本次资本公积金转增完成后总股本增加至4,557,614,932股。

报告期内,公司2016年度资本公积金转增股本实施完成,公司总股本增加至4,557,614,932股(详见2017年2月27日,上海证券交易所网站、《中国证券报》、《上海证券报》和《证券时报》,公告编号:临2017-008号,《安信信托股份有限公司2016年年度权益分派实施公告》)。

3. 普通股股份变动对最近一年和最近一期每股收益、每股净资产等财务指标的影响(如有)

□适用 √不适用

4. 公司认为必要或证券监管机构要求披露的其他内容

□适用 √不适用

(二)限售股份变动情况

√适用 □不适用

单位：股

股东名称	年初限售股数	本年解除限售股数	本年增加限售股数	年末限售股数	限售原因	解除限售日期
上海国之杰投资发展有限公司	712,209,095	0	854,650,914	1,566,860,009	定增限售期	其中1,396,153,842.6股的解禁日为2018年7月2日；170,706,166.4股的解禁日为2021年12月27日
上海公信实业有限公司	68,972,188	0	82,766,626	151,738,814	定增限售期	2019年12月27日
瀚博汇鑫（天津）投资有限公司	60,350,665	0	72,420,798	132,771,463	定增限售期	2019年12月27日
日照岚桥港务有限公司	51,729,141	0	62,074,969	113,804,110	定增限售期	2019年12月27日
湘财证券股份有限公司	43,107,617	0	51,729,140	94,836,757	定增限售期	2019年12月27日
合计	936,368,706	0	1,123,642,447	2,060,011,153	/	/

二、证券发行与上市情况

（一）截至报告期内证券发行情况

□适用 √不适用

截至报告期内证券发行情况的说明（存续期内利率不同的债券，请分别说明）：

□适用 √不适用

（二）公司普通股股份总数及股东结构变动及公司资产和负债结构的变动情况

√适用 □不适用

2017年2月15日，公司2016年度股东大会审议通过《2016年度利润分配及资本公积金转增股本的预案》，本次利润分配及转增股本以方案实施前的公司总股本2,071,643,151股为基数，每股派发现金红利0.6元（含税），以资本公积金向全体股东每股转增1.2股，共计派发现金红利1,242,985,890.60元，转增2,485,971,781股，本次资本公积金转增完成后总股本增加至4,557,614,932股。

报告期内，公司2016年度资本公积金转增股本实施完成，公司总股本增加至4,557,614,932股（详见2017年2月27日，上海证券交易所网站、《中国证券报》、《上海证券报》和《证券时报》，公告编号：临2017－008号，《安信信托股份有限公司2016年年度权益分派实施公告》）。

（三）现存的内部职工股情况

□适用 √不适用

三、股东和实际控制人情况

（一）股东总数

截至报告期末普通股股东总数（户）	73,629
年度报告披露日前上一月末的普通股股东总数（户）	70,836

（二）截至报告期末前十名股东、前十名流通股东（或无限售条件股东）持股情况表

单位：股

前十名股东持股情况

股东名称（全称）	报告期内增减	期末持股数量	比例（%）	持有有限售条件股份数量	质押或冻结情况		股东性质
					股份状态	数量	
上海国之杰投资发展有限公司		2,389,941,118	52.44	1,566,860,009	无		境内非国有法人

续表

前十名股东持股情况							
股东名称(全称)	报告期内增减	期末持股数量	比例(%)	持有有限售条件股份数量	质押或冻结情况		股东性质
					股份状态	数量	
中国证券金融股份有限公司		167,822,275	3.68	0	无		国有法人
上海公信实业有限公司		151,738,814	3.33	151,738,814	无		境内非国有法人
瀚博汇鑫(天津)投资有限公司		132,771,463	2.91	132,771,463	质押	131,680,773	境内非国有法人
日照岚桥港务有限公司		113,804,110	2.50	113,804,110	质押	113,804,110	境内非国有法人
湘财证券股份有限公司		94,836,757	2.08	94,836,757	无		境内非国有法人
陕西省国际信托股份有限公司－陕国投·持盈33号证券投资集合资金信托计划		47,290,000	1.04	0	无		其他
中央汇金资产管理有限责任公司		41,285,200	0.91	0	无		国有法人
陕西省国际信托股份有限公司－陕国投·鑫鑫向荣62号证券投资集合资金信托计划		40,603,687	0.89	0	无		其他
中信信托有限责任公司－中信信托·和润1号风险缓冲证券投资集合资金信托计划		31,644,222	0.69	0		无	其他

前十名无限售条件股东持股情况			
股东名称	持有无限售条件流通股的数量	股份种类及数量	
		种类	数量
上海国之杰投资发展有限公司	823,081,109	人民币普通股	823,081,109
中国证券金融股份有限公司	167,822,275	人民币普通股	167,822,275
陕西省国际信托股份有限公司－陕国投·持盈33号证券投资集合资金信托计划	47,290,000	人民币普通股	47,290,000
中央汇金资产管理有限责任公司	41,285,200	人民币普通股	41,285,200
陕西省国际信托股份有限公司－陕国投·鑫鑫向荣62号证券投资集合资金信托计划	40,603,687	人民币普通股	40,603,68

续表

前十名无限售条件股东持股情况			
股东名称	持有无限售条件流通股的数量	股份种类及数量	
		种类	数量
中信信托有限责任公司－中信信托·和润1号风险缓冲证券投资集合资金信托计划	31,644,222	人民币普通股	31,644,222
墨脱县诚长投资有限责任公司	30,380,942	人民币普通股	30,380,942
重庆振玺投资发展有限公司	27,713,300	人民币普通股	27,713,300
云南国际信托有限公司－睿赢95号单一资金信托	26,157,469	人民币普通股	26,157,469
宏源期货有限公司－宏源期货有限公司尊享1号资产管理计划	25,119,624	人民币普通股	25,119,624
上述股东关联关系或一致行动的说明	公司股东中上海国之杰投资发展有限公司为本公司实际控制人高天国先生控制的企业，其余股东本公司未知是否存在关联关系及一致行动的情况。		

前十名有限售条件股东持股数量及限售条件

√适用　□不适用

单位：股

序号	有限售条件股东名称	持有的有限售条件股份数量	有限售条件股份可上市交易情况		限售条件
			可上市交易时间	新增可上市交易股份数量	
1	上海国之杰投资发展有限公司	1,566,860,009	2018年7月2日； 2021年12月27日	0	定增禁售期
2	上海公信实业有限公司	151,738,814	2019年12月27日	0	定增禁售期
3	瀚博汇鑫（天津）投资有限公司	132,771,463	2019年12月27日	0	定增禁售期
4	日照岚桥港务有限公司	113,804,110	2019年12月27日	0	定增禁售期
5	湘财证券股份有限公司	94,836,757	2019年12月27日	0	定增禁售期
上述股东关联关系或一致行动的说明		公司股东中上海国之杰投资发展有限公司为本公司实际控制人高天国先生控制的企业，其余股东本公司未知是否存在关联关系及一致行动的情况。			

（三）战略投资者或一般法人因配售新股成为前10名股东

√适用　□不适用

战略投资者或一般法人的名称	约定持股起始日期	约定持股终止日期
上海公信实业有限公司	2016年12月27日	2019年12月27日
瀚博汇鑫（天津）投资有限公司	2016年12月27日	2019年12月27日
日照岚桥港务有限公司	2016年12月27日	2019年12月27日

续表

战略投资者或一般法人的名称	约定持股起始日期	约定持股终止日期
湘财证券股份有限公司	2016年12月27日	2019年12月27日
战略投资者或一般法人参与配售新股约定持股期限的说明	公司分别与上述四家一般法人签订《附条件生效的股份认购合同》中约定:“本次非公开发行结束之日起的36个月内不得转让其于本次非公开发行中认购的股票”。	

四、控股股东及实际控制人情况

(一)控股股东情况

1 法人

√适用 □不适用

名称	上海国之杰投资发展有限公司
单位负责人或法定代表人	高天国
成立日期	1999年5月12日
主要经营业务	房地产开发,物业管理,投资管理;服装生产、设计;百货、五金交电、化工产品(除危险品)、针纺织品、工艺美术品、金属材料、普通机械、电器设备,建筑装潢材料、计算机及配件,通讯器材及设备、冶金炉料、机电产品、汽车零部件、建筑材料销售;室内装潢,经济信息咨询服务。(依法须经批准的项目,经相关部门批准后方可开展经营活动)
报告期内控股和参股的其他境内外上市公司的股权情况	无
其他情况说明	国之杰成立于1999年5月,目前注册资本765,279万元人民币。国之杰的主营业务范围为房地产开发、物业管理,投资管理,并在金融、高科技和新能源等领域逐渐拓展业务。目前国之杰的房地产项目开发建筑面积已超过百万平方米,项目分布在北京、上海、杭州、成都、昆明等大中型城市,涉及写字楼、酒店、商铺、住宅、物业管理等。此外,国之杰于2001年开始介入高科技板块,其下属公司银晨科技开发的人像识别系统具备较为先进的技术水平。

2. 自然人

√适用 □不适用

姓名	高天国
国籍	中国
是否取得其他国家或地区居留权	是
主要职业及职务	上海国之杰投资发展有限公司董事长

3. 公司不存在控股股东情况的特别说明

□适用 √不适用

4. 报告期内控股股东变更情况索引及日期

□适用 √不适用

5. 公司与控股股东之间的产权及控制关系的方框图

√适用 □不适用

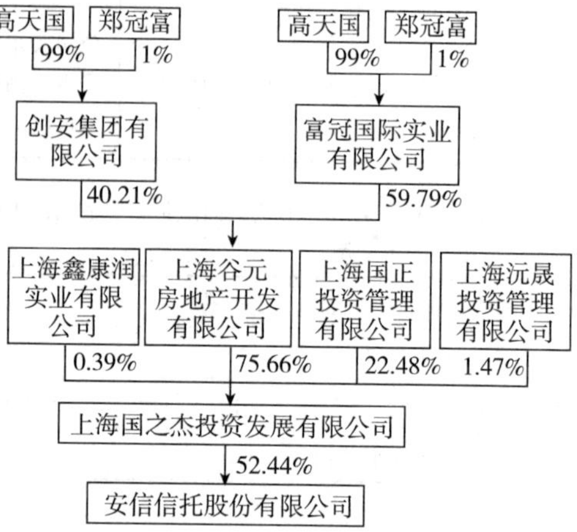

（二）实际控制人情况

1. 法人

□适用 √不适用

2. 自然人

□适用 √不适用

3. 公司不存在实际控制人情况的特别说明

□适用 √不适用

4. 报告期内实际控制人变更情况索引及日期

□适用 √不适用

5. 公司与实际控制人之间的产权及控制关系的方框图

□适用 √不适用

6. 实际控制人通过信托或其他资产管理方式控制公司

□适用 √不适用

（三）控股股东及实际控制人其他情况介绍

□适用 √不适用

五、其他持股在百分之十以上的法人股东

□适用 √不适用

六、股份限制减持情况说明

□适用 √不适用

第七节 优先股相关情况

□适用 √不适用

第八节 董事、监事、高级管理人员和员工情况

一、持股变动情况及报酬情况

（一）现任及报告期内离任董事、监事和高级管理人员持股变动及报酬情况

√适用 □不适用

单位：股

姓名	职务(注)	性别	年龄	任期起始日期	任期终止日期	报告期内从公司获得的税前报酬总额(万元)	是否在公司关联方获取报酬
王少钦	董事长	男	59	2012年11月26日	2015年11月26日	458.5	否
杨晓波	董事、总裁	男	41	2012年11月26日	2015年11月26日	861.9	否
赵宝英	董事、副总裁	女	49	2012年11月26日	2015年11月26日	422	否
邵明安	董事	男	57	2012年11月26日	2015年11月26日	24	是
高超	董事	女	37	2012年11月26日	2015年11月26日	263.3	否
朱荣恩	独立董事	男	63	2012年11月26日	2015年11月26日	30	否
邵平	独立董事	男	60	2012年11月26日	2015年11月26日	30	否
余云辉	独立董事	男	54	2012年11月26日	2015年11月26日	30	否
马惠莉	监事长	女	50	2010年1月8日	2015年11月26日	7.2	是
黄晓敏	监事	女	35	2013年5月31日	2015年11月26日	7.2	是
陈兵	职工监事	男	43	2009年7月29日	2015年11月26日	116.7	否
梁清德	副总裁	男	54	2012年11月26日	2015年11月26日	637.7	否
董玉舸	副总裁	男	40	2015年2月9日	2015年11月26日	206	否
陶瑾宇	副总裁	男	43	2017年8月15日	2015年11月26日	53	否
武国建	董事会秘书	男	47	2007年7月11日	2015年11月26日	297.6	否
朱文	合规总监	女	50	2013年10月25日	2015年11月26日	379.6	否
冯之鑫	风控总监	男	41	2016年7月15日	2015年11月26日	587	否
合计	/	/	/	/	/	4,411.7	/

姓名	主要工作经历
王少钦	曾任厦门联合信托投资公司副总经理、总经理，中泰信托投资公司副总裁，安徽国元信托投资公司总裁，中国华闻投资控股公司总经济师兼中泰信托投资公司监事长。现任公司董事长。
杨晓波	曾任本公司财务总监、董事会秘书、风控执行官、信托业务评审委员会召集人。现任公司董事、总裁。
赵宝英	曾任本公司财务管理中心总经理兼资产管理部总经理。现任公司董事、副总裁、固有业务评审委员会主任委员。
邵明安	曾任本公司副总经理、总裁、副董事长。现担任上海国之杰投资发展有限公司董事、副总裁，上海银晨智能识别科技有限公司法定代表人、董事长，银晨网讯科技有限公司法定代表人、董事长。公司董事。
高超	曾任上海国之杰投资发展有限公司总裁秘书，上海国之杰投资发展有限公司董事。公司执行董事。
朱荣恩	现任上海财经大学会计学教授，上海新世纪资信评估投资服务有限公司法定代表人、董事长，华域汽车系统股份有限公司独立董事和上海海立（集团）股份有限公司独立董事。公司独立董事。
邵平	曾任民生银行总行信贷部副主任，总行信贷业务部副总经理、总经理，上海分行党委书记、行长，总行党委委员、行长助理，总行党委委员、副行长，总行风险管理委员会主席，平安银行股份有限公司董事、行长。公司独立董事。
余云辉	曾任海通证券有限责任公司投资银行部项目经理、副总经理、基金部副总经理、交易部总经理、战略合作与并购部总经理、德邦证券有限责任公司常务副总裁、总裁。现任厦门大学金融系客座教授，厦门缘谱网络科技有限公司董事、华安财产保险股份有限公司独立董事。本公司独立董事。
马惠莉	曾任上海谷元房地产开发有限公司副总经理。现任上海国之杰投资发展有限公司副总裁，上海谷元房地产开发有限公司董事，上海凯盟投资发展有限公司监事，上海三至酒店投资管理有限公司法定代表人、董事长，上海国业贸易有限公司法定代表人、执行董事。公司监事长。
黄晓敏	曾任上海东洲久信会计师事务所项目经理、上海国之杰投资发展有限公司集团内审。现任上海国之杰投资发展有限公司资金财务部副总经理。公司监事。
陈兵	曾任上海爱建信托投资有限责任公司财务主管。现任公司计划财务部副总经理、职工监事。
梁清德	历任本公司信贷部工作人员、信贷部副经理、鞍山玉佛苑（鞍山信托全资子公司）总经理、党委办公室主任、董事会秘书、资产管理总部总经理、信托业务中心总监。现任公司副总裁。
董玉舸	曾就职于海通证券深圳分公司，武汉证券有限责任公司投行中心并购业务总部总经理助理，联华信托房地产部副总经理、公司市场总监助理，北京信托机构业务总部高级经理。现任公司副总裁。
陶瑾宇	曾就职于中国人民银行上海分行，上海银监局历任非银行金融机构监管处副主任科员、副科长、科长、副处长。现任公司副总裁。
武国建	曾任职于本公司证券管理总部、天津证券营业部、研发中心、投资银行部、董事会办公室，曾担任本公司证券事务代表、本公司第五届、第六届董事、董事会秘书。现任公司董事会秘书。
朱文	历任上海轮胎橡胶集团股份有限公司财务处会计师，大华会计师事务所审计部项目负责人，中国注册会计师，安永大华会计师事务所审计部经理，中国注册会计师，本公司风险管理部总经理。现任公司合规总监。
冯之鑫	曾就职于哈尔滨海斯集团财务总监、哈尔滨建兴会计师事务所部门总经理、BDO 利安达信隆会计师事务所项目经理、上海浩普投资管理有限公司项目经理和安信信托股份有限公司风险管理部总经理。现任公司风控总监。

其它情况说明

√适用　□不适用

1.公司于2015年12月30日召开七届董事会第三十二次会议和七届监事会第二十二次会议审议通过《关于公司七届董事会延期换届》和《关于公司七届监事会延期换届》的议案(详情查阅2015年12月31日,刊登于上海证券交易所、《中国证券报》、《上海证券报》和《证券时报》,编号:2015－058,《安信信托股份有限公司第七届董事会第三十二次会议决议公告》,编号:2015－059,《安信信托股份有限公司第七届监事会第二十二次会议决议公告》)。

2.公司七届董事会第四十九次会议聘任陶瑾宇为公司副总裁。

(二)董事、高级管理人员报告期内被授予的股权激励情况

□适用　√不适用

二、现任及报告期内离任董事、监事和高级管理人员的任职情况

(一)在股东单位任职情况

√适用　□不适用

任职人员姓名	股东单位名称	在股东单位担任的职务	任期起始日期	任期终止日期
邵明安	上海国之杰投资发展有限公司	董事、副总裁	1999年1月	至今
邵明安	上海银晨智能识别科技有限公司	法定代表人、董事长	2010年5月	至今
邵明安	银晨网讯科技有限公司	法定代表人、董事长	2010年5月	至今
高超	上海国之杰投资发展有限公司	董事		至今
马惠莉	上海国之杰投资发展有限公司	副总裁	2001年3月3日	至今
马惠莉	上海凯盟投资发展有限公司	监事		至今
马惠莉	上海三至酒店投资管理有限公司	法定代表人、董事长		至今
黄晓敏	上海国之杰投资发展有限公司	资金财务部副总经理	2008年8月	至今
在股东单位任职情况的说明	无			

(二)在其他单位任职情况

√适用　□不适用

任职人员姓名	其他单位名称	在其他单位担任的职务	任期起始日期	任期终止日期
朱荣恩	上海财经大学	教授	1996年7月	至今
朱荣恩	上海新世纪资信评估投资服务有限公司	法定代表人、董事长	1992年7月	至今
朱荣恩	上海海立(集团)股份有限公司	独立董事	2014年6月19日	2017年12月12日
邵平	聚量集团	董事长、合伙人		至今
邵平	国际商业结算控股有限公司	独立非执行董事	2016年10月21日	至今
余云辉	厦门大学金融系	客座教授		至今
余云辉	厦门缘谱网络科技有限公司	董事		至今
在其他单位任职情况的说明	无			

三、董事、监事、高级管理人员报酬情况

√适用　□不适用

董事、监事、高级管理人员报酬的决策程序	报告期内现任董事、监事、高级管理人员按照公司第七届董事会一次会议和2012年度股东大会审议通过的薪酬标准执行：执行董事、监事享受每月6000元标准的津贴；除股东大会另有规定外，本公司在册的公司董事、监事统一执行本公司岗位工资及相应绩效薪酬标准。按照公司经董事会审议通过的薪酬及绩效考核等相关制度执行，同岗同酬，结合公司效益同增同减。不在本公司任职的非执行董事与独立董事薪酬标准相同。
董事、监事、高级管理人员报酬确定依据	董事、监事、高级管理人员报酬确定的主要依据是在公司担任职务情况、公司行业性质、本人贡献大小、所在地平均收入及消费水平等因素。
报告期末全体董事、监事和高级管理人员实际获得的报酬合计	公司根据绩效考核管理办法综合考虑全年因素对高级管理人员的履职情况进行考评，并根据董事会薪酬与考核委员会关于年度考评决议执行，2017年度实际报酬合计4411.7万元。

四、公司董事、监事、高级管理人员变动情况

√适用 □不适用

姓名	担任的职务	变动情形	变动原因
陶瑾宇	副总裁	聘任	公司七届董事会第四十九次会议聘任陶瑾宇先生为公司副总裁。

五、近三年受证券监管机构处罚的情况说明

□适用 √不适用

六、母公司和主要子公司的员工情况

（一）员工情况

母公司在职员工的数量	257
在职员工的数量合计	257
母公司及主要子公司需承担费用的离退休职工人数	18
专业构成	
专业构成类别	专业构成人数
财务人员	18
行政人员	54
高级管理人员	9
前台人员（业务部门、财富管理中心、投行等）	138
中台人员（风控、合规、资产保全、创新发展、投资监管、资金运营等）	38
合计	257
教育程度	
教育程度类别	数量（人）
本科以下	21
本科	125
硕士研究生	108
博士研究生	3
合计	257

（二）薪酬政策

√适用 □不适用

安信信托始终坚持以科学的薪酬管理理论为指导，从企业实际情况出发，与企业经营战略、岗位分析、人员选聘、培训、绩效管理和留人退人等实践紧密结合，通过全面的薪酬管理，促进人力资源的合理配置，增强企业综合竞争力。公司已建立起以岗位价值、能力素质、绩效贡献为核心，以外部市场为参照的薪酬管理理念和各项管理措施。通过差异化的薪酬、考核以及激励政策等，客观公正评价不同类型员工的绩效差异，从而更为有效地发挥薪酬的激励作用，挖掘员工的潜能，强化员工的竞争与责任意识，提高公司整体效能。

（三）培训计划

√适用 □不适用

2017年度，根据公司业务发展情况，在现有培训架构基础上，进一步完善培训体系，丰富课程资源，严控课程品质，提升学习体验。

根据年度培训计划，全年共组织开展46场培训，覆盖1244人次，总时长为304小时。相比去年，覆盖人数及培训时长均有大幅提高。培训场次相较去年略有降低，主要因为系统化改进了新员工培训项目，从去年针对每一名新员工的一对一公司文化与制度单项培训，扩充到为每个季度加入的新员工群体开展为期一天的包含公司文化、流程制度、法律合规、风险管理以及信息安全的多角度、系统性的学习，将新员工培训更加聚焦在文化融入、不同部门之间交流以及对业务实操及流程的了解及探讨方面。

本年度的培训按内容主要划分为：新员工培训、通用技能培训、业务技能培训、管理类培训、制度类培训，以及监管、行业政策类培训。为应对业务高速发展带来的专业技能提升要求以及团队管理带来的挑战，本年度着重加强了这两类培训的场次。其中业务类培训占比为43%，管理类培训占比为26%，这两类培训占总培训场次的69%。从培训类型划分上，为引进外部先进的管理经验、增强同行业、跨行业之间的学习与交流，本年度外部培训的比例较去年有进一步的上升，外部培训和外派培训占比培训总场次的63%。

（四）劳务外包情况

√适用 □不适用

劳务外包的工时总数	159,360小时
劳务外包支付的报酬总额	796万元

七、其他

□适用 √不适用

第九节 公司治理

一、公司治理相关情况说明

√适用 □不适用

2017年国内经济保持稳中向好的态势，经济结构、增长动力以及质量效益等均发生积极变化，前三季度GDP同比增长6.9%，企业景气度多项指标创下近五年来的新高，众多国际机构纷纷上调对中国经济增速的预期。十九大报告明确了金融业服务实体经济、防范系统性金融风险的重要使命，信托业不忘初心，支持实业发展，加强风控体系建设，优化资产结构。

公司董事会、监事会及各专门委员会认真贯彻落实各项监管政策，勤勉尽职，科学决策，规范有效运作，圆满完成了对经营管理中重要事项的研讨和审议，保障公司合规经营和持续稳健的发展。

公司按照《公司法》、《证券法》和《上市公司治理准则》等规定设立了股东大会、董事会、监事会，建立了以《公司章程》、《股东大会规则》、《董事会议事规则》、《监事会议事规则》为基础，以董事长、总经理、独立董事、董事会秘书、专业委员会工作细则等为具体规范的一套较为完善的治理制度，明确了股东大会、董事会、监事会和经理层在决策、执行、监督等方面的职责权限、程序以及应履行的义务，形成了权力机构、决策机构、经营机构和监督机构科学分工，各司其职，有效制衡的治理结构。公司的经营管理实行董事会授权下的总裁负责制。

年内，公司共召开股东大会2次，董事会9次和监事会7次，其中股东大会共审议通过25项议案；董事会共审议通过50项议案；监事会共审议通过21项议案。

董事会对股东大会负责，其成员由股东大会选举产生，按照《公司章程》、《董事会议事规则》等的规定履行职责，在规定范围内行使经营决策权，并负责内部控制的建立健全和有效实施。公司董事会目前共有8名成员，其中董事长1名，独立董事3名。董事会发挥科学决策和战略管理作用，提升公司治理水平的同时不断强化风险和资本管理，在围绕业绩和利润分配、战略目标的制定及落实、高管选任、风险与资本管理、薪酬与绩效考核、财务独立和内控稽核、组织架构有效调整、重大对外投资及捐赠、关联交易等各类重要事项进行了深入研究和讨论，保障了公司依法合规经营和健康发展。董事会下设战略委员会、风险控制与审计委员会、提名委员会、薪酬与考核委员会、关联交易委员会、信托委员会共六个专业委员会，除战略委员会、提名委员会外，各专业委员会召集人全部由独立董事担任。公司的各项治理制度和安排为独立董事、各专业委员会发挥作用提供了充分的保障。董事会各专门委员会勤勉尽职，充分发挥专业所长，提高了公司董事会运作效率和决策水平，促进公司各项业务稳中有序的发展。

监事会由3名监事组成，设监事长1人，职工监事1人。监事会按照《公司章程》、《监事会议事规则》等规定监督公司董事、经理和其他高级管理人员按规定履行职责。监事长除负责监事会的日常工作外，还全程参与了公司的董事会，及时全面地掌握公司的经营状况，实时对董事会和经营管理层进行监督。

报告期内，公司严格按照《上海证券交易所股票上市规则(2014 年修订)》和公司《内幕信息及知情人管理制度》执行定期报告和重大事项的内幕知情人申报工作。

公司治理与中国证监会相关规定的要求是否存在重大差异;如有重大差异,应当说明原因

□适用 √不适用

二、股东大会情况简介

会议届次	召开日期	决议刊登的指定网站的查询索引	决议刊登的披露日期
2016 年度股东大会	2017 年 2 月 15 日	上海证券交易所 www.sse.com.cn,编号:临 2017－007	2017 年 2 月 16 日
2017 年第一次临时股东大会	2017 年 9 月 26 日	上海证券交易所 www.sse.com.cn,编号:临 2017－024	2017 年 9 月 27 日

股东大会情况说明

√适用 □不适用

2017 年,公司召开的年度和临时股东大会审议的所有议案均获高票通过。

三、董事履行职责情况

(一) 董事参加董事会和股东大会的情况

董事姓名	是否独立董事	参加董事会情况						加股东大会情况
		本年应参加董事会次数	亲自出席次数	以通讯方式参加次数	委托出席次数	缺席次数	是否连续两次未亲自参加会议	出席股东大会的次数
王少钦	否	9	9	0	0	0	否	2
杨晓波	否	9	9	0	0	0	否	0
赵宝英	否	9	9	0	0	0	否	2
邵明安	否	9	9	0	0	0	否	0
高超	否	9	6	0	3	0	否	0
朱荣恩	是	9	9	0	0	0	否	1
邵平	是	9	9	0	0	0	否	0
余云辉	是	9	9	0	0	0	否	0

连续两次未亲自出席董事会会议的说明

□适用 √不适用

年内召开董事会会议次数	9
其中:现场会议次数	9
通讯方式召开会议次数	0
现场结合通讯方式召开会议次数	0

(二)独立董事对公司有关事项提出异议的情况

□适用 √不适用

报告期内,公司独立董事对公司有关事项并无异议。

(三)其他

□适用 √不适用

四、董事会下设专门委员会在报告期内履行职责时所提出的重要意见和建议,存在异议事项的,应当披露具体情况

√适用 □不适用

报告期内,公司董事会风险控制与审计委员会在年审注册会计师进场前审阅了公司编制的财务会计报表,认为财务会计报表能够反映公司的财务状况和经营成果。年审注册会计师进场后,审计委员会与会计师事务所协商确定了公司本年度财务报告审计工作的时间安排,并保持与年审注册会计师 的沟通,督促其在约定时限内提交审计报告。在年审注册会计师出具初步审计意见后,风险控制与审计委员会再一次审阅了公司财务会计报表,认为:公司财务报表真实、准确、完整地反映了公司的整体情况。公司聘请的立信会计师事务所(特殊普通合伙)在为公司提供 2017 年度审计服务工作中,能够遵守职业道德规范、恪尽职守,按照中国注册会计师审计

准则执行审计工作的相关要求，相关审计意见客观和公正，公司财务报表真实、准确、完整地反映了公司的整体情况，较好地完成了公司委托的审计工作。公司能够按照国家有关会计制度、准则和公司相关会计政策编制2017年财务报告；公司编制的财务会计报告基本反映了公司2017年12月31日的财务状况以及2017年度的经营成果；同意将公司编制的2017年财务报告提交负责公司年报审计的会计师事务所审计。

2017年，公司董事会关联交易委员会共召开2次会议，分别审议通过：关于上海国之杰投资发展有限公司委托公司行使部分营口银行股份有限公司股东权利关联交易的议案和关于特定资管份额收益权转让涉及关联交易的议案。关联交易委员会认为公司2017年的关联交易符合有关法律法规和本公司章程的规定，交易条件公平、合理，未损害公司及其他股东，特别是中小股东和非关联股东的利益。公司关联董事邵明安先生和高超女士在审议上述议案时进行了回避表决，符合有关法规的规定。

五、监事会发现公司存在风险的说明

□适用　√不适用

六、公司就其与控股股东在业务、人员、资产、机构、财务等方面存在的不能保证独立性、不能保持自主经营能力的情况说明

□适用　√不适用

存在同业竞争的，公司相应的解决措施、工作进度及后续工作计划

□适用　√不适用

七、报告期内对高级管理人员的考评机制，以及激励机制的建立、实施情况

√适用　□不适用

2017年度公司管理层勤勉尽职，完成了董事会制定的目标，公司治理水平稳步提升，实现了固有业务与信托业务的安全、有效运行，完善了公司治理。报告期内，未发现上述人员在履行职责时有违反法律、法规、公司章程、恢复与处置计划及损害公司及股东利益的行为，综合考虑各项因素，同意执行《安信信托股份有限公司绩效考核管理办法》和《安信信托股份有限公司恢复与处置计划》相关规定。

八、是否披露内部控制自我评价报告

√适用　□不适用

详见2018年2月8日披露的《安信信托股份有限公司内部控制评价报告》。

报告期内部控制存在重大缺陷情况的说明

□适用　√不适用

九、内部控制审计报告的相关情况说明

√适用　□不适用

详见2018年2月8日披露的《安信信托股份有限公司内部控制评价报告》。

是否披露内部控制审计报告：是

十、其他

□适用　√不适用

第十节　公司债券相关情况

□适用　√不适用

第十一节　财务报告

审计报告

√适用　□不适用

审计报告

信会师报字[2018]第ZA10110号

安信信托股份有限公司全体股东：

一、审计意见

我们审计了安信信托股份有限公司（以下简称安信信托）财务报表，包括2017年12月31日的合并及母公司资产负债表，2017年度的合并及母公司利润表、合并及母公司现金流量表、合并及母公司股东权益变动表以及相关财务报表附注。

我们认为，后附的财务报表在所有重大方面按照企业会计准则的规定编制，公允反映了安信信托2017年12月31日的合并及母公司财务状况以及2017年度的合并及母公司经营成果和现金流量。

二、形成审计意见的基础

我们按照中国注册会计师审计准则的规定执行了审计工作。审计报告的“注册会计师对财务报表审计的责任”部分进一步阐述了我们在这些准则下的责任。按照中国注册会计师职业道德守则，我们独立于安信信托，并履行了职业道德方面的其他责任。我们相信，我们获取的审计证据是充分、适当的，为发表审计意见提供了基础。

三、关键审计事项

关键审计事项是我们根据职业判断，认为对本期财务报表审计最为重要的事项。这些事项的应对以对财务报表整体进行审计并形成审计意见为背景，我们不对这些事项单独发表意见。我们确定下列事项是需要在审计报告中沟通的关键审计事项。

1. 结构化主体合并

（1）事项描述

请参阅合并财务报表附注七。截至2017年12月31日，安信信托纳入合并报表的结构化主体的总资产为人民币77.02亿元。

安信信托在多项结构化主体中担任信托计划受托人或投资者角色。

管理层需就是否对结构化主体存在控制，以确定结构化主体是否应纳入合并财务报表范围作出重大判断。

根据管理层对结构化主体的权力之评估，以及从结构化主体中获取的可变回报以及权力与可变回报的关系，管理层确定安信信托对部分结构化主体拥有控制权，并对其进行合并。

考虑是否存在控制涉及管理层的重大判断以及包含在合并资产负债表中的结构化主体的金额，该事项被确定为审计重点领域。

（2）审计应对

我们获取并阅读了安信信托投资项目的合同，以评

估安信信托对结构化主体的权力范围,对结构化主体承担或享有的可变回报权益以及权力与可变回报的关系。

我们复核了管理层在可变回报定量计算中使用的数据,并对管理层对安信信托承担或享有的可变回报的结果进行了重新计算。

基于上述审计程序结果,现有证据能够支持管理层关于是否对结构化主体进行合并的判断。

2. 发放贷款和垫款的减值准备

(1)事项描述

请参阅合并财务报表附注五(十)6。截至2017年12月31日,安信信托发放贷款和垫款余额为人民币55.63亿元,减值准备余额为人民币0.09亿元。

贷款减值准备余额反映了管理层在资产负债表日采用个别评估以及组合评估的方法,对贷款已发生损失的最佳估计。

管理层对企业贷款单独进行减值测试。如有客观证据表明企业贷款已经发生减值的,管理层定期对其未来现金流金额和时间进行估计,评估企业贷款账面价值与其预计未来现金流量现值之间的差异,以计提减值准备。

若单独测试未有明显减值迹象的,根据贷款五级分类结果,在资产组合中再进行减值测试,并按一定比例计提减值准备。

考虑到安信信托的减值贷款识别和损失准备评估过程均涉及重大的管理层判断,该事项被确定为审计重点领域。

(2)审计应对

我们对发放贷款和垫款的减值评估和减值计算相关内部控制设计和运行的有效性进行了评估和测试,这些控制包括:及时识别已减值贷款的控制、复核计提减值准备的方法、过程及结果。

对本期通过组合评估方式计提减值准备的减值贷款,我们复核了管理层计算过程及结果。

基于上述审计程序结果,现有证据能够支持管理层在发放贷款及垫款减值评估中所采取的方法。

3. 金融资产终止确认

(1)事项描述

请参阅合并财务报表附注十(五)3(1)。2017年12月,安信信托向控股股东转让其持有的资管计划份额的收益权转让价格为人民币5.49亿元,转让价格以标的资管计划管理人提供的资管计划于2017年12月25日资产净值为基准,加上安信信托在2017年12月25日以后向标的资管计划支付的资金以及交割日后应由控股股东承担的标的资管计划相关费用,作价公允。

管理层分析金融资产转让交易中约定的合同权利和义务,评估金融资产转让中所有权的风险和报酬转移的程度,判断是否满足金融资产终止确认的条件;在适当的情况下,分析判断是否已失去对金融资产的控制,以决定是否满足终止确认条件。

考虑到在确定转让的金融资产是否可以被终止确认的过程中,涉及管理层做出重大的判断,以及该笔交易对手为控股股东,该事项被确定为审计重点领域。

(2)审计应对

我们获取并阅读交易合同,评估安信信托的权利和义务;判断金融资产转让是否转移了收取合同现金流的权利。

获取并阅读定价依据文件,复核转让价格是否公允。

获取并阅读该笔关联交易法律意见书,确认关联交易合法。

访谈交易相关方,了解转入方是否有出售被转移金融资产的实际能力,从而表明企业未保留对被转移金融资产的控制。

基于上述审计程序结果,现有证据能够支持管理层对金融资产转让的终止确认判断,转让价格公允。

4. 信托业务准备金

(1)事项描述

请参阅合并财务报表附注三(二十五)3。截至2017年12月31日,安信信托计提信托业务准备金余额为人民币4.03亿元。

管理层分析评估其作为受托人管理的信托资产质量,判断是否存在可能发生损失的风险;如有客观证据表明已经发生损失的信托资产,管理层定期对其未来现金流金额和时间进行估计,评估信托资产账面价值与其预计未来现金流量现值之间的差异,以计提信托业务准备金。其他则按照组合方法计提信托业务准备金。

考虑到安信信托的信托资产质量识别和损失评估过程均涉及重大的管理层判断,该事项被确定为审计重点领域。

(2)审计应对

我们对信托资产质量评估和信托业务准备金计算相关内部控制设计和运行的有效性进行了评估和测试,这些控制包括:及时识别风险的控制、复核计提信托业务准备金的方法、过程及结果。

对本期通过单项评估方式计提信托业务准备金的信托资产,我们复核了管理层预计未来现金流量现值计算过程及结果。对本期通过组合方法计提信托业务准备金的信托资产,我们复核了管理层计算过程及结果。

基于上述审计程序结果,现有证据能够支持管理层对计提信托业务准备金所作的判断和估计。

四、其他信息

安信信托管理层对其他信息负责。其他信息包括安信信托2017年年度报告中涵盖的信息,但不包括财务报表和我们的审计报告。

我们对财务报表发表的审计意见不涵盖其他信息,我们也不对其他信息发表任何形式的鉴证结论。

结合我们对财务报表的审计,我们的责任是阅读其他信息,在此过程中,考虑其他信息是否与财务报表或我们在审计过程中了解到的情况存在重大不一致或者似乎存在重大错报。

基于我们已执行的工作，如果我们确定其他信息存在重大错报，我们应当报告该事实。在这方面，我们无任何事项需要报告。

五、管理层和治理层对财务报表的责任

管理层负责按照企业会计准则的规定编制财务报表，使其实现公允反映，并设计、执行和维护必要的内部控制，以使财务报表不存在由于舞弊或错误导致的重大错报。

在编制财务报表时，管理层负责评估安信信托的持续经营能力，披露与持续经营相关的事项，并运用持续经营假设，除非计划进行清算、终止运营或别无其他现实的选择。

治理层负责监督安信信托的财务报告过程。

六、注册会计师对财务报表审计的责任

我们的目标是对财务报表整体是否不存在由于舞弊或错误导致的重大错报获取合理保证，并出具包含审计意见的审计报告。合理保证是高水平的保证，但并不能保证按照审计准则执行的审计在某一重大错报存在时总能发现。错报可能由于舞弊或错误导致，如果合理预期错报单独或汇总起来可能影响财务报表使用者依据财务报表作出的经济决策，则通常认为错报是重大的。

在按照审计准则执行审计工作的过程中，我们运用职业判断，并保持职业怀疑。同时，我们也执行以下工作：

（1）识别和评估由于舞弊或错误导致的财务报表重大错报风险，设计和实施审计程序以应对这些风险，并获取充分、适当的审计证据，作为发表审计意见的基础。由于舞弊可能涉及串通、伪造、故意遗漏、虚假陈述或凌驾于内部控制之上，未能发现由于舞弊导致的重大错报的风险高于未能发现由于错误导致的重大错报的风险。

（2）了解与审计相关的内部控制，以设计恰当的审计程序。

（3）评价管理层选用会计政策的恰当性和作出会计估计及相关披露的合理性。

（4）对管理层使用持续经营假设的恰当性得出结论。同时，根据获取的审计证据，就可能导致对安信信托持续经营能力产生重大疑虑的事项或情况是否存在重大不确定性得出结论。如果我们得出结论认为存在重大不确定性，审计准则要求我们在审计报告中提请报表使用者注意财务报表中的相关披露；如果披露不充分，我们应当发表非无保留意见。我们的结论基于截至审计报告日可获得的信息。然而，未来的事项或情况可能导致安信信托不能持续经营。

（5）评价财务报表的总体列报、结构和内容（包括披露），并评价财务报表是否公允反映相关交易和事项。

（6）就安信信托中实体或业务活动的财务信息获取充分、适当的审计证据，以对财务报表发表审计意见。我们负责指导、监督和执行集团审计，并对审计意见承担全部责任。

我们与治理层就计划的审计范围、时间安排和重大审计发现等事项进行沟通，包括沟通我们在审计中识别出的值得关注的内部控制缺陷。

我们还就已遵守与独立性相关的职业道德要求向治理层提供声明，并与治理层沟通可能被合理认为影响我们独立性的所有关系和其他事项，以及相关的防范措施。

从与治理层沟通过的事项中，我们确定哪些事项对本期财务报表审计最为重要，因而构成关键审计事项。我们在审计报告中描述这些事项，除非法律法规禁止公开披露这些事项，或在极少数情形下，如果合理预期在审计报告中沟通某事项造成的负面后果超过在公众利益方面产生的益处，我们确定不应在审计报告中沟通该事项。

立信会计师事务所（特殊普通合伙）

中国注册会计师：肖菲（项目合伙人）

中国注册会计师：徐萍

中国·上海　　2018年2月7日

财务报表

合并资产负债表

2017年12月31日

编制单位：安信信托股份有限公司　　单位：元　币种：人民币

项目	附注	期末余额	期初余额
资产：			
现金及存放中央银行款项	五（一）	22,601.54	21,552.35
存放同业款项	五（二）	2,985,728,343.97	3,445,451,410.65
结算备付金	五（三）	3,078,368.18	
贵金属			
拆出资金			

续表

项目	附注	期末余额	期初余额
以公允价值计量且其变动计入当期损益的金融资产	五(五)	5,409,521,917.11	5,683,470,402.50
衍生金融资产			
买入返售金融资产	五(七)		75,000,750.00
应收利息	五(八)	47,685,911.67	15,467,696.36
存出保证金	五(九)	43,435.03	
发放贷款和垫款	五(十)	5,553,722,338.51	3,894,031,016.20
可供出售金融资产	五(十二)	4,182,141,093.13	4,650,870,809.68
持有至到期投资			
应收款项类投资	五(十四)	4,738,523,076.94	
长期股权投资	五(十五)	1,020,734,386.23	870,779,159.85
投资性房地产			
固定资产	五(十六)	9,170,500.44	7,291,358.51
在建工程	五(十七)	6,616,801.20	822,304.47
无形资产	五(十八)	3,568,955.13	4,648,979.81
长期待摊费用	五(二十)	8,518,446.08	12,295,946.84
商誉			
递延所得税资产	五(二十一)	18,427,831.57	
其他资产	五(二十二)	1,138,611,633.97	465,543,675.02
资产总计		25,126,115,640.70	19,125,695,062.24
负债:			
向中央银行借款			
同业及其他金融机构存放款项			
拆入资金			
以公允价值计量且其变动计入当期损益的金融负债	五(二十七)	920,607,764.77	1,124,526,394.10
衍生金融负债			
卖出回购金融资产款			
吸收存款			
应付职工薪酬	五(三十)	507,142,015.54	547,021,733.12
应交税费	五(三十二)	1,223,370,971.66	968,328,474.55
应付利息			
持有待售负债			
应付债券			
其中:优先股			
永续债			
长期应付职工薪酬			

续表

项目	附注	期末余额	期初余额
预计负债	五(三十四)	403,151,086.12	440,640,524.78
递延所得税负债	五(二十一)		118,391,547.13
其他负债	五(三十六)	5,880,361,942.58	2,208,619,815.28
负债合计		8,934,633,780.67	5,407,528,488.96
所有者权益(或股东权益):			
实收资本(或股本)	五(三十七)	4,557,614,932.00	2,071,643,151.00
其他权益工具			
其中:优先股			
永续债			
资本公积	五(四十)	4,012,381,177.83	6,498,352,958.83
减:库存股			
其他综合收益	五(四十一)	72,739,695.48	24,650,776.11
盈余公积	五(四十二)	984,876,518.04	618,055,292.24
一般风险准备	五(四十三)	720,438,585.68	470,664,389.78
未分配利润	五(四十四)	5,843,430,951.00	4,034,800,005.32
外币报表折算差额			
归属于母公司所有者权益合计		16,191,481,860.03	13,718,166,573.28
少数股东权益			
股东权益合计		16,191,481,860.03	13,718,166,573.28
负债和股东权益总计		25,126,115,640.70	19,125,695,062.24

法定代表人:王少钦　　主管会计工作负责人:赵宝英　　会计机构负责人:赵宝英

母公司资产负债表

2017年12月31日

编制单位:安信信托股份有限公司　　单位:元　币种:人民币

项目	附注	期末余额	期初余额
资产:			
现金及存放中央银行款项		22,601.54	21,552.35
存放同业款项		2,943,762,684.14	3,440,804,995.32
贵金属			
拆出资金			
以公允价值计量且其变动计入当期损益的金融资产		4,519,519,405.09	4,557,756,451.42
衍生金融资产			
买入返售金融资产			75,000,750.00
应收利息		32,640,123.44	15,466,666.66
发放贷款和垫款		2,893,222,338.51	2,152,031,016.20
可供出售金融资产		2,152,371,093.13	6,250,870,809.68

续表

项目	附注	期末余额	期初余额
持有至到期投资			
应收款项类投资		7,889,653,076.94	
持有待售资产			
长期股权投资	十八(一)	1,020,734,386.23	870,779,159.85
投资性房地产			
固定资产		9,170,500.44	7,291,358.51
在建工程		6,616,801.20	822,304.47
无形资产		3,568,955.13	4,648,979.81
长期待摊费用		8,518,446.08	12,295,946.84
商誉			
递延所得税资产		18,427,831.57	
其他资产		1,106,802,628.81	465,543,675.02
资产总计		22,605,030,872.25	17,853,333,666.13
负债:			
向中央银行借款			
同业及其他金融机构存放款项			
拆入资金			
以公允价值计量且其变动计入当期损益的金融负债			
衍生金融负债			
卖出回购金融资产款			
吸收存款			
应付职工薪酬		507,142,015.54	547,021,733.12
应交税费		1,223,370,971.66	968,328,474.55
应付利息			
持有待售负债			
应付债券			
其中:优先股			
永续债			
长期应付职工薪酬			
预计负债		403,151,086.12	440,640,524.78
递延所得税负债			118,391,547.13
其他负债		4,279,884,938.90	2,060,784,813.27
负债合计		6,413,549,012.22	4,135,167,092.85
所有者权益(或股东权益):			
实收资本(或股本)		4,557,614,932.00	2,071,643,151.00

续表

项目	附注	期末余额	期初余额
其他权益工具			
其中:优先股			
永续债			
资本公积		4,012,381,177.83	6,498,352,958.83
减:库存股			
其他综合收益		72,739,695.48	24,650,776.11
盈余公积		984,876,518.04	618,055,292.24
一般风险准备		720,438,585.68	470,664,389.78
未分配利润		5,843,430,951.00	4,034,800,005.32
所有者权益(或股东权益)合计		16,191,481,860.03	13,718,166,573.28
负债和所有者权益(或股东权益)总计		22,605,030,872.25	17,853,333,666.13

法定代表人:王少钦　　主管会计工作负责人:赵宝英　　会计机构负责人:赵宝英

合并利润表

2017年1—12月

单位:元　币种:人民币

项目	附注	本期发生额	上期发生额
一、营业收入		5,592,427,918.12	5,245,959,043.75
利息净收入	五(四十五)	126,032,190.00	177,676,532.03
利息收入	五(四十五)	498,222,989.17	326,509,529.46
利息支出	五(四十五)	372,190,799.17	148,832,997.43
手续费及佣金净收入	五(四十六)	5,279,503,420.34	4,516,142,027.80
手续费及佣金收入	五(四十六)	5,279,503,420.34	4,524,108,944.15
手续费及佣金支出	五(四十六)		7,966,916.35
投资收益(损失以"-"号填列)	五(四十七)	784,631,390.01	279,774,308.92
其中:对联营企业和合营企业的投资收益		108,711,642.89	25,577,955.68
资产处置收益(损失以"-"号填列)			
公允价值变动收益(损失以"-"号填列)	五(四十八)	-597,739,082.23	272,366,175.00
汇兑收益(损失以"-"号填列)			
其他收益			
其他业务收入			
二、营业支出		891,253,271.10	1,223,363,532.48
税金及附加	五(四十九)	46,408,477.06	97,410,072.19
业务及管理费	五(五十)	831,679,829.41	1,126,051,947.26
资产减值损失	五(五十一)	13,164,964.63	-98,486.97
其他业务成本			
三、营业利润(亏损以"-"号填列)		4,701,174,647.02	4,022,595,511.27

续表

项目	附注	本期发生额	上期发生额
加:营业外收入	五(五十二)	178,525,360.05	142,528,614.78
减:营业外支出	五(五十三)	5,486,391.42	11,902,835.59
四、利润总额(亏损总额以"-"号填列)		4,874,213,615.65	4,153,221,290.46
减:所得税费用	五(五十四)	1,206,001,357.67	1,119,273,842.76
五、净利润(净亏损以"-"号填列)		3,668,212,257.98	3,033,947,447.70
(一)按经营持续性分类			
1.持续经营净利润(净亏损以"-"号填列)		3,668,212,257.98	3,033,947,447.70
2.终止经营净利润(净亏损以"-"号填列)			
(二)按所有权归属分类			
1.少数股东损益			
2.归属于母公司股东的净利润		3,668,212,257.98	3,033,947,447.70
六、每股收益:			
(一)基本每股收益		0.8049	0.7792
(二)稀释每股收益		0.8049	0.7792
七、其他综合收益税后净额		48,088,919.37	21,754,315.66
归属于母公司股东的其他综合收益的税后净额		48,088,919.37	21,754,315.66
(一)以后不能重分类进损益的其他综合收益			
(二)以后将重分类进损益的其他综合收益		48,088,919.37	21,754,315.66
1.可供出售金融资产公允价值变动损益		48,088,919.37	21,754,315.66
归属于少数股东的其他综合收益的税后净额			
八、综合收益总额		3,716,301,177.35	3,055,701,763.36
归属于母公司所有者的综合收益总额		3,716,301,177.35	3,055,701,763.36
归属于少数股东的综合收益总额			

定代表人:王少钦　　主管会计工作负责人:赵宝英　　会计机构负责人:赵宝英

母公司利润表

2017年1—12月

单位:元　币种:人民币

项目	附注	本期发生额	上期发生额
一、营业收入		5,557,081,649.51	5,242,665,895.94
利息净收入	十八(二)	192,462,069.11	186,882,098.90
利息收入	十八(二)	395,340,120.24	326,509,529.46
利息支出	十八(二)	202,878,051.13	139,627,430.56
手续费及佣金净收入	十八(三)	5,310,383,240.50	4,516,142,027.80
手续费及佣金收入	十八(三)	5,310,383,240.50	4,524,108,944.15
手续费及佣金支出	十八(三)		7,966,916.35
投资收益(损失以"-"号填列)	十八(四)	656,432,413.84	279,774,308.92

续表

项目	附注	本期发生额	上期发生额
其中:对联营企业和合营企业的投资收益		108,711,642.89	25,577,955.68
资产处置收益(损失以"-"号填列)			
公允价值变动收益(损失以"-"号填列)		-602,196,073.94	259,867,460.32
汇兑收益(损失以"-"号填列)			
其他收益			
其他业务收入			
二、营业支出		855,907,002.49	1,220,070,384.67
税金及附加		46,408,477.06	97,410,072.19
业务及管理费		796,493,228.60	1,122,758,799.45
资产减值损失		13,005,296.83	-98,486.97
其他业务成本			
三、营业利润(亏损以"-"号填列)		4,701,174,647.02	4,022,595,511.27
加:营业外收入		178,525,360.05	142,528,614.78
减:营业外支出		5,486,391.42	11,902,835.59
四、利润总额(亏损总额以"-"号填列)		4,874,213,615.65	4,153,221,290.46
减:所得税费用		1,206,001,357.67	1,119,273,842.76
五、净利润(净亏损以"-"号填列)		3,668,212,257.98	3,033,947,447.70
(一)持续经营净利润(净亏损以"-"号填列)		3,668,212,257.98	3,033,947,447.70
(二)终止经营净利润(净亏损以"-"号填列)			
六、每股收益:			
(一)基本每股收益			
(二)稀释每股收益			
七、其他综合收益的税后净额		48,088,919.37	21,754,315.66
(一)以后不能重分类进损益的其他综合收益			
(二)以后将重分类进损益的其他综合收益		48,088,919.37	21,754,315.66
1.权益法下在被投资单位以后将重分类进损益的其他综合收益中享有的份额			
2.可供出售金融资产公允价值变动损益		48,088,919.37	21,754,315.66
八、综合收益总额		3,716,301,177.35	3,055,701,763.36

法定代表人:王少钦　　主管会计工作负责人:赵宝英　　会计机构负责人:赵宝英

合并现金流量表

2017年1—12月

编制单位:安信信托股份有限公司　　单位:元　币种:人民币

项目	附注	本期发生额	上期发生额
一、经营活动产生的现金流量:			
销售商品、提供劳务收到的现金			

续表

项目	附注	本期发生额	上期发生额
客户存款和同业存放款项净增加额			
向中央银行借款净增加额			
向其他金融机构拆入资金净增加额			
收到原保险合同保费取得的现金			
收到再保险业务现金净额			
保户储金及投资款净增加额			
以公允价值计量且其变动计入当期损益的金融负债净增加额			
以公允价值计量且其变动计入当期损益的金融资产净减少额			
收取利息、手续费及佣金的现金		5,873,921,085.73	5,221,788,863.31
拆入资金净增加额			
回购业务资金净增加额			
收到的税费返还			
收到其他与经营活动有关的现金	五(五十六)	2,202,692,256.06	675,321,557.29
经营活动现金流入小计		8,076,613,341.79	5,897,110,420.60
购买商品、接受劳务支付的现金			
客户贷款及垫款净增加额		3,401,691,322.31	800,943,425.00
存放中央银行和同业款项净增加额			
支付原保险合同赔付款项的现金			
支付利息、手续费及佣金的现金		372,435,536.94	152,502,537.61
支付保单红利的现金			
支付给职工以及为职工支付的现金		466,144,313.56	291,673,735.92
支付的各项税费		1,525,523,315.00	1,163,114,682.04
支付其他与经营活动有关的现金	五(五十六)	580,778,929.52	495,082,131.07
经营活动现金流出小计		6,346,573,417.33	2,903,316,511.64
经营活动产生的现金流量净额		1,730,039,924.46	2,993,793,908.96
二、投资活动产生的现金流量:			
收回投资收到的现金		30,899,116,464.93	14,593,359,102.05
取得投资收益收到的现金		719,917,575.87	321,832,139.25
处置固定资产、无形资产和其他长期资产收回的现金净额			
处置子公司及其他营业单位收到的现金净额			
收到其他与投资活动有关的现金			
投资活动现金流入小计		31,619,034,040.80	14,915,191,241.30

续表

项目	附注	本期发生额	上期发生额
购建固定资产、无形资产和其他长期资产支付的现金		13,890,116.23	6,434,443.02
投资支付的现金		33,850,439,128.81	21,402,487,884.79
质押贷款净增加额			
取得子公司及其他营业单位支付的现金净额			
支付其他与投资活动有关的现金			
投资活动现金流出小计		33,864,329,245.04	21,408,922,327.81
投资活动产生的现金流量净额		-2,245,295,204.24	-6,493,731,086.51
三、筹资活动产生的现金流量:			
吸收投资收到的现金			5,025,999,962.42
其中:子公司吸收少数股东投资收到的现金			
取得借款收到的现金		1,560,150,000.00	1,200,000,000.00
发行债券收到的现金			
收到其他与筹资活动有关的现金			
筹资活动现金流入小计		1,560,150,000.00	6,225,999,962.42
偿还债务支付的现金		210,000,000.00	
分配股利、利润或偿付利息支付的现金		1,242,985,890.60	628,667,006.67
其中:子公司支付给少数股东的股利、利润			
支付其他与筹资活动有关的现金			
筹资活动现金流出小计		1,452,985,890.60	628,667,006.67
筹资活动产生的现金流量净额		107,164,109.40	5,597,332,955.75
四、汇率变动对现金及现金等价物的影响			
五、现金及现金等价物净增加额		-408,091,170.38	2,097,395,778.20
加:期初现金及现金等价物余额		3,393,842,115.89	1,296,446,337.69
六、期末现金及现金等价物余额		2,985,750,945.51	3,393,842,115.89

法定代表人:王少钦　　主管会计工作负责人:赵宝英　　会计机构负责人:赵宝英

母公司现金流量表

2017年1—12月

编制单位:安信信托股份有限公司　　单位:元　币种:人民币

项目	附注	本期发生额	上期发生额
一、经营活动产生的现金流量:			
客户存款和同业存放款项净增加额			
向中央银行借款净增加额			
向其他金融机构拆入资金净增加额			
收取利息、手续费及佣金的现金		5,807,567,020.63	5,219,710,505.75
收到其他与经营活动有关的现金		2,202,692,256.06	675,321,557.29

续表

项目	附注	本期发生额	上期发生额
经营活动现金流入小计		8,010,259,276.69	5,895,032,063.04
客户贷款及垫款净增加额		741,191,322.31	-941,056,575.00
存放中央银行和同业款项净增加额			
支付利息的现金		202,878,051.13	139,627,430.56
支付手续费及佣金的现金			14,132,192.78
支付给职工以及为职工支付的现金		466,144,313.56	291,673,735.92
支付的各项税费		1,525,523,315.00	1,163,114,682.04
支付其他与经营活动有关的现金		514,805,986.28	494,287,512.28
经营活动现金流出小计		3,450,542,988.28	1,161,778,978.58
经营活动产生的现金流量净额		4,559,716,288.41	4,733,253,084.46
二、投资活动产生的现金流量：			
收回投资收到的现金		30,776,674,062.10	14,593,359,102.05
取得投资收益收到的现金		540,628,051.60	321,832,088.24
收到其他与投资活动有关的现金			
投资活动现金流入小计		31,317,302,113.70	14,915,191,190.29
投资支付的现金		35,065,552,810.16	21,905,798,988.42
购建固定资产、无形资产和其他长期资产支付的现金		13,890,116.23	6,434,446.08
支付其他与投资活动有关的现金			
投资活动现金流出小计		35,079,442,926.39	21,912,233,434.50
投资活动产生的现金流量净额		-3,762,140,812.69	-6,997,042,244.21
三、筹资活动产生的现金流量：			
吸收投资收到的现金			4,975,999,962.42
发行债券收到的现金			
收到其他与筹资活动有关的现金			
筹资活动现金流入小计			4,975,999,962.42
偿还债务支付的现金			
分配股利、利润或偿付利息支付的现金		1,242,985,890.60	619,461,439.80
支付其他与筹资活动有关的现金			
筹资活动现金流出小计		1,242,985,890.60	619,461,439.80
筹资活动产生的现金流量净额		-1,242,985,890.60	4,356,538,522.62
四、汇率变动对现金及现金等价物的影响			
五、现金及现金等价物净增加额		-445,410,414.88	2,092,749,362.87
加：期初现金及现金等价物余额		3,389,195,700.56	1,296,446,337.69
六、期末现金及现金等价物余额		2,943,785,285.68	3,389,195,700.56

法定代表人：王少钦　　主管会计工作负责人：赵宝英　　会计机构负责人：赵宝英

合并所有者权益变动表

2017 年 1—12 月

单位:元 币种:人民币

项目	本期												
	归属于母公司所有者权益											少数股东权益	所有者权益合计
	股本	其他权益工具			资本公积	减:库存股	其他综合收益	专项储备	盈余公积	一般风险准备	未分配利润		
		优先股	永续债	其他									
一、上年期末余额	2,071,643,151.00				6,498,352,958.83		24,650,776.11		618,055,292.24	470,664,389.78	4,034,800,005.32		13,718,166,573.28
加:会计政策变更													
前期差错更正													
同一控制下企业合并													
其他													
二、本年期初余额	2,071,643,151.00				6,498,352,958.83		24,650,776.11		618,055,292.24	470,664,389.78	4,034,800,005.32		13,718,166,573.28
三、本期增减变动金额(减少以"-"号填列)	2,485,971,781.00				-2,485,971,781.00		48,088,919.37		366,821,225.80	249,774,195.90	1,808,630,945.68		2,473,315,286.75
(一)综合收益总额							48,088,919.37				3,668,212,257.98		3,716,301,177.35
(二)所有者投入和减少资本													
1. 股东投入的普通股													
2. 其他权益工具持有者投入资本													
3. 股份支付计入所有者权益的金额													
4. 其他													
(三)利润分配									366,821,225.80	249,774,195.90	-1,859,581,312.30		-1,242,985,890.60
1. 提取盈余公积									366,821,225.80		-366,821,225.80		

续表

项目	本期												
	归属于母公司所有者权益											少数股东权益	所有者权益合计
	股本	其他权益工具			资本公积	减:库存股	其他综合收益	专项储备	盈余公积	一般风险准备	未分配利润		
		优先股	永续债	其他									
2. 提取一般风险准备										249,774,195.90	-249,774,195.90		
3. 对所有者(或股东)的分配											-1,242,985,890.60		-1,242,985,890.60
4. 其他													
(四)所有者权益内部结转	2,485,971,781.00				-2,485,971,781.00								
1. 资本公积转增资本(或股本)	2,485,971,781.00				-2,485,971,781.00								
2. 盈余公积转增资本(或股本)													
3. 盈余公积弥补亏损													
4. 其他													
(五)专项储备													
1. 本期提取													
2. 本期使用													
(六)其他													
四、本期期末余额	4,557,614,932.00				4,012,381,177.83		72,739,695.48		984,876,518.04	720,438,585.68	5,843,430,951.00		16,191,481,860.03

项目	上期												
	归属于母公司所有者权益											少数股东权益	所有者权益合计
	股本	其他权益工具			资本公积	减:库存股	其他综合收益	专项储备	盈余公积	一般风险准备	未分配利润		
		优先股	永续债	其他									
一、上年期末余额	1,769,889,828.00				1,827,099,329.00		2,896,460.45		314,660,547.47	241,683,939.44	2,152,689,192.53		6,308,919,296.89
加:会计政策变更													
前期差错更正													
同一控制下企业合并													
其他													
二、本年期初余额	1,769,889,828.00				1,827,099,329.00		2,896,460.45		314,660,547.47	241,683,939.44	2,152,689,192.53		6,308,919,296.89
三、本期增减变动金额(减少以"-"号填列)	301,753,323.00				4,671,253,629.83		21,754,315.66		303,394,744.77	228,980,450.34	1,882,110,812.79		7,409,247,276.39
(一)综合收益总额							21,754,315.66				3,033,947,447.70		3,055,701,763.36
(二)所有者投入和减少资本	301,753,323.00				4,671,253,629.83								4,973,006,952.83
1.股东投入的普通股	301,753,323.00				4,671,253,629.83								4,973,006,952.83
2.其他权益工具持有者投入资本													
3.股份支付计入所有者权益的金额													
4.其他													
(三)利润分配									303,394,744.77	228,980,450.34	-1,151,836,634.91		-619,461,439.80
1.提取盈余公积									303,394,744.77		-303,394,744.77		
2.提取一般风险准备										228,980,450.34	-228,980,450.34		
3.对所有者(或股东)的分配											-619,461,439.80		-619,461,439.80

续表

项目	上期												
	归属于母公司所有者权益											少数股东权益	所有者权益合计
	股本	其他权益工具			资本公积	减:库存股	其他综合收益	专项储备	盈余公积	一般风险准备	未分配利润		
		优先股	永续债	其他									
4. 其他													
(四)所有者权益内部结转													
1. 资本公积转增资本(或股本)													
2. 盈余公积转增资本(或股本)													
3. 盈余公积弥补亏损													
4. 其他													
(五)专项储备													
1. 本期提取													
2. 本期使用													
(六)其他													
四、本期期末余额	2,071,643,151.00				6,498,352,958.83		24,650,776.11		618,055,292.24	470,664,389.78	4,034,800,005.32		13,718,166,573.28

法定代表人:王少钦　　主管会计工作负责人:赵宝英　　会计机构负责人:赵宝英

母公司所有者权益变动表

2017 年 1—12 月

单位:元　币种:人民币

项目	本期											
	股本	其他权益工具			资本公积	减:库存股	其他综合收益	专项储备	盈余公积	一般风险准备	未分配利润	所有者权益合计
		优先股	永续债	其他								
一、上年期末余额	2,071,643,151.00				6,498,352,958.83		24,650,776.11		618,055,292.24	470,664,389.78	4,034,800,005.32	13,718,166,573.28
加:会计政策变更												
前期差错更正												
其他												
二、本年期初余额	2,071,643,151.00				6,498,352,958.83		24,650,776.11		618,055,292.24	470,664,389.78	4,034,800,005.32	13,718,166,573.28
三、本期增减变动金额(减少以“-”号填列)	2,485,971,781.00				-2,485,971,781.00		48,088,919.37		366,821,225.80	249,774,195.90	1,808,630,945.68	2,473,315,286.75
(一)综合收益总额							48,088,919.37				3,668,212,257.98	3,716,301,177.35
(二)所有者投入和减少资本												
1.股东投入的普通股												
2.其他权益工具持有者投入资本												
3.股份支付计入所有者权益的金额												
4.其他												
(三)利润分配									366,821,225.80	249,774,195.90	-1,859,581,312.30	-1,242,985,890.60
1.提取盈余公积									366,821,225.80		-366,821,225.80	
2.对所有者(或股东)的分配											-1,242,985,890.60	-1,242,985,890.60
3.其他												

续表

项目	本期											
	股本	其他权益工具			资本公积	减:库存股	其他综合收益	专项储备	盈余公积	一般风险准备	未分配利润	所有者权益合计
		优先股	永续债	其他								
4. 提取一般风险准备										249,774,195.90	-249,774,195.90	
(四)所有者权益内部结转	2,485,971,781.00				-2,485,971,781.00							
1. 资本公积转增资本(或股本)	2,485,971,781.00				-2,485,971,781.00							
2. 盈余公积转增资本(或股本)												
3. 盈余公积弥补亏损												
4. 其他												
(五)专项储备												
1. 本期提取												
2. 本期使用												
(六)其他												
四、本期期末余额	4,557,614,932.00				4,012,381,177.83		72,739,695.48		984,876,518.04	720,438,585.68	5,843,430,951.00	16,191,481,860.03

项目	上期											
	股本	其他权益工具			资本公积	减:库存股	其他综合收益	专项储备	盈余公积	一般风险准备	未分配利润	所有者权益合计
		优先股	永续债	其他								
一、上年期末余额	1,769,889,828.00				1,827,099,329.00		2,896,460.45		314,660,547.47	241,683,939.44	2,152,689,192.53	6,308,919,296.89
加:会计政策变更												
前期差错更正												
其他												
二、本年期初余额	1,769,889,828.00				1,827,099,329.00		2,896,460.45		314,660,547.47	241,683,939.44	2,152,689,192.53	6,308,919,296.89
三、本期增减变动金额(减少以“-”号填列)	301,753,323.00				4,671,253,629.83		21,754,315.66		303,394,744.77	228,980,450.34	1,882,110,812.79	7,409,247,276.39
(一)综合收益总额							21,754,315.66				3,033,947,447.70	3,055,701,763.36
(二)所有者投入和减少资本	301,753,323.00				4,671,253,629.83							4,973,006,952.83
1. 股东投入的普通股	301,753,323.00				4,671,253,629.83							4,973,006,952.83
2. 其他权益工具持有者投入资本												
3. 股份支付计入所有者权益的金额												
4. 其他												
(三)利润分配									303,394,744.77	228,980,450.34	-1,151,836,634.91	-619,461,439.80
1. 提取盈余公积									303,394,744.77		-303,394,744.77	
2. 对所有者(或股东)的分配											-619,461,439.80	-619,461,439.80
3. 其他												
4. 提取一般风险准备										228,980,450.34	-228,980,450.34	
(四)所有者权益内部结转												

续表

项目	上期											
	股本	其他权益工具			资本公积	减:库存股	其他综合收益	专项储备	盈余公积	一般风险准备	未分配利润	所有者权益合计
		优先股	永续债	其他								
1. 资本公积转增资本(或股本)												
2. 盈余公积转增资本(或股本)												
3. 盈余公积弥补亏损												
4. 其他												
(五)专项储备												
1. 本期提取												
2. 本期使用												
(六)其他												
四、本期期末余额	2,071,643,151.00				6,498,352,958.83		24,650,776.11		618,055,292.24	470,664,389.78	4,034,800,005.32	13,718,166,573.28

法定代表人:王少钦　　主管会计工作负责人:赵宝英　　会计机构负责人:赵宝英

一、公司基本情况

(一)公司概况

√适用 □不适用

安信信托股份有限公司(原名:鞍山市信托投资股份有限公司、安信信托投资股份有限公司)系非银行金融机构,根据中国银行业监督管理委员会《关于安信信托投资股份有限公司变更公司名称和业务范围的批复》(银监复〔2014〕14 号)于 2014 年 4 月 8 日更名为安信信托股份有限公司(以下简称公司或本公司),其前身为鞍山市信托投资公司,成立于 1987 年 2 月。1992 年经辽宁省经济体制改革委员会和中国人民银行辽宁省分行批准改组为股份有限公司,总股本为 102,750,000 股。1994 年 1 月公司社会公众股在上海证券交易所挂牌交易,经过转增、送配股及定向增发,截至 2017 年 12 月 31 日,股本总数为 4,557,614,932 股,其中:有限售条件股份为 2,060,011,153股,占股份总数的45.20%,无限售条件股份为 2,497,603,779 股,占股份总数的 54.80%。

本公司统一社会信用代码为 91310000765596096G,金融许可证号为 K0025H231000001。

注册地址:上海市杨浦区控江路 1553 - 1555 号 A 座 3 楼 301 室,法定代表人:王少钦。

经营范围:资金信托,动产信托,不动产信托,有价证券信托,其他财产或财产权信托,作为投资基金或者基金管理公司的发起人从事投资基金业务,经营企业资产的重组、购并及项目融资、公司理财、财务顾问等业务,受托经营国务院有关部门批准的证券承销业务,办理居间、咨询、资信调查等业务,代保管及保管箱业务,存放同业、拆放同业、贷款、租赁,投资方式运用固有财产,以固有财产为他人提供担保,从事同业拆借,法律法规规定或中国银行业监督管理委员会批准的其他业务,上述业务包括外汇业务。(依法须经批准的项目,经相关部门批准后方可开展经营活动)。本公司的控股股东为上海国之杰投资发展有限公司,本公司的实际控制人为高天国先生。

本财务报表业经公司董事会于 2018 年 2 月 7 日批准报出。

(二)合并财务报表范围

√适用 □不适用

截至 2017 年 12 月 31 日止,公司合并财务报表范围包括本公司控制的结构化主体。

本期合并财务报表范围及其变化情况详见本附注“七、合并范围的变更”和“八、在其他主体中的权益”。

二、财务报表的编制基础

(一)编制基础

公司以持续经营为基础,根据实际发生的交易和事项,按照财政部颁布的《企业会计准则——基本准则》和各项具体会计准则、企业会计准则应用指南、企业会计准则解释及其他相关规定(以下合称“企业会计准则”),以及中国证券监督管理委员会《公开发行证券的公司信息披露编报规则第 15 号——财务报告的一般规定》的披露规定编制财务报表。

(二)持续经营

√适用 □不适用

公司财务状况良好,自报告期末起 12 个月具备持续经营能力。

三、重要会计政策及会计估计

具体会计政策和会计估计提示:

□适用 √不适用

(一)遵循企业会计准则的声明

公司所编制的财务报表符合企业会计准则的要求,真实、完整地反映了报告期公司的财务状况、经营成果、现金流量等有关信息。

(二)会计期间

自公历 1 月 1 日至 12 月 31 日止为一个会计年度。

(三)营业周期

√适用 □不适用

本公司营业周期为 12 个月。

(四)记账本位币

采用人民币为记账本位币。

(五)同一控制下和非同一控制下企业合并的会计处理方法

□适用 √不适用

(六)合并财务报表的编制方法:

编制方法

√适用 □不适用

1. 合并范围

本公司合并财务报表的合并范围以控制为基础确定,包括本公司、本公司控制的子公司及受本公司控制的结构化主体。

2. 合并程序

本公司编制合并财务报表,将整个企业集团视为一个会计主体,依据相关企业会计准则的确认、计量和列报要求,按照统一的会计政策,反映本企业集团整体财务状况、经营成果和现金流量。

所有纳入合并财务报表合并范围的子公司、结构化主体所采用的会计政策、会计期间与本公司一致,如子公司、结构化主体采用的会计政策、会计期间与本公司不一致的,在编制合并财务报表时,按本公司的会计政策、会计期间进行必要的调整。对于非同一控制下企业合并取得的子公司,以购买日可辨认净资产公允价值为基础对其财务报表进行调整。对于同一控制下企业合并取得的子公司,以其资产、负债(包括最终控制方收购该子公司而形成的商誉)在最终控制方财务报表中的账面价值为基础对其财务报表进行调整。

子公司、结构化主体所有者权益、当期净损益和当期综合收益中属于少数股东的份额分别在合并资产负债表中所有者权益项目下、合并利润表中净利润项目下和综合收益总额项目下单独列示。子公司、结构化主体少数股东分担的当期亏损超过了少数股东在该子公司、结构化主体期初所有者权益中所享有份额而形成的余额，冲减少数股东权益。

(1)增加子公司或业务

在报告期内，若因同一控制下企业合并增加子公司或业务的，则调整合并资产负债表的期初数；将子公司或业务合并当期期初至报告期末的收入、费用、利润纳入合并利润表；将子公司或业务合并当期期初至报告期末的现金流量纳入合并现金流量表，同时对比较报表的相关项目进行调整，视同合并后的报告主体自最终控制方开始控制时点起一直存在。

在报告期内，若因非同一控制下企业合并增加子公司或业务的，则不调整合并资产负债表期初数；将该子公司或业务自购买日至报告期末的收入、费用、利润纳入合并利润表；该子公司或业务自购买日至报告期末的现金流量纳入合并现金流量表。

(2)处置子公司或业务

①一般处理方法

在报告期内，本公司处置子公司或业务，则该子公司或业务期初至处置日的收入、费用、利润纳入合并利润表；该子公司或业务期初至处置日的现金流量纳入合并现金流量表。

因处置部分股权投资或其他原因丧失了对被投资方控制权时，对于处置后的剩余股权投资，本公司按照其在丧失控制权日的公允价值进行重新计量。处置股权取得的对价与剩余股权公允价值之和，减去按原持股比例计算应享有原有子公司自购买日或合并日开始持续计算的净资产的份额与商誉之和的差额，计入丧失控制权当期的投资收益。与原有子公司股权投资相关的其他综合收益或除净损益、其他综合收益及利润分配之外的其他所有者权益变动，在丧失控制权时转为当期投资收益，由于被投资方重新计量设定受益计划净负债或净资产变动而产生的其他综合收益除外。

因其他投资方对子公司增资而导致本公司持股比例下降从而丧失控制权的，按照上述原则进行会计处理。

②分步处置子公司

通过多次交易分步处置对子公司股权投资直至丧失控制权的，处置对子公司股权投资的各项交易的条款、条件以及经济影响符合以下一种或多种情况，通常表明应将多次交易事项作为一揽子交易进行会计处理：

ⅰ.这些交易是同时或者在考虑了彼此影响的情况下订立的；

ⅱ.这些交易整体才能达成一项完整的商业结果；

ⅲ.一项交易的发生取决于其他至少一项交易的发生；

ⅳ.一项交易单独看是不经济的，但是和其他交易一并考虑时是经济的。

处置对子公司股权投资直至丧失控制权的各项交易属于一揽子交易的，本公司将各项交易作为一项处置子公司并丧失控制权的交易进行会计处理；但是，在丧失控制权之前每一次处置价款与处置投资对应的享有该子公司净资产份额的差额，在合并财务报表中确认为其他综合收益，在丧失控制权时一并转入丧失控制权当期的损益。

处置对子公司股权投资直至丧失控制权的各项交易不属于一揽子交易的，在丧失控制权之前，按不丧失控制权的情况下部分处置对子公司的股权投资的相关政策进行会计处理；在丧失控制权时，按处置子公司一般处理方法进行会计处理。

(3)购买子公司少数股权

本公司因购买少数股权新取得的长期股权投资与按照新增持股比例计算应享有子公司自购买日(或合并日)开始持续计算的净资产份额之间的差额，调整合并资产负债表中的资本公积中的股本溢价，资本公积中的股本溢价不足冲减的，调整留存收益。

(4)不丧失控制权的情况下部分处置对子公司的股权投资

在不丧失控制权的情况下因部分处置对子公司的长期股权投资而取得的处置价款与处置长期股权投资相对应享有子公司自购买日或合并日开始持续计算的净资产份额之间的差额，调整合并资产负债表中的资本公积中的股本溢价，资本公积中的股本溢价不足冲减的，调整留存收益。

对同一子公司的股权在连续两个会计年度买入再卖出，或卖出再买入的应披露相关的会计处理方法

□适用 √不适用

(七)合营安排分类及共同经营会计处理方法

□适用 √不适用

(八)现金及现金等价物的确定标准

现金，是指库存现金以及可以随时用于支付的存款，包括库存现金、可用于支付的存放中央银行非限定性存款、活期存放同业款项。现金等价物，是指企业持有的期限短、流动性强、易于转换为已知金额现金、价值变动风险很小的投资，包括原合同在三个月内到期的存放同业款项、债券投资和买入返售证券等。

(九)外币业务和外币报表折算

□适用 √不适用

(十)金融工具

√适用 □不适用

金融工具包括金融资产、金融负债和权益工具。

1.金融工具的分类

管理层按照取得持有金融资产和承担金融负债的目的，将其划分为：以公允价值计量且其变动计入当期损益的金融资产或金融负债，包括交易性金融资产或金融负债和直接指定为以公允价值计量且其变动计入当期损益的金融资产或金融负债；持有至到期投资；贷款和应收款项；可供出售金融资产；其他金融负债等。

2.金融工具的确认依据和计量方法

(1)以公允价值计量且其变动计入当期损益的金融

资产(金融负债)

取得时以公允价值(扣除已宣告但尚未发放的现金股利或已到付息期但尚未领取的债券利息)作为初始确认金额,相关的交易费用计入当期损益。

持有期间将取得的利息或现金股利确认为投资收益,期末将公允价值变动计入当期损益。

处置时,其公允价值与初始入账金额之间的差额确认为投资收益,同时调整公允价值变动损益。

(2)持有至到期投资

取得时按公允价值(扣除已到付息期但尚未领取的债券利息)和相关交易费用之和作为初始确认金额。

持有期间按照摊余成本和实际利率计算确认利息收入,计入投资收益。实际利率在取得时确定,在该预期存续期间或适用的更短期间内保持不变。

处置时,将所取得价款与该投资账面价值之间的差额计入投资收益。

(3)贷款和应收款项

贷款和应收款项,是指在活跃市场中没有报价、回收金额固定或可确定的非衍生金融资产。对于此类金融资产,采用实际利率法,按照摊余成本进行后续计量,其摊销或减值以及终止确认产生的利得或损失,均计入当期损益。贷款及应收款项主要包括发放贷款和垫款。

(4)可供出售金融资产

取得时按公允价值(扣除已宣告但尚未发放的现金股利或已到付息期但尚未领取的债券利息)和相关交易费用之和作为初始确认金额。

持有期间将取得的利息或现金股利确认为投资收益。期末以公允价值计量且将公允价值变动计入其他综合收益。但是,在活跃市场中没有报价且其公允价值不能可靠计量的权益工具投资,以及与该权益工具挂钩并须通过交付该权益工具结算的衍生金融资产,按照成本计量。

处置时,将取得的价款与该金融资产账面价值之间的差额,计入投资损益;同时,将原直接计入其他综合收益的公允价值变动累计额对应处置部分的金额转出,计入当期损益。

(5)其他金融负债

按其公允价值和相关交易费用之和作为初始确认金额。采用摊余成本进行后续计量。

3.金融资产转移的确认依据和计量方法

公司发生金融资产转移时,如已将金融资产所有权上几乎所有的风险和报酬转移给转入方,则终止确认该金融资产;如保留了金融资产所有权上几乎所有的风险和报酬的,则不终止确认该金融资产。

在判断金融资产转移是否满足上述金融资产终止确认条件时,采用实质重于形式的原则。公司将金融资产转移区分为金融资产整体转移和部分转移。金融资产整体转移满足终止确认条件的,将下列两项金额的差额计入当期损益:

(1)所转移金融资产的账面价值;

(2)因转移而收到的对价,与原直接计入其他综合收益的公允价值变动累计额(涉及转移的金融资产为可供出售金融资产的情形)之和。

金融资产部分转移满足终止确认条件的,将所转移金融资产整体的账面价值,在终止确认部分和未终止确认部分之间,按照各自的相对公允价值进行分摊,并将下列两项金额的差额计入当期损益:

(1)终止确认部分的账面价值;

(2)终止确认部分的对价,与原直接计入其他综合收益的公允价值变动累计额中对应终止确认部分的金额(涉及转移的金融资产为可供出售金融资产的情形)之和。

金融资产转移不满足终止确认条件的,继续确认该金融资产,所收到的对价确认为一项金融负债。

4.金融负债终止确认条件

金融负债的现时义务全部或部分已经解除的,则终止确认该金融负债或其一部分;本公司若与债权人签定协议,以承担新金融负债方式替换现存金融负债,且新金融负债与现存金融负债的合同条款实质上不同的,则终止确认现存金融负债,并同时确认新金融负债。

对现存金融负债全部或部分合同条款作出实质性修改的,则终止确认现存金融负债或其一部分,同时将修改条款后的金融负债确认为一项新金融负债。

金融负债全部或部分终止确认时,终止确认的金融负债账面价值与支付对价(包括转出的非现金资产或承担的新金融负债)之间的差额,计入当期损益。

本公司若回购部分金融负债的,在回购日按照继续确认部分与终止确认部分的相对公允价值,将该金融负债整体的账面价值进行分配。分配给终止确认部分的账面价值与支付的对价(包括转出的非现金资产或承担的新金融负债)之间的差额,计入当期损益。

5.金融资产和金融负债公允价值的确定方法

存在活跃市场的金融工具,以活跃市场中的报价确定其公允价值。不存在活跃市场的金融工具,采用估值技术确定其公允价值。在估值时,本公司采用在当前情况下适用并且有足够可利用数据和其他信息支持的估值技术,选择与市场参与者在相关资产或负债的交易中所考虑的资产或负债特征相一致的输入值,并优先使用相关可观察输入值。只有在相关可观察输入值无法取得或取得不切实可行的情况下,才使用不可观察输入值。

6.金融资产减值准备计提

除以公允价值计量且其变动计入当期损益的金融资产外,本公司于资产负债表日对金融资产的账面价值进行检查,当有客观证据表明金融资产因在其初始确认后发生的一项或多项损失事件而发生减值,且这些损失事件对该项或该组金融资产的预计未来现金流量产生的影响能可靠估计时,本公司认定该项或该组金融资产已发生减值并确认减值损失。表明金融资产发生减值的客观证据，是指金融资产初始确认后实际发生的、对该金融资产的预计未来现金流量有影响，且本公司能够对该影响进行可靠计量的事项。

(1)以摊余成本计量的金融资产

如果有客观证据表明该金融资产发生减值，则将该金融资产的账面价值减记至预计未来现金流量(不包括尚未发生的未来信用损失)现值，减记金额计入当期损益。预计未来现金流量现值，按照该金融资产原实际利率(即初始确认时计算确定的实际利率)折现确定，并考虑相关担保物的价值。对于浮动利率，在计算未来现金流量现值时采用合同规定的现行实际利率作为折现率。

对单项金额重大的金融资产单独进行减值测试，如有客观证据表明其已发生减值，确认减值损失，计入当期损益。对单项金额不重大的金融资产，包括在具有类似信用风险特征的金融资产组合中进行减值测试。单独测试未发生减值的金融资产，包括在具有类似信用风险特征的金融资产组合中再进行减值测试。已单项确认减值损失的金融资产，不包括在具有类似信用风险特征的金融资产组合中进行减值测试。

当金融资产无法收回时，在完成所有必要程序及确定损失金额后，本集团对该金融资产进行核销，冲减相应的资产减值准备。

本公司对以摊余成本计量的金融资产确认减值损失后，如有客观证据表明该金融资产价值已恢复，且客观上与确认该损失后发生的事项有关，原确认的减值损失予以转回，计入当期损益。

(2)可供出售金融资产的减值准备

表明可供出售权益工具投资发生减值的客观证据包括权益工具投资的公允价值发生严重或非暂时性下跌。本公司于资产负债表日对各项可供出售权益工具投资单独进行检查，若该权益工具投资于资产负债表日的公允价值低于其初始投资成本超过50%(含50%)或低于其初始投资成本持续时间超过一年(含一年)的，则表明其发生减值；若该权益工具投资于资产负债表日的公允价值低于其初始投资成本超过20%(含20%)但尚未达到50%的，本公司会综合考虑其他相关因素诸如价格波动率等，判断该权益工具投资是否发生减值。本公司以加权平均法计算可供出售权益工具投资的初始投资成本。

如果可供出售金融资产发生减值，原计入其他综合收益的因公允价值下降形成的累计损失，予以转出，计入当期损益。该转出的累计损失金额等于可供出售金融资产的初始取得成本扣除已收回本金和已摊销金额后与当前公允价值之前的差额，减去原已计入损益的减值损失后的余额。

对于已确认减值损失的可供出售债务工具，在随后的会计期间公允价值已上升且客观上与确认原减值损失后发生的事项有关的，原确认的减值损失予以转回，计入当期损益。可供出售权益工具投资发生的减值损失，不通过损益转回，减值之后发生的公允价值增加直接在其他综合收益中确认。

将尚未到期的持有至到期投资重分类为可供出售金融资产的，说明持有意图或能力发生改变的依据

□适用 √不适用

(十一)应收款项

1. 单项金额重大并单独计提坏账准备的应收款项

√适用 □不适用

单项金额重大的判断依据或金额标准	应收款项余额前五名或占应收账款10%以上的款项之和。
单项金额重大并单项计提坏账准备的计提方法	单独进行减值测试，如有客观证据表明其已发生减值，按预计未来现金流量现值低于其账面价值的差额计提坏账准备，计入当期损益。单独测试未发生减值的应收款项，将其归入相应组合计提坏账准备。

2. 按组合计提坏账准备的应收款项：

□适用 √不适用

组合中，采用账龄分析法计提坏账准备的

□适用 √不适用

组合中，采用余额百分比法计提坏账准备的

√适用 □不适用

组合名称	应收账款计提比例的说明	其他应收款计提比例的说明
按余额百分比法计提坏账准备组合	0.6%	0.6%

组合中，采用其他方法计提坏账准备的

□适用 √不适用

3. 单项金额不重大但单独计提坏账准备的应收款项：

√适用 □不适用

单项计提坏账准备的理由	估计可收回性存在较大疑问的应收款项。
坏账准备的计提方法	单独进行减值测试，并根据测试结果确定具体的坏账准备比例。

(十二)买入返售与卖出回购款项

购买时根据协议约定于未来某确定日返售的资产将不在资产负债表内予以确认。为买入该等资产所支付的成本，在资产负债表中列示为买入返售款项。购入与返售价格之差额在协议期间内按实际利率法确认，计入利息收入。

根据协议约定于未来某确定日期回购的已售出资产

不在资产负债表内予以终止确认。出售该等资产所得款项,在资产负债表中列示为卖出回购款项,以反映其作为向本公司贷款的经济实质。售价与回购价之差额在协议期间内按实际利率法确认,计入利息支出。

(十三)存货

□适用 √不适用

(十四)长期股权投资

√适用 □不适用

1. 共同控制、重大影响的判断标准

共同控制,是指按照相关约定对某项安排所共有的控制,并且该安排的相关活动必须经过分享控制权的参与方一致同意后才能决策。本公司与其他合营方一同对被投资单位实施共同控制且对被投资单位净资产享有权利的,被投资单位为本公司的合营企业。

重大影响,是指对一个企业的财务和经营决策有参与决策的权力,但并不能够控制或者与其他方一起共同控制这些政策的制定。本公司能够对被投资单位施加重大影响的,被投资单位为本公司联营企业。

2. 初始投资成本的确定

(1)企业合并形成的长期股权投资

同一控制下的企业合并:公司以支付现金、转让非现金资产或承担债务方式以及以发行权益性证券作为合并对价的,在合并日按照取得被合并方所有者权益在最终控制方合并财务报表中的账面价值的份额作为长期股权投资的初始投资成本。

非同一控制下的企业合并:公司按照购买日确定的合并成本作为长期股权投资的初始投资成本。

(2)其他方式取得的长期股权投资

以支付现金方式取得的长期股权投资,按照实际支付的购买价款作为初始投资成本。以发行权益性证券取得的长期股权投资,按照发行权益性证券的公允价值作为初始投资成本。

3. 后续计量及损益确认方法

(1)成本法核算的长期股权投资

公司对子公司的长期股权投资,采用成本法核算。除取得投资时实际支付的价款或对价中包含的已宣告但尚未发放的现金股利或利润外,公司按照享有被投资单位宣告发放的现金股利或利润确认当期投资收益。

(2)权益法核算的长期股权投资

对联营企业和合营企业的长期股权投资,采用权益法核算。初始投资成本大于投资时应享有被投资单位可辨认净资产公允价值份额的差额,不调整长期股权投资的初始投资成本;初始投资成本小于投资时应享有被投资单位可辨认净资产公允价值份额的差额,计入当期损益。

公司按照应享有或应分担的被投资单位实现的净损益和其他综合收益的份额,分别确认投资收益和其他综合收益,同时调整长期股权投资的账面价值;按照被投资单位宣告分派的利润或现金股利计算应享有的部分,相应减少长期股权投资的账面价值;对于被投资单位除净损益、其他综合收益和利润分配以外所有者权益的其他变动,调整长期股权投资的账面价值并计入所有者权益。

在确认应享有被投资单位净损益的份额时,以取得投资时被投资单位可辨认净资产的公允价值为基础,并按照公司的会计政策及会计期间,对被投资单位的净利润进行调整后确认。在持有投资期间,被投资单位编制合并财务报表的,以合并财务报表中的净利润、其他综合收益和其他所有者权益变动中归属于被投资单位的金额为基础进行核算。

在公司确认应分担被投资单位发生的亏损时,按照以下顺序进行处理:首先,冲减长期股权投资的账面价值。其次,长期股权投资的账面价值不足以冲减的,以其他实质上构成对被投资单位净投资的长期权益账面价值为限继续确认投资损失,冲减长期应收项目等的账面价值。最后,经过上述处理,按照投资合同或协议约定企业仍承担额外义务的,按预计承担的义务确认预计负债,计入当期投资损失。

(3)长期股权投资的处置

处置长期股权投资,其账面价值与实际取得价款的差额,计入当期损益。

采用权益法核算的长期股权投资,在处置该项投资时,采用与被投资单位直接处置相关资产或负债相同的基础,按相应比例对原计入其他综合收益的部分进行会计处理。因被投资单位除净损益、其他综合收益和利润分配以外的其他所有者权益变动而确认的所有者权益,按比例结转入当期损益,由于被投资方重新计量设定受益计划净负债或净资产变动而产生的其他综合收益除外。

因处置部分股权投资等原因丧失了对被投资单位的共同控制或重大影响的,处置后的剩余股权改按金融工具确认和计量准则核算,其在丧失共同控制或重大影响之日的公允价值与账面价值之间的差额计入当期损益。原股权投资因采用权益法核算而确认的其他综合收益,在终止采用权益法核算时采用与被投资单位直接处置相关资产或负债相同的基础进行会计处理。因被投资方除净损益、其他综合收益和利润分配以外的其他所有者权益变动而确认的所有者权益,在终止采用权益法核算时全部转入当期损益。

因处置部分股权投资、因其他投资方对子公司增资而导致本公司持股比例下降等原因丧失了对被投资单位控制权的,在编制个别财务报表时,剩余股权能够对被投资单位实施共同控制或重大影响的,改按权益法核算,并对该剩余股权视同自取得时即采用权益法核算进行调整;剩余股权不能对被投资单位实施共同控制或施加重大影响的,改按金融工具确认和计量准则的有关规定进行会计处理,其在丧失控制之日的公允价值与账面价值间的差额计入当期损益。

处置的股权是因追加投资等原因通过企业合并取得

的,在编制个别财务报表时,处置后的剩余股权采用成本法或权益法核算的,购买日之前持有的股权投资因采用权益法核算而确认的其他综合收益和其他所有者权益按比例结转;处置后的剩余股权改按金融工具确认和计量准则进行会计处理的,其他综合收益和其他所有者权益全部结转。

(十五)固定资产

1.确认条件

√适用 □不适用

固定资产指为生产商品、提供劳务、出租或经营管理而持有,并且使用寿命超过一个会计年度的有形资产。固定资产在同时满足下列条件时予以确认:

(1)与该固定资产有关的经济利益很可能流入企业;

(2)该固定资产的成本能够可靠地计量。

2.折旧方法

固定资产折旧采用年限平均法分类计提,根据固定资产类别、预计使用寿命和预计净残值率确定折旧率。如固定资产各组成部分的使用寿命不同或者以不同方式为企业提供经济利益,则选择不同折旧率或折旧方法,分别计提折旧。

融资租赁方式租入的固定资产,能合理确定租赁期届满时将会取得租赁资产所有权的,在租赁资产尚可使用年限内计提折旧;无法合理确定租赁期届满时能够取得租赁资产所有权的,在租赁期与租赁资产尚可使用年限两者中较短的期间内计提折旧。

√适用 □不适用

类别	折旧方法	折旧年限(年)	残值率	年折旧率
房屋及建筑物	年限平均法	35	5%	2.71%
专用设备	年限平均法	3-5	5%	19.00%-31.67%
运输设备	年限平均法	4	5%	23.75%
其他设备	年限平均法	6	5%	15.83%

3.融资租入固定资产的认定依据、计价和折旧方法

□适用 √不适用

(十六)在建工程

√适用 □不适用

1.在建工程的类别

在建工程以立项项目分类核算。

2.在建工程结转为固定资产的标准和时点

在建工程项目按建造该项资产达到预定可使用状态前所发生的全部支出,作为固定资产的入账价值。所建造的固定资产在建工程已达到预定可使用状态,但尚未办理竣工决算的,自达到预定可使用状态之日起,根据工程预算、造价或者工程实际成本等,按估计的价值转入固定资产,并按本公司固定资产折旧政策计提固定资产的折旧,待办理竣工决算后,再按实际成本调整原来的暂估价值,但不调整原已计提的折旧额。

(十七)借款费用

□适用 √不适用

(十八)生物资产

□适用 √不适用

(十九)油气资产

□适用 √不适用

(二十)无形资产

√适用 □不适用

1.无形资产的计价方法

(1)公司取得无形资产时按成本进行初始计量

外购无形资产的成本,包括购买价款、相关税费以及直接归属于使该项资产达到预定用途所发生的其他支出。购买无形资产的价款超过正常信用条件延期支付,实质上具有融资性质的,无形资产的成本以购买价款的现值为基础确定。

债务重组取得债务人用以抵债的无形资产,以该无形资产的公允价值为基础确定其入账价值,并将重组债务的账面价值与该用以抵债的无形资产公允价值之间的差额,计入当期损益;

在非货币性资产交换具备商业实质且换入资产或换出资产的公允价值能够可靠计量的前提下,非货币性资产交换换入的无形资产以换出资产的公允价值为基础确定其入账价值,除非有确凿证据表明换入资产的公允价值更加可靠;不满足上述前提的非货币性资产交换,以换出资产的账面价值和应支付的相关税费作为换入无形资产的成本,不确认损益。

以同一控制下的企业吸收合并方式取得的无形资产按被合并方的账面价值确定其入账价值;以非同一控制下的企业吸收合并方式取得的无形资产按公允价值确定其入账价值。

内部自行开发的无形资产,其成本包括:开发该无形资产时耗用的材料、劳务成本、注册费、在开发过程中使用的其他专利权和特许权的摊销以及满足资本化条件的利息费用,以及为使该无形资产达到预定用途前所发生的其他直接费用。

(2)后续计量

在取得无形资产时分析判断其使用寿命。

对于使用寿命有限的无形资产,在为企业带来经济利益的期限内按直线法摊销;无法预见无形资产为企业带来经济利益期限的,视为使用寿命不确定的无形资产,不予摊销。

2.使用寿命有限的无形资产的使用寿命估计情况:

软件从购入月份在受益期内平均摊销。

每期末,对使用寿命有限的无形资产的使用寿命及

摊销方法进行复核。

经复核,本年期末无形资产的使用寿命及摊销方法与以前估计未有不同。

(二十一)长期资产减值

√适用　□不适用

长期股权投资、采用成本模式计量的投资性房地产、固定资产、在建工程、使用寿命有限的无形资产等长期资产,于资产负债表日存在减值迹象的,进行减值测试。减值测试结果表明资产的可收回金额低于其账面价值的,按其差额计提减值准备并计入减值损失。可收回金额为资产的公允价值减去处置费用后的净额与资产预计未来现金流量的现值两者之间的较高者。资产减值准备按单项资产为基础计算并确认,如果难以对单项资产的可收回金额进行估计的,以该资产所属的资产组确定资产组的可收回金额。资产组是能够独立产生现金流入的最小资产组合。

商誉和使用寿命不确定的无形资产至少在每年年度终了进行减值测试。

本公司进行商誉减值测试,对于因企业合并形成的商誉的账面价值,自购买日起按照合理的方法分摊至相关的资产组;难以分摊至相关的资产组的,将其分摊至相关的资产组组合。在将商誉的账面价值分摊至相关的资产组或者资产组组合时,按照各资产组或者资产组组合的公允价值占相关资产组或者资产组组合公允价值总额的比例进行分摊。公允价值难以可靠计量的,按照各资产组或者资产组组合的账面价值占相关资产组或者资产组组合账面价值总额的比例进行分摊。

在对包含商誉的相关资产组或者资产组组合进行减值测试时,如与商誉相关的资产组或者资产组组合存在减值迹象的,先对不包含商誉的资产组或者资产组组合进行减值测试,计算可收回金额,并与相关账面价值相比较,确认相应的减值损失。再对包含商誉的资产组或者资产组组合进行减值测试,比较这些相关资产组或者资产组组合的账面价值(包括所分摊的商誉的账面价值部分)与其可收回金额,如相关资产组或者资产组组合的可收回金额低于其账面价值的,确认商誉的减值损失。

上述资产减值损失一经确认,在以后会计期间不予转回。

(二十二)长期待摊费用

√适用　□不适用

长期待摊费用为已经发生但应由本期和以后各期负担的分摊期限在一年以上的各项费用。

1. 摊销方法

长期待摊费用在受益期内平均摊销。

2. 摊销年限

经营租赁方式租入的固定资产改良支出,按剩余租赁期与租赁资产尚可使用年限两者中较短的期限平均摊销。

(二十三)职工薪酬

1. 短期薪酬的会计处理方法

√适用　□不适用

本公司在职工为本公司提供服务的会计期间,将实际发生的短期薪酬确认为负债,并计入当期损益或相关资产成本。

本公司为职工缴纳的社会保险费和住房公积金,以及按规定提取的工会经费和职工教育经费,在职工为本公司提供服务的会计期间,根据规定的计提基础和计提比例计算确定相应的职工薪酬金额。

职工福利费为非货币性福利的,按照公允价值计量。

2. 离职后福利的会计处理方法

√适用　□不适用

本公司按当地政府的相关规定为职工缴纳基本养老保险和失业保险,在职工为本公司提供服务的会计期间,按以当地规定的缴纳基数和比例计算应缴纳金额,确认为负债,并计入当期损益或相关资产成本。

3. 辞退福利的会计处理方法

√适用　□不适用

本公司在不能单方面撤回因解除劳动关系计划或裁减建议所提供的辞退福利时,或确认与涉及支付辞退福利的重组相关的成本或费用时(两者孰早),确认辞退福利产生的职工薪酬负债,并计入当期损益。

4. 其他长期职工福利的会计处理方法

□适用　√不适用

(二十四)附回购条件的资产转让

□适用　√不适用

(二十五)预计负债

√适用　□不适用

1. 预计负债的确认标准

与诉讼、债务担保、亏损合同、重组事项等或有事项相关的义务同时满足下列条件时,确认为预计负债:

(1)该义务是本公司承担的现时义务;

(2)履行该义务很可能导致经济利益流出本公司;

(3)该义务的金额能够可靠地计量。

2. 预计负债的计量方法

本公司预计负债按履行相关现时义务所需的支出的最佳估计数进行初始计量。

本公司在确定最佳估计数时,综合考虑与或有事项有关的风险、不确定性和货币时间价值等因素。对于货币时间价值影响重大的,通过对相关未来现金流出进行折现后确定最佳估计数。

最佳估计数分别以下情况处理:

所需支出存在一个连续范围(或区间),且该范围内各种结果发生的可能性相同的,则最佳估计数按照该范围的中间值即上下限金额的平均数确定。

所需支出不存在一个连续范围(或区间),或虽然存在一个连续范围但该范围内各种结果发生的可能性不相同的,如或有事项涉及单个项目的,则最佳估计数按照最可能发生金额确定;如或有事项涉及多个项目的,则最佳估计数按各种可能结果及相关概率计算确定。

本公司清偿预计负债所需支出全部或部分预期由第三方补偿的，补偿金额在基本确定能够收到时，作为资产单独确认，确认的补偿金额不超过预计负债的账面价值。

3. 信托业务准备金

根据本公司制定的《信托业务准备金计提制度》规定：每年末，以公司存续信托项目资产余额为基数按照《信托资产质量评级管理办法》进行五级分类，分别为正常、关注、次级、可疑、损失类。

对正常、关注类的信托资产，按照中国银监会《信托公司净资本管理办法》的要求，折算风险资本，并按以下标准计提信托业务准备金：

风险资本类别	信托业务准备金计提比例(%)
正常类单一指定用途信托资产	5
正常类非指定用途信托资产	10
关注类信托资产	20

对次级、可疑、损失类的信托资产，逐项分析，个别认定；若无法单项认定则按风险资本100%计提信托业务准备金。

（二十六）股份支付

□适用 √不适用

（二十七）优先股、永续债等其他金融工具

□适用 √不适用

（二十八）回购本公司股份

□适用 √不适用

（二十九）收入

√适用 □不适用

1. 利息收入确认和计量原则

利息收入金额，按照他人使用本企业货币资金的时间和实际利率计算确定。

实际利率是指按金融工具的预计存续期间或更短期间将其预计未来现金流入折现至其金融资产账面净值的利率。利息收入的计算需要考虑金融工具的合同条款并且包括所有归属于实际利率组成部分的费用和所有交易成本，但不包括未来贷款损失。当单项金融资产或一组类似的金融资产发生减值，利息收入将按原实际利率和减值后的账面价值计算。

2. 手续费及佣金收入确认和计量原则

手续费及佣金收入在同时满足以下两个条件时确认：

（1）相关的服务已经提供；

（2）根据合同约定，收取的金额可以可靠计量。

（三十）政府补助

政府补助，是本公司从政府无偿取得的货币性资产与非货币性资产。分为与资产相关的政府补助和与收益相关的政府补助。

1. 与资产相关的政府补助判断依据及会计处理方法

√适用 □不适用

与资产相关的政府补助，是指本公司取得的、用于购建或以其他方式形成长期资产的政府补助。

与资产相关的政府补助，在实际收到或者获得了收取政府补助的权利并基本确定能收到时确认为递延收益，并按照所建造或购买的资产使用年限分期计入损益。

与资产相关的政府补助，冲减相关资产账面价值或确认为递延收益。确认为递延收益的，在相关资产使用寿命内按照合理、系统的方法分期计入当期损益（与本公司日常活动相关的，计入其他收益；与本公司日常活动无关的，计入营业外收入）；

2. 与收益相关的政府补助判断依据及会计处理方法

√适用 □不适用

与收益相关的政府补助，是指除与资产相关的政府补助之外的政府补助。

与收益相关的政府补助，在实际收到或者获得了收取政府补助的权利并基本确定能收到时予以确认。其中：（1）用于补偿企业以后期间的相关费用或损失的，取得时确认为递延收益，在确认相关费用的期间计入当期损益或冲减相关成本；（2）用于补偿企业已发生的相关费用或损失的，取得时直接计入当期当期损益或冲减相关成本。

与收益相关的政府补助，用于补偿本公司以后期间的相关成本费用或损失的，确认为递延收益，并在确认相关成本费用或损失的期间，计入当期损益（与本公司日常活动相关的，计入其他收益；与本公司日常活动无关的，计入营业外收入）或冲减相关成本费用或损失；用于补偿本公司已发生的相关成本费用或损失的，直接计入当期损益（与本公司日常活动相关的，计入其他收益；与本公司日常活动无关的，计入营业外收入）或冲减相关成本费用或损失。

本公司取得的政策性优惠贷款贴息，区分以下两种情况，分别进行会计处理：

（1）财政将贴息资金拨付给贷款银行，由贷款银行以政策性优惠利率向本公司提供贷款的，本公司以实际收到的借款金额作为借款的入账价值，按照借款本金和该政策性优惠利率计算相关借款费用。

（2）财政将贴息资金直接拨付给本公司的，本公司将对应的贴息冲减相关借款费用。

（三十一）递延所得税资产/递延所得税负债

√适用 □不适用

对于可抵扣暂时性差异确认递延所得税资产，以未来期间很可能取得的用来抵扣可抵扣暂时性差异的应纳税所得额为限。对于能够结转以后年度的可抵扣亏损和税款抵减，以很可能获得用来抵扣可抵扣亏损和税款抵减的未来应纳税所得额为限，确认相应的递延所得税资产。

对于应纳税暂时性差异，除特殊情况外，确认递延所得税负债。

不确认递延所得税资产或递延所得税负债的特殊情

况包括:商誉的初始确认;除企业合并以外的发生时既不影响会计利润也不影响应纳税所得额(或可抵扣亏损)的其他交易或事项。

当拥有以净额结算的法定权利,且意图以净额结算或取得资产、清偿负债同时进行时,当期所得税资产及当期所得税负债以抵销后的净额列报。

当拥有以净额结算当期所得税资产及当期所得税负债的法定权利,且递延所得税资产及递延所得税负债是与同一税收征管部门对同一纳税主体征收的所得税相关或者是对不同的纳税主体相关,但在未来每一具有重要性的递延所得税资产及负债转回的期间内,涉及的纳税主体意图以净额结算当期所得税资产和负债或是同时取得资产、清偿负债时,递延所得税资产及递延所得税负债以抵销后的净额列报。

(三十二)租赁

经营租赁的会计处理方法

√适用 □不适用

1. 公司租入资产所支付的租赁费,在不扣除免租期的整个租赁期内,按直线法进行分摊,计入当期费用。公司支付的与租赁交易相关的初始直接费用,计入当期费用。

资产出租方承担了应由公司承担的与租赁相关的费用时,公司将该部分费用从租金总额中扣除,按扣除后的租金费用在租赁期内分摊,计入当期费用。

2. 公司出租资产所收取的租赁费,在不扣除免租期的整个租赁期内,按直线法进行分摊,确认为租赁收入。公司支付的与租赁交易相关的初始直接费用,计入当期费用;如金额较大的,则予以资本化,在整个租赁期间内按照与租赁收入确认相同的基础分期计入当期收益。

公司承担了应由承租方承担的与租赁相关的费用时,公司将该部分费用从租金收入总额中扣除,按扣除后的租金费用在租赁期内分配。

融资租赁的会计处理方法

□适用 √不适用

(三十三)持有待售资产

□适用 √不适用

(三十四)资产证券化业务

□适用 √不适用

(三十五)套期会计

□适用 √不适用

(三十六)信托业务核算方法

根据《中华人民共和国信托法》、《信托公司管理办法》等规定,"信托财产与属于受托人所有的财产(以下简称'固有财产')相区别,不得归入受托人的固有财产或者成为固有财产的一部分。"公司将固有财产与信托财产分开管理、分别核算。公司管理的信托项目是指受托人根据信托文件的约定,单独或者集合管理、运用、处分信托财产的基本单位,以每个信托项目作为独立的会计核算主体,独立核算信托财产的管理、运用和处分情况。各信托项目单独记账,单独核算,并编制财务报表。其资产、负债及损益不列入本财务报表。

(三十七)信托赔偿准备金

根据中国银行业监督管理委员会颁布的《信托公司管理办法》有关规定,公司按当年税后净利润的5%计提信托赔偿准备金,累计达到注册资本20%时,可不再提取。

(三十八)一般准备

财政部《金融企业准备金计提管理办法》(财金〔2012〕20号),为了防范经营风险,增强金融企业抵御风险能力,金融企业应提取一般准备作为利润分配处理,并作为股东权益的组成部分。一般准备的计提比例由金融企业综合考虑所面临的风险状况等因素确定,原则上一般准备余额不低于风险资产期末余额的1.5%。

(三十九)信托业保障基金

根据中国银行业监督管理委员会、财政部于2014年12月10月颁布的"银监发〔2014〕50号"《信托业保障基金管理办法》的相关规定,信托业保障基金认购执行下列统一标准:(一)信托公司按净资产余额的1%认购,每年4月底前以上年度末的净资产余额为基数动态调整;(二)资金信托按新发行金额的1%认购,其中:属于购买标准化产品的投资性资金信托的,由信托公司认购;属于融资性资金信托的,由融资者认购。在每个资金信托产品发行结束时,缴入信托公司基金专户,由信托公司按季向保障基金公司集中划缴;(三)新设立的财产信托按信托公司收取报酬的5%计算,由信托公司认购。

(四十)重要会计政策和会计估计的变更

1. 重要会计政策变更

√适用 □不适用

会计政策变更的内容和原因	审批程序	备注(受重要影响的报表项目名称和金额)
(1)与本公司日常活动相关的政府补助,计入其他收益,不再计入营业外收入		其他收益、营业外收入
(2)在利润表中分别列示持续经营损益和终止经营损益		持续经营损益、终止经营损益列示持续经营损益本年金额3,668,212,257.98元;列示终止经营损益本年金额0.00元。
(3)在利润表中新增"资产处置收益"项目,将部分原列示为"营业外收入"的资产处置损益重分类至"资产处置收益"项目。比较数据相应调整。		资产处置收益、营业外收入

其他说明

执行《企业会计准则第42号——持有待售的非流动资产、处置组和终止经营》和《企业会计准则第16号——政府补助》和《财政部关于修订印发一般企业财务报表格式的通知》。

财政部于2017年度发布了《企业会计准则第42号——持有待售的非流动资产、处置组和终止经营》,自2017年5月28日起施行,对于施行日存在的持有待售的非流动资产、处置组和终止经营,要求采用未来适用法处理。

财政部于2017年度修订了《企业会计准则第16号——政府补助》,修订后的准则自2017年6月12日起施行,对于2017年1月1日存在的政府补助,要求采用未来适用法处理;对于2017年1月1日至施行日新增的政府补助,也要求按照修订后的准则进行调整。

财政部于2017年度发布了《财政部关于修订印发一般企业财务报表格式的通知》,对一般企业财务报表格式进行了修订,适用于2017年度及以后期间的财务报表。

2. 重要会计估计变更

√适用 □不适用

会计估计变更的内容和原因	审批程序	开始适用的时点	备注 (受重要影响的报表项目名称和金额)
上市权益工具投资估值模型变更	第七届董事会第五十五次会议	2017年9月5日	指定以公允价值计量且其变动计入当期损益的金融资产影响当期利润-100,027,896.19元

其他说明2017年9月5日,中国证券监督管理委员会发布了《中国证监会关于证券投资基金估值业务的指导意见》(〔2017〕13号),废止了本公司原运用的估值模型(中国证券监督管理委员会于2007年6月8日下发的《关于证券投资基金执行〈企业会计准则〉估值业务及份额净值计价有关事项的通知》(证监会计字〔2007〕21号)中《非公开发行有明确锁定期股票的公允价值的确定方法》)。为了改进估值技术,本公司自原运用的估值模型废止之日起,选择期权定价模型对有限售条件的上市权益工具投资进行估值。

2018年2月7日,本公司第七届董事会第五十五次会议通过了有限售条件的上市权益工具投资估值模型的变更。经测算,本次会计估计变更导致对当期利润的影响情况

单位:元 币种:人民币

项目	变更后期末公允价值	变更前期末公允价值	影响当期利润
指定以公允价值计量且其变动计入当期损益的金融资产	3,750,114,331.68	3,850,142,227.87	-100,027,896.19

(四十一)其他

□适用 √不适用

四、税项

(一)主要税种及税率

主要税种及税率情况

√适用 □不适用

税种	计税依据	税率
增值税	按税法规定计算的应税收入为基础计算销项税额,在扣除当期允许抵扣的进项税额后,差额部分为应交增值税	6%
消费税		
营业税		

续表

税种	计税依据	税率
城市维护建设税	按实际缴纳的增值税计征	7%
企业所得税	按应纳税所得额计征	25%

存在不同企业所得税税率纳税主体的,披露情况说明

□适用 √不适用

(二)税收优惠

□适用 √不适用

(三)其他

√适用 □不适用

财政部于2016年3月12日发布了《关于全面推开营业税改征增值税试点的通知》(财税〔2016〕36号),本

公司自2016年5月1日起发生的相关交易由原营业税改征增值税。

五、合并财务报表项目注释

(一)现金及存放中央银行款项

√适用 □不适用

单位:元 币种:人民币

项目	期末账面余额	期初账面余额
库存现金	22,601.54	21,552.35
存放中央银行法定准备金		
存放中央银行超额存款准备金		
存放中央银行的其他款项		
合计	22,601.54	21,552.35

(二)存放同业款项

√适用 □不适用

单位:元 币种:人民币

项目	期末账面余额	期初账面余额
境内存放同业款项	2,985,728,343.97	3,445,451,410.65
境外存放同业款项		
减:坏账准备		
合计	2,985,728,343.97	3,445,451,410.65

存放同业款项的说明

其中对使用受到限制的存放同业款项明细如下:

单位:元 币种:人民币

项目	期末余额	年初余额
诉讼冻结资金		51,630,847.11

(三)结算备付金

单位:元 币种:人民币

项目	期末余额	年初余额
客户备付金		3,078,368.18

(四)拆出资金

□适用 √不适用

(五)以公允价值计量且其变动计入当期损益的金融资产

√适用 □不适用

单位:元 币种:人民币

项目	期末公允价值	期初公允价值
交易性金融资产	1,396,907,585.43	1,009,668,299.73
-债券投资		
-投资基金		
-权益工具投资	1,396,907,585.43	1,009,668,299.73
-其他债务工具投资		
-其他投资		
指定以公允价值计量且其变动计	4,012,614,331.68	4,673,802,102.77
入当期损益的金融资产		
-债券投资		
-投资基金		
-权益工具投资		
-其他债务工具投资		
-其他投资		
-资管计划	2,182,450,525.90	2,803,842,517.80
-信托计划	1,830,163,805.78	1,869,959,584.97
合计	5,409,521,917.11	5,683,470,402.50

(六)衍生金融工具

□适用 √不适用

(七)买入返售金融资产

√适用 □不适用

1. 按标的物类别列示

单位:元 币种:人民币

项目	期末账面余额	期初账面余额
证券		
票据		
贷款		
债券		75,000,750.00

续表

项目	期末账面余额	期初账面余额
其中:国债		75,000,750.00
减:坏账准备		
买入返售金融资产账面价值		75,000,750.00

买入返售金融资产的说明

2. 按业务类别列示

单位:元 币种:人民币

项目	期末余额	年初余额
质押式回购		75,000,750.00
减:减值准备		
合计		75,000,750.00

3. 按剩余期限类别列示

单位:元 币种:人民币

项目	期末余额	年初余额
1个月以内		75,000,750.00

(八)应收利息

√适用 □不适用

单位:元 币种:人民币

项目	期末余额	期初余额
发放贷款和垫款	47,682,035.40	15,466,666.66
其他	3,876.27	1,029.70
合计	47,685,911.67	15,467,696.36

应收利息的说明期末无逾期利息。

(九)存出保证金

单位:元 币种:人民币

项目	期末余额	年初余额
交易保证金	43,435.03	

(十)发放贷款和垫款

1. 贷款和垫款按个人和企业分布情况

√适用 □不适用

单位:元 币种:人民币

项目	期末账面余额	期初账面余额
个人贷款和垫款		
-信用卡		
-住房抵押		
-其他		
企业贷款和垫款	5,562,922,338.51	3,894,031,016.20
-贷款	5,562,922,338.51	3,894,031,016.20
-贴现		
-其他		
贷款和垫款总额	5,562,922,338.51	3,894,031,016.20
减:贷款损失准备	9,200,000.00	
其中:单项计提数		
组合计提数	9,200,000.00	
贷款和垫款账面价值	5,553,722,338.51	3,894,031,016.20

2. 发放贷款按行业分布情况

√适用 □不适用

单位:元 币种:人民币

行业分布	期末账面余额	比例(%)	期初账面余额	比例(%)
农牧业、渔业				
采掘业				
房地产业	1,500,500,000.00	26.97	1,742,000,000.00	44.74
建筑业				
金融保险业				
批发和零售业	2,619,354,747.31	47.09	937,063,425.00	24.06

续表

行业分布	期末账面余额	比例(%)	期初账面余额	比例(%)
文化、体育和娱乐业	549,967,591.20	9.89	549,967,591.20	14.12
租赁和商务服务业	853,100,000.00	15.34	480,000,000.00	12.33
信息传输、计算机服务和软件业			145,000,000.00	3.72
科学研究、技术服务和地质勘查业	40,000,000.00	0.71	40,000,000.00	1.03
其他行业				
贷款和垫款总额	5,562,922,338.51	100.00	3,894,031,016.20	100.00
减:贷款损失准备	9,200,000.00	0.17		
其中:单项计提数				
组合计提数	9,200,000.00	0.17		
贷款和垫款账面价值	5,553,722,338.51	99.83	3,894,031,016.20	100.00

3. 贷款和垫款按地区分布情况

√适用 □不适用

单位:元 币种:人民币

地区分布	期末账面余额	比例(%)	期初账面余额	比例(%)
华南地区				
华北地区				
湖南	1,700,000,000.00	30.56	40,000,000.00	1.02
北京	1,144,967,591.20	20.58	1,044,967,591.20	26.84
上海	793,100,000.00	14.26	2,612,000,000.00	67.08
山东	860,000,000.00	15.46		
深圳	804,354,747.31	14.46		
四川	100,500,000.00	1.81	137,063,425.00	3.52
天津	100,000,000.00	1.80		
海南	60,000,000.00	1.07	60,000,000.00	1.54
其他地区				
贷款和垫款总额	5,562,922,338.51	100.00	3,894,031,016.20	100.00
减:贷款损失准备	9,200,000.00	0.17		
其中:单项计提数				
组合计提数	9,200,000.00	0.17		
贷款和垫款账面价值	5,553,722,338.51	99.83	3,894,031,016.20	100.00

4. 贷款和垫款按担保方式分布情况

√适用 □不适用

单位：元　币种：人民币

项目	期末账面余额	期初账面余额
信用贷款	243,600,000.00	1,862,000,000.00
保证贷款	2,769,354,747.31	1,182,063,425.00
附担保物贷款	2,549,967,591.20	849,967,591.20
其中：抵押贷款	1,660,000,000.00	260,000,000.00
质押贷款	889,967,591.20	589,967,591.20
贷款和垫款总额	5,562,922,338.51	3,894,031,016.20
减：贷款损失准备	9,200,000.00	
其中：单项计提数		
组合计提数	9,200,000.00	
贷款和垫款账面价值	5,553,722,338.51	3,894,031,016.20

5. 逾期贷款

√适用　□不适用

单位：元　币种：人民币

项目	期末账面余额					期初账面余额				
	逾期1天至90天（含90天）	逾期90天至360天（含360天）	逾期360天至3年（含3年）	逾期3年以上	合计	逾期1天至90天（含90天）	逾期90天至360天（含360天）	逾期360天至3年（含3年）	逾期3年以上	合计
信用贷款										
保证贷款										
附担保物贷款		200,000,000.00			200,000,000.00					
其中：抵押贷款		200,000,000.00			200,000,000.00					
质押贷款										
合计		200,000,000.00			200,000,000.00					

2018年1月31日，本公司将该笔逾期贷款本息及逾期利息对应的债权以买断式转让，期后已回款。

6. 贷款损失准备

√适用　□不适用

单位：元　币种：人民币

项目	本期金额		上期金额	
	单项	组合	单项	组合
期初余额				
本期计提		9,200,000.00		
本期转出				
本期核销				
本年转回：				
——收回原转销贷款和垫款导致的转回				
——贷款和垫款因折现价值上升导致转回				
——其他因素导致的转回				
期末余额		9,200,000.00		

（十一）持有待售资产

□适用 √不适用

（十二）可供出售金融资产

1. 可供出售金融资产情况

√适用 □不适用

单位：元 币种：人民币

项目	期末余额			期初余额		
	账面余额	减值准备	账面价值	账面余额	减值准备	账面价值
可供出售债务工具：						
可供出售权益工具：	4,182,141,093.13		4,182,141,093.13	4,650,870,809.68		4,650,870,809.68
按公允价值计量的	494,036,260.64		494,036,260.64	3,596,915,380.48		3,596,915,380.48
按成本计量的	3,688,104,832.49		3,688,104,832.49	1,053,955,429.20		1,053,955,429.20
合计	4,182,141,093.13		4,182,141,093.13	4,650,870,809.68		4,650,870,809.68

2. 期末按公允价值计量的可供出售金融资产

√适用 □不适用

单位：元 币种：人民币

可供出售金融资产分类	可供出售权益工具	可供出售债务工具	可供出售－资管计划	可供出售－基金	合计
权益工具的成本/债务工具的摊余成本			97,050,000.00	300,000,000.00	397,050,000.00
公允价值			97,023,771.09	397,012,489.55	494,036,260.64
累计计入其他综合收益的公允价值变动金额			-26,228.91	97,012,489.55	96,986,260.64
已计提减值金额					

3. 期末按成本计量的可供出售金融资产

√适用 □不适用

单位:元　币种:人民币

被投资单位	账面余额				减值准备				在被投资单位持股比例(%)	本期现金红利
	期初	本期增加	本期减少	期末	期初	本期增加	本期减少	期末		
渤海人寿保险股份有限公司	500,000,000.00			500,000,000.00					3.85	
营口银行股份有限公司	438,707,315.20		438,707,315.20							10,141,546.00
中国信托登记有限责任公司	60,000,000.00			60,000,000.00					2.00	
杭州鼎晖新趋势股权投资合伙企业(有限合伙)	55,248,114.00			55,248,114.00						
中信银行(国际)有限公司		1,043,086,718.49		1,043,086,718.49					3.40	
结构化主体投资股权		2,029,770,000.00		2,029,770,000.00						
合计	1,053,955,429.20	3,072,856,718.49	438,707,315.20	3,688,104,832.49					/	10,141,546.00

其他说明

√适用　□不适用

对营口银行股份有限公司股权投资本期转为按权益法核算,转入长期股权投资。

4. 报告期内可供出售金融资产减值的变动情况

□适用　√不适用

5. 可供出售权益工具期末公允价值严重下跌或非暂时性下跌但未计提减值准备的相关说明:

□适用　√不适用

(十三)持有至到期投资

1. 持有至到期投资情况:

□适用　√不适用

2. 期末重要的持有至到期投资:

□适用　√不适用

3. 本期重分类的持有至到期投资:

□适用　√不适用

其他说明:

□适用　√不适用

(十四)应收款项类投资

√适用　□不适用

单位:元　币种:人民币

项目	期末余额	期初余额
资金信托计划	4,738,523,076.94	
合计	4,738,523,076.94	
减:减值准备		
账面价值	4,738,523,076.94	

(十五)长期股权投资

√适用　□不适用

单位:元 币种:人民币

被投资单位	期初余额	本期增减变动								期末余额	减值准备期末余额
		追加投资	减少投资	权益法下确认的投资损益	其他综合收益调整	其他权益变动	宣告发放现金股利或利润	计提减值准备	其他		
二、联营企业											
泸州市商业银行股份有限公司	361,650,694.57		337,701,204.17	34,539,686.63					-58,489,177.03		
大童保险销售服务有限公司	509,128,465.28			63,929,478.50			-21,000,000.00			552,057,943.78	
营口银行股份有限公司									468,676,442.45	468,676,442.45	
小计	870,779,159.85		337,701,204.17	98,469,165.13			-21,000,000.00		410,187,265.42	1,020,734,386.23	
合计	870,779,159.85		337,701,204.17	98,469,165.13			-21,000,000.00		410,187,265.42	1,020,734,386.23	

（十六）固定资产

1. 固定资产情况

√适用 □不适用

单位：元 币种：人民币

项目	专用设备	运输工具	其他设备	合计
一、账面原值：				
1. 期初余额	6,469,855.20	9,388,624.60	3,727,362.45	19,585,842.25
2. 本期增加金额	3,025,622.00	1,998,165.48	399,032.68	5,422,820.16
(1)购置	2,551,215.65	1,768,165.48	377,352.33	4,696,733.46
(2)在建工程转入	474,406.35	230,000.00	21,680.35	726,086.70
(3)企业合并增加				
3. 本期减少金额	225,163.00		57,220.00	282,383.00
(1)处置或报废	225,163.00		57,220.00	282,383.00
4. 期末余额	9,270,314.20	11,386,790.08	4,069,175.13	24,726,279.41
二、累计折旧				
1. 期初余额	3,860,425.09	7,260,982.35	1,173,076.30	12,294,483.74
2. 本期增加金额	1,559,248.80	1,360,354.14	609,956.13	3,529,559.07
(1)计提	1,559,248.80	1,360,354.14	609,956.13	3,529,559.07
3. 本期减少金额	213,904.85		54,358.99	268,263.84
(1)处置或报废	213,904.85		54,358.99	268,263.84
4. 期末余额	5,205,769.04	8,621,336.49	1,728,673.44	15,555,778.97
三、减值准备				
1. 期初余额				
2. 本期增加金额				
(1)计提				
3. 本期减少金额				
(1)处置或报废				
4. 期末余额				
四、账面价值				
1. 期末账面价值	4,064,545.16	2,765,453.59	2,340,501.69	9,170,500.44
2. 期初账面价值	2,609,430.11	2,127,642.25	2,554,286.15	7,291,358.51

期末无用于担保或抵押的固定资产。

2. 暂时闲置的固定资产情况

□适用 √不适用

3. 通过融资租赁租入的固定资产情况

□适用 √不适用

4. 通过经营租赁租出的固定资产

□适用 √不适用

5. 未办妥产权证书的固定资产情况

□适用 √不适用

其他说明：

□适用 √不适用

（十七）在建工程

1. 在建工程情况

√适用 □不适用

单位:元 币种:人民币

项目	期末余额			期初余额		
	账面余额	减值准备	账面价值	账面余额	减值准备	账面价值
信息系统	3,443,571.97		3,443,571.97	822,304.47		822,304.47
办公楼装修	2,965,408.71		2,965,408.71			
其他	207,820.52		207,820.52			
合计	6,616,801.20		6,616,801.20	822,304.47		822,304.47

2. 重要在建工程项目本期变动情况

□适用 √不适用

3. 本期计提在建工程减值准备情况:

□适用 √不适用

其他说明

□适用 √不适用

(十八)无形资产

1. 无形资产情况

√适用 □不适用

单位:元 币种:人民币

项目	软件	合计
一、账面原值		
1. 期初余额	10,591,155.61	10,591,155.61
2. 本期增加金额	1,035,028.41	1,035,028.41
(1)购置	1,035,028.41	1,035,028.41
(2)内部研发		
(3)企业合并增加		
3. 本期减少金额		
(1)处置		
4. 期末余额	11,626,184.02	11,626,184.02
二、累计摊销		
1. 期初余额	5,942,175.80	5,942,175.80
2. 本期增加金额	2,115,053.09	2,115,053.09
(1)计提	2,115,053.09	2,115,053.09
3. 本期减少金额		
(1)处置		

续表

项目	软件	合计
4. 期末余额	8,057,228.89	8,057,228.89
三、减值准备		
1. 期初余额		
2. 本期增加金额		
(1)计提		
3. 本期减少金额		
(1)处置		
4. 期末余额		
四、账面价值		
1. 期末账面价值	3,568,955.13	3,568,955.13
2. 期初账面价值	4,648,979.81	4,648,979.81

2. 未办妥产权证书的土地使用权情况:

□适用 √不适用

其他说明:

√适用 □不适用

期末无用于担保或抵押的无形资产。

(十九)商誉

1. 商誉账面原值

□适用 √不适用

2. 商誉减值准备

□适用 √不适用

其他说明

□适用 √不适用

(二十)长期待摊费用

单位:元 币种:人民币

项目	年初余额	本期增加	本期摊销	期末余额
办公场所装修费	12,295,946.84		3,777,500.76	8,518,446.08

(二十一)递延所得税资产/递延所得税负债

1. 未经抵销的递延所得税资产

√适用 □不适用

单位:元 币种:人民币

项目	期末余额		期初余额	
	可抵扣暂时性差异	递延所得税资产	可抵扣暂时性差异	递延所得税资产
资产减值准备				
内部交易未实现利润				
可抵扣亏损				
以公允价值计量且其变动计入当期损益的金融资产公允价值变动	553,394,513.80	138,348,628.46		
可供出售金融资产公允价值变动	26,228.91	6,557.23		
贷款减值准备	9,200,000.00	2,300,000.00		
合计	562,620,742.71	140,655,185.69		

2. 未经抵销的递延所得税负债

√适用 □不适用

单位:元 币种:人民币

项目	期末余额		期初余额	
	应纳税暂时性差异	递延所得税负债	应纳税暂时性差异	递延所得税负债
非同一控制企业合并资产评估增值				
可供出售金融资产公允价值变动	97,012,489.55	24,253,122.39	32,867,701.48	8,216,925.37
以公允价值计量且其变动计入当期损益的金融资产公允价值变动	391,896,926.90	97,974,231.73	440,698,487.04	110,174,621.76
合计	488,909,416.45	122,227,354.12	473,566,188.52	118,391,547.13

3. 以抵销后净额列示的递延所得税资产或负债:

√适用 □不适用

单位:元 币种:人民币

项目	递延所得税资产和负债期末互抵金额	抵销后递延所得税资产或负债期末余额	递延所得税资产和负债期初互抵金额	抵销后递延所得税资产或负债期初余额
递延所得税资产	122,227,354.12	18,427,831.57		
递延所得税负债	122,227,354.12			118,391,547.13

4. 未确认递延所得税资产明细

□适用 √不适用

5. 未确认递延所得税资产的可抵扣亏损将于以下年度到期

□适用 √不适用

其他说明:

□适用 √不适用

(二十二)其他资产

√适用 □不适用

单位:元 币种:人民币

项目	期末账面价值	期初账面价值
存出保证金		
应收股利	15,498,918.96	
其他应收款	348,986,894.44	227,557,283.60
抵债资产		
应收账款	772,619,363.10	237,186,499.91
预付账款	1,506,457.47	799,891.51
合计	1,138,611,633.97	465,543,675.02

1. 应收账款

(1) 应收账款分类披露

单位：元 币种：人民币

类别	期末余额					年初余额				
	账面余额		坏账准备		账面价值	账面余额		坏账准备		账面价值
	金额	比例（%）	金额	计提比例（%）		金额	比例（%）	金额	计提比例（%）	
单项金额重大并单独计提坏账准备的应收账款	599,604,806.61	77.14	3,597,628.84	0.60	596,007,177.77	186,746,510.99	78.26	1,120,479.07	0.60	185,626,031.92
按信用风险特征组合计提坏账准备的应收账款	177,678,254.86	22.86	1,066,069.53	0.60	176,612,185.33	51,871,698.18	21.74	311,230.19	0.60	51,560,467.99
单项金额不重大但单独计提坏账准备的应收账款										
合计	777,283,061.47	100.00	4,663,698.37	/	772,619,363.10	238,618,209.17	100.00	1,431,709.26	/	237,186,499.91

应收账款种类的说明：

期末单项金额重大并单项计提坏账准备的应收账款

单位：元 币种：人民币

应收账款（按单位）	期末余额			
	应收账款	坏账准备	计提比例（%）	计提理由
信托项目 A	227,424,217.24	1,364,545.30	0.60	项目正常且账龄1年以内
信托项目 B	157,399,344.58	944,396.07	0.60	项目正常且账龄1年以内
信托项目 C	156,088,644.79	936,531.87	0.60	项目正常且账龄1年以内
信托项目 D	29,910,100.00	179,460.60	0.60	项目正常且账龄1年以内
信托项目 E	28,782,500.00	172,695.00	0.60	
合计	599,604,806.61	3,597,628.84		

组合中，采用余额百分比法计提坏账准备的应收账款

单位：元 币种：人民币

余额百分比	期末余额		
	应收账款	坏账准备	计提比例（%）
0.6%	177,678,254.86	1,066,069.53	0.60

(2) 本期计提、转回或收回的坏账准备情况

本期计提坏账准备金额3,231,989.11元。

（3）按欠款方归集的期末余额前五名的应收账款情况

单位：元　币种：人民币

单位名称	期末余额		
	应收账款	占应收账款合计数的比例（%）	坏账准备
信托项目A	227,424,217.24	29.26	1,364,545.30
信托项目B	157,399,344.58	20.25	944,396.07
信托项目C	156,088,644.79	20.08	936,531.87
信托项目D	29,910,100.00	3.85	179,460.60
信托项目E	28,782,500.00	3.70	172,695.00
合计	599,604,806.61	77.14	3,597,628.84

2. 其他应收款补充披露

（1）其他应收款按性质披露

单位：元　币种：人民币

项　目	期末余额						
	账面余额					坏账准备	净值
	1年以内	1-2年	2-3年	3年以上	合计		
租赁押金	2,629,883.69	588,476.78	2,337,342.80	5,254,228.00	10,809,931.27	64,859.59	10,745,071.68
预付房租	7,953,187.32				7,953,187.32	47,719.12	7,905,468.20
代垫款	25,229,698.55	45,364,744.17	7,113,505.90	305.00	77,708,253.62	466,249.52	77,242,004.10
认缴信托业保障基金	102,247,955.84	45,213,932.99	18,046,373.35		165,508,262.18	993,049.57	164,515,212.61
资管份额收益权转让款	83,484,080.00				83,484,080.00	500,904.48	82,983,175.52
其他	5,629,740.78				5,629,740.78	33,778.45	5,595,962.33
合计	227,174,546.18	91,167,153.94	27,497,222.05	5,254,533.00	351,093,455.17	2,106,560.73	348,986,894.44

项　目	年初余额						
	账面余额					坏账准备	净值
	1年以内	1-2年	2-3年	3年以上	合计		
租赁押金	588,476.78	2,337,342.80	3,798,708.00	1,455,520.00	8,180,047.58	49,080.29	8,130,967.29
预付房租	5,933,333.76				5,933,333.76	35,600.00	5,897,733.76
代垫款	141,544,588.28	8,888,837.50	529,618.00	375,005.00	151,338,048.78	908,028.29	150,430,020.49
认缴信托业保障基金	45,213,932.99	18,046,373.35			63,260,306.34	379,561.84	62,880,744.50
其他	219,132.35				219,132.35	1,314.79	217,817.56
合计	193,499,464.16	29,272,553.65	4,328,326.00	1,830,525.00	228,930,868.81	1,373,585.21	227,557,283.60

(2)其他应收款按种类披露

单位:元币种:人民币

种类	期末余额					年初余额				
	账面余额		坏账准备		账面价值	账面余额		坏账准备		账面价值
	金额	比例(%)	金额	计提比例(%)		金额	比例(%)	金额	计提比例(%)	
单项金额重大并单独计提坏账准备的其他应收款	253,339,931.06	72.16	1,520,039.58	0.60	251,819,891.48	167,552,472.79	73.19	1,005,314.83	0.60	166,547,157.96
按信用风险特征组合计提坏账准备的其他应收款	97,753,524.11	27.84	586,521.15	0.60	97,167,002.96	61,378,396.02	26.81	368,270.38	0.60	61,010,125.64
单项金额不重大但单独计提坏账准备的其他应收款										
合计	351,093,455.17	100.00	2,106,560.73	/	348,986,894.44	228,930,868.81	100.00	1,373,585.21	/	227,557,283.60

其他应收款种类的说明:

期末单项金额重大并单项计提坏账准备的其他应收款

单位:元 币种:人民币

其他应收款(按单位)	期末余额			
	其他应收款	坏账准备	计提比例(%)	计提理由
中国信托业保障基金有限责任公司	138,896,962.18	833,381.77	0.60	信托业保障金
上海国之杰投资发展有限公司	83,484,080.00	500,904.48	0.60	资管计划份额收益权转让款,期后已收回
公司F	14,355,555.56	86,133.33	0.60	代垫款
上海三至酒店投资管理有限公司	8,603,333.32	51,620.00	0.60	预付房租及押金
项目G	8,000,000.00	48,000.00	0.60	代垫款
合计	253,339,931.06	1,520,039.58		

组合中,采用余额百分比法计提坏账准备的其他应收款:

单位:元 币种:人民币

余额百分比	期末余额		
	其他应收款	坏账准备	计提比例(%)
0.60%	97,753,524.11	586,521.15	0.60

(3)本期计提、转回或收回的坏账准备情况

本期计提坏账准备金额732,975.52元。

(4)按欠款方归集的期末余额前五名的其他应收款情况

单位:元　币种:人民币

单位名称	款项性质	期末余额	账龄	占其他应收期末余额合计数的比例(%)	坏账准备期末余额
中国信托业保障基金有限责任公司	信托业保障金	138,896,962.18	3年以内	39.56	833,381.77
上海国之杰投资发展有限公司	资管计划份额收益权转让款	83,484,080.00	1年以内	23.78	500,904.48
公司F	代垫款	14,355,555.56	1-2年	4.09	86,133.33
上海三至酒店投资管理有限公司	预付房租及押金	8,603,333.32	1年以内、3年以上	2.45	51,620.00
项目E	代垫款	8,000,000.00	1年以内	2.28	48,000.00
合计	/	253,339,931.06	/	72.16	1,520,039.58

(二十三)资产减值准备明细

√适用　□不适用

单位:元　币种:人民币

项目	期初账面余额	本期计提额	本期减少额			期末账面余额
			转回	转销	合计	
一、坏账准备—存放同业款项						
二、坏账准备—买入返售金融资产						
三、贷款损失准备—拆出资金						
四、贷款损失准备—发放贷款及垫款		9,200,000.00				9,200,000.00
五、可供出售金融资产减值准备						
六、持有至到期投资减值准备						
七、应收利息减值准备						
八、长期股权投资减值准备						
九、固定资产减值准备						
十、在建工程减值准备						
十一、抵债资产跌价准备						
十二、坏账准备-应收账款	1,431,709.26	3,231,989.11				4,663,698.37
十三、坏账准备-其他应收款	1,373,585.21	732,975.52				2,106,560.73
合计	2,805,294.47	13,164,964.63				15,970,259.10

(二十四)中央银行款项及国家外汇存款

□适用　√不适用

(二十五)同业及其他金融机构存放款项

□适用　√不适用

(二十六)拆入资金

□适用　√不适用

(二十七)以公允价值计量且其变动计入当期损益的金融负债

√适用　□不适用

单位:元 币种:人民币

项目	期末公允价值	期初公允价值
指定为以公允价值计量且其变动计入当期损益的金融负债	920,607,764.77	1,124,526,394.10
合计	920,607,764.77	1,124,526,394.10

其他说明:

其中,指定为以公允价值计量且其变动计入当期损益的金融负债

单位:元 币种:人民币

项目	期末余额	年初余额
结构化主体	920,607,764.77	1,124,526,394.10

(二十八)卖出回购金融资产款

□适用 √不适用

(二十九)吸收存款

□适用 √不适用

(三十)应付职工薪酬

1. 应付职工薪酬列示:

√适用 □不适用

单位:元 币种:人民币

项目	期初余额	本期增加	本期减少	期末余额
一、短期薪酬	547,021,733.12	417,210,228.33	457,089,945.91	507,142,015.54
二、离职后福利-设定提存计划		8,836,670.65	8,836,670.65	
三、辞退福利		217,697.00	217,697.00	
四、一年内到期的其他福利				
合计	547,021,733.12	426,264,595.98	466,144,313.56	507,142,015.54

2. 短期薪酬列示:

√适用 □不适用

单位:元 币种:人民币

项目	期初余额	本期增加	本期减少	期末余额
一、工资、奖金、津贴和补贴	535,379,655.55	400,365,502.09	444,433,798.43	491,311,359.21
二、职工福利费		865,677.75	865,677.75	
三、社会保险费		5,005,538.77	5,005,538.77	
其中:医疗保险费		4,032,541.96	4,032,541.96	
工伤保险费		103,735.10	103,735.10	
生育保险费		413,112.01	413,112.01	
残疾人保障金		456,149.70	456,149.70	
四、住房公积金		3,189,120.00	3,189,120.00	
五、工会经费和职工教育经费	11,642,077.57	7,784,389.72	3,595,810.96	15,830,656.33
六、短期带薪缺勤				
七、短期利润分享计划				
合计	547,021,733.12	417,210,228.33	457,089,945.91	507,142,015.54

其他说明:

√适用 □不适用

职工教育经费计提标准:依据《关于企业职工教育经费提取与使用管理的意见》(财建〔2006〕317号)按照工资奖金总额的1.5%计提职工教育经费。

3. 设定提存计划列示

√适用 □不适用

单位：元 币种：人民币

项目	期初余额	本期增加	本期减少	期末余额
1. 基本养老保险		8,546,176.69	8,546,176.69	
2. 失业保险费		290,169.96	290,169.96	
3. 企业年金缴费				
4. 其他		324.00	324.00	
合计		8,836,670.65	8,836,670.65	

（三十一）长期应付职工薪酬

1. 长期应付职工薪酬表

□适用 √不适用

2. 设定受益计划变动情况

设定受益计划义务现值：

□适用 √不适用

计划资产：

□适用 √不适用

设定受益计划净负债（净资产）

□适用 √不适用

设定受益计划的内容及与之相关风险、对公司未来现金流量、时间和不确定性的影响说明：

□适用 √不适用

设定受益计划重大精算假设及敏感性分析结果说明：

□适用 √不适用

其他说明：

□适用 √不适用

（三十二）应交税费

√适用 □不适用

单位：元 币种：人民币

项目	期末余额	期初余额
增值税	204,390,968.13	166,791,468.64
消费税		
营业税		
企业所得税	994,450,064.56	779,651,351.33
个人所得税	3,020.19	174,050.02
城市维护建设税	14,307,367.77	11,690,862.58
教育费附加	10,219,548.41	8,350,616.15
河道管理费		1,670,123.23
其他	2.60	2.60
合计	1,223,370,971.66	968,328,474.55

（三十三）持有待售负债

□适用 √不适用

（三十四）预计负债

√适用 □不适用

单位：元 币种：人民币

项目	期初余额	期末余额	形成原因
对外提供担保			
未决诉讼			
产品质量保证			
重组义务			
待执行的亏损合同			
其他			
信托业务准备金	440,640,524.78	403,151,086.12	
合计	440,640,524.78	403,151,086.12	/

其他说明，包括重要预计负债的相关重要假设、估计说明：

预计负债的内容：受宏观经济面影响，信托行业出现非常态方式管理的业务占比上升。公司作为受托人，为了履行法定尽职管理职责，增强抗风险能力，期末以存续信托项目资产余额为基数，根据《信托公司净资本管理办法》的要求，折算成风险资本，再按照一定的比例计提信托业务准备金。

（三十五）应付债券

1. 应付债券

□适用 √不适用

2. 应付债券的增减变动：（不包括划分为金融负债的优先股、永续债等其他金融工具）

□适用 √不适用

3. 可转换公司债券的转股条件、转股时间说明：

□适用 √不适用

4. 划分为金融负债的其他金融工具说明：

□适用 √不适用

其他说明：

□适用 √不适用

(三十六)其他负债

√适用 □不适用

单位：元 币种：人民币

项目	期末账面余额	期初账面余额
存入保证金		
应付股利	905,251.45	905,251.45
其他应付款	3,549,202,512.77	1,664,765,810.33
预收账款	671,480,533.56	399,691,667.77
应付款项	29,657,893.79	1,257,085.73
其他流动负债	1,629,115,751.01	142,000,000.00
合计	5,880,361,942.58	2,208,619,815.28

1. 预收账款情况

单位：元 币种：人民币

项目	期末余额	年初余额
预收手续费及佣金	671,480,533.56	399,691,667.77

2. 其他应付款情况

单位：元 币种：人民币

项目	期末余额	年初余额
历史存款久悬户	9,012,342.64	9,012,342.64
借入信托业保障基金	3,180,000,000.00	1,600,000,000.00
应付手续费支出	6,690,231.58	6,460,761.26
保证金		16,000,000.00
暂收项目款及其他	353,499,938.55	33,292,706.43
合计	3,549,202,512.77	1,664,765,810.33

3. 应付股利

单位：元 币种：人民币

单位名称	期末余额	年初余额	超过一年未支付原因
少数股东	905,251.45	905,251.45	股东尚未领取

4. 应付款项

单位：元 币种：人民币

项目	期末余额	年初余额
结构化主体应付优先级收益、管理人报酬等	29,657,893.79	1,257,085.73

5. 其他流动负债

单位：元 币种：人民币

项目	期末余额	年初余额
结构化主体应付其他委托人负债	1,560,150,000.00	142,000,000.00
结构化主体其他负债	68,965,751.01	
合计	1,629,115,751.01	142,000,000.00

(三十七)股本

√适用 □不适用

单位：元 币种：人民币

	期初余额	本次变动增减(+、-)					期末余额
		发行新股	送股	公积金转股	其他	小计	
1. 有限售条件股份							
(1)国家持股							
(2)国有法人持股							
(3)其他内资持股	936,368,706.00			1,123,642,447.00		1,123,642,447.00	2,060,011,153.00

续表

	期初余额	本次变动增减(+、-)					
		发行新股	送股	公积金转股	其他	小计	
其中：							
境内法人持股	936,368,706.00			1,123,642,447.00		1,123,642,447.00	2,060,011,153.00
境内自然人持股							
(4)外资持股							
其中：							
境外法人持股							
境外自然人持股							
有限售条件股份合计	936,368,706.00			1,123,642,447.00		1,123,642,447.00	2,060,011,153.00
2.无限售条件流通股份							
(1)人民币普通股	1,135,274,445.00			1,362,329,334.00		1,362,329,334.00	2,497,603,779.00
(2)境内上市的外资股							
(3)境外上市的外资股							
(4)其他							
无限售条件流通股份合计	1,135,274,445.00			1,362,329,334.00		1,362,329,334.00	2,497,603,779.00
股份总数	2,071,643,151.00			2,485,971,781.00		2,485,971,781.00	4,557,614,932.00

其他说明：

本期股本变动说明：

2017年2月15日，经2016年年度股东大会通过以2016年末总股本2,071,643,151股为基数，资本公积金每10股转增12股，共计2,485,971,781股。

(三十八)库存股

□适用 √不适用

(三十九)其他权益工具

1.期末发行在外的优先股、永续债等其他金融工具基本情况

□适用 √不适用

2.期末发行在外的优先股、永续债等金融工具变动情况表

□适用 √不适用

其他说明：

□适用 √不适用

(四十)资本公积

√适用 □不适用

单位：元 币种：人民币

项目	期初余额	本期增加	本期减少	期末余额
资本溢价(股本溢价)	6,464,372,584.95		2,485,971,781.00	3,978,400,803.95
其他资本公积	33,980,373.88			33,980,373.88
合计	6,498,352,958.83		2,485,971,781.00	4,012,381,177.83

其他说明，包括本期增减变动情况、变动原因说明：

资本公积－股本溢价减少2,485,971,781.00元原因见附注五(三十七)。

(四十一)其他综合收益

√适用 □不适用

单位:元 币种:人民币

项目	期初余额	本期发生金额					期末余额
		本期所得税前发生额	减:前期计入其他综合收益当期转入损益	减:所得税费用	税后归属于母公司	税后归属于少数股东	
一、以后不能重分类进损益的其他综合收益							
其中:重新计算设定受益计划净负债和净资产的变动							
权益法下在被投资单位不能重分类进损益的其他综合收益中享有的份额							
二、以后将重分类进损益的其他综合收益	24,650,776.11	85,871,088.76	21,752,529.60	16,029,639.79	48,088,919.37		72,739,695.48
其中:权益法下在被投资单位以后将重分类进损益的其他综合收益中享有的份额							
可供出售金融资产公允价值变动损益	24,650,776.11	85,871,088.76	21,752,529.60	16,029,639.79	48,088,919.37		72,739,695.48
持有至到期投资重分类为可供出售金融资产损益							
现金流量套期损益的有效部分							
外币财务报表折算差额							
其他综合收益合计	24,650,776.11	85,871,088.76	21,752,529.60	16,029,639.79	48,088,919.37		72,739,695.48

(四十二)盈余公积

√适用 □不适用

单位:元 币种:人民币

项目	期初余额	本期增加	本期减少	期末余额
法定盈余公积	618,055,292.24	366,821,225.80		984,876,518.04
合计	618,055,292.24	366,821,225.80		984,876,518.04

(四十三)一般风险准备

√适用 □不适用

单位:元 币种:人民币

项目	期初余额	本期计提	计提比例%	本期减少	期末余额
信托赔偿准备金	326,344,770.57	183,410,612.90			509,755,383.47

续表

项目	期初余额	本期计提	计提比例%	本期减少	期末余额
一般准备	144,319,619.21	66,363,583.00			210,683,202.21
合计	470,664,389.78	249,774,195.90			720,438,585.68

一般风险准备说明：

(1)根据公司章程规定，公司按照税后净利润的5%提取信托赔偿准备金；

(2)根据财政部颁布的《金融企业准备金计提管理办法》(财金〔2012〕20号)及公司章程，为了防范经营风险，增强金融企业抵御风险能力，计提一般准备。公司根据标准法对风险资产进行潜在风险估值，按潜在风险估计值与资产减值准备的差额，对风险资产计提一般准备。原则上一般准备余额不低于风险资产期末余额的1.5%。

(四十四)未分配利润

√适用 □不适用

单位：元 币种：人民币

项目	本期	提取或分配比例
调整前上期末未分配利润	4,034,800,005.32	
调整期初未分配利润合计数(调增+，调减-)		
调整后期初未分配利润	4,034,800,005.32	
加：本期归属于母公司所有者的净利润	3,668,212,257.98	
减：提取法定盈余公积	366,821,225.80	10.00%
提取任意盈余公积		
提取一般风险准备	249,774,195.90	见附注五(四十三)
应付普通股股利	1,242,985,890.60	注
转作股本的普通股股利		
期末未分配利润	5,843,430,951.00	

注：公司根据2017年2月15日通过的2016年年度股东大会决议，以2016年末总股本2,071,643,151股为基数，向全体股东每10股派发现金红利6元(含税)，共派发现金红利1,242,985,890.60元，于2017年3月派发完毕。

(四十五)利息净收入

√适用 □不适用

单位：元 币种：人民币

项目	本期发生额	上期发生额
利息收入	498,222,989.17	326,509,529.46
存放同业	7,470,695.25	8,825,189.03
存放中央银行		
拆出资金		
发放贷款及垫款	488,764,198.67	316,559,918.00
其中：个人贷款和垫款		
公司贷款和垫款	488,764,198.67	316,559,918.00
票据贴现		
买入返售金融资产	245,352.23	

续表

项目	本期发生额	上期发生额
债券投资		
其他		
信托业保障基金	1,742,743.02	1,124,422.43
其中:已减值金融资产利息收入		
利息支出	372,190,799.17	148,832,997.43
同业存放		
向中央银行借款		
拆入资金		
吸收存款		
发行债券		
卖出回购金融资产		
其他		
信托业保障基金	176,791,666.56	138,316,666.67
同业拆借	26,086,384.57	1,310,763.89
结构化主体	169,312,748.04	9,205,566.87
利息净收入	126,032,190.00	177,676,532.03

(四十六)手续费及佣金净收入

√适用 □不适用

单位:元 币种:人民币

项目	本期发生额	上期发生额
手续费及佣金收入:	5,279,503,420.34	4,524,108,944.15
结算与清算手续费		
代理业务手续费		
信用承诺手续费及佣金		
银行卡手续费		
顾问和咨询费		
托管及其他受托业务佣金		
其他		
信托报酬	5,243,743,098.84	4,393,423,148.21
中间业务收入	35,760,321.50	130,685,795.94
手续费及佣金支出		7,966,916.35
手续费支出		7,966,916.35
佣金支出		
手续费及佣金净收入	5,279,503,420.34	4,516,142,027.80

（四十七）投资收益

√适用 □不适用

单位：元 币种：人民币

项目	本期发生额	上期发生额
权益法核算的长期股权投资收益	98,469,165.13	25,577,955.68
处置长期股权投资产生的投资收益	10,242,477.76	
以公允价值计量且其变动计入当期损益的金融资产在持有期间的投资收益		
处置以公允价值计量且其变动计入当期损益的金融资产取得的投资收益	182,527,282.18	243,529,355.05
持有至到期投资在持有期间的投资收益		
可供出售金融资产等取得的投资收益	105,681,804.76	
处置可供出售金融资产取得的投资收益	184,201,426.02	10,666,998.19
丧失控制权后，剩余股权按公允价值重新计量产生的利得		
应收款项类投资取得的投资收益	173,540,106.91	
可供出售金融资产转权益法的投资收益	29,969,127.25	
合计	784,631,390.01	279,774,308.92

（四十八）公允价值变动收益/（损失）

√适用 □不适用

单位：元 币种：人民币

项目	本期发生额	上期发生额
交易性金融工具		
指定为以公允价值计量且其变动计入当期损益的金融工具	-597,739,082.23	272,366,175.00
衍生工具		
其他		
合计	-597,739,082.23	272,366,175.00

（四十九）税金及附加

√适用 □不适用

单位：元 币种：人民币

项目	本期发生额	上期发生额
消费税		
营业税		59,681,833.86
城市维护建设税	26,236,979.02	20,315,205.25
教育费附加	18,740,699.30	14,510,860.90
资源税		
房产税		

续表

项目	本期发生额	上期发生额
土地使用税		
车船使用税		
印花税		
其他	1,430,798.74	2,902,172.18
合计	46,408,477.06	97,410,072.19

（五十）业务及管理费

√适用 □不适用

单位:元 币种:人民币

项目	本期发生额	上期发生额
电子设备运转费		
安全防范费		
物业管理费		
其他		
职工薪酬	426,264,595.98	456,276,885.91
租赁费	48,970,192.60	43,086,066.74
中介机构费用	30,244,812.07	15,416,417.81
资产折旧及摊销	9,422,112.92	8,880,096.46
信托业务准备金	216,066,027.23	542,634,124.39
业务经费及其他	100,712,088.61	59,758,355.95
合计	831,679,829.41	1,126,051,947.26

（五十一）资产减值损失

√适用 □不适用

单位:元 币种:人民币

项目	本期发生额	上期发生额
一、坏账准备—存放同业款项		
二、坏账准备—买入返售金融资产		
三、贷款损失准备—拆出资金		
四、贷款损失准备—发放贷款及垫款	9,200,000.00	
五、可供出售金融资产减值准备		
六、持有至到期投资减值准备		
七、应收利息减值准备		
八、长期股权投资减值准备		
九、固定资产减值准备		
十、在建工程减值准备		
十一、抵债资产跌价准备		

续表

项目	本期发生额	上期发生额
十二、应收账款	3,231,989.11	-2,603.89
十三、其他应收款	732,975.52	-95,883.08
合计	13,164,964.63	-98,486.97

(五十二)营业外收入

1.营业外收入情况

√适用 □不适用

单位:元 币种:人民币

项目	本期发生额	上期发生额	计入当期非经常性损益的金额
非流动资产处置利得合计			
其中:固定资产处置利得			
无形资产处置利得			
债务重组利得			
非货币性资产交换利得			
接受捐赠			
政府补助	178,119,000.00	130,803,000.00	178,119,000.00
其他	406,360.05	11,725,614.78	406,360.05
合计	178,525,360.05	142,528,614.78	178,525,360.05

2.计入当期损益的政府补助

√适用 □不适用

单位:元 币种:人民币

补助项目	本期发生金额	上期发生金额	与资产相关/与收益相关
扶持资金	178,119,000.00	130,803,000.00	与收益相关
合计	178,119,000.00	130,803,000.00	/

其他说明:

□适用 √不适用

(五十三)营业外支出

√适用 □不适用

单位:元 币种:人民币

项目	本期发生额	上期发生额	计入当期非经常性损益的金额
非流动资产处置损失合计	14,119.16	22,835.59	14,119.16
其中:固定资产处置损失	14,119.16	22,835.59	14,119.16
无形资产处置损失			
债务重组损失			
非货币性资产交换损失			
对外捐赠	5,369,800.00	11,880,000.00	5,369,800.00
诉讼赔偿金	102,472.26		102,472.26
合计	5,486,391.42	11,902,835.59	5,486,391.42

（五十四）所得税费用

1. 所得税费用表：

√适用　□不适用

单位：元　币种：人民币

项目	本期发生额	上期发生额
当期所得税费用	1,358,850,376.16	1,054,306,977.68
递延所得税费用	-152,849,018.49	64,966,865.08
合计	1,206,001,357.67	1,119,273,842.76

2. 会计利润与所得税费用调整过程：

√适用　□不适用

单位：元　币种：人民币

项目	本期发生额	上期发生额
利润总额	4,874,213,615.65	4,153,221,290.46
按法定/适用税率计算的所得税费用	1,218,553,403.91	1,038,305,322.62
子公司适用不同税率的影响		
调整以前期间所得税的影响		
非应税收入的影响	-1,334,842.43	-6,394,488.92
不可抵扣的成本、费用和损失的影响	1,968,348.53	1,266,534.54
使用前期未确认递延所得税资产的可抵扣亏损的影响		
本期未确认递延所得税资产的可抵扣暂时性差异或可抵扣亏损的影响	43,950,756.94	113,034,696.85
以前年度汇算清缴差异	-57,136,309.28	-11,763,119.95
诉讼赔偿和坏账核销的影响	-15,175,102.38	
所得税费用	1,206,001,357.67	1,119,273,842.76

其他说明：

□适用　√不适用

（五十五）基本每股收益和稀释每股收益的计算过程：

□适用　√不适用

（五十六）现金流量表项目

1. 收到的其他与经营活动有关的现金：

√适用　□不适用

单位：元　币种：人民币

项目	本期发生额	上期发生额
借入信托业保障基金净额	1,580,000,000.00	400,000,000.00
代收代付款	392,523,992.55	107,527,340.30
收到各种形式的政府补贴	178,119,000.00	130,803,000.00
保证金		25,000,000.00
诉讼冻结资金解除	51,630,847.11	
其他	418,416.40	11,991,216.99
合计	2,202,692,256.06	675,321,557.29

2. 支付的其他与经营活动有关的现金：

√适用 □不适用

单位：元 币种：人民币

项目	本期发生额	上期发生额
支付信托业务准备金	253,555,465.89	230,000,000.00
垫付信托项目款及支付尾款		86,693,977.18
认缴信托业保障基金	100,703,772.76	45,213,932.99
支付房租及物业费	49,491,758.56	43,086,066.74
支付办公费用	22,634,991.00	21,590,678.15
支付中介机构费用	30,224,421.42	16,082,927.24
支付招待费	16,133,485.31	12,215,345.36
捐赠支出	5,369,800.00	11,880,000.00
支付咨询及诉讼费	8,352,010.21	11,382,508.57
支付会务费及董事会会费	4,129,919.50	3,265,837.83
退还保证金	16,000,000.00	
结构化主体支付监管、托管等费用	35,141,747.20	
支付零星往来款及费用	39,041,557.67	13,670,857.01
合计	580,778,929.52	495,082,131.07

3. 收到的其他与投资活动有关的现金

□适用 √不适用

4. 支付的其他与投资活动有关的现金

□适用 √不适用

5. 收到的其他与筹资活动有关的现金

□适用 √不适用

6. 支付的其他与筹资活动有关的现金

□适用 √不适用

（五十七）现金流量表补充资料

1. 现金流量表补充资料

√适用 □不适用

单位：元 币种：人民币

补充资料	本期金额	上期金额
1. 将净利润调节为经营活动现金流量：		
净利润	3,668,212,257.98	3,033,947,447.70
加：资产减值准备	13,164,964.63	-98,486.97
固定资产折旧、油气资产折耗、生产性生物资产折旧	3,529,559.07	3,380,190.82
无形资产摊销	2,115,053.09	1,953,535.46
长期待摊费用摊销	3,777,500.76	3,546,370.18
处置固定资产、无形资产和其他长期资产的损失（收益以"－"号填列）		
固定资产报废损失（收益以"－"号填列）	14,119.16	22,835.59
公允价值变动损失（收益以"－"号填列）	597,739,082.23	-272,366,175.00
财务费用（收益以"－"号填列）		
投资损失（收益以"－"号填列）	-784,631,390.01	-279,774,308.92

续表

补充资料	本期金额	上期金额
递延所得税资产减少(增加以“-”号填列)	-18,427,831.57	
递延所得税负债增加(减少以“-”号填列)	-134,421,186.92	64,966,865.08
存货的减少(增加以“-”号填列)		
经营性应收项目的减少(增加以“-”号填列)	-4,009,124,311.56	-772,531,224.20
经营性应付项目的增加(减少以“-”号填列)	2,339,583,063.70	1,201,541,292.35
其他	48,509,043.90	9,205,566.87
经营活动产生的现金流量净额	1,730,039,924.46	2,993,793,908.96
2.不涉及现金收支的重大投资和筹资活动:		
债务转为资本		
一年内到期的可转换公司债券		
融资租入固定资产		
3.现金及现金等价物净变动情况:		
现金的期末余额	2,985,750,945.51	3,393,842,115.89
减:现金的期初余额	3,393,842,115.89	1,296,446,337.69
加:现金等价物的期末余额		
减:现金等价物的期初余额		
现金及现金等价物净增加额	-408,091,170.38	2,097,395,778.20

2.本期支付的取得子公司的现金净额

□适用　√不适用

3.本期收到的处置子公司的现金净额

□适用　√不适用

4.现金和现金等价物的构成

√适用　□不适用

单位:元　币种:人民币

项目	期末余额	期初余额
一、现金	2,985,750,945.51	3,393,842,115.89
其中:库存现金	22,601.54	21,552.35
可随时用于支付的银行存款		
可随时用于支付的其他货币资金		
可用于支付的存放中央银行款项		
存放同业款项	2,985,728,343.97	3,393,820,563.54
拆放同业款项		
二、现金等价物		
其中:三个月内到期的债券投资		
三、期末现金及现金等价物余额	2,985,750,945.51	3,393,842,115.89
其中:母公司或集团内子公司使用受限制的现金和现金等价物		

其他说明：

□适用 √不适用

（五十八）所有权或使用权受到限制的资产

□适用 √不适用

（五十九）外币货币性项目

1. 外币货币性项目：

□适用 √不适用

2. 境外经营实体说明，包括对于重要的境外经营实体，应披露其境外主要经营地、记账本位币及选择依据，记账本位币发生变化的还应披露原因。

□适用 √不适用

（六十）套期

□适用 √不适用

（六十一）其他

□适用 √不适用

六、资产证券化业务的会计处理

□适用 √不适用

七、合并范围的变更

纳入合并范围的结构化主体

本公司对结构化主体是否应纳入合并范围进行判断，包括本公司作为受托人的结构化主体和本公司投资的由其他机构发行的结构化主体。

本期公司认购或受让的资产管理计划、基金、信托计划，综合考虑本公司对该等结构化主体拥有的权利及参与该等结构化主体的相关活动而享有可变回报等控制因素，认定将本公司控制的 14 个结构化主体纳入合并范围。

（一）非同一控制下企业合并

□适用 √不适用

（二）同一控制下企业合并

□适用 √不适用

八、在其他主体中的权益

（一）在子公司中的权益

1. 企业集团的构成

□适用 √不适用

2. 重要的非全资子公司

□适用 √不适用

3. 重要非全资子公司的主要财务信息

□适用 √不适用

4. 使用企业集团资产和清偿企业集团债务的重大限制：

□适用 √不适用

5. 向纳入合并财务报表范围的结构化主体提供的财务支持或其他支持：

□适用 √不适用

其他说明：

□适用 √不适用

（二）在子公司的所有者权益份额发生变化且仍控制子公司的交易

□适用 √不适用

（三）在合营企业或联营企业中的权益

√适用 □不适用

1. 重要的合营企业或联营企业

√适用 □不适用

单位：元 币种：人民币

合营企业或联营企业名称	主要经营地	注册地	业务性质	持股比例（%）		对合营企业或联营企业投资的会计处理方法
				直接	间接	
大童保险销售服务有限公司	北京市	北京市朝阳区	保险代理	35.00		权益法
营口银行股份有限公司（以下简称营口银行）	辽宁省及哈尔滨市	辽宁营口	商业银行	4.27		权益法

持有 20% 以下表决权但具有重大影响，或者持有 20% 或以上表决权但不具有重大影响的依据：

2017 年 12 月，控股股东上海国之杰投资发展有限公司在保证对其持有的营口银行全部股份的所有权、收益权（含收益分配请求权及剩余财产分配请求权）和处分权（含转让、赠与、质押等）不变的前提下，将其他股东权利委托本公司行使。本公司受托代为行使的权利范围包括但不限于表决权、股东大会提案权、股东大会召开提议权等。截至 2017 年 12 月 31 日，本公司与控股股东上海国之杰投资发展有限公司合计持有营口银行 18.94% 股份，为营口银行第一大股东，已获得参与营口银行经营决策的权力。公司本期对营口银行股权投资本期转为按权益法核算。

2. 重要合营企业的主要财务信息

□适用 √不适用

3. 重要联营企业的主要财务信息

□适用 √不适用

4. 不重要的合营企业和联营企业的汇总财务信息

√适用 □不适用

单位:元 币种:人民币

	期末余额/本期发生额	期初余额/上期发生额
合营企业:		
投资账面价值合计		
下列各项按持股比例计算的合计数		
——净利润		
——其他综合收益		
——综合收益总额		
联营企业:		
投资账面价值合计	1,020,734,386.23	870,779,159.85
下列各项按持股比例计算的合计数		
——净利润	98,469,165.13	25,577,955.68
——其他综合收益		
——综合收益总额	98,469,165.13	25,577,955.68

5.合营企业或联营企业向本公司转移资金的能力存在重大限制的说明:

□适用 √不适用

6.合营企业或联营企业发生的超额亏损

□适用 √不适用

7.与合营企业投资相关的未确认承诺

□适用 √不适用

8.与合营企业或联营企业投资相关的或有负债

□适用 √不适用

(四)重要的共同经营

□适用 √不适用

(五)在未纳入合并财务报表范围的结构化主体中的权益

未纳入合并财务报表范围的结构化主体的相关说明:

√适用 □不适用

1.本公司作为受托人管理的信托计划

本公司基于对潜在目标客户的分析及调查,设计并提供信托产品以满足客户的需求。募集的资金根据信托合同的约定投资于标的资产,投资收益根据信托合同约定分配给投资者,本公司作为信托计划的受托人收取信托报酬。本公司作为信托计划受托人管理信托计划获取的可变回报并不重大,因此不纳入合并范围。截至2017年12月31日,本公司未参与投资仅作为受托人管理的信托计划规模为1,684.91亿元。

2.本公司投资的未纳入合并范围的结构化主体

本公司投资的由本公司作为受托人管理的信托计划及由第三方设立及管理的其他结构化主体。本公司并未控制该等结构化主体,亦未向该等结构化主体提供财务支持或其他类型的支持,因此不纳入合并范围。

本公司投资的未纳入合并财务报表范围的结构化主体在本公司资产负债表中的相关资产负债项目账面价值及最大损失风险敞口列示如下:

单位:元 币种:人民币

项目	期末账面价值	最大损失风险敞口
以公允价值计量且其变动计入当期损益的金融资产	1,105,663,362.18	1,105,663,362.18
可供出售金融资产	494,036,260.64	494,036,260.64
应收款项类投资	4,738,523,076.94	4,599,523,076.94
合计	6,338,222,699.76	6,199,222,699.76

(六)其他

□适用 √不适用

九、公允价值的披露

公允价值计量所使用的输入值划分为三个层次:第一层次输入值是在计量日能够取得的相同资产或负债在活跃市场上未经调整的报价。第二层次输入值是除第一层次输入值外相关资产或负债直接或间接可观察的输入值。第三层次输入值是相关资产或负债的不可观察输入值。公允价值计量结果所属的层次,由对公允价值计量整体而言具有重要意义的输入值所属的最低层次决定。

(一)以公允价值计量的资产和负债的期末公允价值

√适用 □不适用

单位:元　币种:人民币

项目	期末公允价值			
	第一层次公允价值计量	第二层次公允价值计量	第三层次公允价值计量	合计
一、持续的公允价值计量				
(一)以公允价值计量且变动计入当期损益的金融资产	1,396,907,585.43	3,750,114,331.68	262,500,000.00	5,409,521,917.11
1. 交易性金融资产	1,396,907,585.43			1,396,907,585.43
(1)债务工具投资				
(2)权益工具投资	1,396,907,585.43			1,396,907,585.43
(3)衍生金融资产				
2. 指定以公允价值计量且其变动计入当期损益的金融资产		3,750,114,331.68	262,500,000.00	4,012,614,331.68
(1)债务工具投资				
(2)权益工具投资				
(3)资管计划		2,182,450,525.90		2,182,450,525.90
(4)信托计划		1,567,663,805.78	262,500,000.00	1,830,163,805.78
(二)可供出售金融资产			494,036,260.64	494,036,260.64
(1)债务工具投资				
(2)权益工具投资				
(3)其他				
(4)资管计划			97,023,771.09	97,023,771.09
(5)基金			397,012,489.55	397,012,489.55
(三)投资性房地产				
1. 出租用的土地使用权				
2. 出租的建筑物				
3. 持有并准备增值后转让的土地使用权				
(四)生物资产				
1. 消耗性生物资产				
2. 生产性生物资产				
持续以公允价值计量的资产总额	1,396,907,585.43	3,750,114,331.68	756,536,260.64	5,903,558,177.75
(五)交易性金融负债				
其中:发行的交易性债券				
衍生金融负债				
其他				
(六)指定为以公允价值计量且变动计入当期损益的金融负债			920,607,764.77	920,607,764.77

续表

项目	期末公允价值			
	第一层次公允价值计量	第二层次公允价值计量	第三层次公允价值计量	合计
持续以公允价值计量的负债总额			920,607,764.77	920,607,764.77
二、非持续的公允价值计量				
(一)持有待售资产				
非持续以公允价值计量的资产总额				
非持续以公允价值计量的负债总额				

以公允价值计量且变动计入当期损益的金融资产和可供出售金融资产参考可获得的市价计算其公允价值。倘无可获得之市价,则按定价模型或现金流折现法估算公允价值。此等资产之账面值即其公允价值。

(二)持续和非持续第一层次公允价值计量项目市价的确定依据

√适用 □不适用

对于上市权益工具投资,本公司以证券交易所的、在本年最接近资产负债表日的交易日的收盘时的市场价格作为确定公允价值的依据。

(三)持续和非持续第二层次公允价值计量项目,采用的估值技术和重要参数的定性及定量信息

√适用 □不适用

单位:元 币种:人民币

项目	期末公允价值	估值技术	输入值
指定以公允价值计量且其变动计入当期损益的金融资产	3,750,114,331.68	期权定价模型	标的权益工具波动率

(四)持续和非持续第三层次公允价值计量项目,采用的估值技术和重要参数的定性及定量信息

√适用 □不适用

单位:元 币种:人民币

项目	期末公允价值	估值技术	不可观察输入值
指定以公允价值计量且其变动计入当期损益的金融资产	262,500,000.00	第三方报价	不适用
可供出售金融资产	494,036,260.64	第三方报价	不适用
指定以公允价值计量且变动计入当期损益的金融负债	920,607,764.77	注1	不适用

注1:合并结构化主体中其他份额持有人权益的公允价值是基于结构化主体净值计算的归属于其他份额持有人的金额。

(五)持续的第三层次公允价值计量项目,期初与期末账面价值间的调节信息及不可观察参数敏感性分析

□适用 √不适用

(六)持续的公允价值计量项目,本期内发生各层级之间转换的,转换的原因及确定转换时点的政策

□适用 √不适用

(七)本期内发生的估值技术变更及变更原因

□适用 √不适用

(八)不以公允价值计量的金融资产和金融负债的公允价值情况

□适用 √不适用

(九)其他

□适用 √不适用

十、关联方及关联交易

(一)本企业的母公司情况

√适用 □不适用

单位：万元　币种：人民币

母公司名称	注册地	业务性质	注册资本	母公司对本企业的持股比例(%)	母公司对本企业的表决权比例(%)
上海国之杰投资发展有限公司(以下简称"国之杰")	上海市杨浦区	综合	765,279.00	52.44	52.44

企业最终控制方是高天国

(二)本企业的子公司情况

本企业子公司的情况详见附注

□适用　√不适用

(三)本企业合营和联营企业情况

本企业重要的合营或联营企业详见附注

√适用　□不适用

本公司重要的合营或联营企业详见本附注"八、在其他主体中的权益"。

本期与本公司发生关联方交易，或前期与本公司发生关联方交易形成余额的其他合营或联营企业情况如下

□适用　√不适用

(四)其他关联方情况

√适用　□不适用

其他关联方名称	其他关联方与本企业关系
上海谷元房地产开发有限公司	母公司的股东
上海三至酒店投资管理有限公司	关联人担任其母公司董事长
中民外滩房地产开发有限公司	关联人担任其董事(注1)

其他说明

注1：2017年6月29日，本公司实际控制人高天国担任该公司董事。

(五)关联交易情况

1. 购销商品、提供和接受劳务的关联交易

采购商品/接受劳务情况表

□适用　√不适用

出售商品/提供劳务情况表

□适用　√不适用

购销商品、提供和接受劳务的关联交易说明

□适用　√不适用

2. 关联租赁情况

本公司作为出租方：

□适用　√不适用

本公司作为承租方：

□适用　√不适用

关联租赁情况说明

√适用　□不适用

(1)本公司上海总部办公所在地为海通证券大厦，该物业属关联方上海谷元房地产开发有限公司所有，根据双方签订的房屋租赁合同，2016年度支付租金及相关费用23,976,385.97元，2017年度支付租金及相关费用21,480,101.06元。

(2)本公司向上海三至酒店投资管理有限公司租赁其位于虹口区四平路59号三至喜来登酒店38至39楼，面积共计2,566.2平方米，租赁期限10年。根据双方签订的房屋租赁合同，2016年度支付租金及相关费用8,900,000.00元，2017年度支付租金及相关费用8,900,000.00元。

3. 关联受托管理/承包及委托管理/出包情况

本公司受托管理/承包情况表：

□适用　√不适用

关联托管/承包情况说明

√适用　□不适用

关联受托管理

国之杰委托本公司行使部分营口银行股东权利

2017年12月25日，公司第七届董事会五十三次会议决议，为避免国之杰参股的营口银行股份有限公司(以下简称"营口银行")与本公司产生潜在的利益冲突，保护公司中小股东的利益，国之杰拟与安信信托签署《委托协议》，委托安信信托行使国之杰因持有营口银行股份而产生的部分股东权利。

2017年12月29日，安信信托与国之杰签署了《委托协议》，国之杰委托本公司代为行使部分股东权利的股份为国之杰现在及未来持有的营口银行全部股份，截至本协议签署日，国之杰持有营口银行的股份为391,395,704股，占营口银行总股本14.6666%。在保证国之杰对其持有的营口银行全部股份的所有权、收益权(含收益分配请求权及剩余财产分配请求权)和处分权(含转让、赠与、质押等)不变的前提下，国之杰将其他股东权利委托本公司行使。本公司受托代为行使的权利范围包括但不限于表决权、股东大会提案权、股东大会召开提议权等。委托期限为自本协议生效之日起三年，委托管理费用为100万元/年，于本协议生效之日起每满12个月支付。

本公司委托管理/出包情况表：

□适用　√不适用

关联管理/出包情况说明

□适用　√不适用

4. 关联担保情况

本公司作为担保方

□适用 √不适用

本公司作为被担保方

□适用 √不适用

关联担保情况说明

□适用 √不适用

5. 关联方资金拆借

□适用 √不适用

6. 关联方资产转让、债务重组情况

□适用 √不适用

7. 其他关联交易

√适用 □不适用

(1)向国之杰转让资管计划份额收益权

2017年12月29日,公司第七届董事会五十四次会议决议,为优化业务结构,安信信托拟与国之杰签署《特定资管份额收益权转让合同》(下称"转让合同"),将安信信托作为单一委托人投资并持有的"海富通－兴业银行－海外4号QDII资产管理计划"的全部份额转让给国之杰。

2017年12月,安信信托与控股股东国之杰签署了《特定资管份额收益权转让合同》,转让价格为548,954,080.00元,以国之杰支付第一笔转让款(465,470,000.00元)之日为交割日,自交割日起标的资管份额收益的权利、权益、利益和收益转让予国之杰,并由国之杰承担全部风险,资管份额持有人未发生变化。转让价格以标的资管计划管理人提供的资管计划于2017年12月25日资产净值为基准,加上安信信托在2017年12月25日以后向标的资管计划支付的资金以及交割日后应由控股股东承担的标的资管计划相关费用。

截至2017年12月31日,国之杰根据转让合同约定的付款进度已支付转让款465,470,000.00元,剩余款项83,484,080.00元已于2018年1月30日支付完毕。

(2)安信安赢42号·上海董家渡金融城项目集合资金信托计划

本公司于2016年12月30日发起设立了"安信安赢42号·上海董家渡金融城项目集合资金信托计划",信托计划期限为60个月。截至2017年12月31日,该信托计划存续规模为159.62亿元。本信托计划分别以122.45亿元、30.61亿元受让中国民生投资股份有限公司、上海佳渡置业有限公司持有的中民外滩房地产开发有限公司股权共计45%股权。截至2017年12月31日,本公司以自有资金购该信托计划余额为3.2亿元,2017年度收到该信托计划分配的受益人收益4,814.71万元。

(3)截至2017年12月31日,关联方向本公司购买的信托计划情况

(金额单位:万元)

关联方	购买余额	本期分配收益
营口银行股份有限公司	894,814.00	4,769.07

(4)截至2017年12月31日,本公司以自有资金购买本公司作为受托人发行的信托计划情况

(金额单位:万元)

项目	购买余额	本期分配收益
资金信托计划	446,112.31	17,154.32

(5)2017年度,本公司自关联方转/受让金融产品情况

(金额单位:万元)

转让方	受让方	交易金额
营口银行股份有限公司	本公司	43,000.00
本公司	营口银行股份有限公司	50,000.00

8. 关键管理人员报酬

√适用 □不适用

单位:万元 币种:人民币

项目	本期发生额	上期发生额
关键管理人员报酬	4,411.70	3,140.51

(六)关联方应收应付款项

1. 应收项目

√适用 □不适用

单位:元 币种:人民币

项目名称	关联方	期末余额		期初余额	
		账面余额	坏账准备	账面余额	坏账准备
其他资产－其他应收款	上海国之杰投资发展有限公司	83,484,080.00	500,904.48		
其他资产－其他应收款	上海谷元房地产开发有限公司	4,755,900.00	28,535.40	4,889,271.00	29,335.63
其他资产－其他应收款	上海三至酒店投资管理有限公司	8,603,333.32	51,620.00	8,158,333.76	48,950.00

2. 应付项目

□适用 √不适用

(七)关联方承诺

□适用 √不适用

(八)其他

□适用 √不适用

十一、股份支付

(一)股份支付总体情况

□适用 √不适用

（二）以权益结算的股份支付情况

□适用 √不适用

（三）以现金结算的股份支付情况

□适用 √不适用

（四）股份支付的修改、终止情况

□适用 √不适用

（五）其他

□适用 √不适用

十二、政府补助

（一）政府补助基本情况

√适用 □不适用

单位：元 币种：人民币

种类	金额	计入当期损益或冲减相关成本费用损失的金额－本期发生额	计入当期损益或冲减相关成本费用损失的金额－上期发生额	计入当期损益或冲减相关成本费用损失的项目	列报项目	计入当期损益的金额
扶持资金	178,119,000.00	178,119,000.00	130,803,000.00	营业外收入		178,119,000.00

（二）政府补助退回情况

□适用 √不适用

十三、承诺及或有事项

（一）重要承诺事项

√适用 □不适用

资产负债表日存在的对外重要承诺、性质、金额

1. 对鞍山财政局的补贴

根据鞍山市财政局与国之杰于2005年9月30日签订的《关于解决安信信托历史遗留问题的协议》：鞍山市财政局承接本公司不超过人民币6亿元债务，对应承接本公司对外债权和资产，金额以辽宁天健会计师事务所有限公司出具的辽天会证字2005第306号审计报告为准，该事项业经本公司2005年12月29日召开的四届二十三次董事会临时会议审议通过。

作为对于鞍山市财政局的补贴，国之杰和本公司承诺，从本协议签署后的第四年起（2008年），由本公司对鞍山市财政局进行补贴，为期20年，补贴标准为：前10年每年1,000万元；后10年每年1,200万元。国之杰和本公司连带承担此项承诺。2006年4月28日，国之杰承诺：同意承担上述安信信托对鞍山市财政局进行的补贴事项。

2. 经营性租赁承诺

重大经营租赁最低租赁付款额

剩余租赁期	最低租赁付款额
7年以内	180,177,500.74

（二）或有事项

1. 资产负债表日存在的重要或有事项

□适用 √不适用

2. 公司没有需要披露的重要或有事项，也应予以说明：

□适用 √不适用

（三）其他

□适用 √不适用

十四、资产负债表日后事项

（一）重要的非调整事项

□适用 √不适用

（二）利润分配情况

√适用 □不适用

单位：元 币种：人民币

拟分配的利润或股利	2,278,807,466.00
经审议批准宣告发放的利润或股利	

根据2018年2月7日召开的第七届董事会第五十五次会议决议，本年度拟以2017年末总股本4,557,614,932股为基数，向全体股东每10股派发现金红利5元（含税），共派发现金红利2,278,807,466.00元；拟以2017年末总股本4,557,614,932股为基数，资本公积金每10股转增2股，共计911,522,987股。

（三）销售退回

□适用 √不适用

（四）其他资产负债表日后事项说明

√适用 □不适用

重大对外投资情况

2018年1月29日，肖文革与本公司签订股权转让协议，拟将其持有的印纪传媒1.07亿股转让给本公司，转让价款共计13.60亿元。

其他事项：

截至审计报告日，公司投资的部分金融资产市价发生了较大幅度的波动。

除上述事项外，本公司不存在其他应披露的资产负债表日后重大事项。

十五、与金融工具相关的风险

√适用 □不适用

本公司在经营过程中面临各种金融风险，主要包括信用风险、市场风险和流动性风险。公司董事会全面负责风险管理目标和政策的确定，并对风险管理目标和政策承担最终责任，同时董事会已授权本公司相关部门设计和实施能确保风险管理目标和政策得以有效执行的程序。董事会通过相关部门递交的定期报告来审查已执行

程序的有效性以及风险管理目标和政策的合理性。本公司的稽核审计部也会审计风险管理的政策和程序，并且将有关发现汇报给风险控制与审计委员会。

本公司风险管理的总体目标是通过全面风险管理，促进业务资源优化配置，为受益人持续创造价值，进而实现公司效益和股东利益最大化。

（一）信用风险

信用风险是债务人或交易对手未能或不愿履行其承诺而造成损失的风险，即交易对手不能完全履行合同的风险。

信用风险管理主要通过客户准入、客户评级、限额管理、授信管理、大客户集中度管理、授信担保管理、评审要求和流程管理、风险分类管理等手段进行控制和防范。报告期内，在公司信用风险管理中，一是公司严格客户准入标准，实行了黑白名单制管理；二是公司对交易对手进行集中授信，限额管理；三是公司每月对大客户的用信集中度情况进行定期监测；四是公司对授信抵押担保条件进行了严格的规定；五是公司重新梳理相关业务的评审管理办法和流程，按照项目种类（融资类、投资类）分别评审并统一决策；六是公司要求加强对交易对手的尽职调查工作，并由风险管理部及法律合规部初审人员到项目现场进行初步审核，提示项目风险、制定并落实风控措施，必要时，公司会聘请外部独立专家客观、公正地提出专业意见；七是公司对信托资金的投向在单个法人机构、区域、行业上进行合理布局，避免区域性、行业性的信用风险规模化爆发；八是公司对交易对手进行动态管理，在资金发放后，业务部门、风险管理部等定期或不定期的进行贷后检查和抽查，形成检查报告，发现问题及时预警、及时处理。

1. 发放贷款和垫款

（1）贷款和垫款按行业分类列示如下

单位：元　币种：人民币

行业	期末余额	年初余额
房地产业	1,500,500,000.00	1,742,000,000.00
批发和零售业	2,619,354,747.31	937,063,425.00
文化、体育和娱乐业	549,967,591.20	549,967,591.20
租赁和商务服务业	853,100,000.00	480,000,000.00
信息传输、计算机服务和软件业		145,000,000.00
科学研究、技术服务和地质勘查业	40,000,000.00	40,000,000.00
合计	5,562,922,338.51	3,894,031,016.20

（2）贷款和垫款按地区分布

单位：元　币种：人民币

地区	期末余额	年初余额
湖南	1,700,000,000.00	40,000,000.00
北京	1,144,967,591.20	1,044,967,591.20
上海	793,100,000.00	2,612,000,000.00
山东	860,000,000.00	
深圳	804,354,747.31	
四川	100,500,000.00	137,063,425.00
天津	100,000,000.00	
海南	60,000,000.00	60,000,000.00
合计	5,562,922,338.51	3,894,031,016.20

2. 信用风险敞口

下表列示了资产负债表项目、或有负债及承诺事项的最大信用风险敞口。最大信用风险敞口是指不考虑可利用的抵押物或其他信用增级的情况下的信用风险敞口总额。

单位：元　币种：人民币

项目	期末余额	年初余额
存放同业款项	2,985,728,343.97	3,445,451,410.65
以公允价值计量且其变动计入当期损益的金融资产	5,409,521,917.11	5,683,470,402.50
发放贷款和垫款	3,012,954,747.31	3,165,683,385.80
可供出售金融资产	3,732,141,093.13	4,200,870,809.68
应收款项类投资	4,608,523,076.94	
合计	19,748,869,178.46	16,495,476,008.63

（二）市场风险

市场风险是指由于市场因素变动导致损失的风险，主要表现为市场环境、行业状况、供求关系、价格、利率、汇率等宏观因素发生变化对项目价值产生负面影响，导致信托财产或公司利益遭受损失。

在防范市场风险方面，公司加强对宏观经济走势及金融形势的分析和研判，在支持服务实体经济时，注重对行业政策研究，加大国家鼓励类行业的投资力度，严格限制类行业的投资；在对具体项目进行尽职调查时，风控前移，与业务部门一起参与尽职调查；聘请行业专家进行行业知识讲座，聘请咨询机构提供行业研究咨询报告，在投资决策过程中充分考虑行业专业意见或建议；在投后管理方面，公司积极的组建自己的产业管理团队，将有经验的产业专家纳入被投资企业的高级管理团队，参与企业后期的运营和管理；在退出方面，公司可为被投资企业提供增值服务，积极寻求被投资企业通过并购、重组、股权转让、上市等多种退出渠道。

房地产项目上，公司按照监管部门的要求统一开展房地产项目的压力测试，并根据国家对于房地产市场的调控和市场的反应情况，实时的调整测试参数，定期向高级管理层汇报，严防房地产市场的市场波动风险。

二级股票市场项目上，公司主要采用引入投资顾问、净值定期报告制度、盯市、设置预警平仓线等措施，防范市场风险。

（三）流动性风险

流动性风险管理是指公司在履行以交付现金或其他金融资产的方式结算的义务时发生资金短缺的风险。

固有业务方面，公司为了加强流动性管理，按照年初的计划安排，对可运用的固有资金的投向（如银行存款、贷款、交易性金融资产、可供出售的金融资产、股权投资等）比例进行调整，留足一定比例（总资产 8% -10%）的可随时变现的有价证券和银行存款防范突发的流动性风险事件，同时，公司通过监控现金余额、可随时变现的有价证券以及对未来 12 个月现金流量的滚动预测，确保公司在所有合理预测的情况下拥有充足的资金偿还债务，此外，公司与多家金融机构达成战略合作关系，必要时给予公司不同程度的同业授信额度和流动性支持额度，防范流动性风险。

信托业务方面，公司要求合理预测并实时监控单个信托项目的现金流入流出情况，对存续信托项目则按月进行流动性风险排查，排查六个月之内到期的信托项目的资金兑付压力，对大额到期兑付项目予以重点高度关注，未雨绸缪，防范信托业务的流动性风险。

（四）操作风险状况的说明

操作风险是指由于不完善或有问题的内部操作过程、人员、系统或外部事件而导致的直接或间接损失的风险。

公司定期重新梳理内控制度、业务流程，在业务评审、业务签报、合同用印等流程进行了规范，同时，安排了业务操作流程方面的培训力度。在报告期内，公司加大了对公司信息科技方面的建设和投入，统一搭建了公司信息科技管理平台，力争将上述流程置于同一平台上进行运作、管理和维护，全面提升公司的信息科技水平，防范操作风险。

在项目投后监管的操作风险防控上，公司风险管理部积极探索扩大投资监管的范围，覆盖公司主动管理的投资类、融资类、基金类项目及平台公司；改变驻场人员的用工模式；提高选人用人标准，使驻场监管体系走向专业化、标准化、规范化。项目后续管理环节上，除原先重点关注的资金安全、节点管理、销售管理、成本管理、现金流管理、信息系统电子化、操作标准变化管理之外，增加了客户目标管理、项目经营情况管理、支付操作安全性管理、投资监管员内部稽核、信息收集总部化，监管手段标准化；信息系统建设上面升级了付款、用印审批系统，付款授权审核，建设投资监管系统，对接客户财务系统，实时掌握项目终端财务数据及运营数据；对监管人员的稽核方式也在原来项目巡检、与风控经理深度全方面风险排查的基础上，增设稽核岗、实行了人员轮岗制。按照上述 2.0 版的投资监管体系，驻场监管人员有了标准化的动作、标准化的流程；驻场监管人员凝聚力、使命感增强，监管总部层面参与项目评审、项目公司重大决策，通过制度设计，实现项目公司高级管理层与公司的目标的统一；实时的稽核、巡视驻场管理的标准化动作，用严谨、可操作的制度、流程约束来加强对项目过程管理的整体把控。

（五）其他风险状况的说明

合规风险主要指未遵循法律法规、监管要求、规则、自律性组织制定的有关准则以及适用于信托公司自身业务活动的行为准则，而可能遭受法律制裁或监管处罚、重大财务损失或声誉损失的风险。

声誉风险是指由公司经营、管理及其他行为或外部事件导致利益相关方对公司负面评价的风险。在当前金融严监管历史背景下以及资管行业打破刚兑的趋势下，信托公司防范声誉风险显得更加重要。报告期内，公司严格按照《信托公司管理办法》、《集合资金信托计划管理办法》以及信托合同的约定，尽职勤勉的履行受托人的受托管理职责，从维护客户关系、履行告知义务、解决客户问题、确保客户合法权益、提升客户满意度等方面实施监督和评估，加强舆情和声誉风险管理，建立重大风险事项的汇报制度，对可能发生的各类声誉事件进行情景分析，制定预案，开展演练，防范声誉风险。

（六）信托业务

信托业务是信托公司作为受托人承诺信托和处理信托事务的经营行为。信托业务风险主要体现在两个方面，一方面是客户风险承受能力与信托项目实际风险错配风险；另一方面是资金运用风险，主要风险特征为表外的信用风险、市场风险可能转化为表内的受托管理责任风险和声誉风险。

公司信托业务定位实业投行，专注发展 PE 投资、权益类投资项目，目前主要的投资领域包括光伏电站、生物医药、互联网基础设施、锂电池、养老产业、现代物流、高端现代农业等。

公司注重对实体经济的支持，明确专业的人做专业的事，在机构设置上，公司组建了专门从事房地产行业、光伏行业、养老行业、资产证券化业务、事务管理类业务的业务团队；组建了风控、合规评审小组的评审模式，各评审小组按照行业划分，分工协作，专业评判；投资监管部组建专业产业团队负责项目投后管理工作；在项目尽职调查和评审环节，风控经理主动快速反应，及时评审、实地了解项目状况，亲自参与项目的尽职调查，提高风险把控的效率、效果；风险管理部组建行业专家库，聘请行业专家共同参与项目尽职调查和评审工作。

公司目前的项目管理工作不仅体现在对项目公司证照、账户、印鉴基础性的监管工作上，而是通过向项目公司派驻董事、高级管理人员、财务总监，参与项目公司重大经营决策和日常管理工作，是通过项目公司董事会层面制订的相关激励和约束机制，来实现其管理层的经营考核目标与公司对项目管理目标的一致性。

信托业务风险管控的核心是充分尽调、科学评审、审慎决策和有效管理。公司重新梳理了相关业务的尽职调查规范和指引，提出了交易对手家底、企业经营和诚信合规三个方面的尽职调查和评审要点；建立了融资类业务以现金流评价为核心、投资类业务以盈利模式和估值为论证核心的评审逻辑；以风险识别、风险分析评价和风险对策为最终落脚点；聘请评审专家，实行投资、融资分类评审的管理制度；存续管理环节，公司建立以节点管理为线索、驻场管理为基础、服务促监管为手段、目标管理为重点管理理念，通过节点管理，找出偏差、及时评价、寻找对策；通过驻场管理实现对项目的知情、预判、影响、纠偏的目的；从提供资金支持到提供管理服务，为客户创造价值；公司建立了客户集中化管理、统一授信限额的管理模式；项目的风险排查、五级分类工作有序开展；估值体系建设正在完善。风险管理部出台了《风险考核激励办法》，对信托业务部门在年度风险管理工作考评中的优秀团队进行重奖，对管理不到位的团队引入重罚的考核机制。

2017年度，应到期清算的信托计划累计140个，实际清算信托计划140个，全部正常清算。截至2017年12月31日，公司管理的信托财产总额为2,325.51亿元（未经审计），信托财产抵押充分，管理正常，风险可控。

（七）净资本风险控制指标（按母公司口径）

指标名称	期末余额（万元）	监管指标
净资本	1,238,524.14	≥2亿元
固有业务风险资本	343,965.84	
信托业务风险资本	231,205.85	
各项业务风险资本之和	575,171.69	
净资本/各项业务风险资本之和	215.33%	≥100%
净资本/净资产	76.49%	≥40%

报告期内，公司依据《信托公司净资本管理办法》积极推进净资本管理，在优化存量风险资产结构的同时，进一步强化增量业务的资本约束机制，确立了以净资本管理为核心的业务发展模式和管理体系。截至2017年末，公司净资本为1,238,524.14万元，各项业务风险资本之和为575,171.69万元，净资本/各项业务风险资本之和的比率为215.33%，净资本/净资产的比率为76.49%。净资本各项指标均在监管底线要求之上。

十六、风险管理

十七、其他重要事项

（一）前期会计差错更正

1. 追溯重述法

□适用　√不适用

2. 未来适用法

□适用　√不适用

（二）债务重组

□适用　√不适用

（三）资产置换

1. 非货币性资产交换

□适用　√不适用

2. 其他资产置换

□适用　√不适用

（四）年金计划

□适用　√不适用

（五）终止经营

□适用　√不适用

（六）分部信息

1. 报告分部的确定依据与会计政策：

□适用　√不适用

2. 报告分部的财务信息

□适用　√不适用

3. 公司无报告分部的，或者不能披露各报告分部的资产总额和负债总额的，应说明原因

□适用　√不适用

4. 其他说明：

□适用　√不适用

（七）其他对投资者决策有影响的重要交易和事项

□适用　√不适用

（八）其他

√适用　□不适用

拟发行优先股

2017年第一次临时股东大会决议通过《关于公司非公开发行优先股预案的议案》，公司拟发行的优先股总数不超过6,800万股，募集资金总额不超过人民币68亿元，具体数额由股东大会授权董事会根据监管要求和市场条件等情况在上述额度范围内确定。

十八、母公司财务报表主要项目注释

（一）长期股权投资

对联营、合营企业投资

被投资单位	年初余额	本期增减变动								期末余额	减值准备期末余额
		追加投资	减少投资	权益法下确认的投资损益	其他综合收益调整	其他权益变动	宣告发放现金股利或利润	计提减值准备	其他		
1. 合营企业											
2. 联营企业											
泸州市商业银行股份有限公司	361,650,694.57		337,701,204.17	34,539,686.63					-58,489,177.03		
大童保险销售服务有限公司	509,128,465.28			63,929,478.50			-21,000,000.00			552,057,943.78	

续表

被投资单位	年初余额	本期增减变动								期末余额	减值准备期末余额
		追加投资	减少投资	权益法下确认的投资损益	其他综合收益调整	其他权益变动	宣告发放现金股利或利润	计提减值准备	其他		
营口银行股份有限公司									468,676,442.45	468,676,442.45	
小计	870,779,159.85		337,701,204.17	98,469,165.13			-21,000,000.00		410,187,265.42	1,020,734,386.23	
合计	870,779,159.85		337,701,204.17	98,469,165.13			-21,000,000.00		410,187,265.42	1,020,734,386.23	

（二）利息净收入

项目	本期发生额	上期发生额
利息收入	395,340,120.24	326,509,529.46
发放贷款和垫款	386,290,070.82	316,559,918.00
存放同业	7,061,954.17	8,825,189.03
信托业保障基金	1,742,743.02	1,124,422.43
买入返售金融资产	245,352.23	
利息支出	202,878,051.13	139,627,430.56
信托业保障基金	176,791,666.56	138,316,666.67
同业拆借	26,086,384.57	1,310,763.89
利息净收入	192,462,069.11	186,882,098.90

（三）手续费及佣金净收入

项目	本期发生额	上期发生额
手续费及佣金收入	5,310,383,240.50	4,524,108,944.15
其中：信托报酬	5,274,622,919.00	4,393,423,148.21
中间业务收入	35,760,321.50	130,685,795.94
手续费及佣金支出		7,966,916.35
手续费及佣金净收入	5,310,383,240.50	4,516,142,027.80

（四）投资收益

项目	本期发生额	上期发生额
权益法核算的长期股权投资收益	98,469,165.13	25,577,955.68
处置长期股权投资产生的投资收益	10,242,477.76	
处置以公允价值计量且其变动计入当期损益的金融资产取得的投资收益	110,804,455.18	243,529,355.05
处置可供出售金融资产取得的投资收益	184,201,426.02	10,666,998.19
可供出售金融资产在持有期间的投资收益	10,141,546.00	
应收款项类投资取得的投资收益	212,604,216.50	
可供出售金融资产转权益法的投资收益	29,969,127.25	
合计	656,432,413.84	279,774,308.92

十九、补充资料

（一）当期非经常性损益明细表

√适用 □不适用

单位:元 币种:人民币

项目	金额
非流动资产处置损益	-14,119.16
越权审批或无正式批准文件的税收返还、减免	
计入当期损益的政府补助(与企业业务密切相关,按照国家统一标准定额或定量享受的政府补助除外)	178,119,000.00
计入当期损益的对非金融企业收取的资金占用费	
企业取得子公司、联营企业及合营企业的投资成本小于取得投资时应享有被投资单位可辨认净资产公允价值产生的收益	
非货币性资产交换损益	
委托他人投资或管理资产的损益	
因不可抗力因素,如遭受自然灾害而计提的各项资产减值准备	
债务重组损益	
企业重组费用,如安置职工的支出、整合费用等	
交易价格显失公允的交易产生的超过公允价值部分的损益	
同一控制下企业合并产生的子公司期初至合并日的当期净损益	
与公司正常经营业务无关的或有事项产生的损益	
除同公司正常经营业务相关的有效套期保值业务外,持有交易性金融资产、交易性金融负债产生的公允价值变动损益,以及处置交易性金融资产、交易性金融负债和可供出售金融资产取得的投资收益	
单独进行减值测试的应收款项减值准备转回	
对外委托贷款取得的损益	
采用公允价值模式进行后续计量的投资性房地产公允价值变动产生的损益	
根据税收、会计等法律、法规的要求对当期损益进行一次性调整对当期损益的影响	
受托经营取得的托管费收入	
除上述各项之外的其他营业外收入和支出	-5,065,912.21
其他符合非经常性损益定义的损益项目	
所得税影响额	-43,259,742.16
少数股东权益影响额	
合计	129,779,226.47

公司是金融机构,以投资方式运用自有资金产生的损益是公司的经常性损益。

对公司根据《公开发行证券的公司信息披露解释性公告第1号——非经常性损益》定义界定的非经常性损益项目,以及把《公开发行证券的公司信息披露解释性公告第1号——非经常性损益》中列举的非经常性损益项目界定为经常性损益的项目,应说明原因。

□适用 √不适用

(二)净资产收益率及每股收益

√适用 □不适用

报告期利润	加权平均净资产收益率(%)	每股收益	
		基本每股收益	稀释每股收益
归属于公司普通股股东的净利润	25.23	0.8049	0.8049
扣除非经常性损益后归属于公司普通股股东的净利润	24.34	0.7764	0.7764

（三）境内外会计准则下会计数据差异

□适用 √不适用

第十二节 备查文件目录

备查文件目录	载有公司法定代表人、会计机构负责人签名并盖章的会计报表
备查文件目录	载有会计师事务所盖章、注册会计师签名并盖章的审计报告原件
备查文件目录	报告期内在中国证监会指定网站上公开披露过的所有公司文件的正本及公告的原稿

董事长：王少钦

董事会批准报送日期：2018年2月7日

修订信息

□适用 √不适用

第十三节 2017年度信托业务年度报告（未经审计）

一、信托财务报表

1. 信托项目资产负债汇总表

金额单位：万元

信托资产	期末数	期初数	信托负债和信托权益	期末数	期初数
信托资产：			信托负债：		
货币资金	425,664.13	1,236,925.99	交易性金融负债	0.00	0.00
拆出资金	0.00	0.00	衍生金融负债	0.00	0.00
存出保证金	0.00	0.00	应付受托人报酬	75,933.36	0.00
交易性金融资产	0.00	0.00	应付保管费	87.43	0.00
衍生金融资产	0.00	0.00	应付受益人收益	53,572.15	26,439.37
买入返售金融资产	0.00	0.00	应交税费	0.00	0.00
应收款项	5,910,801.98	5,638,504.28	应付销售服务费	0.00	0.00
发放贷款	12,479,505.77	12,080,593.45	其他应付款项	21,880.40	52,700.56
可供出售金融资产	0.00	38,160.00	其他负债	0.00	0.00
持有至到期投资	1,039,243.99	2,109,197.18	信托负债合计	151,473.34	79,139.93
长期应收款	0.00	0.00			
长期股权投资	3,399,916.38	2,391,786.50	信托权益：		
投资性房地产	0.00	0.00	实收信托	22,852,791.94	23,323,893.34
固定资产	0.00	0.00	资本公积	0.00	4,840.00
无形资产	0.00	0.00	外币报表折算差额	0.00	0.00
长期待摊费用	0.00	0.00	未分配利润	250,866.97	87,294.13
其他资产	0.00	0.00	信托权益合计	23,103,658.91	23,416,027.47
信托资产总计	23,255,132.25	23,495,167.40	信托负债及信托权益总计	23,255,132.25	23,495,167.40

2. 信托项目利润及利润分配汇总表

金额单位：万元

项目	本年累计金额	上年累计金额
1. 营业收入	2,430,816.73	2,225,976.50
1.1 利息收入	1,317,405.58	1,292,033.81
1.2 投资收益	453,197.94	505,841.07
1.2.1 对联营企业和合营企业的投资收益	0.00	0.00

续表

项目	本年累计金额	上年累计金额
1.3 公允价值变动损益	0.00	0.00
1.4 租赁收入	0.00	0.00
1.5 汇兑损益	0.00	0.00
1.6 其它收入	660,213.21	428,101.62
2. 支出	672,480.08	580,787.48
2.1 营业税金及附加	0.00	0.00
2.2 受托人报酬	616,997.10	442,457.47
2.3 保管费	8,038.63	10,413.81
2.4 投资管理费	0.00	0.00
2.5 销售服务费	3,012.69	6,742.65
2.6 交易费用	0.00	0.00
2.7 资产减值损失	5,734.44	25,504.85
2.8 其它费用	38,697.22	95,668.70
3. 信托净利润	1,758,336.65	1,645,189.02
4. 其它综合收益	-4,840.00	-6,840.00
5. 综合收益	1,753,496.65	1,638,349.02
6. 加:期初未分配信托利润	87,294.13	79,564.90
7. 可供分配的信托利润	1,845,630.78	1,724,753.92
8. 减:本期已分配信托利润	1,594,763.81	1,637,459.79
9. 期末未分配信托利润	250,866.97	87,294.13

二、编制基础

公司以信托业务实际发生的交易和事项,按财政部颁布的《企业会计准则》的规定进行确认和计量,在此基础上编制信托财务报表。

三、会计报表中重要项目的明细资料

1. 信托资产

金额单位:万元

信托资产	期初数	期末数
集合	11,169,888.31	13,840,731.19
单一	11,746,916.40	8,964,803.72
财产权	578,362.69	449,597.34
合计	23,495,167.40	23,255,132.25

1.1 主动管理型信托业务的信托资产

金额单位:万元

主动管理型信托资产	期初数	期末数
证券投资类		
其他投资类	9,075,384.05	9,405,094.24
融资类	5,061,216.87	6,445,954.58
事务管理类		
合计	14,136,600.92	15,851,048.82

1.2 被动管理型信托业务的信托资产

金额单位:万元

被动管理型信托资产	期初数	期末数
证券投资类		
其他投资类		
融资类	8,181.40	6,523.97
事务管理类	9,350,385.08	7,397,559.46
合计	9,358,566.48	7,404,083.43

2. 本年度已清算结束的信托项目

金额单位：万元

已清算结束信托项目	项目个数	实收信托合计金额	加权平均实际年化收益率
集合类	36	2,725,956.00	8.44%
单一类	89	4,620,790.88	7.73%
财产管理类	15	252,713.40	6.43%

2.1 本年度已清算结束的主动管理型信托项目

金额单位：万元

已清算结束信托项目	项目个数	实收信托合计金额	加权平均实际年化信托报酬率	加权平均实际年化收益率
证券投资类				
其他投资类	31	1,894,864.00	5.41%	8.31%
融资类	41	2,283,838.10	4.53%	8.50%
事务管理类				

2.2 本年度已清算结束的被动管理型信托项目

金额单位：万元

已清算结束信托项目	项目个数	实收信托合计金额	加权平均实际年化信托报酬率	加权平均实际年化收益率
证券投资类				
其他投资类				
融资类				
事务管理类	68	3,420,758.18	0.20%	7.48%

3. 本年度新增信托项目

金额单位：万元

新增信托项目	项目个数	实收信托合计金额
集合类	55	5,239,443.70
单一类	28	2,018,537.94
财产管理类	8	95,372.50
新增合计	91	7,353,354.14
其中：主动管理型	67	5,797,543.70
被动管理型	24	1,555,810.44

4. 信托资产运用与分布表

金额单位：万元

资产运用	金额	占比(%)	资产分布	金额	占比(%)
货币资金	425,664.13	1.83	基础产业	863,099.02	3.71
贷款	12,479,505.77	53.66	房地产	5,508,314.40	23.69
交易性金融资产			证券市场		

续表

资产运用	金额	占比(%)	资产分布	金额	占比(%)
可用出售金融资产			实业	14,881,599.58	63.99
持有至到期投资	1,039,243.99	4.47	金融机构		
长期股权投资	3,399,916.38	14.62	其他	2,002,119.25	8.61
其他	5,910,801.98	25.42			
信托资产总计	23,255,132.25	100.00	信托资产总计	23,255,132.25	100.00

四、关联关系及其交易

1. 信托与关联方交易情况

本期无信托与关联方之间的交易。

2. 信托公司自有资金运用于自己管理的信托项目、信托公司管理的信托项目之间关联交易情况

公司用自有资金运用于自己管理的信托计划的信托受益权,期初金额为 44.30 亿元,本期购买金额 178.82 亿元,本期赎回金额 153 亿元,期末余额为 70.12 亿元。

五、主要财务指标

指标名称	指标值(%)
加权年化信托报酬率	1.92

六、本公司履行受托人义务情况及因本公司自身责任而导致的信托资产损失情况

近年来,部分信托业务受宏观经济面影响,出现了不同程度的流动性风险。对此,本公司已制定相应的风险管理策略,并建立了有效的危机处理机制。公司根据《信托法》及《信托公司管理办法》等相关法律法规和信托文件的规定,在管理和处分信托财产时,履行了恪尽职守、诚实、信用、谨慎、有效管理的义务。没有发生任何损害受益人利益的情况,也无自身责任而导致信托财产损失的情况。

七、信托赔偿准备金的提取、使用和管理情况

根据 2008 年 11 月 18 日召开的第二次临时股东大会通过的修改后的公司章程规定,我公司从 2008 年度起按母公司税后净利润 5% 提取信托赔偿准备金。本年度提取信托赔偿准备金 18,341.06 万元,信托赔偿准备金余额为 50,975.54 万元。

安信信托股份有限公司

2018 年 2 月 7 日

第十四节 商业银行信息披露内容

一、商业银行前三年主要财务会计数据

√适用 □不适用

单位:元 币种:人民币

项目	2017 年	2016 年	2015 年
资产总额	25,126,115,640.70	19,125,695,062.24	9,158,951,229.91
负债总额:	8,934,633,780.67	5,407,528,488.96	2,850,031,933.02
股东权益	16,191,481,860.03	13,718,166,573.28	6,308,919,296.89
存款总额			
其中:			
企业活期存款			
企业定期存款			
储蓄活期存款			
储蓄定期存款			
贷款总额	5,562,922,338.51	3,894,031,016.20	2,543,120,000.00
其中:			
企业贷款	5,562,922,338.51	3,894,031,016.20	2,543,120,000.00
零售贷款			

续表

项目	2017年	2016年	2015年
资本净额			
其中:			
核心一级资本			
其他一级资本			
二级资本			
加权风险资产净额			
贷款损失准备	9,200,000.00		

二、商业银行前三年主要财务指标

√适用 □不适用

单位:元 币种:人民币

项目	2017年	2016年	2015年
营业收入	5,592,427,918.12	5,245,959,043.75	2,954,767,340.15
利润总额	4,874,213,615.65	4,153,221,290.46	2,361,435,670.42
归属于本行股东的净利润	3,668,212,257.98	3,033,947,447.70	1,722,148,466.81
归属于本行股东的扣除非经常性损益后的净利润	3,538,433,031.51	2,935,978,113.31	1,631,997,993.16

□适用 √不适用

□适用 √不适用

三、商业银行报告期分级管理情况及各层级分支机构数量和地区分布情况

□适用 √不适用

四、报告期信贷资产质量情况

√适用 □不适用

单位:元 币种:人民币

五级分类	金额	占比(%)	与上年末相比增减(%)
正常贷款	5,102,922,338.51	91.73	增加31.04个百分点
关注贷款	460,000,000.00	8.27	增加100.00个百分点
次级贷款			
可疑贷款			
损失贷款			
合计	5,562,922,338.51	100	增加42.86个百分点

自定义分类标准的贷款资产质量情况

□适用 √不适用

公司重组贷款和逾期贷款情况

√适用 □不适用

单位:元 币种:人民币

分类	期初余额	期末余额	所占比例(%)
重组贷款			
逾期贷款	0	200,000,000.00	3.60

报告期贷款资产增减变动情况的说明

□适用　√不适用

五、贷款损失准备的计提和核销情况

√适用　□不适用

单位：元　币种：人民币

贷款损失准备的计提方法	
贷款损失准备的期初余额	
贷款损失准备本期计提	9,200,000.00
贷款损失准备本期转出	
贷款损失准备本期核销	
贷款损失准备的期末余额	9,200,000.00
回收以前年度已核销贷款损失准备的数额	

六、银行应收利息情况

√适用　□不适用

单位：元　币种：人民币

项目	期初余额	本期增加数额	本期收回数额	期末余额
应收利息	15,467,696.36	32,218,215.31		47,685,911.67

七、营业收入

√适用　□不适用

单位：元　币种：人民币

项目	数额	所占比例(%)	与上年同期相比增减(%)
贷款利息净收入	118,316,142.52	2.11	减少29.97个百分点
拆放同业利息收入			
存放中央银行款项利息收入			
存放同业利息收入	7,470,695.25	0.13	减少14.57个百分点
债券投资利息收入			
手续费及佣金净收入	5,279,503,420.34	94.40	增加16.90个百分点
其他项目			
买入返售金融资产	245,352.23		
投资收益	784,631,390.01	14.03	增加180.45个百分点
公允价值变动收益	-597,739,082.23	-10.69	减少319.46个百分点

八、商业银行贷款投放情况

(一)商业银行贷款投放按行业分布情况：

√适用　□不适用

单位：元　币种：人民币

行业分布	期末		期初	
	账面余额	比例(%)	账面余额	比例(%)
房地产业	1,500,500,000.00	26.97	1,742,000,000.00	44.74

续表

行业分布	期末		期初	
	账面余额	比例(%)	账面余额	比例(%)
批发和零售业	2,619,354,747.31	47.09	937,063,425.00	24.06
文化、体育和娱乐业	549,967,591.20	9.89	549,967,591.20	14.12
租赁和商务服务业	853,100,000.00	15.34	480,000,000.00	12.33
信息传输、计算机服务和软件业			145,000,000.00	3.72
科学研究、技术服务和地质勘查业	40,000,000.00	0.71	40,000,000.00	1.03
合计	5,562,922,338.51	100.00	3,894,031,016.20	100.00

(二)商业银行贷款投放按地区分布情况:

√适用 □不适用

单位:元 币种:人民币

地区分布	期末		期初	
	账面余额	比例(%)	账面余额	比例(%)
湖南	1,700,000,000.00	30.56	40,000,000.00	1.02
北京	1,144,967,591.20	20.58	1,044,967,591.20	26.84
上海	793,100,000.00	14.26	2,612,000,000.00	67.08
山东	860,000,000.00	15.46		
深圳	804,354,747.31	14.46		
四川	100,500,000.00	1.81	137,063,425.00	3.52
天津	100,000,000.00	1.80		
海南	60,000,000.00	1.07	60,000,000.00	1.54
合计	5,562,922,338.51	100.00	3,894,031,016.20	100.00

(三)商业银行前十名贷款客户情况

√适用 □不适用

单位:元 币种:人民币

	余额	占比(%)
前十名贷款客户	4,809,322,338.51	86.45

(四)贷款担保方式分类及占比

√适用 □不适用

单位:元 币种:人民币

	期末		期初	
	账面余额	占比(%)	账面余额	占比(%)
信用贷款	243,600,000.00	4.38	1,862,000,000.00	47.82
保证贷款	2,769,354,747.31	49.78	1,182,063,425.00	30.36
附担保物贷款	2,549,967,591.20	45.84	849,967,591.20	21.82
-抵押贷款	1,660,000,000.00	29.84	260,000,000.00	6.68

续表

	期末		期初	
	账面余额	占比(%)	账面余额	占比(%)
-质押贷款	889,967,591.20	16.00	589,967,591.20	15.14
合计	5,562,922,338.51	100.00	3,894,031,016.20	100.00

九、抵债资产

□适用 √不适用

十、商业银行计息负债和生息资产情况

商业银行计息负债和生息资产的平均余额与平均利率情况

□适用 √不适用

商业银行计息负债情况的说明

√适用 □不适用

我公司向中国信托业保障基金有限责任公司借入款项,期末余额为31.80亿元,平均利率为6.13%。

商业银行生息资产情况的说明

□适用 √不适用

十一、银行持有的金融债券情况

□适用 √不适用

十二、报告期理财业务、资产证券化、托管、信托、财富管理等业务的开展和损益情况

报告期理财业务的开展和损益情况

□适用 √不适用

报告期资产证券化业务的开展和损益情况

□适用 √不适用

报告期托管业务的开展和损益情况

□适用 √不适用

报告期信托业务的开展和损益情况

√适用 □不适用

详见第十一节十五(六)

报告期财富管理业务的开展和损益情况

□适用 √不适用

其他

□适用 √不适用

十三、商业银行对财务状况与经营成果造成重大影响的表外项目情况

□适用 √不适用

十四、报告期各类风险和风险管理情况

(一)信用风险状况的说明

√适用 □不适用

信用风险是债务人或交易对手未能或不愿履行其承诺而造成损失的风险,即交易对手不能完全履行合同的风险。

信用风险管理主要通过客户准入、客户评级、限额管理、授信管理、大客户集中度管理、授信担保管理、评审要求和流程管理、风险分类管理等手段进行控制和防范。报告期内,在公司信用风险管理中,一是公司严格客户准入标准,实行了黑白名单制管理;二是公司对交易对手进行集中授信,限额管理;三是公司每月对大客户的用信集中度情况进行定期监测;四是公司对授信抵押担保条件进行了严格的规定;五是公司重新梳理相关业务的评审管理办法和流程,按照项目种类(融资类、投资类)分别评审并统一决策;六是公司要求加强对交易对手的尽职调查工作,并由风险管理部及法律合规部初审人员到项目现场进行初步审核,提示项目风险、制定并落实风控措施,必要时,公司会聘请外部独立专家客观、公正地提出专业意见;七是公司对信托资金的投向在单个法人机构、区域、行业上进行合理布局,避免区域性、行业性的信用风险规模化爆发;八是公司对交易对手进行动态管理,在资金发放后,业务部门、风险管理部等定期或不定期的进行贷后检查和抽查,形成检查报告,发现问题及时预警、及时处理。

(二)流动性风险状况的说明

√适用 □不适用

流动性风险管理是指公司在履行以交付现金或其他金融资产的方式结算的义务时发生资金短缺的风险。

固有业务方面,公司为了加强流动性管理,按照年初的计划安排,对可运用的固有资金的投向(如银行存款、贷款、交易性金融资产、可供出售的金融资产、股权投资等)比例进行调整,留足一定比例(总资产8% -10%)的可随时变现的有价证券和银行存款防范突发的流动性风险事件,同时,公司通过监控现金余额、可随时变现的有价证券以及对未来12个月现金流量的滚动预测,确保公司在所有合理预测的情况下拥有充足的资金偿还债务,此外,公司与多家金融机构达成战略合作关系,必要时给予公司不同程度的同业授信额度和流动性支持额度,防范流动性风险。

信托业务方面,公司要求合理预测并实时监控单个信托项目的现金流入流出情况,对存续信托项目则按月进行流动性风险排查,排查六个月之内到期的信托项目的资金兑付压力,对大额到期兑付项目予以重点高度关注,未雨绸缪,防范信托业务的流动性风险。

(三)市场风险状况的说明

√适用 □不适用

市场风险是指由于市场因素变动导致损失的风险,主要表现为市场环境、行业状况、供求关系、价格、利率、汇率等宏观因素发生变化对项目价值产生负面影响,导致信托财产或公司利益遭受损失。

在防范市场风险方面,公司加强对宏观经济走势及金融形势的分析和研判，在支持服务实体经济时，注重对行业政策研究，加大国家鼓励类行业的投资力度，严格限制类行业的投资；在对具体项目进行尽职调查时，风控前移，与业务部门一起参与尽职调查；聘请行业专家进行行业知识讲座，聘请咨询机构提供行业研究咨询报告，在投资决策过程中充分考虑行业专业意见或建议；在投后管理方面，公司积极的组建自己的产业管理团队，将有经验的产业专家纳入被投资企业的高级管理团队，参与企业后期的运营和管理；在退出方面，公司可为被投资企业提供增值服务，积极寻求被投资企业通过并购、重组、股权转让、上市等多种退出渠道。

房地产项目上，公司按照监管部门的要求统一开展房地产项目的压力测试，并根据国家对于房地产市场的调控和市场的反应情况，实时的调整测试参数，定期向高级管理层汇报，严防房地产市场的市场波动风险。

二级股票市场项目上，公司主要采用引入投资顾问、净值定期报告制度、盯市、设置预警平仓线等措施，防范市场风险。

（四）操作风险状况的说明

√适用 □不适用

操作风险是指由于不完善或有问题的内部操作过程、人员、系统或外部事件而导致的直接或间接损失的风险。

公司定期重新梳理内控制度、业务流程，在业务评审、业务签报、合同用印等流程进行了规范，同时，安排了业务操作流程方面的培训力度。在报告期内，公司加大了对公司信息科技方面的建设和投入，统一搭建了公司信息科技管理平台，力争将上述流程置于同一平台上进行运作、管理和维护，全面提升公司的信息科技水平，防范操作风险。

在项目投后监管的操作风险防控上，公司风险管理部积极探索扩大投资监管的范围，覆盖公司主动管理的投资类、融资类、基金类项目及平台公司；改变驻场人员的用工模式；提高选人用人标准，使驻场监管体系走向专业化、标准化、规范化。项目后续管理环节上，除原先重点关注的资金安全、节点管理、销售管理、成本管理、现金流管理、信息系统电子化、操作标准变化管理之外，增加了客户目标管理、项目经营情况管理、支付操作安全性管理、投资监管员内部稽核、信息收集总部化，监管手段标准化；信息系统建设上面升级了付款、用印审批系统，付款授权审核，建设投资监管系统，对接客户财务系统，实时掌握项目终端财务数据及运营数据；对监管人员的稽核方式也在原来项目巡检、与风控经理深度全方面风险排查的基础上，增设稽核岗、实行了人员轮岗制。按照上述2.0版的投资监管体系，驻场监管人员有了标准化的动作、标准化的流程；驻场监管人员凝聚力、使命感增强，监管总部层面参与项目评审、项目公司重大决策，通过制度设计，实现项目公司高级管理层与公司的目标的统一；实时的稽核、巡视驻场管理的标准化动作，用严谨、可操作的制度、流程约束来加强对项目过程管理的整体把控。

（五）其他风险状况的说明

√适用 □不适用

合规风险主要指未遵循法律法规、监管要求、规则、自律性组织制定的有关准则以及适用于信托公司自身业务活动的行为准则，而可能遭受法律制裁或监管处罚、重大财务损失或声誉损失的风险。

声誉风险是指由公司经营、管理及其他行为或外部事件导致利益相关方对公司负面评价的风险。在当前金融严监管历史背景下以及资管行业打破刚兑的趋势下，信托公司防范声誉风险显得更加重要。报告期内，公司严格按照《信托公司管理办法》、《集合资金信托计划管理办法》以及信托合同的约定，尽职勤勉的履行受托人的受托管理职责，从维护客户关系、履行告知义务、解决客户问题、确保客户合法权益、提升客户满意度等方面实施监督和评估，加强舆情和声誉风险管理，建立重大风险事项的汇报制度，对可能发生的各类声誉事件进行情景分析，制定预案，开展演练，防范声誉风险。

十五、商业银行与关联自然人发生关联交易的余额及其风险敞口的说明

□适用 √不适用

十六、报告期内商业银行推出创新业务品种情况

□适用 √不适用

中融国际信托有限公司 2017年年度报告

目 录

1. 重要提示

本公司董事会及董事保证本报告所载资料不存在任何虚假记载、误导性陈述或者重大遗漏，并对其内容的真实性、准确性和完整性承担个别及连带责任。

本公司独立董事保证本报告所载资料不存在任何虚假记载、误导性陈述或者重大遗漏，并对其内容的真实性、准确性和完整性承担个别及连带责任。

没有董事对年度报告内容的真实性、准确性、完整性无法保证或存异议。

大信会计师事务所（特殊普通合伙）为本公司出具了无保留意见的审计报告，本公司董事会对相关事项亦有详细说明，请客户及相关利益人注意阅读。

公司董事长刘洋先生、财务总监连晋华先生声明：保证年度报告中财务报告的真实、完整。

2. 公司概况

2.1 公司简介

2.1.1 公司历史沿革

中融国际信托有限公司前身为哈尔滨国际信托投资公司，成立于1987年。2002年4月，根据《国务院办公厅转发中国人民银行整顿信托投资公司方案的通知》（国办发〔1999〕12号）和中国人民银行《关于进一步做好信托投资公司整顿工作的通知》（银发〔2000〕389号）的要求，公司完成整顿。2002年5月，根据中国人民银行《关于哈尔滨国际信托投资公司重新登记有关事项的批复》（银复〔2002〕139号），公司重新登记并获准更名为中融国际信托投资有限公司。2004年，公司先后完成两次股权变更工作，原股东哈尔滨市国有资产管理局和哈慈股份有限公司分别将所持有的股份转让给哈尔滨市经济开发投资公司和中植企业集团有限公司。2007年7月，根据中国银监会《关于中融国际信托投资有限公司变更公司名称和业务范围的批复》（银监复〔2007〕295号），公司获准重新登记并取得新的金融许可证，变更公司名称为目前的“中融国际信托有限公司”。

2010年，经纬纺织机械股份有限公司受让中植企业集团有限公司持有的11,700万公司股本，成为公司第一大股东。公司所有股东按出资比例通过现金入股和未分配利润转增形式增资，公司注册资本从32,500万元增加至58,000万元。2011年，除哈尔滨投资集团有限责任公司外的三家股东通过现金入股和未分配利润转增形式增资，公司注册资本从58,000万元增加至147,500万元。2011年末，除哈尔滨投资集团有限责任公司外的三家股东通过现金入股形式向公司继续增资，方案获得中国银行业监督管理委员会黑龙江监管局的批准，2013年1月25日，上述股东实际缴纳增资款项共计100,000万元，2013年1月29日，公司完成工商变更登记，注册资本增加至160,000万元。2014年6月，公司将截至2013年末的117,370万元资本公积及322,630万元未分配利润，合计440,000万元，按照公司现有各股东持股比例进行同比例转增注册资本，转增后，公司注册资本600,000万元。

2017年1月，公司将未分配利润200,000万元按照公司各股东持股比例进行同比例转增注册资本，转增后，公司注册资本800,000万元。2017年10月，公司将未分配利润200,000万元按照公司各股东持股比例进行同比例转增注册资本，转增后，公司注册资本1000,000万元。2017年12月，四家股东通过现金入股方式向公司继续增资，增资后，公司注册资本1200,000万元。

截至2017年12月31日，公司注册资本1200,000万元，公司股东及股权结构为：经纬纺织机械股份有限公司出资449,637.03万元，占公司注册资本的37.470%；中植企业集团有限公司出资395,837.03万元，占公司注册资本的32.986%；哈尔滨投资集团有限责任公司出资256,457.50万元，资产出资2,000万元，占公司注册资本的21.538%；沈阳安泰达商贸有限公司出资96,068.44万元，占公司注册资本的8.006%。

2.1.2 公司基本情况简介

（1）法定中文名称：中融国际信托有限公司（简称“中融信托”，以下称“公司”或“本公司”）

（2）法定英文名称：ZHONGRONG INTERNATIONAL TRUST CO., LTD.（缩写：“ZRT”）

（3）法定代表人：刘洋

（4）注册地址：黑龙江省哈尔滨市南岗区嵩山路33号

邮政编码：150090

（5）公司国际互联网网址：www.zritc.com

（6）电子邮箱：zritc@zritc.com

（7）公司信息披露事务负责人姓名：游宇

信息披露事务联系人：朱熹妍

联系电话：010-50860127

传真：010-50861299

电子信箱：zritc@zritc.com

（8）公司选定的信息披露报纸名称：《金融时报》、《上海证券报》

（9）年度报告备置地点：黑龙江省哈尔滨市松北区科技创新城创新二路277号哈投大厦25层 北京市朝阳区东风南路三号院中融信托北京园区B座

（10）公司聘请的会计师事务所名称：大信会计师事务所（特殊普通合伙）

住所：北京市海淀区知春路1号学院国际大厦1504室

（11）公司聘请的律师事务所名称：中伦律师事务所上海分所

住所：上海市浦东新区世纪大道8号国金中心二期10-11层

2.2 组织结构

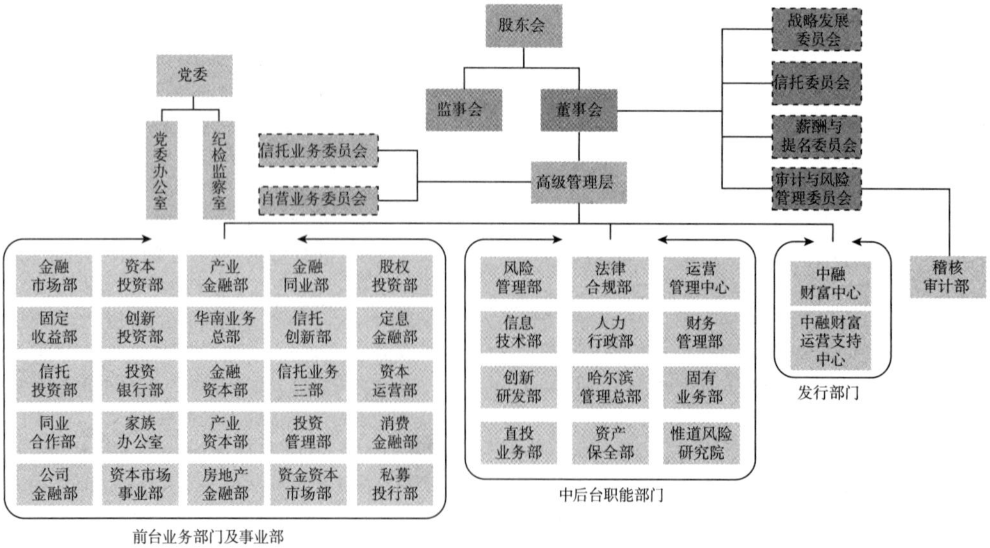

图2.2 公司组织架构

3. 公司治理

3.1　公司治理结构

3.1.1　股东

本年度末，本公司由四家股东共同出资构成，经纬纺织机械股份有限公司为实际控制人。出资比例达10%以上的股东情况如下：

表3.1.1(股东)

股东名称	出资比例	法人代表	注册资本	注册地址	主要经营业务及主要财务情况
★经纬纺织机械股份有限公司	37.47%	叶茂新	70,413万元	北京市北京经济技术开发区永昌中路8号	生产纺织机械、其他机电产品，财务状况良好
中植企业集团有限公司	32.99%	刘秀坤	500,000万元	北京市朝阳区东四环中路39号A单元1515	资产投资及资产管理，财务状况良好
哈尔滨投资集团有限责任公司	21.54%	赵洪波	500,000万元	哈尔滨市南岗区汉水路172号	固定资产等项目股权投资，财务状况良好

注：★号代表本公司最终实际控制人

3.1.2　董事、董事会及其下属委员会

表3.1.2-1(董事长、副董事长、董事)

姓名	职务	性别	年龄	选任日期	所推举的股东名称	所推举的股东持股比例
刘　洋	董事长	男	42	2016-3	经纬纺织机械股份有限公司	37.47%
姚育明	副董事长	男	56	2010-7	经纬纺织机械股份有限公司	37.47%
张向晖	副董事长	女	40	2015-12	经纬纺织机械股份有限公司	37.47%
张　东	董事	男	45	2015-5	经纬纺织机械股份有限公司	37.47%
张宪军	董事	男	43	2015-1	哈尔滨投资集团有限责任公司	21.54%

表3.1.2-1续(董事长、副董事长、董事)

	董事简要履历
刘　洋	自2016年3月起任本公司董事长，曾任中植高科技投资有限公司负责人、上海中植金智科技投资有限公司财务总监、中植企业集团有限公司副总裁兼财务总监、中植企业集团有限公司首席执行官兼财务总监、中融国际信托有限公司董事长、党委书记、中植企业集团有限公司董事局主席
姚育明	自2010年7月起任本公司副董事长，现任经纬纺织机械股份有限公司总经理、中国恒天集团有限公司党委委员，曾任经纬纺机厂厂长助理兼金融办公室主任、中国纺机集团财务有限公司董事长、内蒙古日信证券有限责任公司董事长、经纬纺织机械股份有限公司常务副总经理
张向晖	自2015年12月起任本公司副董事长，曾任兴业银行上海分行同业业务部副科长、兴业银行资金营运中心财富管理处副处长、兴业银行投资银行部发行承销处处长、兴业银行投资银行部副总经理
张　东	自2015年5月起任本公司董事，曾任哈尔滨铁路局工程师、天元证券经纪有限公司信息技术部总经理、江海证券经纪有限公司信息技术部副总经理、本公司信息技术部总经理、人力资源部总经理(兼行政管理部总经理)、行政总监、副总裁
张宪军	自2015年1月起任本公司董事，现任哈尔滨投资集团有限责任公司金融业务部部长，曾任哈尔滨投资集团有限责任公司长远发展规划处科长、办公室秘书、办公室副主任、办公室正部级员、董事会办公室主任

表 3.1.2－2(独立董事)

姓名	所在单位及职务	性别	年龄	选任日期	所推举的股东名称	所推举的股东持股比例(%)
李　辉	北京赢动投资有限公司总经理	男	46	2010－7	—	—
李华杰	北京永拓会计师事务所管理合伙人	男	53	2015－8	—	—

表 3.1.2－2 续(独立董事)

	独立董事简要履历
李　辉	自2010年7月起任本公司独立董事，现任北京赢动投资有限公司总经理，曾任联合证券投资银行部高级经理、汉唐证券投资银行部副总经理、银河证券投资银行部业务总监、安信证券投资银行部业务总监，瑞信方正证券有限责任公司企业融资部执行董事
李华杰	自2015年8月起任本公司独立董事，现任北京永拓会计师事务所管理合伙人，曾任哈尔滨阀门厂财务主管、黑龙江会计师事务所部门经理、黑龙江兴业会计师事务所部门经理、利安达信隆会计师事务所副所长、北京永拓会计师事务所有限责任公司副主任会计师

表 3.1.2－3 (董事会下属专门委员会)

委员会名称	主要职责	委员姓名	职务
战略发展委员会	制定公司经营管理目标和长期战略，监督、检查年度经营计划、投资方案的执行情况；对公司的中长期发展战略规划和其他影响公司发展的重大事件进行研究并提出建议	刘　洋	主任委员
		姚育明	委员
		张　东	委员
审计与风险管理委员会	对公司重大的投资项目、信托资金运用及中介业务进行风险评估和预测，提出风险防范措施；对公司重大的投资项目、信托计划运作及中介业务的执行情况进行监控；针对业务过程中的异常情况做出预警并及时报告董事会等；提议聘请或更换外部审计机构；监督公司内部稽核审计制度实施情况；审核公司重大财务信息及其披露情况；监督公司资金信托业务过程合规性；审查固有业务关联交易合规性、可能导致的各项风险以及是否符合公司长期发展战略	李　辉	主任委员
		李华杰	委员
		张向晖	委员
薪酬与提名委员会	制订公司高管人员的考核标准和薪酬标准，对公司高管人员的薪酬及奖励执行情况进行监督、检查并向董事会报告。拟定董事和高级管理人员的选任程序和标准；对董事和高级管理人员的任职资格进行初步审核，并向董事会提出建议	姚育明	主任委员
		张宪军	委员
		张向晖	委员
信托委员会	对公司开展的信托业务进行监督；督促公司依法履行受托职责，当公司或公司股东利益与受益人利益发生冲突时，保证公司为受益人的最大利益服务	李华杰	主任委员
		李　辉	委员
		张宪军	委员

3.1.3 监事和监事会

表 3.1.3(监事会成员)

姓名	职务	性别	年龄	选任日期	所推举的股东名称	该股东持股比例(%)
张　磊	监事长	男	46	2016-3	中植企业集团有限公司	32.99%
毛发青	监　事	男	48	2010-7	经纬纺织机械股份有限公司	37.47%
侯春琳	监　事	女	42	2016-3	职工监事	—

表 3.1.3 续(监事会成员)

	监事简要履历
张　磊	自2016年3月起任本公司监事长,曾任北京市税务局海淀分局新技术产业开发试验税务所科员,北京市海淀区国家税务局第九税务所、第四税务所科员,北京市海淀区国家税务局税政管理一科科员,北京市海淀区国家税务局征收管理科副科长、科长,北京市海淀区国家税务局办公室主任,北京市国家税务局第五直属税务分局(大企业税收管理局)党组成员、副局长,北京市国家税务局办公室副主任,中植企业集团有限公司财税管理中心总经理
毛发青	自2010年7月起任本公司监事,现任经纬纺织机械股份有限公司副总经理、财务总监,曾任经纬纺织机械股份有限公司会计室主任、财务部部长
侯春琳	自2010年3月起任本公司稽核审计部总经理,曾任德勤华永会计师事务所有限公司北京分所高级审计员审计经理,北京天健会计师事务所有限公司项目经理,宁夏天华会计师事务所有限公司项目助理、项目经理,宁夏长城须琦机床铸造有限公司会计

3.1.4 高级管理人员

表 3.1.4(高级管理人员)

姓名	职务	性别	年龄	选任日期	金融从业年限	学历	专业
张　东	总裁	男	45	2015-5	19年	本科	焊接工艺及设备专业
游　宇	常务副总裁	男	43	2013-6	20年	硕士	金融管理
胡　猛	副总裁	男	37	2015-5	10年	本科	金融学
金庆浩	副总裁	男	48	2016-11	25年	硕士	工商管理
庚　磊	副总裁	男	33	2016-6	9年	本科	法学
刘伟器	副总裁	男	43	2010-2	15年	本科	俄语
何志强	副总裁	男	42	2011-10	12年	硕士	工商管理
刘　炜	副总裁	男	45	2017-2	21年	本科	国际经济
连晋华	财务总监	男	58	2010-6	9年	本科	会计学
刘香玉	行政总监	女	42	2013-3	7年	硕士	工商管理
王　强	合规总监	男	41	2017-6	11年	博士	经济法

表 3.1.4 续(高级管理人员)

	高级管理人员简要履历
张　东	自2015年5月起任本公司总裁,曾任哈尔滨铁路局工程师、天元证券经纪有限公司信息技术部总经理、江海证券经纪有限公司信息技术部副总经理、本公司信息技术部总经理、人力资源部总经理(兼行政管理部总经理)、行政总监、副总裁

续表

	高级管理人员简要履历
游　宇	自2013年6月起任本公司常务副总裁，曾任中国银监会副处长
胡　猛	自2015年5月起任本公司副总裁，曾任德勤会计师事务所高级审计员、中国中化集团财务公司财务主管、公司风险管理部副总经理、直投业务部总经理，资金资本市场部总经理
金庆浩	自2016年11月起任本公司副总裁，曾任哈尔滨市人民银行金融研究室、调统处科员，人民银行哈尔滨市中心支行调统处科员，人民银行哈尔滨金融监管办事处综合处科员、综合处副主任科员，黑龙江银监局办公室副主任科员、政策法规处副处长、准入处副处长、非银行金融机构监管处处长
庚　磊	自2016年6月起任本公司副总裁，曾任兰鹏律师事务所律师助理，中国人寿财产保险股份有限公司北京市分公司办公室法务主管，本公司合规管理部总经理助理、产业资本部副总经理、信托业务一部副总经理、金融资本部副总经理、总经理
刘伟器	自2010年2月起任本公司副总裁，曾任济南发祥置业有限公司董事长、中植企业集团副总裁、哈尔滨市融兴典当行主管会计、上海中融汇投资担保公司财务总监
何志强	自2011年10月起任本公司副总裁，曾任北京盟科置业有限公司工程部总经理助理、本公司金融市场部总经理、本公司总裁助理
刘　炜	自2017年2月起任本公司副总裁，曾任交通银行北京分行国际贸易部业务经理、计划信贷业务经理、分理处主任、中心管辖支行副行长、分行投资银行部处长、中心管辖支行行长、中融国际信托有限公司信托投资部总经理
连晋华	自2010年6月起任本公司财务总监，曾任经纬纺机厂审计室主任、经纬机械集团山西纺织机械有限公司总会计师、经纬纺织机械股份有限公司战略管理部部长
刘香玉	自2013年3月起任本公司行政总监，自2016年5月起同时任公司工会主席，曾任万立通全国联网寻呼台话务台长，宇卫通信负责人，中铁通信网络技术有限公司客户服务中心客服主任，北京鸿联九五信息产业有限公司信息处理中心品质经理、总经理助理、职工代表大会主席、综合部人力资源经理，本公司人力资源部总经理、人力行政部总经理
王　强	自2017年6月起任本公司合规总监，曾任中国证监会法律部主任科员、副处长、处长，挂职任兰州市西固区区委常委、副区长、蚂蚁金融服务集团总裁办总监

3.1.5　公司员工

表3.1.5(公司员工)

项目		2017年度		2016年度	
		人数	比例	人数	比例
年龄分布	25以下	54	2.74%	76	3.92%
	25－29	514	26.04%	598	30.84%
	30－39	1162	58.86%	1044	53.84%
	40以上	244	12.36%	221	11.40%
学历分布	博士	7	0.35%	6	0.31%
	硕士	564	28.57%	601	31.00%
	本科	1202	60.89%	1136	58.58%
	专科	190	9.63%	183	9.44%
	其他	11	0.56%	13	0.67%

续表

项目		2017 年度		2016 年度	
		人数	比例	人数	比例
岗位分布	董事、监事及高管人员	20	0.81%	18	0.72%
	自营业务人员	10	0.51%	0	0
	信托业务人员	761	38.55%	974	50.23%
	其他人员	1187	60.13%	951	49.05%

注：自营业务人员是指按照岗位分工，专门或至少主要从事固有资金使用和固有资产管理有关业务的职工；信托业务人员是指按照岗位分工，专门从事或者主要从事信托资金使用和信托资产管理各项业务的职工；对于人力行政部等类似无法明确区分的综合部门归为其他人员。另，董事、监事及高管人员的 20 人中有 4 人不包含在正式编制 1974 人中，岗位分布总人数应为正式编制 + 编制外董事/监事共计 1978 人。

3.2 公司治理信息

3.2.1 年度内召开股东会会议情况

2017 年度，公司股东会共召开了 8 次会议，包括 2016 年度股东会会议、2017 年 7 次临时股东会会议。会议召开时间和决议的内容如下：

(1)2017 年 4 月 7 日，公司召开 2016 年度股东会，审议并通过了《2016 年度董事会工作报告》、《2016 年度监事会工作报告》等 12 项议案。

(2)2017 年 5 月 18 日，公司召开了 2017 年第一次临时股东会，审议并通过了《关于中融信托境外子公司增资的议案》。

(3)2017 年 8 月 15 日，公司召开了 2017 年第二次临时股东会，审议并通过了《2017 年上半年董事会工作报告》、《2017 年上半年监事会工作报告》等 5 项议案。

(4)2017 年 8 月 24 日，公司召开了 2017 年第三次临时股东会，审议并通过了《关于公司增加注册资本的议案》、《关于修改公司章程的议案》等 5 项议案。

(5) 2017 年 10 月 13 日，公司召开了 2017 年第四次临时股东会，审议并通过了《关于中融国际信托有限公司变更公司住所的议案》、《关于修改公司章程的议案》。

(6) 2017 年 10 月 27 日，公司召开了 2017 年第五次临时股东会，审议并通过了《利润分配方案》、《关于公司增加注册资本的议案》、《关于修改公司章程的议案》。

(7) 2017 年 11 月 21 日，公司召开了 2017 年第六次临时股东会，审议并通过了《关于更换公司审计机构的议案》。

(8)2017 年 12 月 4 日，公司召开了 2017 年第七次临时股东会，审议并通过了《关于中融国际信托有限公司建设哈尔滨总部大楼的议案》。

3.2.2 董事会及其下属委员会履行职责情况

3.2.2.1 董事会履行职责情况

2017 年度，公司董事会共召开 14 次会议，包括 2016 年度会议、2017 年中会议及 12 次临时会议。会议召开时间和决议的内容如下：

(1) 2017 年 1 月 10 日，公司召开了第五届董事会第十五次会议，审议并通过了《关于聘任刘炜先生为公司副总裁的议案》。

(2) 2017 年 3 月 27 日，公司召开了第五届董事会第十六次会议，审议并通过了《关于中融鼎新转让所持中融国富股权的议案》。

(3)2017 年 4 月 7 日，公司召开了第五届董事会第十七次会议，审议并通过了《2016 年度董事会工作报告》、《2016 年度经营管理情况报告》、《2016 年度财务决算报告》及《2017 年财务预算报告》等 18 项议案。

(4) 2017 年 5 月 12 日，公司召开了第五届董事会第十八次会议，审议并通过了《关于聘任王强先生为公司合规总监的议案》、《关于中融信托境外子公司增资的议案》等 3 项议案。

(5) 2017 年 5 月 19 日，公司召开了第五届董事会第十九次会议，审议并通过了《关于向中国信托业保障基金有限责任公司申请流动性支持的议案》、《关于审议业务单元绩效管理办法的议案》等 3 项议案。

(6) 2017 年 5 月 25 日，公司召开了第五届董事会第二十次会议，审议并通过了《关于中融国际控股有限公司设立美国子公司的议案》。

(7) 2017 年 6 月 7 日，公司召开了第五届董事会第二十一次会议，审议并通过了《关于中融鼎新与万通地产签署中融国富股权转让盈利预测补偿协议的议案》。

(8)2017 年 6 月 22 日，公司召开了第五届董事会第二十二次会议，审议并通过了《关于嘉铭东枫产业园装修预算及相关采购事项的议案》。

(9)2017 年 8 月 15 日，公司召开了第五届董事会第二十三次会议，审议并通过了《2017 年上半年董事会工作报告》、《2017 年上半年经营管理情况报告》、《2017 年上半年财务预算执行情况报告》等 12 项议案。

(10)2017 年 8 月 24 日，公司召开了第五届董事会第二十四次会议，审议并通过了《关于公司增加注册资本的议案》、《关于修改公司章程的议案》、《关于股东会议事规则的议案》等 7 项议案。

(11)2017 年 10 月 12 日，公司召开了第五届董事会

社会资金服务于“一带一路”、国企混改等国家发展战略，以投贷联动、股权投资、产业基金等模式，积极支持互联网、大数据、人工智能和实体经济深度融合，为消费升级、生物医药、绿色低碳、共享经济、现代供应链等领域培育新增长点、形成新动能。

二是不断提升资产管理与风险管控能力，公司从2014年末启动业务战略转型，重点拓展资产管理业务和财富管理业务，丰富产品类型，提高为客户量身定制产品的综合金融服务能力，同时根据业务转型进展进一步完善风险管控体系，有效保障信托资产安全。

三是依法履行纳税义务，热心支持社会公益活动，2017年度公司累计缴纳各种税费约18亿元，自2009年起，我司多次被评为哈尔滨市纳税信用A级企业，并连续多年为西部地区的教育事业提供经济支持，助力老少边穷地区群众脱贫致富，积极履行金融机构社会责任。

四是维护和保障员工的切身利益，为员工创造便捷的职业培训平台。通过公开公正的薪酬激励以及职位晋升体系，为员工打造完整的职业发展通道，构建和谐、进取的企业氛围。同时在员工法定福利的基础上，增设补充医疗服务，保障员工身心健康。

5. 报告期末及上一年度末的比较式会计报表

5.1　自营资产

5.1.1　会计师事务所审计意见全文

（全文摘自大信审字[2018]第1-00734号审计报告）

中融国际信托有限公司全体股东：

一、审计意见

我们审计了中融国际信托有限公司（以下简称“贵公司”）的财务报表，包括2017年12月31日的合并及母公司资产负债表，2017年度的合并及母公司利润表、合并及母公司现金流量表、合并及母公司所有者权益变动表，以及财务报表附注。

我们认为，后附的财务报表在所有重大方面按照企业会计准则的规定编制，公允反映了贵公司2017年12月31日的合并及母公司财务状况以及2017年度的合并及母公司经营成果和现金流量。

二、形成审计意见的基础

我们按照中国注册会计师审计准则的规定执行了审计工作。审计报告的“注册会计师对财务报表审计的责任”部分进一步阐述了我们在这些准则下的责任。按照中国注册会计师职业道德守则，我们独立于贵公司，并履行了职业道德方面的其他责任。我们相信，我们获取的审计证据是充分、适当的，为发表审计意见提供了基础。

三、管理层和治理层对财务报表的责任

管理层负责按照企业会计准则的规定编制财务报表，使其实现公允反映，并设计、执行和维护必要的内部控制，以使财务报表不存在由于舞弊或错误导致的重大错报。

在编制财务报表时，管理层负责评估贵公司的持续经营能力，披露与持续经营相关的事项（如适用），并运用持续经营假设，除非管理层计划清算贵公司、终止运营或别无其他现实的选择。

治理层负责监督贵公司的财务报告过程。

四、注册会计师对财务报表审计的责任

我们的目标是对财务报表整体是否不存在由于舞弊或错误导致的重大错报获取合理保证，并出具包含审计意见的审计报告。合理保证是高水平的保证，但并不能保证按照审计准则执行的审计在某一重大错报存在时总能发现。错报可能由于舞弊或错误导致，如果合理预期错报单独或汇总起来可能影响财务报表使用者依据财务报表作出的经济决策，则通常认为错报是重大的。

在按照审计准则执行审计工作的过程中，我们运用职业判断，并保持职业怀疑。同时，我们也执行以下工作：

（一）识别和评估由于舞弊或错误导致的财务报表重大错报风险，设计和实施审计程序以应对这些风险，并获取充分、适当的审计证据，作为发表审计意见的基础。由于舞弊可能涉及串通、伪造、故意遗漏、虚假陈述或凌驾于内部控制之上，未能发现由于舞弊导致的重大错报的风险高于未能发现由于错误导致的重大错报的风险。

（二）了解与审计相关的内部控制，以设计恰当的审计程序，但目的并非对内部控制的有效性发表意见。

（三）评价管理层选用会计政策的恰当性和作出会计估计及相关披露的合理性。

（四）对管理层使用持续经营假设的恰当性得出结论。同时，根据获取的审计证据，就可能导致对贵公司持续经营能力产生重大疑虑的事项或情况是否存在重大不确定性得出结论。如果我们得出结论认为存在重大不确定性，审计准则要求我们在审计报告中提请报表使用者注意财务报表中的相关披露；如果披露不充分，我们应当发表非无保留意见。我们的结论基于截至审计报告日可获得的信息。然而，未来的事项或情况可能导致贵公司不能持续经营。

（五）评价财务报表的总体列报、结构和内容（包括披露），并评价财务报表是否公允反映相关交易和事项。

（六）就贵公司中实体或业务活动的财务信息获取充分、恰当的审计证据，以对合并财务报表发表审计意见。我们负责指导、监督和执行集团审计，并对审计意见承担全部责任。

我们与治理层就计划的审计范围、时间安排和重大审计发现等事项进行沟通，包括沟通我们在审计中识别出的值得关注的内部控制缺陷。

大信会计师事务所（特殊普通合伙）

中国注册会计师：王进

中国注册会计师：陈立彤

中国·北京

二〇一八年三月二十一日

5.1.2 资产负债表

资产负债表

编制单位:中融国际信托有限公司　　2017年12月31日　　金额单位:元

项　　目	行次	合并		母公司	
		期末余额	年初余额	期末余额	年初余额
流动资产:					
货币资金	八(一)	9,031,278,954.43	11,100,175,309.54	6,106,194,939.39	8,439,764,548.45
结算备付金	八(二)	845,454.55			
拆出资金					
以公允价值计量且其变动计入当期损益的金融资产	八(三)	4,752,129,818.02	4,086,514,116.41	2,923,057,654.21	2,658,525,081.24
衍生金融资产					
应收票据					
应收账款	八(四)	168,304,186.08	211,359,361.10	49,894,201.20	111,418,253.88
预付款项	八(五)	277,474.30			
应收利息	八(六)	49,805,585.60	38,653,417.99	28,340,087.29	25,800,617.60
应收股利	八(七)		55,161,595.19		55,161,595.19
其他应收款	八(八)	173,951,902.68	580,723,657.90	114,624,425.05	71,325,557.56
买入返售金融资产	八(九)	38,000,000.00	10,000,000.00		
存货	八(十)	34,039.85			
持有待售资产					
发放贷款及垫款	八(十一)	3,544,052,778.70	700,000,000.00	1,500,000,000.00	
可供出售金融资产	八(十二)	8,115,691,430.13	6,027,738,263.73	4,503,987,523.31	479,107,813.66
一年内到期的非流动资产					
持有至到期投资					
长期应收款					
长期股权投资	八(十三)	2,146,752,079.42	2,101,008,100.38	5,088,959,984.07	6,020,669,051.38
投资性房地产					
固定资产净额	八(十四)	21,820,448.04	29,342,491.77	13,429,733.01	17,550,114.04
在建工程					
工程物资					
固定资产清理					
无形资产	八(十五)	52,555,569.17	37,659,773.29	41,548,194.52	32,757,142.27
开发支出		287,819.71			
商誉	八(十六)	23,947,504.99			

续表

项目	行次	合并		母公司	
		期末余额	年初余额	期末余额	年初余额
长期待摊费用	八(十七)	23,946,211.63	38,713,670.31	15,657,444.95	33,050,859.83
递延所得税资产	八(十八)	632,615,941.08	634,195,455.49	603,824,789.37	617,711,686.22
其他资产	八(十九)	11,997,830.36			
资产合计		28,788,295,028.74	25,651,245,213.10	20,989,518,976.37	18,562,842,321.32

法定代表人:刘洋　　主管会计工作负责人:连晋华　　会计机构负责人:汪松

资产负债表(续)

编制单位:中融国际信托有限公司　　2017年12月31日　　金额单位:元

项目	行次	合并		母公司	
		期末余额	年初余额	期末余额	年初余额
流动负债:					
短期借款			344,422,050.00		
拆入资金	八(二十一)	2,000,000,000.00	1,300,000,000.00	2,000,000,000.00	1,300,000,000.00
以公允价值计量且其变动计入当期损益的金融负债					
衍生金融负债					
应付票据					
应付账款	八(二十二)	62,893,808.85	11,983,193.75		
预收款项	八(二十三)	51,401,696.60	31,157,205.58	12,290,122.58	17,107,474.02
卖出回购金融资产款					
应付手续费及佣金					
应付职工薪酬	八(二十四)	2,484,098,786.97	2,322,024,819.33	2,345,089,391.85	2,139,783,544.57
应交税费	八(二十五)	359,647,875.25	649,811,872.81	307,836,515.62	554,510,062.36
应付利息	八(二十六)	15,020,166.28	15,104,452.72	5,026,666.66	3,226,666.66
应付股利	八(二十七)		1,200,000,000.00		1,200,000,000.00
其他应付款	八(二十八)	96,683,820.35	281,555,085.63	22,246,974.28	27,346,431.52
持有待售负债					
一年内到期的非流动负债	八(二十九)	1,467,943,494.48			
长期借款					
应付债券	八(三十)	3,255,369,704.68	4,990,614,182.88		
长期应付款					
长期应付职工薪酬	八(三十一)	425,342,698.02	510,392,911.05	425,342,698.02	510,392,911.05
专项应付款					
预计负债					

续表

项目	行次	合并		母公司	
		期末余额	年初余额	期末余额	年初余额
递延收益					
递延所得税负债	八(十八)	29,746,250.00			
其他负债					
负债合计		10,248,148,301.48	11,657,065,773.75	5,117,832,369.01	5,752,367,090.18
所有者权益(或股东权益):					
实收资本(或股本)	八(三十二)	12,000,000,000.00	6,000,000,000.00	12,000,000,000.00	6,000,000,000.00
其他权益工具					
资本公积	八(三十三)	236,423,868.22	234,521,087.48	236,239,848.81	234,337,068.07
其他综合收益	八(五十一)	167,940,680.43	100,003,674.58	12,649,219.90	22,947,041.09
其中:外币报表折算差额		7,169,637.11	18,416,998.72		
盈余公积	八(三十四)	1,521,491,740.03	1,304,531,098.36	1,521,491,740.03	1,304,531,098.36
一般风险准备	八(三十五)	1,092,899,624.72	821,030,868.54	1,092,899,624.72	821,030,868.54
未分配利润	八(三十六)	1,953,539,632.41	4,800,581,900.77	1,008,406,173.90	4,427,629,155.08
归属于母公司所有者权益合计		16,972,295,545.81	13,260,668,629.73	15,871,686,607.36	12,810,475,231.14
※少数股东权益		1,567,851,181.45	733,510,809.62		
所有者权益(或股东权益)合计		18,540,146,727.26	13,994,179,439.35	15,871,686,607.36	12,810,475,231.14
负债和所有者权益(或股东权益)总计		28,788,295,028.74	25,651,245,213.10	20,989,518,976.37	18,562,842,321.32

法定代表人:刘洋　　主管会计工作负责人:连晋华　　会计机构负责人:汪松

5.1.3 利润表

编制单位:中融国际信托有限公司　　2017 年度　　金额单位:元

项目	行次	合并		母公司	
		本期金额	上期金额	本期金额	上期金额
一、营业总收入		6,533,003,923.94	6,796,554,337.08	4,867,425,386.85	5,523,422,492.96
利息净收入		315,808,649.53	153,808,410.93	246,603,094.74	138,846,405.87
利息收入	八(三十七)	440,140,593.97	203,723,549.80	370,935,039.18	188,761,544.74
利息支出	八(三十七)	124,331,944.44	49,915,138.87	124,331,944.44	49,915,138.87
手续费及佣金净收入		3,074,460,289.86	3,958,391,779.71	2,880,122,338.25	3,774,414,525.89
手续费及佣金收入	八(三十八)	3,074,460,289.86	3,958,391,779.71	2,880,122,338.25	3,774,414,525.89
手续费及佣金支出					
营业收入	八(三十九)	587,785,815.50	954,041,915.46		

续表

项目	行次	归属于母公司所有者权益											
		实收资本（或股本）	其他权益工具	资本公积	减:库存股	其他综合收益	盈余公积	一般风险准备	未分配利润	其他	小计	少数股东权益	所有者权益合计
3.盈余公积弥补亏损	29										—		—
4.结转重新计量设定受益计划净负债或净资产所产生的变动	30										—		—
5.其他	31	4,000,000,000.00							-4,000,000,000.00		—		—
四、本年年末余额	32	12,000,000,000.00	—	236,423,868.22	—	167,940,680.43	1,521,491,740.03	1,092,899,624.72	1,953,539,632.41	—	16,972,295,545.81	1,567,851,181.45	18,540,146,727.26

法定代表人:刘洋　　主管会计工作负责人:连晋华　　会计机构负责人:汪松

合并所有者权益变动表

2016 年度

编制单位:中融国际信托有限公司　　　　金额单位:元

项目	行次	归属于母公司所有者权益											
		实收资本（或股本）	其他权益工具	资本公积	减:库存股	其他综合收益	盈余公积	一般风险准备	未分配利润	其他	小计	少数股东权益	所有者权益合计
栏次	—	13	14	15	16	17	18	19	20	21	22	23	24
一、上年年末余额	1	6,000,000,000.00		232,131,386.16		43,779,125.99	1,068,059,563.20	695,249,335.63	3,431,444,594.38		11,470,664,005.36	414,059,235.29	11,884,723,240.65
加:会计政策变更	2										—		—
前期差错更正	3										—		—
其他	4										—		—
二、本年年初余额	5	6,000,000,000.00	—	232,131,386.16	—	43,779,125.99	1,068,059,563.20	695,249,335.63	3,431,444,594.38		11,470,664,005.36	414,059,235.29	11,884,723,240.65
三、本年增减变动金额(减少以"-"号填列)	6	—	—	2,389,701.32	—	56,224,548.59	236,471,535.16	125,781,532.91	1,369,137,306.39		1,790,004,624.37	319,451,574.33	2,109,456,198.70
（一）综合收益总额	7					56,224,548.59			2,631,390,374.46		2,687,614,923.05	74,968,267.81	2,762,583,190.86
（二）所有者投入和减少资本	8			2,389,701.32							2,389,701.32	247,625,965.79	250,015,667.11
1.所有者投入的普通股	9										—	250,404,295.59	250,404,295.59
2.其他权益工具持有者投入资本	10										—		—
3.股份支付计入所有者权益的金额	11										—		—
4.其他	12			2,389,701.32							2,389,701.32	-2,778,329.80	-388,628.48
（三）专项储备提取和使用	13										—		—
1.提取专项储备	14										—		—

续表

项目	行次	归属于母公司所有者权益											
		实收资本（或股本）	其他权益工具	资本公积	减:库存股	其他综合收益	盈余公积	一般风险准备	未分配利润	其他	小计	少数股东权益	所有者权益合计
2. 使用专项储备	15										—		—
（四）利润分配	16						236,471,535.16	125,781,532.91	-1,262,253,068.07		-900,000,000.00	-3,142,659.27	-903,142,659.27
1. 提取盈余公积	17						236,471,535.16		-236,471,535.16		—		—
其中:法定公积金	18						236,471,535.16		-236,471,535.16		—		—
任意公积金	19										—		—
#储备基金	20										—		—
#企业发展基金	21										—		—
#利润归还投资	22										—		—
2. 提取一般风险准备	23							125,781,532.91	-125,781,532.91		—		—
3. 对所有者（或股东）的分配	24								-900,000,000.00		-900,000,000.00	-3,142,659.27	-903,142,659.27
4. 其他	25										—		—
（五）所有者权益内部结转	26										—		—
1. 资本公积转增资本（或股本）	27										—		—
2. 盈余公积转增资本（或股本）	28										—		—
3. 盈余公积弥补亏损	29										—		—

续表

项目	行次	归属于母公司所有者权益											
		实收资本（或股本）	其他权益工具	资本公积	减:库存股	其他综合收益	盈余公积	一般风险准备	未分配利润	其他	小计	少数股东权益	所有者权益合计
4.结转重新计量设定受益计划净负债或净资产所产生的变动	30										—		—
5.其他	31										—		—
四、本年年末余额	32	6,000,000,000.00	—	234,521,087.48	—	100,003,674.58	1,304,531,098.36	821,030,868.54	4,800,581,900.77		13,260,668,629.73	733,510,809.62	13,994,179,439.35

法定代表人:刘洋　　主管会计工作负责人:连晋华　　会计机构负责人:汪松

5.2 信托资产

5.2.1 信托项目资产负债汇总表

表 5.2.1　　单位:万元

项目	2017年12月31日	2016年12月31日
信托资产:		
货币资金	728,939.42	1,370,640.92
交易性金融资产	3,151,508.55	4,823,218.81
买入返售金融资产	305,728.76	326,061.08
应收款项	1,630,489.37	1,258,396.79
发放贷款	19,098,809.19	15,400,637.20
可供出售金融资产	20,410,789.12	24,591,308.80
长期股权投资	9,526,767.65	11,009,443.54
长期待摊费用	1,130.78	14,384.61
其他资产	12,136,542.24	9,502,635.14
信托资产总计	66,990,705.08	68,296,726.89
信托负债:		
应付受托人报酬	3,719.93	2,309.66
应付托管费	8,099.46	7,176.15
应付受益人收益	412,313.52	500,751.13
应付销售服务费	74.93	773.72
其他应付款项	1,284,953.09	1,012,021.19
其他负债	346,311.24	701,913.76
信托负债合计	2,055,472.17	2,224,945.61
信托权益:		
实收信托	64,857,470.74	65,464,127.76
资本公积	137,834.07	646,404.76
未分配利润	-60,071.90	-38,751.24
信托权益合计	64,935,232.91	66,071,781.28
信托负债和信托权益总计	66,990,705.08	68,296,726.89

5.2.2 信托项目利润及利润分配汇总表

表 5.2.2　　单位:万元

项目	2017年度	2016年度
营业收入	4,987,828.28	4,141,495.73
利息收入	1,839,705.19	1,580,719.49
投资收益	3,092,469.49	2,740,067.91
公允价值变动收益	42,999.05	-203,010.89
其他收入	12,654.55	23,719.22

续表

项目	2017 年度	2016 年度
支出	661,653.52	708,943.77
受托人报酬	326,477.33	312,425.09
托管费	19,083.68	27,727.68
投资管理费	31,630.00	41,030.26
销售服务费	161,123.69	168,117.07
交易费用	8,197.13	15,029.54
其他费用	115,141.69	144,614.13
信托净利润	4,326,174.76	3,432,551.96
其他综合收益	107,402.36	648,868.45
综合收益	4,433,577.12	4,081,420.41
加:期初未分配信托利润	-38,751.24	973,591.52
可供分配的信托利润	4,772,460.16	5,202,042.15
减:本期已分配信托利润	4,832,532.06	5,240,793.39
期末未分配信托利润	-60,071.90	-38,751.24

6. 会计报表附注

6.1 会计报表编制基准不符合会计核算基本前提的说明

6.1.1 会计报表不符合会计核算基本前提的事项

本公司报告期内会计报表无不符合会计核算基本前提的事项。

6.1.2 纳入合并范围的主要子公司基本情况

序号	名称	业务性质	注册地	实收资本（万元）	投资额（万元）	母公司所持有的权益性资本的比例(%)	合并期间
1	北京中融鼎新投资管理有限公司	投资管理	北京	122,000.00	122,000.00	100.00	全年
2	中融基金管理有限公司	基金管理	深圳	115,000.00	58,650.00	51.00	全年
3	中融(北京)资产管理有限公司	资产管理	北京	30,000.00	15,300.00	51.00	全年
4	中融长河资本投资管理有限公司	资产管理	上海	8,000.00	8,000.00	100.00	全年
5	上海长昆投资管理有限公司	资产管理	上海	500.00	400.00	80.00	全年
6	北京中融汇智人力资源有限公司	人力资源服务	北京	1,000.00	1,000.00	100.00	全年
7	深圳中融宝晟资产管理有限公司	资产管理	深圳	500.00	400.00	80.00	全年

续表

序号	名称	业务性质	注册地	实收资本（万元）	投资额（万元）	母公司所持有的权益性资本的比例(%)	合并期间
8	深圳中融融易通互联网金融服务有限公司	资产管理	深圳	2,600.00	2,600.00	80.00	全年
9	中融汇兴资产管理有限公司	资产管理	北京	890.00	712.00	80.00	全年
10	深圳中融丝路资产管理有限公司	资产管理	深圳	1,000.00	800.00	80.00	全年
11	中融汇今资产管理有限公司	资产管理	上海	1,000.00	800.00	80.00	全年
12	中融鼎兴资产管理有限公司	资产管理	上海	500.00	400.00	80.00	全年
13	珺敦投资管理（上海）有限公司	资产管理	上海	500.00	400.00	80.00	全年
14	中融亿成资产管理有限公司	资产管理	上海	500.00	400.00	80.00	全年
15	中融世鸿资产管理有限公司	资产管理	北京	500.00	400.00	80.00	全年
16	中融掌运星资产管理有限公司	资产管理	北京	500.00	400.00	80.00	全年
17	中融汇智金融服务（上海）有限公司	资产管理	上海	3,000.00	2,400.00	80.00	全年
18	中融大有资本投资管理有限公司	资产管理	上海	2,000.00	1,600.00	80.00	全年
19	北京中融恒睿资本投资管理有限公司	资产管理	北京	500.00	400.00	80.00	全年
20	上海隆山投资管理有限公司	资产管理	上海	30,000.00	30,000.00	100.00	全年
21	中融国际控股有限公司	资产管理	维尔京群岛	28,083.78	28,083.78	100.00	全年
22	中融国际资本管理有限公司	资产管理	香港	7,473.27	7,473.27	100.00	全年
23	中融国际债券2015有限公司	资产管理	维尔京群岛	9,688.35	9,688.35	100.00	全年
24	中融国际债券2016有限公司	资产管理	维尔京群岛	6,631.20	6,631.20	100.00	全年
25	中融平和证券有限公司	资产管理	香港	6,159.17	5,735.42	93.12	2017.01

6.2 重要会计政策和会计估计说明

本公司财务报表以持续经营为基础，根据实际发生的交易和事项，按照财政部颁布的《企业会计准则－基本准则》和具体会计准则等规定（以下合称“企业会计准则”），并基于以下所述重要会计政策、会计估计进行编制。

6.2.1 计提资产减值准备的范围和方法

1.金融资产减值

以摊余成本计量的金融资产发生减值时，按预计未来现金流量（不包括尚未发生的未来信用损失）现值低于账面价值的差额，计提减值准备。如果有客观证据表明该金融资产价值已恢复，且客观上与确认该损失后发生的事项有关，原确认的减值损失予以转回，计入当期损益。

以成本计量的金融资产发生减值时，计提减值准备。在活跃市场中没有报价且其公允价值不能可靠计量的权益工具投资，或与该权益工具挂钩并须通过交付该权益工具结算的衍生金融资产发生减值时，将该权益工具投资或衍生金融资产的账面价值，与按照类似金融资产当时市场收益率对未来现金流量折现确定的现值之间的差额，确认为减值损失。

当有客观证据表明可供出售金融资产发生减值时，原直接计入股东权益的因公允价值下降形成的累计损失予以转出并计入减值损失。对已确认减值损失的可供出售债务工具投资，在期后公允价值上升且客观上与确认原减值损失后发生的事项有关的，原确认的减值损失予以转回并计入当期损益。对已确认减值损失的可供出售权益工具投资，期后公允价值上升直接计入股东权益。

对于权益工具投资，本公司可供出售金融资产的公允价值发生严重或非暂时性下跌时，将初始成本与期末公允价值的差额确认为减值损失，并将原直接计入其他综合收益的公允价值累计损失一并转出计入减值损失。判断其公允价值发生“严重”或“非暂时性”下跌的具体量化标准、成本的计算方法、期末公允价值的确定方法，以及持续下跌期间的确定依据为：

公允价值发生“严重”下跌的具体量化标准	期末公允价值相对于成本的下跌幅度已达到或超过50%
公允价值发生“非暂时性”下跌的具体量化标准	连续12个月出现下跌
成本的计算方法	取得时按支付对价（扣除已宣告但尚未发放的现金股利或已到付息期但尚未领取的债券利息）和相关交易费用之和作为投资成本
期末公允价值的确定方法	存在活跃市场的金融工具，以活跃市场中的报价确定其公允价值；如不存在活跃市场的金融工具，采用估值技术确定其公允价值
持续下跌期间的确定依据	连续下跌或在下跌趋势持续期间反弹上扬幅度低于20%，反弹持续时间未超过6个月的均作为持续下跌期间

2.其他资产减值

长期股权投资、采用成本模式计量的投资性房地产、固定资产、在建工程、采用成本模式计量的生产性生物资产、油气资产、无形资产、商誉等长期资产于资产负债表日存在减值迹象的，进行减值测试。减值测试结果表明资产的可收回金额低于其账面价值的，按其差额计提减值准备并计入减值损失。

可收回金额为资产的公允价值减去处置费用后的净额与资产预计未来现金流量的现值两者之间的较高者。资产减值准备按单项资产为基础计算并确认，如果难以对单项资产的可收回金额进行估计的，以该资产所属的资产组确定资产组的可收回金额。资产组是能够独立产生现金流入的最小资产组合。

在财务报表中单独列示的商誉，无论是否存在减值迹象，至少每年进行减值测试。减值测试时，商誉的账面价值分摊至预期从企业合并的协同效应中受益的资产组或资产组组合。测试结果表明包含分摊的商誉的资产组或资产组组合的可收回金额低于其账面价值的，确认相应的减值损失。减值损失金额先抵减分摊至该资产组或资产组组合的商誉的账面价值，再根据资产组或资产组组合中除商誉以外的其他各项资产的账面价值所占比重，按比例抵减其他各项资产的账面价值。

上述资产减值损失一经确认，以后期间不予转回价值得以恢复的部分。

6.2.2 金融资产四分类的范围和标准

金融资产于初始确认时分类为：以公允价值计量且其变动计入当期损益的金融资产、持有至到期投资、贷款及应收款项、可供出售金融资产。除贷款及应收款项以外的金融资产的分类取决于本公司及其子公司对金融资产的持有意图和持有能力等。

6.2.2.1 金融资产公允价值的确认方法

如存在活跃市场的金融工具，以活跃市场中的报价确定其公允价值；如不存在活跃市场的金融工具，采用估值技术确定其公允价值。估值技术主要包括市场法、收益法和成本法。

6.2.2.2 金融资产负债转移的确认依据和计量方法

金融资产所有权上几乎所有的风险和报酬转移时，或既没有转移也没有保留金融资产所有权上几乎所有的风险和报酬,但放弃了对该金融资产控制的,终止确认该项金融资产。金融资产满足终止确认条件的,将所转移金融资产的账面价值与因转移而收到的对价和原直接计入其他综合收益的公允价值变动累计额之和的差额部分,计入当期损益。部分转移满足终止确认条件的,将所转移金融资产整体的账面价值,在终止确认部分和未终止确认部分之间,按照各自的相对公允价值进行分摊。

6.2.3 以公允价值计量且其变动计入当期损益的金融资产核算方法

以公允价值计量且其变动计入当期损益的金融资产包括持有目的为短期内出售的金融交易性资产和初始确认时指定为以公允价值计量且其变动计入当期损益的金融资产,采用公允价值进行后续计量,公允价值变动形成的利得或损失以及与该等金融资产相关的股利和利息收入计入当期损益。

6.2.4 可供出售金融资产核算方法

可供出售金融资产包括初始确认时即被指定为可供出售的非衍生金融资产及未被划分为其他类的金融资产。可供出售金融资产采用公允价值进行后续计量,公允价值变动形成的利得或损失,除减值损失和外币货币性金融资产与摊余成本相关的汇兑差额计入当期损益外,直接计入所有者权益,在该金融资产终止确认时转出,计入当期损益。在活跃市场中没有报价且其公允价值不能可靠计量的权益工具投资,按照成本计量,可供出售金融资产持有期间取得的利息及被投资单位宣告发放的现金股利,计入投资收益。

6.2.5 持有至到期投资核算方法

持有至到期投资是指到期日固定、回收金额固定或可确定,且管理层有明确意图和能力持有至到期的非衍生金融资产。持有至到期投资采用实际利率法,按摊余成本进行后续计量,在终止确认、发生减值或摊销时产生的利得或损失,计入当期损益。

6.2.6 长期股权投资核算方法

1. 初始投资成本确定

对于企业合并取得的长期股权投资,如为同一控制下的企业合并,应当按照取得被合并方所有者权益账面价值的份额确认为初始成本;非同一控制下的企业合并,应当按购买日确定的合并成本确认为初始成本;以支付现金取得的长期股权投资,初始投资成本为实际支付的购买价款;以发行权益性证券取得的长期股权投资,初始投资成本为发行权益性证券的公允价值;通过债务重组取得的长期股权投资,其初始投资成本应当按照《企业会计准则第12号—债务重组》的有关规定确定;非货币性资产交换取得的长期股权投资,初始投资成本根据准则相关规定确定。

2. 后续计量及损益确认方法

投资方能够对被投资单位实施控制的长期股权投资应当采用成本法核算,对联营企业和合营企业的长期股权投资采用权益法核算。

3. 确定对被投资单位具有共同控制、重大影响的依据

对被投资单位具有共同控制,是指对某项安排的回报产生重大影响的活动必须经过分享控制权的参与方一致同意后才能决策,包括商品或劳务的销售和购买、金融资产的管理、资产的购买和处置、研究与开发活动以及融资活动等;对被投资单位具有重大影响,是指当持有被投资单位20%以上至50%的表决权资本时,具有重大影响。或虽不足20%,但符合下列条件之一时,具有重大影响:在被投资单位的董事会或类似的权力机构中派有代表;参与被投资单位的政策制定过程;向被投资单位派出管理人员;被投资单位依赖投资公司的技术或技术资料;与被投资单位之间发生重要交易。

6.2.7 投资性房地产

无

6.2.8 固定资产计价和折旧方法

1. 固定资产确认条件

固定资产指为生产商品、提供劳务、出租或经营管理而持有的,使用寿命超过一个会计年度的有形资产。同时满足以下条件时予以确认:与该固定资产有关的经济利益很可能流入企业;该固定资产的成本能够可靠地计量。

2. 固定资产分类和折旧方法

本公司固定资产主要分为:房屋建筑物、机器设备、电子设备、运输设备等;折旧方法采用年限平均法。根据各类固定资产的性质和使用情况,确定固定资产的使用寿命和预计净残值。并在年度终了,对固定资产的使用寿命、预计净残值和折旧方法进行复核,如与原先估计数存在差异的,进行相应的调整。除已提足折旧仍继续使用的固定资产和单独计价入账的土地之外,本公司对所有固定资产计提折旧。

资产类别	预计使用寿命(年)	预计净残值率(%)	年折旧率(%)
房屋建筑物	20	3	4.85
机器设备	5	3	19.40
电子设备	3-5	3	19.40-32.30
运输设备	3-5	3	19.40-32.30
其他设备	3-5	3	19.40-32.30

3. 融资租入固定资产的认定依据、计价方法

融资租入固定资产为实质上转移了与资产所有权有关的全部风险和报酬的租赁。融资租入固定资产初始计价为租赁期开始日租赁资产公允价值与最低租赁付款额现值较低者作为入账价值;融资租入固定资产后续计价采用与自有固定资产相一致的折旧政策计提折旧及减值准备。

6.2.9 无形资产计价及摊销政策

1. 无形资产的计价方法

本公司无形资产按照成本进行初始计量。购入的无形资产,按实际支付的价款和相关支出作为实际成本。投资者投入的无形资产,按投资合同或协议约定的价值确定实际成本,但合同或协议约定价值不公允的,按公允价值确定实际成本。自行开发的无形资产,其成本为达到预定用途前所发生的支出总额。

本公司无形资产后续计量方法分别为:使用寿命有限无形资产采用直线法摊销,并在年度终了,对无形资产的使用寿命和摊销方法进行复核,如与原先估计数存在差异的,进行相应的调整;使用寿命不确定的无形资产不摊销,但在年度终了,对使用寿命进行复核,当有确凿证据表明其使用寿命是有限的,则估计其使用寿命,按直线法进行摊销。

项目	摊销年限(年)
软件	3 - 10
商标	使用寿命不确定,不摊销

2. 使用寿命不确定的判断依据

本公司将无法预见该资产为公司带来经济利益的期限,或使用期限不确定等无形资产确定为使用寿命不确定的无形资产。使用寿命不确定的判断依据为:来源于合同性权利或其他法定权利,但合同规定或法律规定无明确使用年限;综合同行业情况或相关专家论证等,仍无法判断无形资产为公司带来经济利益的期限。

每年年末,对使用寿命不确定无形资产使用寿命进行复核,主要采取自下而上的方式,由无形资产使用相关部门进行基础复核,评价使用寿命不确定判断依据是否存在变化等。

3. 内部研究开发项目的研究阶段和开发阶段具体标准,以及开发阶段支出符合资本化条件的具体标准

内部研究开发项目研究阶段的支出,于发生时计入当期损益;开发阶段的支出,满足确认为无形资产条件的转入无形资产核算。

6.2.10 长期应收款的核算方法

无

6.2.11 长期待摊费用的摊销政策

长期待摊费用是指已经支出,但受益期限在一年以上(不含一年)的各项费用。长期待摊费用按费用项目的受益期限分期摊销。若长期待摊的费用项目不能使以后会计期间受益,则将尚未摊销的该项目的摊余价值全部转入当期损益。

6.2.12 合并会计报表的编制方法

1. 合并财务报表范围

本公司将全部子公司(包括本公司所控制的单独主体)纳入合并财务报表范围,包括被本公司控制的企业、被投资单位中可分割的部分以及结构化主体。

2. 统一母子公司的会计政策、统一母子公司的资产负债表日及会计期间

子公司与本公司采用的会计政策或会计期间不一致的,在编制合并财务报表时,按照本公司的会计政策或会计期间对子公司财务报表进行必要的调整。

中国境内企业设在境外的子公司在境外发生的交易或者事项,因受法律法规限制等境内不存在或者交易不常见,企业会计准则未作出规范的,可以将境外子公司已经进行的会计处理结果,在符合基本准则的原则下,按照国际财务报告准则进行调整后,并入境内母公司合并财务报表的相关项目。

3. 合并财务报表抵销事项

合并财务报表以母公司和子公司的资产负债表为基础,已抵销了母公司与子公司、子公司相互之间发生的内部交易。子公司所有者权益中不属于母公司的份额,作为少数股东权益,在合并资产负债表中所有者权益项目下以“少数股东权益”项目列示。子公司持有母公司的长期股权投资,视为企业集团的库存股,作为所有者权益的减项,在合并资产负债表中所有者权益项目下以“减:库存股”项目列示。

4. 合并取得子公司会计处理

对于同一控制下企业合并取得的子公司,视同该企业合并于自最终控制方开始实时控制时已经发生,从合并当期的期初起将其资产、负债、经营成果和现金流量纳入合并财务报表;对于非同一控制下企业合并取得的子公司,在编制合并财务报表时,以购买日可辨认净资产公允价值为基础对其个别财务报表进行调整。

6.2.13 收入确认原则和方法

本公司收入主要包括:提供劳务取得的收入、让渡资产使用权取得的收入、投资收益及其他收入。

1. 提供劳务

提供劳务交易的结果在资产负债表日能够可靠估计的(同时满足收入的金额能够可靠地计量、相关经济利益很可能流入、交易的完工进度能够可靠地确定、交易中已发生和将发生的成本能够可靠地计量),采用完工百分比法确认提供劳务的收入,并按已经发生的成本占估计总成本的比例确定提供劳务交易的完工进度。提供劳务交易的结果在资产负债表日不能够可靠估计的,若已经发生的劳务成本预计能够得到补偿,按已经发生的劳务成本金额确认提供劳务收入,并按相同金额结转劳务成本;若已经发生的劳务成本预计不能够得到补偿,将已经发生的劳务成本计入当期损益,不确认劳务收入。

本公司提供劳务取得的收入主要为受托管理资产取得的受托业务佣金、咨询顾问及推荐合格投资人佣金。受托业务佣金是根据受托合同规定的计提方法、计提标准确认应由受托人收取的报酬;咨询顾问及推荐合格投资人佣金是根据合同或协议约定的金额或计算标准确认应由委托方支付的服务费。

收入类型主要包括证券投资类业务收入、股权投资类业务收入、贷款类业务收入、财产权类业务收入、股权收益权类业务收入、浮动业绩报酬收入、基金管理费收入、金融服务业务收入等。具体计算方法如下:

证券投资类业务通常每日按持仓产品市价进行估值,按估值后的资产净值作为基数,乘以受托合同约定的受托报酬率,除以天数,按日计算受托报酬。

股权投资类业务通常期限较长,按照合同约定的到期退出方式不同,以到期收回款项或者溢价回购款项扣除项目存续期间各项费用后计算受托报酬。

贷款类、财产权类、股权收益权类等业务通常按照实收受托规模,乘以受托合同约定的受托报酬率,除以受托报酬年收取次数,均匀计算受托报酬。

浮动业绩报酬通常在项目清算后,根据清算的净收益水平,乘以收益水平对应合同约定的浮动业绩报酬率计算。

基金管理费通常按照受托管理基金的规模,乘以基金合同约定的管理费率,除以管理费年收取次数,均匀计算。

金融服务业务通常根据所提供金融服务的内容,按照合同约定的收费标准计算收费金额。

2. 让渡资产使用权

让渡资产使用权在同时满足相关的经济利益很可能流入、收入金额能够可靠计量时,确认让渡资产使用权的收入。

(1)利息收入按照他人使用本公司货币资金的时间和实际利率计算确定,指本公司发放自营贷款,按期计提利息所确认的收入。

本公司发放的贷款,按期计提利息并确认收入。发放贷款到期(含展期,下同)90天后尚未收回的,其应计利息停止计入当期利息收入,纳入表外核算,原在表内反映的应计利息同时冲销当期损益,转入表外核算。

金融企业往来存款利息收入在收到存款银行结息通知单时确认存款利息收入;拆借利息收入按让渡资金使用权的时间和适用利率计算确定。

金融资产发生减值后,利息收入应当按照确定减值损失时对未来现金流量进行折现采用的折现率作为利率确认计算。

(2)使用费收入按有关合同或协议约定的收费时间和方法计算确定。

3. 投资收益

本公司的投资收益指持有长期股权投资产生的收益、金融资产买卖及持有期间产生的收益。长期股权投资,在采用成本法核算时,当被投资单位宣告发放现金股利或分派利润时,本公司确认投资收益;在采用权益法核算时,根据被投资单位实现的净利润或经调整后的净利润计算应享有的份额,确认投资收益;出售或处置长期股权投资是,按所获得的收入与投资账面价值之间的差额确认投资收益。金融资产,买入价与卖出价的差额在扣除相关税费后的余额确认为当期投资收益,持有期间产生的分红或派息确认为当期投资收益。

6.2.14 所得税的会计处理方法

本公司所得税的会计核算采用资产负债表债务法核算,根据资产、负债的账面价值与其计税基础之间的差额(未作为资产和负债确认的项目按照税法规定可以确定其计税基础的,确定该计税基础为其差额),按照预期收回该资产或清偿该负债期间的适用税率计算确认递延所得税资产或递延所得税负债。递延所得税资产的确认以很可能取得用来抵扣可抵扣暂时性差异的应纳税所得额为限。资产负债表日,有确凿证据表明未来期间很可能获得足够的应纳税所得额用来抵扣可抵扣暂时性差异的,确认以前会计期间未确认的递延所得税资产。如未来期间很可能无法获得足够的应纳税所得额用以抵扣递延所得税资产的,则减记递延所得税资产的账面价值。

6.2.15 信托报酬确认原则和方法

本公司根据信托合同规定的计提方法、计提标准确认应由信托项目承担的受托人报酬。

6.2.16 会计政策变更情况

财政部于2017年度发布了《企业会计准则第42号——持有待售的非流动资产、处置组和终止经营》,自2017年5月28日起施行,对于施行日存在的持有待售的非流动资产、处置组和终止经营,要求采用未来适用法处理。

财政部于2017年度修订了《企业会计准则第16号——政府补助》,修订后的准则自2017年6月12日起施行,对于2017年1月1日存在的政府补助,要求采用未来适用法处理;对于2017年1月1日至施行日新增的政府补助,也要求按照修订后的准则进行调整。

财政部于2017年度发布了《财政部关于修订印发一般企业财务报表格式的通知》(财会〔2017〕30号),执行企业会计准则的企业应按照企业会计准则和该通知要求编制2017年度及以后期间的财务报表。

本公司执行上述两项准则和财会〔2017〕30号的主要影响如下:

会计政策变更内容和原因	受影响的报表项目名称	本期受影响的报表项目金额	上期重述金额	上期列报在营业外收入的金额	上期列报在营业外支出的金额
1. 与本公司日常活动相关的政府补助计入其他收益	其他收益	2,069,600.00	—	—	
2. 资产处置损益列报调整	资产处置收益	476,418.21	424,542.37	424,542.37	—

6.3 或有事项说明

报告期内,本公司无相关说明事项。

6.4 重要资产转让及其出售的说明

报告期内,本公司出售合并范围内子公司"中融国富投资管理有限公司"股权,处置对价40,049,27万元,获取收益38,566,84万元。

6.5 会计报表中重要项目的明细资料

6.5.1 自营资产经营情况

6.5.1.1 按信用风险五级分类结果披露信用风险资产的期初数、期末数

表6.5.1.1 单位:万元

信用风险资产五级分类	正常类	关注类	次级类	可疑类	损失类	信用风险资产合计	不良合计	不良率(%)
期初数	1,268,607					1,268,607		
期末数	1,296,767					1,296,767		

注:不良资产合计=次级类+可疑类+损失类

6.5.1.2 各项资产减值损失准备的期初、本期计提、本期转回、本期核销、期末数

表6.5.1.2 单位:万元

	期初数	本期计提	本期转回	本期核销	期末数
贷款损失准备	0	0	0	0	0
一般准备	0	0	0	0	0
专项准备	0	0	0	0	0
其他资产减值准备	0	0	0	0	0
可供出售金融资产减值准备	19,489	33	9,477.88	0	10,044
持有至到期投资减值准备	0	0	0	0	0
长期股权投资减值准备	0	0	0	0	0
坏账准备	1,309	6,832.92	4,832.44	3,262.91	47

6.5.1.3 自营股票投资、基金投资、债券投资、股权投资等投资业务的期初数、期末数

表6.5.1.3 单位:万元

	自营股票	基金	债券	长期股权投资
期初数	61,653.38	652,267.67	—	210,100.81
期末数	60,439.16	604,903.47	146,366.90	214,675.21

6.5.1.4　前五名的自营长期股权投资的企业名称、占被投资企业权益的比例、主要经营活动及投资收益情况

表 6.5.1.4

单位：万元

企业名称	占被投资企业权益的比例	主要经营活动	投资损益
中国信托业保障基金有限责任公司	13.04%	基金管理服务	12,297.32
哈尔滨农村商业银行股份有限公司	9.90%	银行	4,629.41
中国信托登记有限责任公司	3.33%	信托登记业务	184.30
上海融欧股权投资基金管理有限公司	40.00%	基金管理服务	18.98
深圳铧融股权投资基金管理有限公司	49.00%	基金管理服务	8.49

注：投资损益是指按照企业会计准则规定，核算股权投资确认损益并计入披露年度利润表的金额。

6.5.1.5　前五名的自营贷款的企业名称、占贷款总额的比例和还款情况

序号	企业名称	贷款企业名称	贷款金额（人民币/万元）	占贷款总额的比例	还本付息情况
1	中融国际信托有限公司	红色崛起资产管理有限公司	100,000.00	28.22%	按合约付息及还本
2	中融平和财务有限公司	京基实业控股有限公司	65,412.00	18.46%	按合约付息及还本
3	中融国际信托有限公司	吉林省酒精工业集团有限公司	50,000.00	14.11%	按合约付息及还本
4	中融平和财务有限公司	海航航空（香港）航食控股有限公司	32,706.00	9.23%	按合约付息及还本
5	中融平和财务有限公司	Baida Holdings Limited	13,082.40	3.69%	按合约付息及还本

6.5.1.6　表外业务的期初数、期末数；按照代理业务、担保业务和其他类型表外业务分别披露

表 6.5.1.6

表外业务	期初数	期末数
担保业务	0	0
代理业务（委托业务）	0	0
其他	0	0
合计	0	0

注：代理业务主要反映因客观原因应规范而尚未完成规范的历史遗留委托业务，包括委托贷款和委托投资。

6.5.1.7　公司当年的收入结构

表 6.5.1.7

单位：万元

收入结构	金额	占比
手续费及佣金收入	307,446	46.96%
其中：信托手续费收入	280,527	42.85%
投资银行业务收入		0.00%
利息净收入	31,581	4.82%
其他业务收入	117,472	17.94%

续表

收入结构	金额	占比
其中:计入信托业务收入部分	107,124	16.36%
营业收入	58,779	8.98%
投资收益	137,804	21.05%
其中:股权投资收益	55,789	8.52%
公允价值变动收益	-197	-0.03%
其他投资收益	82,212	12.56%
汇兑损益	-35	-0.01%
营业外收入	1,621	0.25%
收入合计	654,667	100.00%

注:手续费及佣金收入、利息收入、其他业务收入、投资收益、营业外收入均应为损益表中的一级科目,其中手续费及佣金收入、利息收入、营业外收入为未抵减掉相应支出的全年累计实现收入数。报告年度实现信托业务收入的总额,其中以手续费及佣金确认的信托业务收入金额,以业绩报酬形式确认的信托业务收入金额和以其他形式确认的信托业务收入金额。

6.5.2 披露信托资产管理情况

6.5.2.1 信托资产的期初数、期末数

表 6.5.2.1

单位:万元

信托资产	期初数	期末数
集合	45,436,914.85	43,950,897.30
单一	17,355,405.09	14,425,924.31
财产权	5,504,406.95	8,613,883.47
合计	68,296,726.89	66,990,705.08

6.5.2.1.1 主动管理型信托业务的信托资产期初数、期末数

表 6.5.2.1.1

单位:万元

主动管理型信托资产	期初数	期末数
证券投资类	2,869,016.79	2,849,032.86
股权投资类	5,285,076.17	3,216,215.90
其他投资类	24,391,601.58	22,098,554.74
融资类	15,191,561.86	15,010,132.80
事务管理类	468,960.23	54,087.41
合计	48,206,216.63	43,228,023.71

6.5.2.1.2 被动管理型信托业务的信托资产期初数、期末数

表 6.5.2.1.2

单位:万元

被动管理型信托资产	期初数	期末数
证券投资类	2,661,964.43	1,643,996.55

续表

被动管理型信托资产	期初数	期末数
股权投资类	1,282,293.43	3,561,524.00
其他投资类	3,505,594.96	1,835,573.95
融资类	7,601,736.38	8,160,272.14
事务管理类	5,038,921.06	8,561,314.72
合计	20,090,510.26	23,762,681.36

6.5.2.2　本年度已清算结束的信托项目个数、实收信托合计金额、加权平均实际年化收益率

6.5.2.2.1　本年度已清算结束的集合类、单一类资金信托项目和财产管理类信托项目个数、实收信托金额、加权平均实际年化收益率

表 6.5.2.2.1

单位：万元

已清算结束信托项目	项目个数	合计金额(万元)	加权平均实际年化收益率
集合类	164	5,643,161.98	7.42%
单一类	121	4,368,625.70	7.65%
财产管理类	45	1,180,954.97	9.14%

注：加权平均实际年化收益率 =(信托项目 1 的实际年化收益率 × 信托项目 1 的资产总计 + 信托项目 2 的实际年化收益率 × 信托项目 2 的资产总计 + … 信托项目 n 的实际年化收益率 × 信托项目 n 的资产总计)/(信托项目 1 的资产总计 + 信托项目 2 的资产总计 + … 信托项目 n 的资产总计) ×100%

6.5.2.2.2 本年度已清算结束的主动管理型信托项目个数、实收信托合计金额、加权平均实际年化收益率

表 6.5.2.2.2

单位：万元

已清算结束信托项目	项目个数	合计金额(万元)	信托报酬率	加权平均实际年化收益率
证券投资类	65	204,194.71	0.76%	2.37%
股权投资类	22	1,401,131.00	2.38%	11.18%
其他投资类	43	986,369.49	0.44%	6.77%
融资类	59	3,287,461.57	1.98%	7.44%
事务管理类	14	359,076.00	2.02%	9.85%

6.5.2.2.3　本年度已清算结束的被动管理型信托项目个数、实收信托合计金额、加权平均实际年化收益率

表 6.5.2.2.3

单位：万元

已清算结束信托项目	项目个数	合计金额(万元)	信托报酬率	加权平均实际年化收益率
证券投资类	4	57,656.09	0.27%	0.01%
股权投资类	6	671,938.07	0.15%	16.62%
其他投资类	12	577,583.47	0.19%	18.37%
融资类	72	2,823,453.28	0.23%	8.09%
事务管理类	33	823,878.97	0.15%	8.99%

6.5.2.3 本年度新增的集合类、单一类和财产管理类信托项目个数、实收信托合计金额

表 6.5.2.3

单位:万元

新增信托项目	项目个数	合计金额(万元)
集合类	104	7,997,146.47
单一类	66	3,842,240.63
财产管理类	43	5,726,061.68
新增合计	213	17,565,448.78
其中:主动管理型	112	5,471,607.55
被动管理型	101	12,093,841.23

6.5.2.4 信托业务创新成果和特色业务有关情况

公司高度重视创新研发能力建设,不断加大创新产品开发力度,持续提升研发团队研究水平,紧跟资管行业前沿动态,充分挖掘创新产品的潜在机会,以模式创新、风险可控、投资者认可作为产品设计的基础,将产品创新提升到新的战略高度,树立公司资产管理、财富管理的品牌优势。

6.5.2.5 本公司履行受托人义务情况及因本公司自身责任而导致的信托资产损失情况

报告期内,本公司严格履行受托人义务,不存在因本公司自身责任而导致的信托资产损失情况。

6.5.2.6 信托赔偿准备金的提取、使用和管理情况

依据《信托公司管理办法》第49条,信托赔偿准备金按净利润之5%提取,公司信托赔偿准备金累计额为公司注册资本20%以上时,可以不再提取。提取的信托赔偿准备金主要用于弥补因管理操作不善而对信托财产造成的损失。报告期公司提取信托赔偿准备金10,848.03万元,期末余额78,822.61万元。报告期内,未出现公司自身责任导致信托资产损失的情况,信托赔偿准备金未曾使用。

6.6 关联方关系及其交易的披露

6.6.1 关联交易方的数量、关联交易的总金额及关联交易的定价政策

表 6.6.1

单位:万元

	关联交易方数量	关联交易金额	定价政策
合计	20	-45,941.32	本公司2017年度发生的关联方交易均根据一般正常的交易条件进行,并以市场价格作为定价依据

6.6.2 关联交易方基本情况

报告期涉及关联交易的关联方情况如下:

关联性质	关联方名称	法定代表人	注册地址	注册资本(万元)	主营业务
非控股联营企业	中国信托业保障基金有限责任公司	刘宏宇	北京市西城区月坛南街1号院5号楼20层-23层	1,150,000	受托管理保障基金等经相关部门批准后依批准的内容开展经营活动
股东控股子公司	哈尔滨哈投物业有限责任公司	张滨生	哈尔滨经开区南岗集中区燕山路3号3层	1,000	物业管理等
股东单位	哈尔滨投资集团有限责任公司	赵洪波	哈尔滨市南岗区汉水路172号	500,000	从事固定资产、基础设施、能源、供热、高新技术产业、资源开发项目投资与投资信息咨询等

续表

关联性质	关联方名称	法定代表人	注册地址	注册资本（万元）	主营业务
股东单位	中植企业集团有限公司	刘秀坤	北京市朝阳区东四环中路39号A单元1515	500,000	资产投资及资产管理等
控股子公司	北京中融稳达资产管理有限公司	马镇	北京市石景山区实兴大街30号院3号楼2层D-0605房间	10,000	资产管理、项目投资、投资咨询等
控股子公司	深圳中融丝路资产管理有限公司	何志强	深圳市前海深港合作区前湾一路1号A栋201室	5,000	受托资产管理、投资管理等
控股子公司	中融鼎兴资产管理有限公司	高远	中国（上海）自由贸易试验区富特北路211号302部位368室	5,000	资产管理、实业投资、投资管理、投资咨询、创业投资等
控股子公司	中融国富投资管理有限公司	石莹	深圳市前海深港合作区前湾一路1号A栋201室	10,000	资产管理、投资管理、投资咨询
控股子公司	中融汇兴资产管理有限公司	刘香玉	北京市石景山区实兴大街30号院3号楼2层D-0560房间	5,000	资产管理、项目投资、投资咨询等
控股子公司	中融基金管理有限公司	王瑶	深圳市前海深港合作区前湾一路1号A栋201室	75,000	基金募集、基金销售、特定客户资产管理、资产管理和中国证监会许可的其他业务
控股子公司	北京中融汇智人力资源有限公司	刘香玉	北京市石景山区实兴大街30号院3号楼11层东南区域	1,000	劳务派遣、人才推荐、人才招聘等
控股子公司	上海辉致人力资源有限公司	刘香玉	中国（上海）自由贸易试验区银城中路8号801、812室	200	人才中介、劳务派遣、商务信息咨询等
控股子公司	中融汇今资产管理有限公司	高远	中国（上海）自由贸易试验区富特北路211号302部位368室	10,000	投资管理、资产管理等
控股子公司	深圳中融融易通互联网金融服务有限公司	张东	深圳市前海深港合作区前湾一路1号A栋201室	10,000	依托互联网等技术手段、提供金融中介服务等
控股子公司	中融汇智金融服务（上海）有限公司	高远	上海市宝山区蕴川路5475号2792室	6,250	金融信息服务（除金融业务）、接受金融机构委托从事金融信息技术外包、金融业务流程外包等

续表

关联性质	关联方名称	法定代表人	注册地址	注册资本（万元）	主营业务
控股子公司	上海长昆投资管理有限公司	张东	中国(上海)自由贸易试验区富特北路211号302部位368室	5,000	投资管理、资产管理、投资咨询、企业管理咨询、商务咨询等
控股子公司	中融（北京）资产管理有限公司	王瑶	北京市门头沟区石龙经济开发区永安路20号3号楼1层107室	30,000	特定客户资产管理业务、项目投资、投资管理、投资咨询、财务咨询等
股东关联子公司	横琴人寿保险有限公司	兰亚东	珠海市横琴新区十字门中央商务区珠海横琴金融产业发展基地2号楼	200,000	普通型保险，包括人寿保险和年金保险、健康保险、意外伤害保险等
控股子公司	中融世鸿资产管理有限公司	高远	北京市石景山区实兴大街30号院3号楼2层D－0851房间	10,000	投资管理、投资咨询、投资管理、项目投资、企业管理咨询等
控股子公司	达孜县鼎诚资本投资有限公司	张东	西藏拉萨市达孜县工业园区珠峰实业203号房	200	投资管理、投资顾问等

6.6.3 本公司与关联方的重大交易事项

6.6.3.1 固有财产与关联方关联交易

表6.6.3.1 单位：万元

固有与关联方关联交易				
	期初数	借方发生额	贷方发生额	期末数
贷款				
投资	265,852.51	1,338,539.40	1,312,086.15	292,305.77
租赁		265.27	497.90	
担保				
应收账款				
拆入资金	130,000.00	380,000.00	450,000.00	200,000.00
其他	6.75	2,090.91	5,114.90	62.17
合计	395,859.26	1,720,895.58	1,767,698.95	492,367.93

6.6.3.2 信托资产与关联方关联交易

表6.6.3.2 单位：万元

信托与关联方关联交易				
	期初数	借方发生额	贷方发生额	期末数
贷款				
投资	164,258.50	105,560.58	57,680.33	212,138.76

续表

信托与关联方关联交易				
	期初数	借方发生额	贷方发生额	期末数
租赁				
担保				
应收账款				
其他	0	13,187.18	0	0
合计	164,258.50	118,747.77	57,680.33	212,138.76

6.6.3.3 固有财产与信托财产相互交易

表 6.6.3.3 单位:万元

固有财产与信托财产相互交易			
	期初数	本期发生额	期末数
合计	239,353	223,100	462,453

6.6.3.4 信托项目之间相互交易

表 6.6.3.4 单位:万元

信托资产与信托财产相互交易			
	期初数	本期发生额	期末数
合计	711,688.38	-283,305.37	428,383.01

6.6.4 关联方逾期未偿还本公司资金的详细情况以及本公司为关联方担保发生或即将发生垫款的详细情况

报告期内,本公司关联交易方没有逾期未偿还本公司资金的情况以及本公司为关联方担保发生或即将发生垫款的情况发生。

6.7 会计制度的披露

本公司执行中华人民共和国财政部2006年2月15日颁布的《企业会计准则》及2014年财政部颁布的八项具体准则和一项基本准则的有关规定,并根据相关规定的变化对个别数据进行了重新分类。

7. 财务情况说明书

7.1 利润实现和分配情况

2017年共实现利润总额362,075万元,净利润280,538万元,计提盈余公积21,696万元,计提信托赔偿准备金10,848万元,计提一般风险准备16,339万元。

7.2 主要财务指标

表 7.2

指标名称	指标值
资本利润率	18.29%
人均净利润	144.60万元

注:资本利润率=净利润/所有者权益平均余额×100%

人均净利润=净利润/年平均人数

平均值采取年初及各季末余额移动算术平均法。

公式为:$a(平均)=(a_0/2+a_1+a_2+a_3+a_4/2)/4$

7.3 对本公司财务状况、经营成果有重大影响的其他事项

报告期内,无对本公司财务状况、经营成果有重大影响的其他事项。

8. 特别事项揭示

8.1 前五名股东报告期内变动情况及原因

报告期内,本公司股东没有发生变动情况。

8.2 董事、监事及高级管理人员变动情况及原因

8.2.1 董事变动情况及原因

报告期内,本公司董事人员没有变动。

8.2.2 监事变动情况及原因

报告期内,本公司监事人员没有变动。

8.2.3 高级管理人员变动情况及原因

报告期内,高级管理人员离任一人,具体情况如下:

表 8.2.3

离任高级管理人员情况表			
姓名	前任职位	离任时间	离职原因及内部决议
黄威	合规总监	2017－01	工作变动，第五届董事会第十四次会议

8.3　变更注册资本、变更注册地或公司名称、公司分立合并事项

报告期间，公司注册资本完成了三次增资，具体如下：

(1)2017年1月，中国银监会黑龙江监管局核准中融国际信托有限公司变更注册资本，公司以20亿未分配利润按照公司现有股东持股比例进行同比例转增，转增后，注册资本为80亿元。

(2)2017年10月，中国银监会黑龙江监管局核准中融国际信托有限公司变更注册资本，公司以20亿未分配利润按照公司现有股东持股比例进行同比例转增，转增后，注册资本为100亿元。

(3)2017年12月，中国银监会黑龙江监管局核准中融国际信托有限公司变更注册资本，四家股东累计向公司出资20亿元，用于增加公司注册资本。增资后，公司的注册资本为120亿元。

报告期内，公司注册地和公司名称未发生变更，未发生分立合并事项。

8.4　公司的重大诉讼事项

报告期内，本公司没有重大诉讼事项发生。

8.5　公司及其董事、监事和高级管理人员受到处罚的情况

报告期内，本公司及其董事、监事和高级管理人员未发生受到处罚的情况。

8.6　银监会及其派出机构对公司检查后提出的整改意见及公司整改情况

2017年，黑龙江银监局对公司开展了整治“三违反”、“三套利”、“四不当”、“银行业市场乱象”等一系列监管检查。根据检查情况，银监局对公司提出了更新内部管理制度、完善业务合规审核机制等监管要求。为切实落实监管意见，公司组织相关部门研究制定整改方案，修订和补充了相关管理制度，完善了相关决策程序，优化了业务合规管控手段，进一步加强了公司风险管理体系建设，为公司业务的持续健康发展奠定了基础。

8.7　本年度重大事项临时报告的简要内容、披露时间、所披露的媒体

报告期内，公司重大事项临时报告的披露媒体为《上海证券报》、《金融时报》，本年度合计刊登各类公告五则，具体如下：

表 8.7(临时披露重大事项)

披露时间	披露公告名称	披露内容	披露媒体
2017－1－20	中融国际信托有限公司关于增加注册资本及修改公司章程的公告	本公司董事会及全体董事保证信息披露的内容真实、准确、完整，没有虚假记载、误导性陈述或重大遗漏。 根据本公司2016年第四次临时股东会决议，经中国银行业监督管理委员会黑龙江监管局《关于同意中融国际信托有限公司增加注册资本及修改公司章程的批复》(黑银监复〔2017〕6号)同意，本公司注册资本由600,000万元增加至800,000万元，股东持股比例不变，并对本公司章程相关条款作相应修改，上述事项已于2017年1月19日完成工商变更登记手续。	《金融时报》

续表

披露时间	披露公告名称	披露内容	披露媒体
2017－10－27	中融国际信托有限公司关于增加注册资本及修改公司章程的公告	本公司董事会及全体董事保证信息披露的内容真实、准确、完整，没有虚假记载、误导性陈述或重大遗漏。 根据本公司2017年第三次临时股东会决议，经中国银行业监督管理委员会黑龙江监管局《关于同意中融国际信托有限公司增加注册资本及修改公司章程的批复》（黑银监复〔2017〕157号）同意，本公司注册资本由800,000万元增加至1,000,000万元，股东持股比例不变，并对本公司章程相关条款作相应修改，上述事项已于2017年10月26日完成工商变更登记手续。	《上海证券报》
2017－11－27	中融国际信托有限公司关于更换审计机构的公告	本公司董事会及全体董事保证信息披露的内容真实、准确、完整，没有虚假记载、误导性陈述或重大遗漏。 根据控股股东经纬纺织机械股份有限公司提议，经中融国际信托有限公司（以下简称"公司"）2017年第六次临时股东会审议通过，公司将审计机构由天职国际会计师事务所更换为大信会计师事务所（特殊普通合伙），承担公司2017－2021年度决算审计工作。	《上海证券报》
2017－12－06	中融国际信托有限公司关于中国银监会批准公司换领新的金融许可证的公告	本公司董事会及全体董事保证信息披露的内容真实、准确、完整、没有虚假记载、误导性陈述或重大遗漏。近日，公司收到中国银行业监督管理委员会黑龙江监管局《关于同意中融国际信托有限公司变更住所及修改公司章程的批复》，批准公司换领新的金融许可证。主要内容如下： 机构名称：中融国际信托有限公司 住所：黑龙江省哈尔滨市松北区科技创新城创新二路277号 金融机构编码：KOO19H223010001 邮政编码：160028 联系电话：0451－51023083 我公司接到该批复后，立即到黑龙江银监局换领新的金融许可证。随后，公司将根据有关规定尽快到工商行政管理部门办理登记变更手续，并根据进展及时披露信息。	《上海证券报》

续表

披露时间	披露公告名称	披露内容	披露媒体
2017－12－14	中融国际信托有限公司关于增加注册资本及修改公司章程的公告	本公司董事会及全体董事保证信息披露的内容真实、准确、完整，没有虚假记载、误导性陈述或重大遗漏。 根据本公司 2017 年第五次临时股东会决议，经中国银行业监督管理委员会黑龙江监管局《关于同意中融国际信托有限公司增加注册资本及修改公司章程的批复》（黑银监复〔2017〕212 号）同意，本公司注册资本由 1,000,000 万元增加至 1,200,000 万元，股东持股比例不变，并对本公司章程相关条款作相应修改，上述事项已于 2017 年 12 月 12 日完成工商变更登记手续。	《上海证券报》

8.8　银监会及其省级派出机构认定的其他有必要让客户及相关利益人了解的重要信息

报告期内，公司相继得到新闻媒体及社会各方的积极评价，获得主要荣誉如下：

（1）中央国债登记结算有限责任公司颁发“中债优秀成员－优秀资管机构奖”

（2）中央国债登记结算有限责任公司颁发“中债优秀成员－优秀发行机构奖”

（3）《上海证券报》“诚信托·投资回报奖”

（4）《经济观察报》“值得托付财富管理奖”

（5）《证券时报》“年度中国优秀信托公司”

（6）《经济观察报》“年度卓越品牌影响力信托公司”

（7）《金融时报》“年度最佳财富管理信托公司”

华能贵诚信托有限公司 2017年年度报告

目 录

1. 重要提示

1.1 公司董事会及董事保证本报告所载资料不存在任何虚假记载、误导性陈述或者重大遗漏,并对其内容的真实性、准确性和完整性承担个别及连带责任。

1.2 公司独立董事对年度报告内容的真实性、准确性、完整性无异议。

1.3 公司总经理金志培、主管会计工作的副总经理鲍吉胜保证年度报告中财务报告的真实、完整。

2. 公司概况

2.1 公司简介

华能贵诚信托有限公司成立于2002年,2008年12月由华能资本服务有限公司增资扩股重组而成。2009年2月,经中国银监会批准,公司换发新的金融许可证。目前公司注册资本金为42亿元。

1. 中文名称:华能贵诚信托有限公司

中文名称缩写:华能信托

2. 英文名称:Huaneng Guicheng Trust Corporation Limited

英文名称缩写:HNGCTC

法定代表人:田军

注册地址:贵州省贵阳市金阳新区金阳南路6号购物中心商务楼一号楼24层5、6、7号

邮政编码:550022

网址:www.hngtrust.com

电子邮箱:public@hngtrust.com

3. 公司负责信息披露事务的高级管理人员:赵刚

公司信息披露事务联系人:万灵

电 话:0851-88661603

传 真:0851-88661708

信息披露报纸:金融时报

4. 年度报告备置地点:(公司办公地点)贵州省贵阳市观山湖区长岭北路55号贵州金融城1期商务区10号楼23、24层

5. 公司聘请的会计师事务所:大信会计师事务所

办公地点:北京市海淀区知春路1号学院国际大厦15层

6. 公司聘请的律师事务所:北京市中盛律师事务所

办公地点:北京朝阳区建外大街8号国际财源中心22层

2.2 组织结构

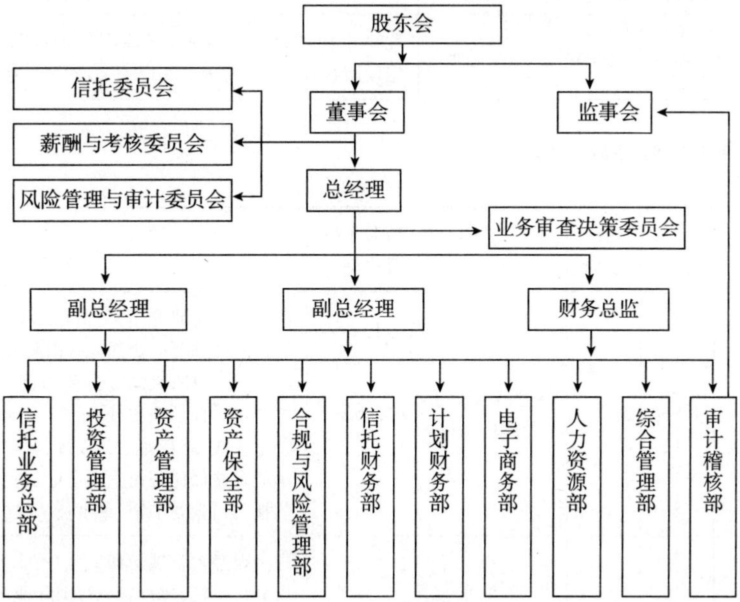

3. 公司治理

3.1 公司治理结构

3.1.1 股东

3.1.1.1 报告期末公司股东总数:8(占公司10%以上(含10%)出资比例的股东:2个)

表3.1.1.1

股东名称	持股比例	法人代表	注册资本	注册地址	主要经营业务及主要财务情况
华能资本服务有限公司	67.8619%	丁益	98亿元	北京市丰台区丽泽路18号1号楼401-09室	实业投资及资产管理、资产受托管理、投资策划、信息咨询服务,2017年底净资产为469.81亿元
贵州产业投资(集团)有限责任公司	31.4505%	翟彦	90亿元	贵州省贵安新区湖潮乡贵州产投贵安新区高端装备工业园	实业投资、资产管理和资本经营、旅游业开发、投资咨询,2017年底净资产为159.65亿元

3.1.1.2 公司前三位股东

表3.1.1.2

股东名称	出资比例	法人代表	注册资本	注册地址	主要经营业务及主要财务情况
华能资本服务有限公司	67.86%	丁益	98亿元	北京市丰台区丽泽路18号1号楼401-09室	实业投资及资产管理、资产受托管理、投资策划、信息咨询服务,2017年底净资产为469.81亿元
贵州产业投资(集团)有限责任公司	31.45%	翟彦	90亿元	贵州省贵安新区湖潮乡贵州产投贵安新区高端装备工业园	实业投资、资产管理和资本经营、旅游业开发、投资咨询,2017年底净资产为159.65亿元

续表

股东名称	出资比例	法人代表	注册资本	注册地址	主要经营业务及主要财务情况
人保投资控股有限公司	0.16%	俞小平	8亿元	北京市西城区武定候街6号	实业、房地产投资;资产经营和管理等。2017年底净资产为54.68亿元

3.1.2 董事、董事会及其下属委员会

表3.1.2-1(董事会成员)

姓名	职务	性别	年龄	选任日期	所推举的股东名称	该股东持股比例	简要履历
田军	董事长	男	54	2017.3	华能资本服务有限公司	67.86%	中国社科院研究生部,货币银行专业研究生学历,经济师职称,历任人行山西大同分行办公室副主任、主任;大同证券公司副总经理;长城证券公司综合部副主任、董事会秘书兼董事会办公室主任、总裁办公会成员、党委委员、副总裁;华能贵诚信托公司党委书记、总经理;华能贵诚信托公司党委书记、董事长
李仪华	副董事长	男	60	2015.5	贵州产业投资(集团)有限责任公司	31.45%	中南财经大学硕士研究生学历,历任建行贵阳市分行主任、建行省分行国际业务部经理、计财处副处长、毕节地区分行副行长、行长、省分行业务部总经理、办公室主任;黔隆信托公司副总经理;华能贵诚信托公司副董事长
严晓茂	董事	女	47	2017.5	华能资本服务有限公司	67.86%	东南大学研究生院硕士研究生。历任中国银行重庆南岸支行科员、营业部副主任、中国东方资产管理公司重庆办事处资产评估部经理、资产处置审查办主任、东兴证券股份有限公司投资银行部重庆地区总经理、期货筹备组副组长、东兴期货有限责任公司执行董事、副总经理、华能资本服务有限公司审计监察与风险控制部主管、研究发展部部门副经理、股权管理部部门副经理、经理。现拟任永诚财产保险股份有限公司副总裁
段一萍	董事	女	42	2015.5	华能资本服务有限公司	67.86%	中国人民大学硕士研究生学历,高级会计师职称。先后在民福房地产开发有限公司和华能资本服务有限公司工作,历任处长、副经理、经理
王颖	董事	女	32	2017.10	贵州产业投资(集团)有限责任公司	31.45%	贵州大学管理学院工商管理专业,管理学硕士。先后在北京诚创易通科技发展公司中国太平洋财产保险公司贵州省分公司员工、贵州金久水泥有限公司营销部经理、贵州省贵财投资有限责任公司、贵州产业投资(集团)有限公司工作,历任贵州产投香港投资有限公司副经理、贵州产投资产管理部副经理、贵州产投金融事业部副总经理

续表

姓名	职务	性别	年龄	选任日期	所推举的股东名称	该股东持股比例	简要履历
金志培	职工董事	男	47	2017.5			中国人民银行研究生部货币银行专业硕士，研究生学历。历任中国人保信托投资公司武汉营业部总经理；长城证券有限责任公司北京中关村大街营业部总经理；长城证券有限责任公司资产管理部总经理；华能贵诚信托公司副总经理、党委副书记、总经理

表3.1.2－2（独立董事）

姓名	所在单位及职务	性别	年龄	选任日期	所推举的股东名称	该股东持股比例	简要履历
徐英		女	64	2017.5			北京财贸学院金融系，经济学学士。历任北京燕山石化总厂研究院芳烃车间副主任、党支部书记，北京财贸学院金融系助教、讲师，海南汇通国际信托投资公司副总经理、常务副总经理、长城证券有限公司总裁、董事长、党委书记（期间担任南方基金管理公司董事、长城基金管理公司董事），景顺长城基金管理有限公司全职董事长，中国证券业协会理事，新华资产管理股份有限公司全职副董事长（期间任新华人寿股份有限公司投资管理委员会委员、资产负债委员会委员、苏格兰（皇家）银行中国有限公司独立董事），已退休
矫丽燕		女	54	2015.5			北京第二外国语学院学士，历任英国施罗德银行（美国纽约）公司业务副总裁、第一劝业银行公司业务副总裁、新加坡大华银行（北京）业务总监、加拿大皇家银行（北京）资本市场副总裁、基点商品期货交易公司（北京）董事总经理
王涌		男	49	2015.5			中国政法大学博士研究生学历。现担任中国政法大学民商经济法学院法学教授，博士生导师。同时担任中国商法学副秘书长、法大评论执行主编、月旦民商法学副主编、江平法学基金会秘书长等多项职务

表3.1.2－3（董事会下属委员会）

董事会下属委员会名称	职　责	组成人员姓名	职务
信托委员会	督促公司依据法律、行政法规、规章及中国银监会的监管要求及有关信托文件履行受托职责；当公司或股东利益与受益人利益发生冲突时，保证公司为受益人的最大利益服务；董事会授予的其他职责	矫丽燕	主任委员
		李仪华	委员
		金志培	委员

续表

董事会下属委员会名称	职　责	组成人员姓名	职务
薪酬与考核委员会	拟定公司高级管理人员的薪酬与奖励政策,并提请董事会审批;对公司高级管理人员进行考核,并出具绩效评价报告,报董事会核准;审议公司职工的薪酬福利及绩效考核方案;董事会授予的其他职责	田军	主任委员
		徐英	委员
		严晓茂	委员
风险管理与审计委员会	拟定公司风险管理政策和重大风险管理解决方案;审议公司风险管理组织机构设置及其职责;定期审查公司风险管理、合规管理、内部审计工作报告,就完善内部控制向董事会提出建议;董事会授予的其他职责	王涌	主任委员
		段一萍	委员
		王颖	委员

3.1.3　监事、监事会及其下属委员会

表3.1.3-1(监事会成员)

姓名	职务	性别	年龄	选任日期	所推举的股东名称	该股东持股比例	简要简历
周英序	监事会主席	男	59	2015.5	贵州产业投资(集团)有限责任公司	31.45%	贵州师范大学本科学历,历任贵州省机械厅直属机关党委副书记、贵州省机电产品质量监测总站党委书记、贵州省旅游投资公司办公室主任、贵州省开发公司人力资源部经理、黔隆信托董事、党委副书记、纪委书记;华能贵诚信托公司监事会主席
何瑛	监事	女	44	2015.5	贵州产业投资(集团)有限责任公司	31.45%	贵州财经学院大学本科学历。先后任职于贵阳大众电脑软件有限公司、贵州仁信会计师事务所、贵州省开发投资公司、贵州省产业投资(集团)有限责任公司,历任贵州省开发投资有限责任公司审计法规部经理、计划财务部经理,贵州省产业投资(集团)有限责任公司计划财务部经理、总经理助理
于新仁	职工监事	男	58	2015.5			贵州省委党校在职研究生学历,历任贵阳耐火材料厂副处长、总会计师兼财务处长;贵州省国际信托投资公司计财部、审计部副经理;黔隆信托公司审计部经理;华能贵诚信托公司审计稽核部经理

注:公司监事会未设立下属委员会。

3.1.4　高级管理人员:9人

表3.1.4

姓名	职务	性别	年龄	任职日期	金融从业年限	学历	专业	简要履历
金志培	总经理	男	47	2017.3	22	硕士研究生	货币银行	见表3.1.2-1

续表

姓名	职务	性别	年龄	任职日期	金融从业年限	学历	专业	简要履历
涂继国	副总经理	男	53	2015.5	26	学士	经济学	武汉大学经济学专业,经济学学士学位,经济师职称。历任北京国际信托有限公司投资银行总部总经理,兼任天音控股董事、北京力诺资产管理有限公司董事长;华能贵诚信托公司副总经理
鲍吉胜	副总经理兼财务总监	男	53	2015.5	29	研究生	财贸经济金融	中国社会科学院研究生院研究生学历,高级经济师职称。历任中国农业银行贵州省分行科员、副主任科员、处长助理、副处长,处长;农行贵州省分行贷款评估中心主任;黔隆信托公司副总经理、党委委员;华能贵诚信托公司副总经理
孙磊	副总经理	男	44	2015.5	22	硕士研究生 MBA	金融	香港中文大学金融 MBA,注册会计师。历任中国电子财务有限责任公司计划财务部副经理;华能资本服务有限公司风控部、审监部主管、副处长;华能贵诚信托公司合规与风险管理部经理、首席合规官、副总经理
刘芳	副总经理	女	46	2017.3	23	学士	经济学	中国人民大学投资经济管理经济学,学士学位。历任北京国际信托公司证券总部安华桥营业部副总经理、证券总部研发部经理、安定路营业部总经理,国都证券有限公司北京安定门营业部总经理、北京国际信托公司信托总部高级信托经理,、华能贵诚信托公司信托业务总部副经理、经理、信托总监、总经理助理、副总经理
顾学新	总经理助理	男	53	2015.5	33	研究生	金融学	厦门大学金融学硕士研究生学历。历任长城证券有限责任公司营业部副总经理、海南港澳信托有限公司深圳营业部副总经理、长城证券有限责任公司营业部总经理、国都证券有限责任公司资产管理部总经理、华能贵诚信托公司深圳业务总部经理、资产总监、总经理助理
雷妮亚	首席合规官兼合规与风险管理部总经理	女	38	2017.3	4	硕士研究生	民商法学	中国人民大学民商法学,法学硕士,研究生学历。2004年7月在金杜律师事务所参加工作,2008年2月至2013年1月在北京市中盛律师事务所工作,2013年1月加入华能贵诚信托有限公司,历任信托业务总部信托经理、合规与风险管理部副经理,合规与风险管理总经理、首席合规官

续表

姓名	职务	性别	年龄	任职日期	金融从业年限	学历	专业	简要履历
赵刚	总经理助理兼董事会秘书	男	46	2017.3 2017.7	10	大学本科	经济信息管理	吉林大学经济信息管理专业,经济学学士,会计师。历任电研高技术实业总公司财务部出纳、会计;赛贝思电力系统工程有限责任公司财务主管;电科院审计部项目经理;华能资本公司审计监察部主管、副处长、计划财务部副处长;长城证券财务部副经理、营销管理总部副经理、项目管理部副经理;华能贵诚信托公司信托财务部经理、人力资源部经理、运营总监、总经理助理兼董事会秘书
黄海峰	总经理助理	女	46	2017.3	20	研究生	金融学	对外经济贸易大学金融学专业,经济学硕士学位,高级经济师。历任北京国际信托有限公司信托经理、高级信托经理和信托业务部副总经理;华能贵诚信托公司信托五部经理、信托业务总部副经理、总经理助理

3.1.5 公司员工

表 3.1.5

项目		报告期年度		上年度	
		人数	比例(%)	人数	比例(%)
年龄分布	20以下	0	0	0	0
	20-29	101	30	94	30
	30-39	160	47	143	46
	40及以上	80	23	75	24
学历分布	博士	5	1.5	3	1
	硕士	158	46	139	45
	本科	173	51	165	53
	专科	5	1.5	5	1
	其他	0	0	0	0
岗位分布	董事、监事及其高管人员	13	4	11	3
	固有业务人员	14	4	12	4
	信托业务人员	224	66	209	67
	其他人员	90	26	80	26

3.2 公司治理信息

华能信托按照现代企业制度的要求建立健全了以股东会、董事会、监事会和高级经营层为主体的法人治理结构,制定并实施了股东会、董事会、监事会议事规则,明确了股东会、董事会、监事会、高级经营层以及股东、董事、监事高级管理人员的职责、决策权限、决策程序和方法,形成了有效的制衡。

报告期内,公司按照有关规定召开股东会议,确保股东能够依法行使表决权;公司董事会严格按法律、法规及公司章程履行职权,按照法定程序召开董事会会议,董事勤勉履职,充分发挥董事会的专业知识和经营管理经验,认真审议公司的各项重大决策,积极维护公司、股东和委托人、受益人的利益;公司监事会本着对股东负责的态度,严格按照法律、法规及公司章程的规定,通过列席董事会会议,对公司董事会、财务运作的监督等履行其职责,维护了公司及股东的合法权益。

3.2.1 年度内召开股东会的情况

2017 年共召开了三次股东会:

1. 2017 年股东会第一次会议通过了关于公司 2016 年度工作情况报告及 2017 年工作安排、2016 年度财务决算报告、股东分红、2017 年度财务预算方案、公司 2016 年度董、监事会工作报告的议案、2016 年度独立董事履职情况报告等议案。

2. 2017 年股东会第二次会议通过了关于申请股东会授权经营层审批固有资产参与股权投资基金相关事项等议案。

3. 2017 年股东会第三次会议通过关于变更董事等议案。

3.2.2 董事会及其下属委员会履行职责的情况

2017 年共召开十五次董事会:

1. 第三届董事会二〇一七年第一次临时会议审议通过选举田军同志为公司董事长、法定代表人、关于聘任金志培同志为公司总经理等议案。

2. 第三届董事会二〇一七年第二次临时会议审议通过设立华能信托·方正集团永续债投资集合资金信托计划的议案。

3. 第三届董事会二〇一七年第三次临时会议审议通过设立华能信托·万诚华永集合资金信托计划的议案。

4. 第三届董事会二〇一七年第四次临时会议审议通过关于公司 2016 年年度报告及年报摘要的议案。

5. 第三届董事会第五次会议审议通过公司 2016 年度工作情况报告及 2017 年工作安排、2016 年度财务决算报告的议案、股东分红、2017 年财务预算方案、2016 年度董事会工作报告等议案。

6. 第三届董事会二〇一七年第五次临时会议审议通过关于聘任赵刚同志为董事会秘书的议案。

7. 第三届董事会二〇一七年第六次临时会议审议通过设立津诚 5 号集合资金信托计划等议案。

8. 第三届董事会二〇一七年第七次临时会议审议通过设立华能信托·夏睿开源集合资金信托计划等议案。

9. 第三届董事会二〇一七年第八次临时会议审议通过关于申请股东会授权经营层审批固有资产参与股权投资基金相关事项等议案。

10. 第三届董事会二〇一七年第九次临时会议审议通过设立华能信托·一带一路之建材一期集合资金信托计划等议案。

11. 第三届董事会二〇一七年第十次临时会议审议通过设立华能信托·微粒 1 号集合资金信托计划等议案。

12. 第三届董事会二〇一七年第十一次临时会议审议通过设立中国华能集团公司 2017 年度第一期资产支持票据信托等议案。

13. 第三届董事会第六次会议审议通过了公司 2017 年前三季度工作情况的报告;公司 2017 年前三季度财务情况的报告;公司 2017 年前三季度信托业务情况的报告等。

14. 第三届董事会二〇一七年第十二次临时会议审议通过设立华能信托·顺诚 1 号集合资金信托计划第四期等议案。

15. 第三届董事会二〇一七年第十三次临时会议审议通过设立华能信托·博远鸿诚 2 号集合资金信托计划等议案。

董事会下属委员会履职情况:

公司董事会专门委员会在报告期内认真履行《公司法》和《公司章程》赋予的各项职权,通过各种方式认真审查向董事会提交的各项议案,充分发挥专门委员会的作用,提高了董事会的决策效率,促进了公司在内部控制、风险与合规管理和人力资本等方面的建设。

1. 风险管理与审计委员会报告期内召开了 1 次会议,审议通过了 2016 年度公司风险管理报告和 2016 年度公司审计工作情况的报告,全面掌握公司风险管理状况和内部审计情况;

2. 信托委员会报告期内召开了 1 次会议,审议通过了公司 2016 年度信托业务情况及受益人利益实现情况的议案。

3. 薪酬与考核委员会报告期内召开了 1 次会议,审议通过了关于公司 2016 年度高管奖金等事项的议案等。

3.2.3 监事会及其下属委员会履行职责情况

报告期内共召开二次监事会:

1. 第三届监事会第五次会议审议通过关于公司 2016 年度监事会工作报告和公司 2016 年度审计工作情况的议案等。

2. 第三届监事会第六次会议审议通过了关于公司监事会 2017 年前三季度工作情况和公司 2017 年前三季度审计工作等报告。

监事会列席了 2017 年公司股东会和董事会会议,主要成员列席了公司总经理办公会、业务审查决策委员会,监督检查了公司依法运作情况、重大决策和重大经营活动情况及公司的财务状况,并在此基础上发表如下独立意见:

公司监事会根据有关法律、法规,监督检查了公司依法运作、重大决策、重大经营活动情况及财务状况,认为公司在经营管理活动中能够守法经营,合规风险防范意识强,财务报告真实反映了公司的财务状况和经营成果,公司董事、经营层等在履行公司职务时未有违反法律法规、公司章程或损害公司利益的行为发生,公司党组织充分发挥了战斗堡垒作用。

3.2.4 高级管理人员履职情况

公司高管人员公道正派，包容大度，团结和谐、目标一致，推动公司内部建立了和谐、信任、高效的工作氛围；素质高，工作能力强，思路清晰，准确把握公司发展方向；对信托业务的熟悉程度高，管理协调能力强，具有很强的市场应变能力和创新能力；经营审慎性强，能及时识别和准确度量公司风险，预防、处置风险的经验和能力强。

公司高管人员在《公司章程》和董事会授权的范围内，在科学发展观的指导下，认真学习和领会监管部门的法规政策，坚决贯彻"诚信、专业、创新、和谐"的经营理念，勤勉进取，开拓创新，团结协作，推动各项重点工作落实到位，带领全体员工实现显著的业绩，超额完成了全年工作目标。管理层的良好表现得到了监管部门、公司股东、董事会、监事会、员工等的较高肯定。

4. 经营管理

4.1 经营目标、方针、战略规划

经营目标：围绕提高公司核心资产管理能力和理财能力，以发展自主管理类信托业务为重点，打造专属产品，逐步培育和形成公司核心竞争力，推动公司发展方式从外延式增长向内涵式增长转变；加强公司各项基础管理，重点提升公司合规与风控能力。通过努力，确保完成董事会下达的各项经营指标，力争信托业务规模和利润迈上新台阶。

经营方针：诚信、专业、创新、和谐。

战略规划：依托股东的管理与资源优势，打造核心竞争力，重点发展面向能源、基础设施行业的产业投资基金业务和企业资产证券化业务（ABS），把公司建设成为在信托规模、盈利能力和管理水平上具有领先地位的、国内一流的电力、能源行业的信托公司。

4.2 所经营业务的主要内容

除另有注明外，本报告中所有披露内容均为母公司口径。

自营资产运用与分布表

单位：万元

资产运用	金额	占比（%）	资产运用	金额	占比(%)
货币资产	81,912.42	5.92%	基础产业		
贷款及应收款			房地产业		
交易性金融资产投资	67,291.42	4.86%	证券市场	67,291.42	4.86%
可供出售金融资产投资	1,169,360.96	84.48%	实业		
持有至到期投资			金融机构	1,271,273.38	91.85%
长期股权投资	20,000.00	1.45%	其他	45,558.96	3.29%
其他	45,558.96	3.29%	—		
资产合计	1,384,123.76	100.00%	资产合计	1,384,123.76	100.00%

信托资产运用与分布表

单位：万元

资产运用	金额	占比（%）	资产运用	金额	占比(%)
货币资产	1,518,494.44	1.50	基础产业	8,124,293.67	8.04
贷款及应收款	14,729,078.81	14.58	房地产业	4,595,585.85	4.55
交易性金融资产投资	923,376.23	0.91	证券市场	921,976.24	0.91
可供出售金融资产投资	—	—	实业	14,032,164.35	13.89
持有至到期投资	7,813,368.51	7.73	金融机构	12,892,791.02	12.76
长期股权投资	11,078,786.32	10.97	其他	60,458,528.63	59.84
其他	64,962,235.45	64.30	—	—	—
资产合计	101,025,339.76	100.00	资产合计	101,025,339.76	100.00

4.3 市场分析

影响公司业务发展的主要因素：

有利因素：1. 公司资本实力进一步提升，公司主要股东持续支持公司业务转型升级。2. "三去一降一补"的供给侧结构性改革继续加大力度，国内经济结构进一步优化。3. 信托行业基础设施建设加快推进，综合性监管制度陆续出台，资本市场监管体制逐步完善，从信托流程、信息系统等建设规范上对信托业务发展提供了支撑。4.公司始终坚持创新引领和创新驱动，风险把控防范意识不断加强，服务功能进一步提升，业务拓展能力持续创新。

不利因素：1. 全球主要经济体金融风险不稳定因素增加，国内投资增速下行。2. 传统产业"去产能"、非金融企业"去杠杆"需求进一步逼近，资金荒影响加剧，信托行业转型持续加压。3. 金融风险防范措施密集，监管评级、信托登记等强监管举措频出，对业务开展规范要求加大。4. 市场细分进一步加剧，对信托公司模式创新、产品标准化、交易流通化等要求提高，同时私人财富管理、税务等领域的法规细节待进一步完善。

4.4 内部控制

4.4.1 内部控制环境和内部控制文化

公司建立了以股东会、董事会、监事会、管理层等为主体的法人治理结构，各个管理层面制度健全、运作规范、分权制衡。董事会下设信托、风险管理与审计、薪酬与考核三个专业委员会，制订了董事会各专业委员会议事规则以及独立董事工作规则。董事会信托委员会、风险管理与审计委员会、监事会和独立董事充分发挥监督职能。在经营层面，公司建立了权责明确、合理制衡、报告关系清晰的组织架构，建立了业务审查决策委员会集体决策机制，建立了合规与风险管理部、审计稽核部定期分别向董事会提交风险管理及内部审计工作情况的报告机制。公司目前已经形成了"分级管理、灵活高效、有效监督"的内部运行机制，并进行持续改善。

董事会、管理层大力倡导和培育"诚信为本、规范运作、稳健经营"的信托文化理念，时刻将控制信托业务风险放在首位，切实履行受托人职责，致力于在合规的前提下维护受益人利益最大化。公司高度重视内控文化建设，通过各种形式的讲座、交流和研讨活动，及时将有关内控的最新制度、要求和内控经验传递给广大员工，不断提高广大员工的风险意识、合规理念和责任意识，积极营造"管理讲秩序，发展讲风险"经营氛围。

4.4.2 内部控制措施

董事会（及其下设专业委员会）、监事会等制订了严格的议事规则和内部控制制度；管理层本着规范管理、防范风险的原则，制订和建立了公司员工行为准则和职业道德规范，建立了合理授权、有效问责、内部举报和奖惩制度；通过定期或不定期教育培训，进行持续教育，不断提高员工法律意识及合规经营的理念，充分掌握最新的文件和资料（法律法规、内部控制和行为规范）。

公司内部控制的主要政策和程序是：（1）授权控制：根据业务发展需要，建立相应的权限管理体系，实行法人统一授权和管理；（2）资产隔离：对固有资产和信托资产分别管理、分别核算；（3）岗位分离：固有业务和信托业务部门分设，人员不相互兼职；（4）规范操作：按业务流程和操作指引，实行统一规范化操作。

公司建立了固有业务和信托业务相互分离的业务管理体系；各项业务均有健全的决策机构和决策程序，前、中、后台相对独立；各项业务均有相应的管理办法和操作规定，并根据业务实际及监管法规的要求，不断更新。公司不断强化内部管理，保证内部控制的充分、有效执行。

4.4.3 信息交流与反馈

公司建立并不断完善了信息交流与反馈制度，同时持续提高信息化建设水平，为该机制的顺利运转提供有效技术支持。信息交流与反馈制度主要有：信息披露管理办法、信托业务信息披露管理办法、关联交易管理办法、业务审查决策管理办法、费用报销管理办法、客户投诉管理办法、反洗钱内部控制办法、公司年度工作报告、经营活动分析报告、风险管理报告、审计工作报告、重大突发事件报告、企业信用信息基础数据库运行管理办法、信托业务网上银行系统管理规定、信托业务信息系统管理规定、系统网络管理办法、网络维护管理办法等等。公司信息管理系统高效运转，董事会、监事会、管理层能及时了解公司的经营和风险状况，每一项信息均能够及时传递给相关的员工，各个部门和员工的有关信息均能够顺畅反馈。

4.4.4 监督评价与纠正

公司建立了自控、互控、监控三结合的内控机制，及时对内部控制活动进行检查、评价、监督和纠正。公司建立了业务部门（岗位）自查、业务部门（岗位）互相制约、员工内部举报、合规部门检查、内审部门审计相结合的机制。业务部门（岗位）定期开展自查自纠活动，一旦发现内部控制问题，迅速纠正；办理业务时，相关部门、岗位之间互相监督、制衡；全体员工主动参与公司管理，及时监督和举报公司内部运营缺陷或违规行为；公司合规与风险管理部审核评价内控制度和操作流程的合规性；按照风险管理"事前全面调查"、"事中严格审查"、"事后跟踪管理"的要求，相应规范内部审批、操作和风险管理程序，细化和完善内部控制制度，实行合规风险"全过程、嵌入式"管理。审计稽核部对业务的各项运作和风险管理进行动态审计和检查，对相关人员的规范操作进行监督和检查，对各项业务、各部门、各岗位实施全面监督、检查，并直接向董事会、管理层报告，管理层根据内部控制的检查情况和审计评价结果，提出整改意见和纠正措施，并督促各部门严格落实。

4.5 风险管理

4.5.1 风险管理概况

公司风险管理的基本原则是：（1）全面性原则：风险管理涵盖公司所有业务、部门、人员和各环节，确保不存在风险管理的空白或漏洞。（2）有效性原则：公司风险管理制度要符合国家法律法规的规定，并通过科学的控制手段、程序和方法确保各项风险管理制度的有效执行。（3）制衡性原则：公司按照权责分明、相互牵制的原则设置部门和岗位，确保前台业务运作与中台风险监控、后台管理支持相分离。（4）独立性原则：公司风险控制部门、内部审计部门独立于公司其他部门,对风险进行独立的监控、评估与检查。(5)主动管理原则:公司建立面向价值创造的风险管理体系,为业务发展提供有力支撑。

公司建立了由董事会负最终责任、管理层直接领导、以风险管理部门为中心、其他部门密切配合的四级嵌入式风险管理组织架构,在业务层面、风险管理层面、内部审计层面构筑了三道风险管理防线:由各业务部门作为风险管理的第一道防线,承担所负责业务风险的责任者,对业务风险实施一线管理;在经营层面设立业务审查决策委员会,对风险业务进行集体审查决策,设立合规与风险管理部,全面组织开展公司日常风险管理工作,对公司业务风险进行全过程监控;审计稽核部对公司风险管理的有效性实施独立监督和评价。

公司按照风险控制与业务经营平行作业、嵌入式管理的原则,以业务经营为主线,建立了前中后一体化的风控体系,实现对业务经营全过程控制;对所有项目,严格按公司流程实行投前调查、投中审查、投后监管的一条龙管理体制,建立清晰的风险管理路线图;同时严守信托公司的监管规定,以对应等级的有权机构履行适格的决策程序,始终坚持谨慎的业务决策风格。公司坚持风险管理创造价值的理念,坚持"进攻中防守"的工作方针,使公司风险防控工作从被动的"防"向主动的"控"转变,努力创新风控工作思路,始终顺应形势变化,不断提高公司风险防控层级和水平。

在实施方面,将与各类风险有关的资产、流程、业务和岗位纳入风险管理,实行 Pvar(程序 + 风险限额)的风险管理基本策略,保证业务高效、安全、规范运营。对信用风险、市场风险等可量化风险,实施风险指标管理和风险限额控制;对合规风险、操作风险等非量化风险,明确岗位职责,制定精细化的业务操作规程、风险控制流程,强化全员风险意识,实施岗位和流程控制。

4.5.2　风险状况

公司主要面临的风险包括信用风险、市场风险、操作风险、法律合规风险等。

4.5.2.1　信用风险状况

信用风险是公司面临的主要风险之一,主要是指公司在运营过程中可能面临的交易对手不愿或不能履行其义务而使信托财产或固有财产遭受潜在损失的风险,主要表现为在贷款、资产回购、后续资金安排、担保、履约承诺等交易过程中,借款人、担保人、保管人等交易对手不能或者不愿履行合约承诺而使信托财产和固有财产遭受损失。

报告期内,公司资产质量良好,项目运行正常,分类均为正常类,信用风险可控。公司到期的全部信托项目,均按期向受益人兑付信托利益。公司无新增不良资产,并严格按照有关规定计提信托赔偿准备金及风险准备。信用风险防范手段的实施以到期清偿为核心,附加过程管理,在维护受益人利益的同时,促进信托资金使用方的良性发展。

4.5.2.2　市场风险状况

市场风险是指因市场价格的不利变动而使公司管理的资产遭受损失的风险。市场风险可以分为利率风险、汇率风险、证券价格风险和商品价格风险等。

报告期内,公司注重市场风险的提前预判与识别,强调在经营过程中提前设置相关措施对未来市场风险进行检测、对冲乃至化解。在经营目标上公司合理设立盈利目标,避免过分追求盈利而承受较大风险。针对金融市场或环境的剧烈变化,评估在极端不利情况下的风险承受能力,以此为依据制定相应的应急处理预案。

在投资类业务上,公司对市场风险实施限额管理,根据业务性质、资本规模和风险承受能力制定对各类业务和各级限额的内部审批程序和操作规程。在具体业务领域,公司牢牢抓住"深化一体两翼资产池建设"这一战略支点,促进转型发展向纵深推进。

4.5.2.3　操作风险状况

操作风险表现为由于公司治理机制、内部控制失效或者有关责任人出现失误、欺诈等问题,公司没有充分及时地做好尽职调查、持续监控、信息披露等工作,未能及时做出应有的反应,或做出的反应明显有失专业和常理,甚至违规违约。操作风险表现在信托业务和固有业务的整个管理过程中。

基于操作风险与操作人员的主观方面相关的特点,公司重点建立和动态完善公司的操作风险管理制度。各项业务按照"职责界定清晰、流程设计合理、信息传导通畅、运营操作规范"的原则建立相应制度,在风险可测、可控、可承受的前提下促进创新业务发展。同时,高度关注信息系统风险,定期和不定期开展计算机信息系统应急演练,确保信息系统稳定、安全、高效运行,将信息系统安全性、连续性、高可用性要求作为工作核心贯穿系统建设和日常运维工作中。严格执行各项规章制度,从产品设计、尽职调查、风险管控、产品营销、后续管理等环节入手,通过修订、完善各项业务指引,有效指导业务发展;通过强化法律文本的标准化制定,规范业务操作模式,防范操作风险。

4.5.2.4　法律合规风险状况

法律合规风险是指公司因没有遵循法律、部门规章和行业准则可能遭受法律制裁、监管处罚、重大财务损失和声誉损失的风险。

公司牢固树立"防风险、促规范"的合规意识,以强化合规经营作为经营活动的重点,以防范金融风险作为经营活动的底线。报告期内,公司通过不断强化责任意识,全面提升合规管理能力。严格执行各项监管要求,狠抓整改落实,通过加强监管政策的学习和宣讲,确保依法合规经营;强化合规风控基础管理,开展多种形式的职业道德和风险警示教育。报告期内公司没有因法律合规问题而遭受法律制裁、重大财务损失或声誉损失。

4.5.2.5　其他风险状况

其他风险包括流动性风险、声誉风险等。

流动性风险主要指清偿能力不足或虽然有清偿能力,但无法及时支付到期债务。主要因风险事件突发或公司资产负债变化导致。

报告期内,公司信托业务到期资金采取按照合同约定提前分期进入信托专户等措施分散预防流动性风险。公司固有各项财务指标均在正常范围之内。此外,2017年在股东支持下,继续增资扩股,确保公司现金流能够满足长短期资金需求和监管要求。

声誉风险主要是在突发风险事件及风险事件缓释处置过程中,出现对公司的负面评价,进而影响公司声誉及品牌形象。

良好的声誉是信托公司多年发展积累的重要资源,是信托公司的生存之本,是维护良好的投资者关系、客户关系等诸多重要关系的保证。良好的声誉风险管理对增强竞争优势、提升信托公司的盈利能力和实现长期战略目标起着不可忽视的作用。公司在对外宣传上一直保持审慎低调态度,也未发生风险状况和其他衍生情况。公司建立有突发事件应急预案及报告机制,做好舆情监测,及时发现情况并快速采取应对措施,防范和化解声誉风险。

报告期内公司没有因为各种风险而出现声誉损失。

4.5.3 风险管理

2017年,外部经济形势发生了急剧变化,货币政策和监管政策都趋于收紧,去通道和降杠杆成为监管政策收紧的指向标,信托行业进入了新的拐点。公司在外部形势严峻的情况下,着眼于确保公司安全经营,突出抓好风控能力建设。

一是优化风控手段,全面提升风险防控能力。2017年度,公司内部全面开展修订公司规章制度、优化业务流程等一系列提升内控质量的工作,强化合规风控基础管理,堵塞制度漏洞,扎实推进公司内控制度建设,建立更加适应业务发展要求的内部控制体系;严把项目准入关、尽职调查关和风险审查关,严格投后管理,加强对全局性、系统性风险的研判与预警,有效防范系统性风险对公司的传导,加强区域性、行业性风险的提示力度,确保不发生重大信用风险事件;构建地产、消费金融等重点领域和创新业务的压力测试体系,公司针对上述重点领域和创新业务通过定期或不定期进行压力测试,测算所管理的信托计划的流动性风险、信用风险等各项风险控制指标的变化情况,有针对性地开展风险监测与评估,前瞻性地做好风险防范和化解工作;有效使用并完善标准化合同文本,根据市场情况及时更新业务操作指引,规范各类业务操作标准,严格防范法律风险和受托人责任。

二是完善协同作业机制,继续推行风控前移及风控协同创新。完善风控人员专业化分工,确保专门领域均有专人对接,不断提升风控专业化审批能力和效率,快速响应业务部门需求,支持业务创新;加强对政策文件的研究和解读,发布监管新规系列解读,在稳合规、控风险的同时保增长、促转型,及时总结成熟业务模式,提出、推广风险解决方案,促进研究成果转化为生产力,不断增强风控对业务转型创新的支撑作用。

三是强化合规意识,完善问责机制。通过定期发布同业风险案例、风险警示教育,将监管要求层层传达给每位员工,强化全员合规意识;通过修订问责制度、完善监督问责机制以及全面落实问责要求,贯彻审慎经营理念。

4.5.3.1 信用风险管理

报告期内,公司不断强化信用风险管控。严格交易对手准入标准,项目选择上坚持合法合规及符合国家政策,加大并完善对存续项目的信用风险管理。

一是不断健全信用风险监测预警机制,密切监测分析重点领域信用风险的生成和迁徙变化情况。在外部风险加大的背景下,公司不定期地认真开展信用风险排查工作,加大对重点区域、行业和客户的信用风险隐患排查力度,对信托项目交易对手的经营状况、管理状况、财务状况进行持续动态监测和预警,全面摸清信用风险隐患,评价信用变化状况,及时向风险防控工作领导小组报告。

二是建立信用风险防范机制。贷前加强对信托项目交易对手的尽职调查,严把项目准入关。对信用类资产,坚持优中选优的标准,选择实力好、经营状况佳、融资渠道畅通的交易对手开展合作,杜绝与产能过剩行业企业和僵尸企业开展合作。贷后通过现场检查和非现场监控相结合的方式,动态掌握信托项目风险状况,抵质押担保措施风险变化,监督信托资金的用途及流向,定期跟踪项目交易对手的经营和业绩情况,并根据交易对手信用风险状况变化采取相应的风险防范措施。

三是建立信用风险转移机制。资产端通过控制信贷集中度降低信用风险;着力推进资产证券化(含资产支持票据)、产业基金等业务,充分利用主体信用转换工具降低和化解融资主体信用风险;同时积极开展供应链金融业务,通过对供应链整体评估替代对单个企业的评估,有效实现信用转换、控制风险。资金端通过将合适的项目推介给能够识别且能自主承担风险的机构客户,同时通过充分、规范、全面的披露信托产品风险,确保发生信用风险时损失由投资者承担,实现信用风险转移,切实做到"卖者有责,买者自负"。

4.5.3.2 市场风险管理

报告期内,公司有效控制市场风险。在市场风险控制方面,通过严格监测业务风险限额,健全风险监测预警和干预机制,对各种有市场风险敞口的资产进行组合化管理,严格遵守资产配置比例要求,加强对存续项目的风险评估及量化管理,确保总体风险控制在风险偏好和风险承受能力之内。

紧跟新需求、挖掘新机会、捕捉新机遇。公司按照构建具有华能特点资产池外在特征的要求,加快结构调整和转型步伐。不断完善产品结构和业务模式,深入研究信托业转型期公司业务的发展重点,研究资产和资金两翼客户的新变化、新趋势,开拓市场,不断完善产品结构。

4.5.3.3 操作风险管理

报告期内,公司持续加强操作风险防范。进一步完善内控管理制度,做好审计监督,狠抓落实,加强审核监管规定及内控制度的落实、执行情况;进一步完善业务审查委员会集体决策机制,坚持合规风险一票否决制,严格遵守审贷分离、审投分离;强化尽职调查、抵质押办理、中后期管理等基础管理工作,坚决防范对操作风险的麻木和迟钝。

一是动态修订公司内控规章制度,完善内控制度体系。为进一步强化公司“依法治企”,促进公司规章制度更加科学合理,更有效地指导和规范公司经营管理,防止在监管检查中出现“制度不完善、执行不到位”等问题,公司全面开展并完成规章制度专项梳理工作。

二是根据公司发展情况不断完善内部授权体系,保证公司业务运行呈现分级管理、各负其责、相互制衡、运转有效的特点。定期对内部控制进行评估和完善,强化内部控制监督检查,保证内部控制制度得到有效执行,保障公司依法合规经营。

三是建立较为完备的信息系统,完善架构及功能,强化数据管理工作,提高数据质量。公司开展各核心系统的操作指引、数据规范编制和修订工作,强化对信息系统操作应用、数据标准的培训和指导工作。通过建立健全信息系统,实现管理的集中化、规范化和标准化,实现对风险的自动化、主动化控制。通过为工作人员设置相对固化的权限范围,坚决避免越权审批、审批主体交叉、事务流程处理混乱等操作风险,任何个人不得超出授权做出业务决定和风险决策。在具体岗位设置上实现不相容岗位适当分离,避免利益冲突。

四是严格审核操作规范执行情况。各业务部门建立自查制度,定期不定期对本部门各项业务开展过程中各操作环节制度执行情况进行分析,核实相关操作要求执行是否到位、操作风险是否可控。强化尽职调查、抵质押办理、中后期管理等基础管理工作,坚决防范对操作风险的麻木和迟钝。

4.5.3.4 法律合规风险管理

报告期内,公司进一步夯实公司风险管理基础,加大合规监管制度培训力度,开展多种形式的职业道德和风险警示教育,增强全员对合规风险危害性的认识。

一是通过实施更加严格的风险问责和考核机制,强化公司全员责任意识和执行力,将合规知识纳入培训及考核范围内,将考核结果与员工工作绩效挂钩,确保各部门风险防控责任和工作目标落实到位。严格落实问责机制,对违反合规管理规定的严重违规事件,根据公司问责制度,对相关责任人严肃开展责任追究,予以全公司公开通报及严厉处罚。

二是强化合规风险事前防控。从“防患于未然”出发,持续强化合规风险事前预防,结合监管文件,分类整理行业监管处罚违规行为,分析总结问题根源,不断加强合规风险事前识别与评估。

三是强化合规培训,防范合规风险,始终把“依法合规经营”作为公司业务发展的立足点。通过宣传和解读,区分合规和非法边界,把握合规大趋势,培育良好的合规文化,提高全员合规意识。定期开展合规风控部门员工的培训并定期执行考试制度,以考促学,提升公司合规风控人员风险管理专业水平。密切保持与监管部门沟通,提升稳健合规经营水平和层次,将监管部门的各项检查和要求作为提升公司管理水平的重要手段。

4.5.3.5 其他风险的管理

4.5.3.5.1 流动性风险管理

一是对流动性风险实施动态管理。公司建立并执行流动性资金预算制度,加强对资金预算的持续、动态监测工作。通过动态监测了解掌握资金预算完成情况,跟踪、分析资金预算变动状况,加强资金流动性缺口的预测和风险评估工作。

二是制定流动性风险管理制度及应对预案。为了防范和处置流动性突发事件的发生,最大限度地预防和减少流动性突发事件造成的损害,有效预防因宏观经济政策发生非预期性调整、市场出现不利于公司的信息等内外部原因所引发的流动性需求的流动性突发事件的发生,确保资金运营安全,公司制定了流动性风险管理制度及应对预案。公司将区别不同情况,启动流动性风险应急预案,努力消除或减少引发流动性风险的各种因素。

三是建立压力测试分析体系。公司通过定期或不定期压力测试分析,测算信托计划的流动性风险、信用风险等各项风险控制指标的变化情况,综合评估其风险承受能力,提高在流动性压力情况下履行支付义务的能力。出现市场剧烈波动等情况,针对特定压力情景进行临时性、专门压力测试。

同时,严格控制公司自营资产投资权益类投资品种的比重,与信托业务协作配置资产,保持自营资产的高流动性及收益稳定性。

4.5.3.5.2 声誉风险管理

作为华能品牌的企业,公司高度重视声誉风险管理,明确提出“要像爱护自己的眼睛一样爱护公司的声誉”,“没有任何一笔交易、任何一个客户比公司声誉更重要”,不断增强广大员工自觉维护华能品牌形象的意识。公司董事会是公司声誉风险管理的最高决策机构,每年审定声誉风险管理情况。公司施行舆情监测机制,配备具有专业素质的人员从事声誉风险管理工作,包括舆情监测、舆情引导等工作,并严格执行舆情报告制度;同时将声誉风险考核纳入绩效考核组成部分,风险事件发生后由人力资源部根据公司声誉风险考核要求启动公司问责机制,对有关责任人开展问责。

4.6 企业社会责任

公司以“为客户提供最佳的增值服务,为股东创造最大的价值,为职工搭建实现自我价值的平台,为社会做出最大的贡献”为使命,积极践行《信托公司社会责任公约》,不断丰富企业社会责任的实践内容。

一是公司坚持为实体经济服务的大方向，2017 年，公司投向实体经济的信托资金达 3905 亿元，并通过完善服务手段、提升服务效率、降低融资成本等措施，优化了服务实体经济的方式。

二是坚持以客户为中心。2017 年，公司为委托客户创造的收益和为合作银行创造的中间业务收入合计达 484 亿元。“华能贵诚”品牌形象进一步提升。

三是依法履行纳税义务，支持贵州建设。2017 年度公司上缴各种税收 10.6 亿元，为贵州 216 个项目提供投融资 399 亿元。

四是公司坚持为贵州精准扶贫做贡献，参与创设贵州省脱贫攻坚基金，投入扶贫资金 98.6 亿元，落地项目 188 个，受到省委、省政府高度赞扬。

五是参与对口定点扶贫。公司从 2013 年开始，定点扶贫贵州省雷山县西江镇长乌村，目前投入扶贫资金 50 万元，主要是修建乡村公路、机耕道等基础设施，改善村民出行劳作等生存环境。其中，2017 年继续定点帮扶贵州省雷山县西江镇长乌村，投入扶贫资金 12 万元，协助打通约 6 公里村寨机耕毛坯路建设，大大方便了村民出行，为实施乡村振兴战略的目标任务奠定了良好的基础。

六是支持贵州省册亨县丫他镇板其小学。公司筹集信托公益基金 300 万元捐赠贵州省册亨县丫他镇板其小学，主要用于学生宿舍、教师宿舍、食堂和运动场、厕所等基础设施改扩建工作。随着改扩建工程的完成，板其小学成为了贵州省边远山区基础设施最好的小学，并更名为“华能信托板其希望小学”。

七是 2017 年 8 月 8 日四川省北部阿坝州九寨沟县发生 7.0 级地震后，公司立即设立“尊悦晟鑫慈善信托”，募集资金 24 万元，专项用于支持地震灾区建设。

八是维护和保障员工的切身利益，为员工创造便捷的职业培训平台，通过完善绩效考核机制，优化考核内容推进“举手制”，不断启用有理想、有能力、有担当的年轻人，增强公司创新的活力，同时积极保障员工福利，为员工构建和谐、进取的企业氛围。

5. 报告期末及上一年度末的比较式会计报表

5.1 自营资产

5.1.1 会计师事务所审计意见全文

审 计 报 告

大信审字〔2018〕第 1－00076 号

华能贵诚信托有限公司：

一、审计意见

我们审计了华能贵诚信托有限公司（以下简称“贵公司”）的财务报表，包括 2017 年 12 月 31 日的合并及母公司资产负债表，2017 年度的合并及母公司利润表、合并及母公司现金流量表、合并及母公司所有者权益变动表，以及财务报表附注。

我们认为，后附的财务报表在所有重大方面按照企业会计准则的规定编制，公允反映了贵公司 2017 年 12 月 31 日的合并及母公司财务状况以及 2017 年度的合并及母公司经营成果和现金流量。

二、形成审计意见的基础

我们按照中国注册会计师审计准则的规定执行了审计工作。审计报告的“注册会计师对财务报表审计的责任”部分进一步阐述了我们在这些准则下的责任。按照中国注册会计师职业道德守则，我们独立于贵公司，并履行了职业道德方面的其他责任。我们相信，我们获取的审计证据是充分、适当的，为发表审计意见提供了基础。

三、管理层和治理层对财务报表的责任

管理层负责按照企业会计准则的规定编制财务报表，使其实现公允反映，并设计、执行和维护必要的内部控制，以使财务报表不存在由于舞弊或错误导致的重大错报。

在编制财务报表时，管理层负责评估贵公司的持续经营能力，披露与持续经营相关的事项（如适用），并运用持续经营假设，除非管理层计划清算贵公司、终止运营或别无其他现实的选择。

治理层负责监督贵公司的财务报告过程。

四、注册会计师对财务报表审计的责任

我们的目标是对财务报表整体是否不存在由于舞弊或错误导致的重大错报获取合理保证，并出具包含审计意见的审计报告。合理保证是高水平的保证，但并不能保证按照审计准则执行的审计在某一重大错报存在时总能发现。错报可能由于舞弊或错误导致，如果合理预期错报单独或汇总起来可能影响财务报表使用者依据财务报表作出的经济决策，则通常认为错报是重大的。

在按照审计准则执行审计工作的过程中，我们运用职业判断，并保持职业怀疑。同时，我们也执行以下工作：

（一）识别和评估由于舞弊或错误导致的财务报表重大错报风险，设计和实施审计程序以应对这些风险，并获取充分、适当的审计证据，作为发表审计意见的基础。由于舞弊可能涉及串通、伪造、故意遗漏、虚假陈述或凌驾于内部控制之上，未能发现由于舞弊导致的重大错报的风险高于未能发现由于错误导致的重大错报的风险。

（二）了解与审计相关的内部控制，以设计恰当的审计程序，但目的并非对内部控制的有效性发表意见。

（三）评价管理层选用会计政策的恰当性和作出会计估计及相关披露的合理性。

（四）对管理层使用持续经营假设的恰当性得出结论。同时，根据获取的审计证据，就可能导致对贵公司持续经营能力产生重大疑虑的事项或情况是否存在重大不确定性得出结论。如果我们得出结论认为存在重大不确定性，审计准则要求我们在审计报告中提请报表使用者注意财务报表中的相关披露；如果披露不充分，我们应当发表非无保留意见。我们的结论基于截至审计报告日可获得的信息。然而，未来的事项或情况可能导致贵公司不能持续经营。

（五）评价财务报表的总体列报、结构和内容（包括披露），并评价财务报表是否公允反映相关交易和事项。

（六）就贵公司中实体或业务活动的财务信息获取充分、恰当的审计证据，以对合并财务报表发表审计意见。我们负责指导、监督和执行集团审计，并对审计意见承担全部责任。

我们与治理层就计划的审计范围、时间安排和重大审计发现等事项进行沟通，包括沟通我们在审计中识别出的值得关注的内部控制缺陷。

大信会计师事务所（特殊普通合伙）

中国注册会计师：王进

中国注册会计师：陈立彤

二〇一八年一月十七日

5.1.2 资产负债表

资产负债表

编制单位：华能贵诚信托有限公司　　　　单位：万元

项目	合并		母公司	
	年末数	年初数	年末数	年初数
资　产：				
货币资金	82,522.87	36,636.39	81,912.42	36,149.41
贵金属		—		—
拆出资金		—		—
以公允价值计量且其变动计入当期损益的金融资产	67,291.42	58,296.72	67,291.42	58,296.72
衍生金融资产		—		—
买入返售金融资产		13,980.52		13,980.52
应收利息		16.57		16.57
发放贷款和垫款		—		—
可供出售金融资产	1,189,763.64	1,322,781.01	1,169,360.96	1,302,683.50
持有至到期投资		—		—
长期股权投资			20,000.00	20,000.00
投资性房地产		—		—
固定资产	1,680.87	1,834.81	1,680.87	1,834.81
无形资产	651.60	777.04	651.60	777.04
递延所得税资产	28,661.93	23,294.49	28,661.93	23,293.87
其他资产	14,564.56	9,546.02	14,564.56	9,531.82
资产总计	1,385,136.89	1,467,163.57	1,384,123.76	1,466,564.26

资产负债表(续)

项目	合并		母公司	
	年末数	年初数	年末数	年初数
负　债:				
向中央银行借款	—	—	—	—
同业及其他金融机构存放款项	—	—	—	—
拆入资金	—	—	—	—
交易性金融负债	—	—	—	—
衍生金融负债	—	—	—	—
卖出回购金融资产款	—	—	—	—
吸收存款	—	—	—	—
应付职工薪酬	104,661.11	87,467.93	104,661.11	87,467.93
应交税费	21,450.33	9,583.80	21,340.64	9,509.01
应付股利		—		—
预计负债		—		—
应付债券		—		—
递延所得税负债	8,330.92	513.53	8,321.25	513.53
其他负债	28,347.84	276,209.14	28,347.84	276,209.14
负债合计	162,790.20	373,774.40	162,670.84	373,699.61
所有者权益:		—		—
实收资本	420,000.00	420,000.00	420,000.00	420,000.00
资本公积	281,583.30	281,583.30	281,583.30	281,583.30
减:库存股		—		—
其他综合收益	21,051.67	829.86	21,022.66	831.72
盈余公积	85,498.07	64,658.34	85,498.07	64,658.34
一般风险准备	64,334.76	53,914.89	64,334.76	53,914.89
未分配利润	349,878.89	272,402.78	349,014.13	271,876.40
所有者权益合计	1,222,346.69	1,093,389.17	1,221,452.92	1,092,864.65
负债和所有者权益总计	1,385,136.89	1,467,163.57	1,384,123.76	1,466,564.26

5.1.3　利润和利润分配表

利润和利润分配表

编制单位:华能贵诚信托有限公司　　　　单位:万元

项目	合并		母公司	
	2017 年度	2016 年度	2017 年度	2016 年度
一、营业收入	341,877.22	281,322.64	341,416.52	280,592.46
利息净收入	-13,723.88	-10,387.89	-13,729.08	-10,388.84

续表

项　　目	合并		母公司	
	2017 年度	2016 年度	2017 年度	2016 年度
利息收入	1,627.66	1,042.71	1,622.46	1,041.76
利息支出	15,351.54	11,430.60	15,351.54	11,430.60
手续费及佣金净收入	264,590.21	233,790.11	264,577.33	233,790.11
手续费及佣金收入	265,295.24	236,015.17	265,282.36	236,015.17
手续费及佣金支出	705.03	2,225.06	705.03	2,225.06
投资收益（损失以"－"号填列）	86,543.37	58,090.23	86,100.75	57,361.00
其中：对联营企业和合营企业的投资收益		—		—
公允价值变动收益（损失以"－"号填列）	4,309.61	-331.40	4,309.61	-331.40
汇兑收益（损失以"－"号填列）	-1.13	1.24	-1.13	1.24
其他业务收入	159.04	160.35	159.04	160.35
二、营业支出	74,245.99	59,662.69	74,236.55	59,634.35
营业税金及附加	1,896.30	6,052.26	1,896.27	6,052.26
业务及管理费	68,153.20	53,692.40	68,143.79	53,664.06
资产减值损失	4,196.49	-81.97	4,196.49	-81.97
其他业务成本		—		—
三、营业利润（亏损以"－"号填列）	267,631.23	221,659.95	267,179.97	220,958.11
加：营业外收入	3,843.30	9,083.52	3,843.30	9,083.52
减：营业外支出	206.35	160.93	206.35	160.93
四、利润总额（亏损以"－"号填列）	271,268.18	230,582.54	270,816.92	229,880.70
减：所得税费用	62,532.47	57,180.24	62,419.59	57,004.78
五、净利润（净亏损以"－"号填列）	208,735.71	173,402.30	208,397.33	172,875.92
加：年初未分配利润	272,402.78	230,646.76	271,876.40	230,646.76
六、可供分配的利润	481,138.49	404,049.06	480,273.73	403,522.68
减：提取法定盈余公积	20,839.73	17,287.59	20,839.73	17,287.59
提取信托赔偿准备	10,419.87	8,643.79	10,419.87	8,643.79
提取一般风险准备		5,714.90		5,714.90
其他减少		—		—
七、可供股东分配的利润	449,878.89	372,402.78	449,014.13	371,876.40
减：分配股东股利	100,000.00	100,000.00	100,000.00	100,000.00
八、未分配利润	349,878.89	272,402.78	349,014.13	271,876.40

5.2 信托资产

5.2.1 信托项目资产负债汇总表

信托项目资产负债表

编制单位:华能贵诚信托有限公司　　2017年12月31日　　单位:万元

信托资产	期末余额	年初余额	信托负债和信托权益	期末余额	年初余额
信托资产:			信托负债:		
货币资金	1,518,494.44	1,857,365.86	交易性金融负债	—	—
拆出资金	—	—	衍生金融负债	—	—
存出保证金	—	—	应付受托人报酬	2,660.74	381.63
交易性金融资产	923,376.23	96,016.90	应付托管费	385.49	389.07
衍生金融资产	—	—	应付受益人收益	920.24	66.42
买入返售金融资产	62,694.78	—	应交税费	1.42	—
应收款项	7,514.31	2,439.17	应付销售服务费	602.52	915.41
发放贷款	14,721,564.50	12,417,531.39	其他应付款项	11,573.33	7,165.15
可供出售金融资产	—	—	预计负债	—	—
持有至到期投资	7,813,368.51	6,897,182.98	其他负债	—	—
长期应收款	—	—	信托负债合计	16,143.74	8,917.68
长期股权投资	11,078,786.32	6,887,180.22		—	—
投资性房地产	—	—	信托权益:		
固定资产	—	—	实收信托	99,728,892.37	70,163,967.50
无形资产	—	—	资本公积	9,562.50	—
长期待摊费用	—	—	损益平准金	—	—
其他资产	64,899,540.67	42,781,279.76	未分配利润	1,270,741.15	766,111.10
减:各项资产减值准备	—	—	信托权益合计	101,009,196.02	70,930,078.60
信托资产总计	101,025,339.76	70,938,996.28	信托负债及信托权益合计	101,025,339.76	70,938,996.28

5.2.2 信托项目利润及利润分配汇总表

编制单位:华能贵诚信托有限公司　　　　单位:万元

项　　目	2017 年度	2016 年度
1. 营业收入	5,755,573.70	4,151,551.23
1.1 利息收入	946,268.21	1,001,327.18
1.2 投资收益(损失以"-"号填列)	4,745,692.43	3,146,819.25
1.2.1 其中:对联营企业和合营企业的投资收益	—	—
1.3 公允价值变动收益(损失以"-"号填列)	63,530.93	2,210.65
1.4 租赁收入	—	—
1.5 汇兑损益(损失以"-"号填列)	—	—
1.6 其他收入	82.12	1,194.15
2. 支出	490,587.23	411,087.96
2.1 营业税金及附加	1,005.47	2,695.23
2.2 受托人报酬	223,646.80	206,850.09
2.3 托管费	35,674.29	23,493.38
2.4 投资管理费	197.61	—
2.5 销售服务费	30,085.18	33,707.00
2.6 交易费用	289.98	0.64
2.7 资产减值损失	159.33	1,216.01
2.8 其他费用	199,528.57	143,125.61
3. 信托净利润(净亏损以"-"号填列)	5,264,986.46	3,740,463.27
4. 其他综合收益	11,911.87	200.48
5. 综合收益	5,276,898.34	3,740,663.75
6. 加:期初未分配信托利润	766,111.10	507,184.47
7. 可供分配的信托利润	6,043,009.44	4,247,848.22
8. 减:本期已分配信托利润	4,772,268.28	3,481,737.12
9. 期末未分配信托利润	1,270,741.16	766,111.10

6. 会计报表附注

6.1 会计报表编制基准不符合会计核算基本前提的说明

6.1.1 会计报表不符合会计核算基本前提的事项

公司无会计报表不符合会计核算基本前提的事项。

6.1.2 合并会计报表

公司名称	业务性质	注册地	注册资本	实际投资额	母公司所持有的权益性资本的比例	合并期间
贵诚汇鑫股权投资有限公司	股权投资管理等	珠海	20,000 万元	20,000 万元	100%	2017 年 1 月至 2017 年 12 月

6.2　重要会计政策和会计估计说明

6.2.1　计提资产减值准备的范围和方法

1. 金融资产减值

以摊余成本计量的金融资产发生减值时，按预计未来现金流量（不包括尚未发生的未来信用损失）现值低于账面价值的差额，计提减值准备。如果有客观证据表明该金融资产价值已恢复，且客观上与确认该损失后发生的事项有关，原确认的减值损失予以转回，计入当期损益。

以成本计量的金融资产，如有证据表明由于无法可靠地计量其公允价值所以未以公允价值计量的无市价权益性金融工具出现减值，减值损失的金额应按该金融资产的账面金额与以类似金融资产当前市场回报率折现计算所得的预计未来现金流量现值之间的差额进行计量，计提减值准备。发生的减值损失，一经确认，不再转回。

当有客观证据表明可供出售金融资产发生减值时，原直接计入股东权益的因公允价值下降形成的累计损失予以转出并计入减值损失。对已确认减值损失的可供出售债务工具投资，在期后公允价值上升且客观上与确认原减值损失后发生的事项有关的，原确认的减值损失予以转回并计入当期损益。对已确认减值损失的可供出售权益工具投资，期后公允价值上升直接计入股东权益。

对于权益工具投资，本公司判断其公允价值发生“严重”或“非暂时性”下跌的具体量化标准、成本的计算方法、期末公允价值的确定方法，以及持续下跌期间的确定依据为：

公允价值发生“严重”下跌的具体量化标准	期末公允价值相对于成本的下跌幅度已达到或超过50%。
公允价值发生“非暂时性”下跌的具体量化标准	连续12个月出现下跌。
成本的计算方法	取得时按支付对价（扣除已宣告但尚未发放的现金股利或已到付息期但尚未领取的债券利息）和相关交易费用之和作为投资成本。
期末公允价值的确定方法	存在活跃市场的金融工具，以活跃市场中的报价确定其公允价值；如不存在活跃市场的金融工具，采用估值技术确定其公允价值。
持续下跌期间的确定依据	连续下跌或在下跌趋势持续期间反弹上扬幅度低于20%，反弹持续时间未超过6个月的均作为持续下跌期间。

2. 应收账款减值

在资产负债表日有客观证据表明应收账款发生了减值的，本公司根据其账面价值与预计未来现金流量现值之间差额确认减值损失。

3. 其他资产减值

长期股权投资、采用成本模式计量的投资性房地产、固定资产、在建工程、采用成本模式计量的生产性生物资产、油气资产、无形资产、商誉等长期资产于资产负债表日存在减值迹象的，进行减值测试。减值测试结果表明资产的可收回金额低于其账面价值的，按其差额计提减值准备并计入减值损失。

可收回金额为资产的公允价值减去处置费用后的净额与资产预计未来现金流量的现值两者之间的较高者。资产减值准备按单项资产为基础计算并确认，如果难以对单项资产的可收回金额进行估计的，以该资产所属的资产组确定资产组的可收回金额。资产组是能够独立产生现金流入的最小资产组合。

在财务报表中单独列示的商誉，无论是否存在减值迹象，至少每年进行减值测试。减值测试时，商誉的账面价值分摊至预期从企业合并的协同效应中受益的资产组或资产组组合。测试结果表明包含分摊的商誉的资产组或资产组组合的可收回金额低于其账面价值的，确认相应的减值损失。减值损失金额先抵减分摊至该资产组或资产组组合的商誉的账面价值，再根据资产组或资产组组合中除商誉以外的其他各项资产的账面价值所占比重，按比例抵减其他各项资产的账面价值。

上述资产减值损失－经确认，以后期间不予转回价值得以恢复的部分。

6.2.2－6.2.5　金融工具

1. 金融工具的分类、确认

金融工具划分为金融资产或金融负债和权益工具。本公司成为金融工具合同的一方时，确认为一项金融资产或金融负债，或权益工具。

金融资产于初始确认时分类为：以公允价值计量且其变动计入当期损益的金融资产、持有至到期投资、应收款项、可供出售金融资产。除应收款项以外的金融资产的分类取决于本公司及其子公司对金融资产的持有意图和持有能力等。金融负债于初始确认时分类为：以公允价值计量且其变动计入当期损益的金融负债以及其他金融负债。

以公允价值计量且其变动计入当期损益的金融资产包括持有目的为短期内出售的金融交易性资产和初始确

认时指定为以公允价值计量且其变动计入当期损益的金融资产；应收款项是指在活跃市场中没有报价、回收金额固定或可确定的非衍生金融资产；可供出售金融资产包括初始确认时即被指定为可供出售的非衍生金融资产及未被划分为其他类的金融资产；持有至到期投资是指到期日固定、回收金额固定或可确定，且管理层有明确意图和能力持有至到期的非衍生金融资产。

2. 金融工具的计量

本公司金融工具初始确认按公允价值计量。后续计量分类为：以公允价值计量且其变动计入当期损益的金融资产、可供出售金融资产及以公允价值计量且其变动计入当期损益的金融负债按公允价值计量；持有到期投资、贷款和应收款项以及其他金融负债按摊余成本计量；在活跃市场中没有报价且其公允价值不能可靠计量的权益工具投资，以及与该权益工具挂钩并须通过交付该权益工具结算的衍生金融资产或者衍生金融负债，按照成本计量。本公司金融资产或金融负债后续计量中公允价值变动形成的利得或损失，除与套期保值有关外，按照如下方法处理：①以公允价值计量且其变动计入当期损益的金融资产或金融负债公允价值变动形成的利得或损失，计入公允价值变动损益。②可供出售金融资产的公允价值变动计入其他综合收益。

3. 本公司对金融工具的公允价值的确认方法

如存在活跃市场的金融工具，以活跃市场中的报价确定其公允价值；如不存在活跃市场的金融工具，采用估值技术确定其公允价值。估值技术主要包括市场法、收益法和成本法。

4. 金融资产负债转移的确认依据和计量方法

金融资产所有权上几乎所有的风险和报酬转移时，或既没有转移也没有保留金融资产所有权上几乎所有的风险和报酬，但放弃了对该金融资产控制的，应当终止确认该项金融资产。金融资产满足终止确认条件的，将所转移金融资产的账面价值与因转移而收到的对价和原直接计入其他综合收益的公允价值变动累计额之和的差额部分，计入当期损益。部分转移满足终止确认条件的，将所转移金融资产整体的账面价值，在终止确认部分和未终止确认部分之间，按照各自的相对公允价值进行分摊。

金融负债的现时义务全部或部分已经解除的，则应终止确认该金融负债或其一部分。

6.2.6　股权投资核算方法

1. 初始投资成本确定

对于企业合并取得的长期股权投资，如为同一控制下的企业合并，应当按照取得被合并方所有者权益账面价值的份额确认为初始成本；非同一控制下的企业合并，应当按购买日确定的合并成本确认为初始成本；以支付现金取得的长期股权投资，初始投资成本为实际支付的购买价款；以发行权益性证券取得的长期股权投资，初始投资成本为发行权益性证券的公允价值；通过债务重组取得的长期股权投资，其初始投资成本应当按照《企业会计准则第 12 号—债务重组》的有关规定确定；非货币性资产交换取得的长期股权投资，初始投资成本根据准则相关规定确定。

2. 后续计量及损益确认方法

投资方能够对被投资单位实施控制的长期股权投资应当采用成本法核算，对联营企业和合营企业的长期股权投资采用权益法核算。投资方对联营企业的权益性投资，其中一部分通过风险投资机构、共同基金、信托公司或包括投连险基金在内的类似主体间接持有的，无论以上主体是否对这部分投资具有重大影响，投资方都应当按照《企业会计准则第 22 号——金融工具确认和计量》的有关规定，对间接持有的该部分投资选择以公允价值计量且其变动计入损益，并对其余部分采用权益法核算。

3. 确定对被投资单位具有共同控制、重大影响的依据

对被投资单位具有共同控制，是指对某项安排的回报产生重大影响的活动必须经过分享控制权的参与方一致同意后才能决策，包括商品或劳务的销售和购买、金融资产的管理、资产的购买和处置、研究与开发活动以及融资活动等；对被投资单位具有重大影响，是指当持有被投资单位 20% 以上至 50% 的表决权资本时，具有重大影响。或虽不足 20%，但符合下列条件之一时，具有重大影响：在被投资单位的董事会或类似的权力机构中派有代表；参与被投资单位的政策制定过程；向被投资单位派出管理人员；被投资单位依赖投资公司的技术或技术资料；与被投资单位之间发生重要交易。

6.2.7　投资性房地产核算方法

投资性房地产是指为赚取租金或资本增值，或者两者兼有而持有的房地产。本公司的投资性房地产主要是已出租的建筑物。

本公司采用公允价值模式对投资性房地产进行计量和列示，不对其计提折旧或进行摊销，并以期末投资性房地产的公允价值为基础调整其账面价值，公允价值与原账面价值之间的差额计入当期损益。自用房地产转换为投资性房地产时，该项投资性房地产按照转换日的公允价值计量。转换日的公允价值小于原账面价值的，其差额计入当期损益；转换日的公允价值大于原账面价值的，其差额作为资本公积，计入所有者权益。处置该项投资性房地产时，原计入所有者权益的部分转入处置当期损益。

投资性房地产转换为自用房地产时，以其转换当日的公允价值作为自用房地产的账面价值，公允价值与原账面价值的差额计入当期损益。

6.2.8　固定资产计价和折旧方法

1. 固定资产确认条件

固定资产指为生产商品、提供劳务、出租或经营管理而持有的，使用寿命超过一个会计年度的有形资产。同时满足以下条件时予以确认：与该固定资产有关的经济利益很可能流入企业；该固定资产的成本能够可靠地

计量。

2. 固定资产分类和折旧方法

本公司固定资产主要分为：房屋建筑物、机器设备、电子设备、运输设备等；折旧方法采用年限平均法。根据各类固定资产的性质和使用情况，确定固定资产的使用寿命和预计净残值。并在年度终了，对固定资产的使用寿命、预计净残值和折旧方法进行复核，如与原先估计数存在差异的，进行相应的调整。除已提足折旧仍继续使用的固定资产和单独计价入账的土地之外，本公司对所有固定资产计提折旧。

资产类别	预计使用寿命（年）	预计净残值率（%）	年折旧率（%）
房屋建筑物	30	3	3.23
运输设备	9	3	10.78
电子设备	5	0	20
办公设备	5	0	20
其他设备	5 – 12	0 – 3	8.08 – 20

3. 融资租入固定资产的认定依据、计价方法

融资租入固定资产为实质上转移了与资产所有权有关的全部风险和报酬的租赁。融资租入固定资产初始计价为租赁期开始日租赁资产公允价值与最低租赁付款额现值较低者作为入账价值；融资租入固定资产后续计价采用与自有固定资产相一致的折旧政策计提折旧及减值准备。

6.2.9　无形资产计价及摊销政策

1. 无形资产的计价方法

本公司无形资产按照成本进行初始计量。购入的无形资产，按实际支付的价款和相关支出作为实际成本。投资者投入的无形资产，按投资合同或协议约定的价值确定实际成本，但合同或协议约定价值不公允的，按公允价值确定实际成本。自行开发的无形资产，其成本为达到预定用途前所发生的支出总额。

本公司无形资产后续计量方法分别为：使用寿命有限无形资产采用直线法摊销，并在年度终了，对无形资产的使用寿命和摊销方法进行复核，如与原先估计数存在差异的，进行相应的调整；使用寿命不确定的无形资产不摊销，但在年度终了，对使用寿命进行复核，当有确凿证据表明其使用寿命是有限的，则估计其使用寿命，按直线法进行摊销。

2. 使用寿命不确定的判断依据

本公司将无法预见该资产为公司带来经济利益的期限，或使用期限不确定等无形资产确定为使用寿命不确定的无形资产。使用寿命不确定的判断依据为：来源于合同性权利或其他法定权利，但合同规定或法律规定无明确使用年限；综合同行业情况或相关专家论证等，仍无法判断无形资产为公司带来经济利益的期限。

每年年末，对使用寿命不确定无形资产使用寿命进行复核，主要采取自下而上的方式，由无形资产使用相关部门进行基础复核，评价使用寿命不确定判断依据是否存在变化等。

6.2.10　长期应收款的核算方法

长期应收款指的是企业融资租赁产生的应收款项和采用递延方式分期收款、实质上具有融资性质的销售商品和提供劳务等经营活动产生的应收款项。

6.2.11　长期待摊费用的摊销政策

本公司长期待摊费用是指已经支出，但受益期限在一年以上（不含一年）的各项费用。长期待摊费用按费用项目的受益期限分期摊销。若长期待摊的费用项目不能使以后会计期间受益，则将尚未摊销的该项目的摊余价值全部转入当期损益。

6.2.12　合并会计报表的编制方法

1. 合并财务报表范围

本公司将全部子公司（包括本公司所控制的单独主体）纳入合并财务报表范围，包括被本公司控制的企业、被投资单位中可分割的部分以及结构化主体。

2. 统一母子公司的会计政策、统一母子公司的资产负债表日及会计期间

子公司与本公司采用的会计政策或会计期间不一致的，在编制合并财务报表时，按照本公司的会计政策或会计期间对子公司财务报表进行必要的调整。

3. 合并财务报表抵销事项

合并财务报表以母公司和子公司的资产负债表为基础，已抵销了母公司与子公司、子公司相互之间发生的内部交易。子公司所有者权益中不属于母公司的份额，作为少数股东权益，在合并资产负债表中所有者权益项目下以“少数股东权益”项目列示。子公司持有母公司的长期股权投资，视为企业集团的库存股，作为所有者权益的减项，在合并资产负债表中所有者权益项目下以“减：库存股”项目列示。

4. 合并取得子公司会计处理

对于同一控制下企业合并取得的子公司，视同该企业合并于自最终控制方开始实时控制时已经发生，从合并当期的期初起将其资产、负债、经营成果和现金流量纳入合并财务报表；对于非同一控制下企业合并取得的子公司，在编制合并财务报表时，以购买日可辨认净资产公允价值为基础对其个别财务报表进行调整。

6.2.13　收入确认原则和方法

收入是指本公司在日常活动中形成的，会导致所有

者权益增加的,与所有者投入资本无关的经济利益的总流入。

收入在经济利益很可能流入且流入金额能够可靠计量,能同时满足不同类型收入的其他确认条件时,予以确认。

1. 利息收入

金融资产的利息收入根据让渡资金使用权的时间和实际利率在发生时计入当期损益。利息收入包括折让或溢价摊销,或生息资产的初始账面金额与到期日金额之间的差异按实际利率基准计算的摊销。

实际利率是指按金融资产的预计存续期间或更短期间将其预计未来现金流量折现至该金融资产当前账面价值所使用的利率。在计算实际利率时,本公司在考虑金融工具的所有合同条款(如提前还款权、看涨期权、类似期权等,但不会考虑未来信用损失)的基础上预计未来现金流量。

已计提减值准备的贷款按照计算相关减值损失时对未来现金流量进行折现采用的折现率计算利息收入。

2. 手续费及佣金收入

手续费及佣金收入可分为信托报酬和财务顾问费收入。其中,信托报酬在实际收到信托项目的信托报酬并考虑代垫信托项目款后确认收入;财务顾问费收入在满足下列条件时确认收入:(1)合同规定的服务已经提供;(2)按合同收款权利已经产生;(3)收入的金额能够可靠的计量,相关的经济利益很可能流入企业。

6.2.14 所得税的会计处理方法

所得税包括当期所得税和递延所得税。除由于与直接计入股东权益的交易或者事项相关的计入股东权益外,均作为所得税费用或收益计入当期损益。

1. 当期所得税

当期所得税是按照当期应纳税所得额计算的当期应交所得税金额。应纳税所得额系根据有关税法规定对本年度税前会计利润作相应调整后得出。

本公司对于当期和以前期间形成的当期所得税负债或资产,按照税法规定计算的预期应交纳或返还的所得税金额计量。

2. 递延所得税

(1)根据资产、负债的账面价值与其计税基础之间的差额(未作为资产和负债确认的项目按照税法规定可以确定其计税基础的,确定该计税基础为其差额),按照预期收回该资产或清偿该负债期间的适用税率计算确认递延所得税资产或递延所得税负债。

(2)递延所得税资产的确认以很可能取得用来抵扣可抵扣暂时性差异的应纳税所得额为限。资产负债表日,有确凿证据表明未来期间很可能获得足够的应纳税所得额用来抵扣可抵扣暂时性差异的,确认以前会计期间未确认的递延所得税资产。如未来期间很可能无法获得足够的应纳税所得额用以抵扣递延所得税资产的,则减记递延所得税资产的账面价值。

(3)对与子公司及联营企业投资相关的应纳税暂时性差异,确认递延所得税负债,除非本公司能够控制暂时性差异转回的时间且该暂时性差异在可预见的未来很可能不会转回。对与子公司及联营企业投资相关的可抵扣暂时性差异,当该暂时性差异在可预见的未来很可能转回且未来很可能获得用来抵扣可抵扣暂时性差异的应纳税所得额时,确认递延所得税资产。

6.2.15 信托报酬确认原则和方法

见6.2.13.2。

6.2.16 会计政策变更、会计估计变更以及重大前期差错更正的说明:无

6.3 或有事项说明:无

6.4 重要资产转让及其出售的说明:无

6.5 会计报表中重要项目的明细资料

6.5.1 披露自营资产经营情况

6.5.1.1 信用风险资产

表6.5.1.1

单位:万元

信用风险资产五级分类	正常类	关注类	次级类	可疑类	损失类	信用风险资产合计	不良合计	不良率(%)
期初数	1,429,317.26	0	145	781.33	1,308.11	1,431,551.70	2,234.44	0.16
期末数	1,342,390.61	0	0	926.33	1,308.11	1,344,625.05	2,234.44	0.17

注:不良资产合计=次级类+可疑类+损失类

1. 海南贵州大厦应收款项145万元,为2008年公司履行担保责任代海南贵州大厦支付执行款。该公司产权未理顺,经营不善。公司将此款项划分为可疑类。

2. 盛安房地产开发有限公司应收款项为781.33万元,为代垫盛安公司台湾大厦后续建设资金。公司将此款项划分为可疑类。

3. 2003年,公司信托资金委托华夏证券理财。华夏证券于2008年7月31日经法院裁定受理破产,现已进入清算程序,应收华夏证券股份有限公司的余额为1,053.42万元。公司将此款项划分为损失类。

4. 海南发展银行清算组应收款项247.44万元,为本公司1993年发放贷款,所质押的海南发展银行定期存单,由于海南发展银行被人民银行关闭清算,该笔定期存单成为清算债权。经清算组确认领取了"海南发展银行债务确认书",截止目前海南发展银行尚未清算完毕。公司将此款项划分为损失类,全额计提损失准备。

5. 李伟煤款应收款项 7.25 万元，为 2007 年子公司信达贸易公司注销转入，法院已判决，但无可执行财产。公司将此款项划分为损失类，全额计提损失准备。

前述 1－5 项不良资产全部为 2009 年公司重组前存续的不良资产。

6.5.1.2　各项资产减值损失准备

表 6.5.1.2　　单位：万元

	期初数	本期计提	本期转回	本期核销	期末数
贷款损失准备	—	—	—	—	—
一般准备	—	—	—	—	—
专项准备	—	—	—	—	—
其他资产减值准备	4,244.48	566.09	—	—	4,810.57
可供出售金融资产减值准备	—	3,282.58	—	—	3,282.58
持有至到期投资减值准备	—	—	—	—	—
长期股权投资减值准备	—	—	—	—	—
坏账准备	1,886.61	347.82	—	—	2,234.43
投资性房地产减值准备	—	—	—	—	—

6.5.1.3　自营股票投资、基金投资、债券投资、股权投资等投资业务

表 6.5.1.3　　单位：万元

	自营股票	基金	债券	长期股权投资
期初数	49,012.42	133,018.70	—	20,000.00
期末数	62,593.08	66,803.14	3,592.99	20,000.00

6.5.1.4　前五名的自营长期股权投资的企业名称、占被投资企业权益的比例、主要经营活动及投资收益情况等：

企业名称	占被投资企业权益的比例	主要经营活动	投资收益
贵诚汇鑫股权投资有限公司	100%	股权投资管理等	0

6.5.1.5　前五名的自营贷款的企业名称、占贷款总额的比例和还款情况等：无。

6.5.1.6　表外业务：无

6.5.1.7　收入结构

表 6.5.1.7　　单位：万元

收入结构	合并		母公司	
	金额	占比(%)	金额	占比(%)
手续费及佣金收入	265,295.24	73.34	265,282.36	73.43
其中：信托手续费收入	264,881.10	73.22	264,881.10	73.31
投资银行业务收入				
利息收入	1,627.66	0.45	1,622.46	0.45
其他业务收入	159.04	0.04	159.04	0.04
其中：计入信托业务收入部分				
投资收益	90,852.98	25.11	90,410.37	25.02

续表

收入结构	合并		母公司	
	金额	占比(%)	金额	占比(%)
其中:股权投资收益				
公允价值变动收益	4,309.61	1.19	4,309.62	1.19
其他投资收益	86,543.37	23.92	86,100.75	23.83
营业外收入	3,843.30	1.06	3,843.30	1.06
收入合计	361,778.22	100.00	361,317.53	100.00

6.5.2 披露信托资产管理情况。

6.5.2.1 信托资产

表 6.5.2.1 单位:万元

信托资产	期初数	期末数
集合	25,480,613.00	27,846,273.73
单一	24,059,494.60	27,026,455.16
财产权	21,398,888.68	46,152,610.87
合计	70,938,996.28	101,025,339.76

6.5.2.1.1 主动管理型信托业务

表 6.5.2.1.1 单位:万元

主动管理型信托资产	期初数	期末数
证券投资类	94,616.90	567,161.46
股权投资类	3,603,728.00	4,488,818.55
融资类	19,127,662.93	11,792,040.09
事务管理类	7,535,468.38	12,691,894.48
合计	30,361,476.21	29,539,914.58

6.5.2.1.2 被动管理型信托业务

表 6.5.2.1.2 单位:万元

被动管理型信托资产	期初数	期末数
证券投资类	—	354,814.78
股权投资类	3,283,452.22	6,589,967.77
融资类	2,366,306.00	2,756,106.24
事务管理类	34,927,761.85	61,784,536.39
合计	40,577,520.07	71,485,425.18

6.5.2.2　本年度有281个项目清算，实收信托合计8,469.29亿元，加权平均实际年化收益率6.31%。

6.5.2.2.1　本年度已清算结束的集合类、单一类资金信托项目和财产管理类信托项目

表6.5.2.2.1

单位：万元

已清算结束信托项目	项目个数	合计金额	加权平均实际年化收益率
集合类	60	40,579,123.43	6.64%
单一类	154	18,312,811.47	6.16%
财产管理类	67	25,800,990.93	5.92%

6.5.2.2.2　本年度已清算结束的主动管理型信托项目

表6.5.2.2.1

单位：万元

已清算结束信托项目	项目个数	合计金额	加权平均实际年化收益率
证券投资类	8	484,208.92	12.81%
股权投资类	8	1,168,680.00	6.96%
融资类	60	19,750,377.67	6.51%
事务管理类	50	28,108,905.10	5.66%

6.5.2.2.3　本年度已清算结束的被动管理型信托项目

表6.5.2.2.3

单位：万元

已清算结束信托项目	项目个数	合计金额	加权平均实际年化收益率
证券投资类	—	—	—
股权投资类	2	86,000.00	7.51%
融资类	18	888,081.36	7.34%
事务管理类	135	34,206,672.77	6.59%

6.5.2.3　本年度新增的集合类、单一类和财产管理类信托项目

表6.5.2.3

单位：万元

新增信托项目	项目个数	合计金额
集合类	172	42,803,621.67
单一类	205	21,241,521.85
财产管理类	135	50,212,707.18
新增合计	512	114,257,850.70
其中：主动管理型	187	48,603,221.26
被动管理型	325	65,654,629.44

6.5.2.4　信托业务创新成果和特色业务有关情况：

（1）资产证券化业务逐步由通道SPV角色向主导型服务提供商角色转型，由私募向公募转型，全流程综合化服务能力提高；

（2）坚持为实体经济服务，积极盘活资产，提升服务实体经济水平，在供应链金融领域、小微企业金融服务上实践创新合作模式；

（3）建立完善家族信托办公室，家族信托业务模式渐趋成熟；发行标准化慈善信托产品，积极践行公益责任，向社会传递积极正面价值观。

6.5.2.5　本公司履行受托人义务情况及因本公司自身责任而导致的信托资产损失情况

本公司严格遵照行业监管法规和信托合同规定，在信息披露、受托资产管理、信托财务核算、项目到期清算

及信托财产分配等方面都能自觉履行受托人义务，全年不存在因公司自身责任导致信托资产发生损失的情况。

6.5.2.6 信托赔偿准备金的提取、使用和管理情况。

年初公司信托赔偿准备金余额32,776.13万元，本年提取10,419.87万元。因无信托项目出现风险，故不存在使用情况，年末结存信托赔偿准备金43,196.00万元。

依据：《财政部关于印发〈金融企业财务规则—实施指南〉的通知》（财金〔2007〕23号）规定，属于信托公司性质的金融企业，应按本年实现净利润的5%提取信托赔准备金。

6.6 关联方关系及其交易披露。

6.6.1 关联交易方的数量、关联交易的总金额及关联交易的定价政策等。

表6.6.1

单位：万元

	关联交易方数量	关联交易金额	定价政策
合计	8	1,347,620.9	以市场交易价格为定价依据

6.6.2 关联交易方与本公司的关系性质、关联交易方的名称、法定代表人、注册地址、注册资本及主营业务等。

表6.6.2

单位：万元

关系性质	关联方名称	法定代表人	注册地址	注册资本（万元）	主营业务
母公司	华能资本服务有限公司	丁益	北京市丰台区丽泽路18号院1号楼401－09室	980,000	投资及投资管理；资产管理；资产受托管理；投资及管理咨询服务。
最终控制人	中国华能集团公司	曹培玺	北京市西城区复兴门内甲6号	2,000,000	实业投资经营及管理；电源的开发、投资、建设、经营和管理等。
同属一最终控制方	中国华能财务有限责任公司	张咸阳	北京市西城区复兴门南大街丙2号天银大厦C段西区7层、8层	500,000	对成员单位办理财务和融资顾问、信用鉴定及相关的咨询、代理业务等。
同属一母公司	长城证券有限责任公司	丁益	深圳市深南大道6008号特区报业大厦16、17层	279,306	证券经纪；证券投资咨询；与证券交易、证券投资活动有关的财务顾问等。
同属一最终控制方	华能南方实业开发股份有限公司	吴永钢	南京市秦淮区解放路20号	10,000	煤炭批发；危险化学品经营（按许可证所列范围经营）；煤制品批发等；自有场地租赁；燃料油销售。
同属一最终控制方	华能呼伦贝尔能源开发有限公司	王书杰	内蒙古自治区呼伦贝尔市海拉尔区胜利大街29号	265,313	电力、热力、煤炭、水务、铁路运输、煤化工相关产业的投资、生产、经营和销售；配电网的投资和经营；电力供应服务的培训、咨询。
同属一最终控制方	庆阳新庄煤业有限公司	王玉清	甘肃省庆阳市西峰区世纪大道	114,900	煤炭投资管理（不含开采）

续表

关系性质	关联方名称	法定代表人	注册地址	注册资本（万元）	主营业务
同属一最终控制方	华能能源交通产业控股有限公司	吴永钢	北京市海淀区复兴路甲 23 号 7、8 层	365,000	销售化工产品；煤炭批发经营；煤矿、道路、港口、航运等能源基础设施项目投资及管理；国际招投标代理；进出口业务；实业项目的投资及管理；资产受托管理等。

6.6.3　逐笔披露本公司与关联方的重大交易事项

6.6.3.1　固有财产与关联方

表 6.6.3.1

单位：万元

固有财产与关联方关联交易			
	期初	发生额	期末
贷款	—	—	—
投资	—	—	—
租赁	—	—	—
担保	—	—	—
应收账款	—	—	—
其他应收款项	48.97	82.09	131.06
其他应付款项	—	—	—
其他	—	784.94	—
合计	48.97	867.03	131.06

6.6.3.2　信托资产与关联方

6.6.3.2

单位：万元

信托资产与关联方关联交易			
	期初	发生额	期末
贷款	139,895.00	-110.00	139,785.00
投资	—		
租赁	—		
担保	—		
应收账款	—		
其他	650,000.00	-100,000.00	550,000.00
合计	789,895.00	-100,110.00	689,785.00

信托资产与关联方交易：主要关联交易对家共 5 家，分别为华能资本服务有限公司、华能呼伦贝尔能源开发有限公司、华能能源交通产业控股有限公司、庆阳新庄煤业有限公司及南京华能南方实业开发股份有限公司。具体关联交易方与本公司的关系性质、关联交易方的名称、法定代表人、注册地址、注册资本及主营业务等详见表 6.6.2。

6.6.3.3　固有财产与信托财产之间的交易

表 6.6.3.3

单位:万元

固有财产与信托财产相互交易			
	期初数	本期发生额	期末数

6.6.3.4　信托资产与信托财产之间的交易

表 6.5.3.4

单位:万元

信托资产与信托财产相互交易			
	期初数	本期发生额	期末数
—	—	657,704.84	657,704.84

6.6.4　关联方逾期未偿还本公司资金的详细情况以及本公司为关联方担保发生或即将发生垫款的详细情况:无

6.7　会计制度的披露

固有业务:执行财政部2006年2月颁布的《企业会计准则—基本准则》和38项具体会计准则、其后颁布的应用指南、解释以及其它相关规定(统称"企业会计准则")。

信托业务:执行财政部于2005年1月5日正式颁布的《信托业务会计核算办法》。

7.财务情况说明书

7.1　利润实现和分配情况

2017年,公司实现净利润208,397.33万元,按净利润5%比例提取信托赔偿准备10,419.87万元,按净利润10%比例提取盈余公积20,839.73万元,当年分配股利100,000万元,年末未分配利润349,014.13万元。

7.2　主要财务指标

表 7.2

指标名称	指标值(合并)	指标值(母公司)
资本利润率	7.92%	17.90%
人均净利润	621.47 万元	620.46 万元

7.3　对本公司财务状况、经营成果有重大影响的其他事项

本年政府补贴收入3,575.47万元。

7.4　净资本情况

表 7.4

指标名称	指标值
净资本	1,024,937.13 万元
风险资本	713,734.19 万元
净资本/各项业务风险资本之和	143.60%
净资本/净资产	83.91%

8.特别事项提示

8.1　前五名股东报告期内变动情况

因华能资本服务有限公司购买了中国农业银行股份有限公司贵州省分行持有的股份,公司股东由9名变更为8名,华能资本服务有限公司的出资额变更为285,019.8552万元,出资比例变更为67.8619%,其他股东在报告期内无变化。

8.2　董事、监事及高级管理层变化情况

1.报告期内,因工作原因,李进不再担任公司董事长,田军为公司董事长;

2.报告期内,新选举了徐英、严晓茂、王颖、金志培为董事。公司董事会构成人员为田军、李仪华、徐英、矫丽燕、王涌、严晓茂、段一萍、王颖、金志培。

3.报告期内,董事会聘任金志培为公司总经理,刘芳为公司副总经理,雷妮亚为公司首席合规官,赵刚为总经理助理兼董事会秘书,黄海峰为公司总经理助理。

4.因工作调动,王卓不再担任公司副总经理和董事会秘书。

8.3　变更注册资本、变更公司名称、地址:无

8.4　公司重大诉讼事项:无

8.5　公司及其董事、监事和高级管理人员受到处罚的情况:无

8.6　银监会及其派出机构对公司检查后的整改情况

根据中国银监会统一部署,2017年贵州银监局对公司先后开展了"两个加强、两个遏制"回头看、"三违反"、"三套利"、"四不当"等一系列专项检查工作,公司对各项检查高度重视,均给予积极配合。并根据现场检查组及贵州银监局提出的反馈意见,举一反三,认真整改存在的问题,取得积极效果。一是公司上下全面提高思想政治认识,提高政治站位。充分认识金融安全事关国家安全、事关治国理政,充分认识防范系统性金融风险的重要性;二是以整改为重要抓手,切实巩固公司前期发展成果,着力引导信托业务回归本源、专注主业、做精专业、合规经营、稳健发展、支持实体经济;三是强化问题导向，防范各种风险，突出整改违反宏观调控、公司治理不健全、违法违规展业、监管套利等行为，严防违规及案件风险，层层实行"一把手"负责制，进一步落实党委会、纪委、董事会、监事会、高管层各级责任。把加强党的领导贯穿于全过程，实行"一岗双责"，确保组织到位、推进到位、落实到位；四是起动问责机制，对责任人及时进行问责和处罚；五是坚持以习近平新时代中国特色社会主义思想为指导，全面贯彻落实党的十九大、中央经济工作会议和全国金融工作会议精神，公司党的建设和作风建设及经营管理水平得到进一步锤炼和提高。

8.7 本年度重大事项临时报告的简要内容、披露时间、所披露的媒体及其版面

1. 2017年1月9日，在金融时报第3版刊登了公司注册资本金增至42亿元及公司章程修改的公告。

2. 2017年4月25日，在金融时报第8版刊登了关于变更公司董事长（法定代表人）和总经理的公告。

8.8 银监会及其省级派出机构认定的其他有必要让客户及相关利益人了解的重要信息

无。